Niedersächsisches Landesamt für Denkmalpflege

Auf den Spuren einer frühen Industrielandschaft

Naturraum – Mensch – Umwelt im Harz

Arbeitshefte zur Denkmalpflege in Niedersachsen 21

Titelseite:

Die sich heute dem Besucher darbietende Landschaft des Harzes ist aus der bis in die Bronzezeit um 1000 v. Chr. reichenden, intensiven Bergbau- und Hüttentätigkeit entstanden. Das modellhafte Bild zeigt, wie prägend sich diese beinahe industrielle Ausbeutung der natürlichen Ressourcen über drei Jahrtausende hinweg auf den Naturraum Harz ausgewirkt haben.
(Zeichnung: Cornelia Kaubisch, vgl. S. 155)

Herausgeber:
Christiane Segers-Glocke, Landeskonservatorin
Präsidentin des Niedersächsischen Landesamtes für Denkmalpflege

Redaktion der Reihe:
Dietmar Vonend

Gesamtredaktion:
Götz Alper, Lothar Klappauf,
Gregor Schlicksbier, Dietmar Vonend

Text- und Bildbearbeitung:
Götz Alper, Gregor Schlicksbier

Konzeption und wissenschaftliche Betreuung:
Lothar Klappauf

Die Deutsche Bibliothek – CIP Einheitsaufnahme

Auf den Spuren einer frühen Industrielandschaft
Naturraum – Mensch – Umwelt im Harz
[Niedersächsisches Landesamt für Denkmalspflege.
Hrsg.: Christiane Segers-Glocke]. – Hameln: Niemeyer, 2000

(Arbeitshefte zur Denkmalpflege in Niedersachsen; 21)
ISBN 3-8271-8021-X

Niedersächsisches Landesamt für Denkmalpflege 2000
Nachdruck, auch auszugsweise, nur mit Genehmigung des Herausgebers
ISBN 3-8271-8021-X
Gesamtherstellung: Druckerei Freimann & Fuchs, Hannover
Vertrieb: CW Niemeyer Buchverlag GmbH, Hameln

Inhalt

Christiane Segers-Glocke	Vorwort	5
Lothar Klappauf	Einleitung	6

Archäologie

Friedrich-Albert Linke	Die Spur des „Alten Mannes"	7
Friedrich-Albert Linke	Spuren finden – archäologische Prospektion	12
Rüdiger Schulz	Spuren suchen mit der Geophysik	14
Friedrich-Albert Linke	Spuren lesen – Ausgrabungen	17
Lothar Klappauf	Spuren deuten – Frühe Montanwirtschaft im Harz	19
Gregor Schlicksbier	„… twischen beyden watern …" – Burgstelle und Verhüttungsplätze im Weiler Rhode	28
Lothar Klappauf / Friedrich-Albert Linke / Andreas Bingener	Ausgrabungen am ehemaligen Brüdernkloster Goslar	37
Wolfgang Brockner	Archäometrische Untersuchungen an ausgewählten Grabungsfunden zur Erhellung der frühen Silbergewinnung in der Harzregion	39

Geologie und Naturraum

Matthias Deicke	Geologie und Erzlagerstätten des Harzes	42
Ulrich Willerding	Die Landschaft Harz	47

Mensch und Umwelt

Siedlung und Vegetation

Lutz Grunwald	Der Oberharz und sein unmittelbares Vorland. Ein Abriss der Siedlungsgeschichte vor dem Einsetzen der schriftlichen Überlieferung im 8. Jahrhundert n. Chr.	55
Ulrich Willerding	Weitere paläo-ethnobotanische Ergebnisse über die Entwicklung der Vegetation im Oberharz seit dem Mittelalter	64

Ernährung und Subsistenz

Ulrich Willerding	Ernährung	66
Holger Schutkowski / Alexander Fabig / Bernd Herrmann	Nahrung und Subsistenz der Goslarer Hüttenleute anhand anthropologischer Untersuchungen	70

Belastungen von Mensch und Umwelt

Burkhard Frenzel / Heike Kempter	Der Einfluss von Erzbergbau und Erzverhüttung auf die Umweltbedingungen des Harzes in der Vergangenheit	72
Matthias Deicke / Hans Ruppert	Frühe Metallgewinnung und Umweltbelastung im Harz – Umweltgeochemische Aspekte	78
Marie-Luise Hillebrecht	Der Wald als Energielieferant für das Berg- und Hüttenwesen	83
Friedrich Balck	Die Nutzung der Wasserkraft	87
Holger Schutkowski / Alexander Fabig / Bernd Herrmann	Schwermetallbelastung bei Goslarer Hüttenleuten des 18. Jahrhunderts	96
Barbara Bramanti / Susanne Hummel	Genetische Variabilität und Arbeitstradition im Goslar des 18. Jahrhunderts	100

Ulrich Willerding	Landschaft – Ernährung – Entwicklung der Vegetation. Zusammenfassung und Ausblick	103

Bergbau

Christoph Bartels	Der Bergbau – Ein Überblick	106
Heiko Steuer	Die Ursprünge des Silber-Bergbaus im Mittelalter: Wirtschaft und Münzgeld	112
Lothar Klappauf	1000 Jahre Bergbau?	119

Metalle, Metallerzeugung, Handel und Gewerbe

Harald Witthöft	Die Rolle der Metalle in der Geschichte des frühen und hohen Mittelalters	121
Hans-Gert Bachmann	Zur Metallerzeugung im Harz während des Früh- und Hochmittelalters	127
Christoph Bartels	Die Metalle an der Wende zur Neuzeit	140
Andreas Bingener	Silber-, Kupfer-, Blei- und Vitriol-Handel in der Harzregion – Käufer, Märkte und Verkehrswege des Mittelalters	146

Lothar Klappauf	**Zusammenfassung**	153
	Daten zur Geschichte der Harzregion (Tabelle)	157
	Übersichtskarten	164
	Erläuterung ausgewählter Begriffe und Methoden	166
	Literatur	171
	Anschriften der Autoren	181

Vorwort

Zu den Aufgaben des Niedersächsischen Landesamts für Denkmalpflege, der Denkmalfachbehörde des Landes Niedersachsen mit Sitz in Hannover, gehört neben der Inventarisierung der Denkmale, der Führung zentraler Archive und der Restaurierung von Denkmalen und Bodenfunden auch die Schaffung wissenschaftlicher Grundlagen unter anderem mit exemplarischen archäologischen Ausgrabungen. In diesen Rahmen gehören die montanarchäologischen Arbeiten, die seit 1987 einen Schwerpunkt der Archäologischen Denkmalpflege darstellen. Sie widmen sich einer für das Land Niedersachsen typischen Region, deren natürliche Ressourcen unsere Geschichte nicht erst im Mittelalter wesentlich beeinflussten.

Ist die Bedeutung der Montanregion Harz in der jüngeren Vergangenheit allgemein anerkannt, was sich nicht zuletzt in der Erhebung des Rammelsberges und der Altstadt Goslar zum Weltkulturerbe der UNESCO dokumentiert, so wurde die frühe Geschichte dieser Region bisher sträflich vernachlässigt. Gestützt auf die schriftliche Überlieferung wurde ein scheinbar klares Bild der Vergangenheit gezeichnet, das sich immer wieder Korrekturen auf Grund der Erschließung des Bodenarchivs mit seinen unersetzlichen Bodenurkunden gefallen lassen muss. Das augenfälligste Ergebnis ist, dass die Bodenschätze des Harzes mindestens bereits um die Zeitenwende von Menschen genutzt wurden. Diese Erkenntnis setzt sich allmählich gegen ältere Lehrmeinungen durch. Wenn in diesem Jahr der Harz mit seinem dezentralen Projekt EXPO ON THE ROCKS in das dritte Jahrtausend eintritt, so steht die Bergbauregion Harz damit schon zum dritten Male in seiner Geschichte an der Schwelle zu einem neuen Jahrtausend.

Dass wir die Geschichte dieser Region schon in wesentlichen Teilen neu schreiben können, ist das Verdienst einer allmählich gewachsenen interdisziplinären Arbeitsgruppe, die sich gemeinsam mit den Archäologen der komplexen Fragestellung angenommen hat und diese ständig fortsetzt. Neben den auf dem International Medieval Congress 1998 in Leeds vertretenen Partnern, die ihre Referate in einem eigenen Band zum Druck bringen, sind Prof. Dr. Rüdiger Schulz vom Niedersächsischen Landesamt für Bodenforschung Hannover - Geowissenschaftliche Gemeinschaftsaufgaben, Prof. Dr. Bernd Herrmann und Dr. habil. Holger Schutkowski vom Anthropologischen Institut der Universität Göttingen, und Dr. Christoph Bartels vom Deutschen Bergbaumuseum Bochum zu nennen.

Unsere Arbeiten werden unterstützt durch das wohlwollende Entgegenkommen der jeweils betroffenen Forstämter und ihrer Revierförstereien sowie verschiedener Kommunalverwaltungen, wie Stadt und Landkreis Goslar und Osterode am Harz. Auch die Harzwasserwerke und die Verwaltung des Nationalparks Harz stehen unseren Arbeiten offen gegenüber. Genannt werden müssen auch die Verwaltungsinstitutionen der beteiligten Kooperationspartner.

Als besonders wichtig hat sich die Begleitung der Harzarchäologie durch einen wissenschaftlichen Beirat erwiesen, der sich zweimal jährlich zur Planung und Erörterung des gemeinsamen Vorgehens unter Leitung seines Sprechers, Prof. Dr. Hans-Gerd Bachmann, Hanau, trifft. In dem Beirat sind neben der Metallurgie (Prof. Dr. Hans-Gerd Bachmann, Hanau), die Botanik und Umweltgeschichte (Prof. Dr. Dr. Burkhard Frenzel, Universität Hohenheim), die Archäologie (Prof. Dr. Heiko Steuer, Universität Freiburg) und die Wirtschafts- und Sozialgeschichte (Prof. Dr. Harald Witthöft, Universität Siegen) vertreten. Die Arbeit dieses Beirats war bisher äußerst hilfreich und fruchtbar, den Mitgliedern zu danken ist eine selbstverständliche und erfreuliche Pflicht.

All diese Arbeiten wären ohne die notwendige Finanzierung nicht leistbar. Eine solide Grundfinanzierung des Projekts war bisher möglich durch Mittel des Landes Niedersachsen, ergänzt durch Fördermittel des Arbeitsamtes Goslar. Für wesentliche zusätzliche Finanzierung verschiedener Forschungsprojekte im Harz sind wir der Volkswagen-Stiftung zu großem Dank verpflichtet.

Christiane Segers-Glocke

Einleitung

Bereits seit 1985 hat sich das Niedersächsische Landesamt für Denkmalpflege anlässlich aktueller Grabungen im Harzvorland die Erforschung der frühen Montanrelikte im Harz zu eigen gemacht – ein Denkmalbestand, der bis dahin nahezu vollständig den interessierten Laienforschern überlassen war. Gefördert vor allem durch die Volkswagen-Stiftung, wurde 1992 eine eigene Arbeitsstelle Montanarchäologie in Goslar eingerichtet. Seitdem hat sich das Tätigkeitsspektrum breit gefächert. Ursprünglich nur als kleine, temporäre Arbeitsstelle für ein spezielles Projekt geplant, hat sich eine überregional anerkannte Forschungsstelle der Archäologischen Denkmalpflege Niedersachsens entwickelt, an der mit den Archäologen Wissenschaftler verschiedenster Disziplinen wie Historiker, Geologen, Chemiker, Botaniker, Physiker und andere zusammenarbeiten und deren Arbeit von einem wissenschaftlichen Beirat begleitet wird.

Ziel ist, die frühe Geschichte des Harzes zu untersuchen für eine Zeit, in der die historischen Quellen noch schweigen oder nur sehr fragmentarische Einblicke erlauben. Diese Landschaft wird von der Gewinnung und Verarbeitung der heimischen Erze des Rammelsberges und der Oberharzer Gänge geprägt. Unzählig sind die Zeugen dieser frühen industriellen Tätigkeit im Gelände, die Bodendenkmale. Schächte, Pingen und Halden vom Abbau der Erze, Meiler von der Gewinnung des unabdingbaren Brennmaterials, Hohlwege, auf denen das Erz zur Verhüttung gebracht wurde und schließlich die Reste der Verhüttung in Form von Schlackenhalden werden genau lokalisiert und inventarisiert, damit ihr Schutz gewährleistet werden kann. Die Erhaltung dieser archäologischen Denkmale ist oberstes Gebot, Grabungen sind die letzte Rettung vor einer drohenden Zerstörung. Etwa 800 dieser Geländedenkmale wurden bisher genau erfasst. Im gesamten Oberharz ist mit weit über 2000 dieser Reste alter Bergbau- und Hüttentätigkeit zu rechnen.

Diese drohenden Zerstörungen und die notwendigen Rettungsgrabungen halten die Arbeitsstelle in Goslar in Atem. Außer im Winter, wenn auch der Bagger nicht arbeiten kann, ist beinahe immer eine Grabung im Gange, oftmals sogar mehrere gleichzeitig. Die bedrohten Denkmale reichen vom Bestattungsplatz über ländliche und städtische Siedlungen bis hin zu alten Schmelzplätzen. Etwa zehn größere Grabungsaktionen wurden in den vergangenen fünf Jahren vom Stützpunkt Goslar aus bewältigt. Dabei sind es meist unscheinbare Befunde, die das Herz der Archäologen höher schlagen lassen, wie zum Beispiel ein kleiner Schmelzplatz bei Goslar, auf dem aus Rammelsberger Erz Blei und Silber erschmolzen wurde und der in die Jahre zwischen 780 und 960 n. Chr. datiert werden kann. Wir erreichen damit eine Zeit, in die nach historischen Nachrichten der Beginn des Bergbaus am Rammelsberg datiert wird, der aber nach den archäologischen Ergebnissen der letzten Jahre um nahezu 2000 Jahre älter ist, als bisher vermutet.

Aber nicht nur technischen und chronologischen Spezialfragen wird von der interdisziplinären Arbeitsgruppe in Goslar nachgegangen. Sie verliert nicht den Menschen aus dem Blick, der mit seiner Ausbeutung der Rohstoffe tiefe Eingriffe in Vegetation und Umwelt vornahm. Ob auch die alten Hüttenleute bereits mit Schwermetall kontaminiert waren, wird an entsprechendem Skelettmaterial untersucht. Welche Einschläge in die Natur notwendig waren, um die energiefressenden Schmelzöfen am Laufen zu halten oder um das für den Bergbau notwendige Stützmaterial zu beschaffen, ist ebenso Thema der Untersuchungen wie die Versorgung der Menschen mit Lebensmitteln.

Für all diese Untersuchungen stehen modernste Geräte in den verschiedensten Institutionen bereit. Für den interessierten Besucher des Harzes sind die Ergebnisse in kleinen Ausstellungen zur Montanarchäologie im Oberharzer Bergwerksmuseum in Clausthal-Zellerfeld, im Museum der Stadt Goslar und neuerdings auch im dafür prädestinierten Rammelsberger Bergbaumuseum aufbereitet worden und bieten Anreiz, sich mit der Vergangenheit dieser nahezu einmaligen, bis heute nachwirkenden frühmittelalterlichen Industrielandschaft zu befassen.

Als Orientierungshilfe befinden sich am Ende des Bandes eine Tabelle mit „Daten zur Geschichte der Harzregion" und nicht nur für den Ortsfremden zwei Übersichtskarten, auf denen einmal die im Text genannten Orte, zum andern die wichtigsten archäologischen Ausgrabungen eingetragen sind. Ausgewählte Begriffe und Methoden werden in einem Anhang kurz erläutert, ohne dass dieser ein Fachlexikon ersetzten könnte.

Eine Veröffentlichung, wie sie hier innerhalb kurzer Zeit entstanden ist, ist nur möglich, wenn alle vorhandenen Kräfte konzentriert an diesem Ziel arbeiten. Das beginnt bei den Autoren, denen für die pünktliche Lieferung ihrer Manuskripte zu danken ist. Der Manuskripte nahmen sich geduldig G. Alper M.A. und Dr. G. Schlicksbier als Redakteure unter fachkundiger Anleitung von D. Vonend an, die heterogene Literaturliste wurde von Frau Dipl.-Bibl. C. Wöckener überarbeitet. R. Krone fertigte auch unvorhergesehene Graphiken qualitätvoll und schnell an, fotografische Zusatzarbeiten wurden von Frau C. S. Fuchs fachkundig und engagiert erledigt. Ihnen allen und noch vielen ungenannten Helfern muss der große Dank aller gelten.

Lothar Klappauf

Die Spur des „Alten Mannes"

Friedrich-Albert Linke

Mit „Alter Mann" werden im Montanwesen verlassene, verfallene Grubenbaue und ausgeerzte Gangbereiche bezeichnet. Im Oberharz wurde dieser Name mit Beginn der sogenannten „Zweiten Bergbauperiode" im 16. Jahrhundert für die aufgefundenen Spuren des um 1349 erloschenen früheren Bergbaus, der „Ersten Bergbauperiode" gebräuchlich (Hake 1583, 18,10). Durch diese Personifizierung vorangegangener Geschehnisse wurden Ehrfurcht und Respekt bekundet. Ich möchte im folgenden von einigen wahren Spuren des „Alten Mannes" im Hüttenwesen, also – wie in Sachsen gesagt wird – den Bergleuten vom Feuer berichten.

Auf die vielfältigen Möglichkeiten, durch montanarchäologische Ausgrabungen Einblicke in die Rohstoffgewinnung und in die technologischen Entwicklungen der Schmelzprozesse in einer an Bodenschätzen reichen Landschaft zu bekommen, soll an anderer Stelle eingegangen werden (siehe Beitrag Brockner). Ausgrabungen auf diesem Gebiet sind oftmals eine spröde Arbeit. Neidvoll denkt der montanarchäologische Ausgräber hin und wieder an Kolleginnen und Kollegen in anderen Forschungsbereichen. Ihnen ist es vergönnt, bei ihren Untersuchungen Gefäße, Schmuck, Münzen oder ansprechende Gerätschaften zu bergen, für jeden Interessierten deutbar und bestaunenswert. Wie ärmlich hingegen wirkt auf den nicht Eingeweihten das Fundspektrum unserer Ausgrabungen im Harz! In der Regel handelt es sich dabei um Schlacken, um Erze, einige scheinbar nichtssagende Mineralien oder ausgeglühte Steine. In der Wertskala vieler Betrachter materiell höherstehender Hinterlassenschaften wie Keramik, Gerätschaften oder gar Münzen und Schmuck bilden sie die große Ausnahme.

Und doch sind diese Ausgrabungen faszinierend! Nicht nur, weil durch zwingend notwendige akribische Feinarbeiten Grundlagen für die Rekonstruktion pyrotechnischer Prozessführungen ergraben werden, sondern weil es dabei hin und wieder gelingt, gerade durch diese Sorgfalt dem Boden Blicke auf einzelne Menschen und sogar auf ihre Gedanken zu entlocken. Dazu im nachfolgenden einige Beispiele:

Leibhaftige Spuren

Südlich Bad Harzburgs wurde am Riefenbach in einer Höhe von 590 m über NN ein Kupferschmelzplatz untersucht, auf dem im 12. Jahrhundert Rammelsberger Erz verschmolzen wurde. Bei der nahezu vollständigen Ausgrabung dieses Werkplatzes konnte eine durchdachte planmäßige Verteilung von Öfen, Gerinnen und Windkanälen aufgedeckt werden. Standspuren von Pfosten, Hinweise auf Blasebälge und Radspuren von zum Materialtransport genutzten Wagen zeichneten ein eindrucksvolles Bild jener Zeit (Linke 1992, 141–142). Zwischen den Ofenstandorten und dem Bach befand sich in halber Höhe der kurzen Uferböschung zwischen Schmelzplatz und Bach eine exakt rechteckige Grube. Sie hatte eine erhaltene Länge von maximal 1,20 m und eine Breite von 0,58 m. An der Bergseite hatte sich noch eine Grubenwand von 0,15 m Höhe erhalten (Abb. 1). Ihre Basis zeigte sich beiderseits einer in der Längsachse verlaufenden erhabenen Rippe glatt und waagerecht. Da das sichtbare Material stark mit Kupfersalzen durchsetzt und in dem Mittelgrat sogar metallisches Kupfer eingebacken war, war ein Zusammenhang dieser Grube mit der Metallerzeugung offensichtlich. Allem Anschein nach handelte es sich um eine Art Barrenform, an der Basis ausgelegt mit zwei Bret-

1 Ausgrabung Riefenbach, freigelegte Reste einer in eine Uferböschung eingearbeiteten Barrenform.

tern, zwischen denen sich in der Fuge die Rippe gebildet hatte. Um solch seltene Befunde optimal dokumentieren zu können, müssen alle verunklarenden Staubreste und Körnchen entfernt werden. Hierfür werden in der Montanarchäologie Industriestaubsauger eingesetzt. Mit ihrer Hilfe ist es möglich, selbst feine Strukturen sauber herauszuarbeiten. Bereits beim groben Vorputzen war eine Störung in der Leiste aufgefallen, die mit verfüllten Vertiefungen in Verbindung zu stehen schien. Die Ausgräber staunten, als beim feinen Präparieren dieser Partie der Abdruck eines Fußes immer plastischer wurde (Abb. 2). Es handelte sich um einen rechten Fuß, bekleidet mit einem weichen, an der Ferse verstärkten Schuh, der hier seine Spur hinterließ. Der Hacken hatte sich beinahe zwei Zentimeter tief in die Grubenbasis eingedrückt. Im Bereich der Fußspitze war etwas Material zusammengeschoben worden, so dass die Fußlänge nicht exakt rekonstruiert werden kann, sie dürfte aber bei maximal 24 Zentimetern gelegen haben. Dies entspricht einer heutigen Schuhgröße von höchstens 38, womit sich die Frage stellt: War es wirklich ein Hüttenmann, der hier nach der Beendigung der Arbeiten (denn die Bretter waren

2 Ausgrabung Riefenbach, Fußabdruck in einer Barrenform.

bereits der Form entnommen) in die Grube trat? Eher wohl ein Jugendlicher oder eine Frau! Natürlich schließt sich damit ganz zwangsläufig die nächste Frage an, nämlich die nach der Familie des Schmelzers. Waren sie ebenfalls in die Arbeiten integriert oder stammt die Fußspur von jemandem, der die erste „Nachlese" auf dem verlassenen Schmelzplatz gehalten hat? Diese Fragen sind archäologisch nicht zu klären.

Eine bei der Grabung Lasfelder Tränke aufgefundene Spur war weit weniger aufregend (Abb. 3). Dort hatte sich im Bereich einer Wegetrasse der Abdruck eines Paarhufers – eines Zugochsens – tief in den anstehenden Lehmboden eingedrückt (Abb. 4). Immerhin half diese Spur das Denkschema Wagen – Pferd, im Unterbewusstsein bei Vielen verankert, zu durchbrechen.

Vertrieben – verschleppt oder Schlimmeres?

Bei den Ausgrabungen einer frühen Bergsiedlung am „Johanneser Kurhaus" (Klappauf / Linke 1989) nahe Clausthal-Zellerfeld gelang 1990 die Sicherung eines Befundes, der uns – archäologisch lesbar – eindringlich von einem Geschehen berichtete, welches dort vor nahezu 800 Jahren einem Schmied widerfuhr. Bereits in einem frühen Stadium der Ausgrabungen wurde unmittelbar vor einer Schnittbegrenzung – einem sogenannten Profil – eine Steinkonzentration beobachtet, die offensichtlich mit Eisenfunden in Verbindung stand (Abb. 5). Auffallend war dabei eine waagerechte dünne Steinplatte als untere Begrenzung. Eine schlüssige Erklärung gab es seinerzeit nicht.

3 Ausgrabung Lasfelder Tränke, Teil einer Wegespur, links neben dem Wagengleis befindet sich der Hufabdruck eines Zugtieres.

5 Ausgrabung Johanneser Kurhaus, die Steinkonzentration eines Herdes im Profil.

Erst als in einer späteren Grabungskampagne der Nachbarschnitt geöffnet wurde, zeigte sich der gesamte Befund. In den Boden war eine langrechteckige Vertiefung von etwa einem Meter Länge und einem halben Meter Breite eingegraben. Die Basis dieser Grube war mit ausgesuchten plattigen Steinen ausgelegt. Auf ihnen waren Eisengegenstände sorgfältig angeordnet. Trotz der Korrosion der Funde waren Eisenringe, Bandeisen, Kettenteile, Hufeisen, Wagenbeschläge, eine kleine Hacke mit Schaftloch und ein Bergeisen erkennbar, alle eingebettet in eine dicke Schicht Holzkohle. Aufliegend befand sich eine Konzentration von Tonscherben (Abb. 6). Diese Situation wurde auf der Grabung dokumentiert, die Funde geborgen und die Holzkohle zur Untersuchung gesammelt und verpackt. Als vorläufige Erklärung wurde ein Schmiedeherd, eine Esse angenommen.

Als die Bearbeitung abgeschlossen war und die jeweiligen Ergebnisse zusammengetragen wurden, war das Erstaunen groß! Alle restaurierten Eisenbeschläge wiesen alte Schäden auf – ein Zeichen dafür, dass hier ein Reparaturauftrag erledigt werden sollte (Abb. 7). Die Kettenteile, Wagenbeschläge und Hufeisen machen deutlich, dass Fuhrleute ebenso zu den Kunden des Schmiedes gehörten wie Bergleute, denn diese hatten eine Hacke und ein Bergeisen zur Instandsetzung in Auftrag gegeben. Die Spitze des Bergeisens zeigte deutliche Abnutzungsspuren, es war stumpf. Zudem kann man davon ausgehen, dass auch die Hüttenleute seine Dienste in Anspruch nahmen.

Beim Zusammensetzen der Scherben entstand ein einziges, dafür aber nahezu vollständiges Gefäß (Abb. 8). Scherben eines zweiten Gefäßes konnten nicht nachgewiesen werden. Und letzt-

4 Ausgrabung Lasfelder Tränke, das Trittsiegel eines Zugochsens.

Archäologie

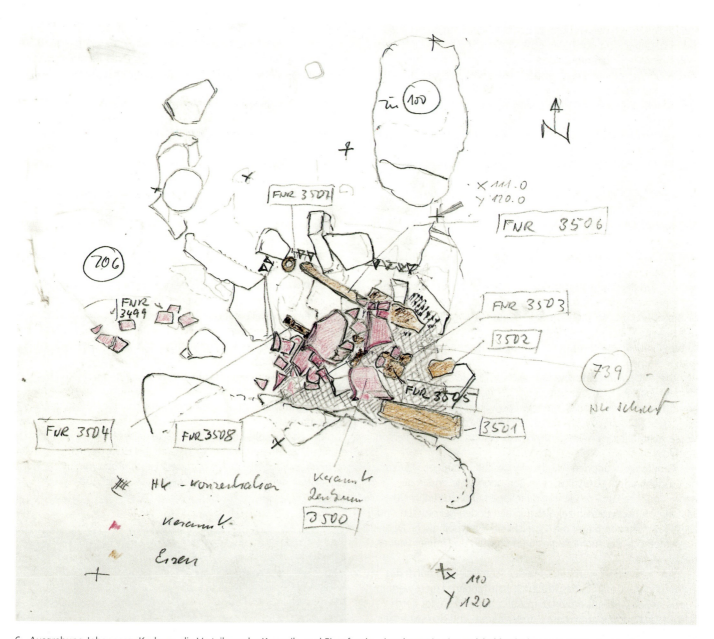

6 Ausgrabung Johanneser Kurhaus, die Verteilung der Keramik- und Eisenfunde, eingebettet in eine Holzkohleschicht an der Basis des Herdes, Geländeaufnahme.

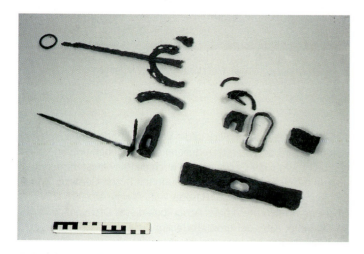

7 Ausgrabung Johanneser Kurhaus, die restaurierten Eisengegenstände in Fundlage angeordnet.

8 Ausgrabung Johanneser Kurhaus, der "Kochtopf" des Schmiedes, ein Kugeltopf des 13. Jahrhunderts.

endlich ließen sich bei der botanischen Untersuchung des Materials der Holzkohleschicht durch den Botaniker der Universität Göttingen, Professor Willerding, unter anderen das Gewürz Kardamom und Kerne von Weintrauben nachweisen. Wie ist das zu erklären?

Die bereits auf der Grabung gehegte Vermutung, einen Schmiedeherd ausgegraben zu haben, wurde bestätigt. Die Fundzusammensetzung lässt dabei einen wichtigen Blick auf den Kundenkreis eines Bergschmiedes zu. Welche Bewandtnis hat es aber mit dem Gefäß und dem Nachweis von Kardamom und Wein? Es scheint, für dieses Rätsel gibt es nur eine Lösung! Der Schmied hatte seine Auftragsarbeiten in seinem Herd für die vorgesehene Reparatur angeordnet. Die Glut zum Erhitzen wurde entfacht, doch vor Beginn der Schmiedearbeiten wollte er sich noch stärken und stellte den Topf mit einer vermutlich süßen (Weintraubenkerne aus Rosinen!), fein gewürzten Speise (Kardamom!) auf das Feuer. Zum Genuss des Mahls kam es aber nicht! Offensichtlich gewaltsam – der Topf zerschellte und die Suppe oder der Brei verkohlte in der Glut – wurde der Schmied gestört. Er musste seine Schmiede verlassen und kam nicht wieder zurück, denn die Eisenteile blieben im Ofen liegen und die Schmiede verfiel. Sein Werkzeug wie Zangen und Schmiedehammer fanden wir nicht. Allem Anschein nach wurde er mit seinem Gerät gegen seinen Willen mitgenommen.

Dieses Unglück des Schmiedes, das sich durch Indizien lückenlos nachvollziehen lässt, ist das Glück der Ausgräber. Ähnliches kommt in der Archäologie immer wieder vor, ein junges aufsehenerregendes Beispiel war der Fund des „Ötzis", dessen Bergtod den Wissenschaftlern viele Details aus seiner Zeit und zu seiner Person erschloss.

Grabungssituationen wie die hier geschilderten gehören zu den sogenannten „Geschlossenen Befunden". Sie sind in der Archäologie besonders wichtig, da in ihnen unterschiedlichste Materialien nachweislich zeitgleich in den Boden gekommen sind. Diese Kombination bietet die Möglichkeit, die typologische Datierungsmethode der Archäologie zu überprüfen und immer wieder neu zu eichen.

Am Johanneser Kurhaus kann der Schmiedeherd durch das aufgefundene Gefäß in das frühe 13. Jahrhundert datiert werden. Für diese Zeit wird uns neben dem Aufgabenbereich des Bergschmiedes Kenntnis zu seinem Kundenstamm und den seinerzeit benutzten eisernen Geräten übermittelt. Zudem ist die Verwendung von Kardamom gesichert. Nach bisherigem Wissensstand wurde das Gewürz im 12. Jahrhundert erstmals aus Indien importiert. Dass es so schnell seinen Weg in den Harz fand, zeigt die Bedeutung, die diese Bergbauregion hatte. Man darf auf die Gesamtergebnisse dieser Ausgrabung, die zur Zeit ausgewertet wird, gespannt sein (Alper 1998).

Sicher ist sicher

In den Jahren 1996 und 1997 wurde am Schnapsweg, Forst Lautenthal, ein durch Erosion gefährdeter Bereich eines Schmelzplatzes aus der Zeit um 1050 n. Chr. ausgegraben. Auch auf dieser in 490 m Höhe liegenden Fundstelle wurde aus Rammelsberger Erz Kupfer produziert, wie etwa 100 Jahre später am Riefenbach.

Das Herzstück der Grabung war der gut erhaltene Unterbau eines Schmelzofens, in dem zwei Tiegelkonstruktionen übereinander erhalten geblieben waren. Bei den Tiegeln handelt es sich um mit Steinplatten ausgekleidete und mit einem Lehm – Holzkohlegemisch abgedichteten Mulden, die – in eine Vertiefung im Boden eingebracht – Schmelzprodukte aus den über ihnen aufgebauten Ofenschächten sammelten.

Durch eine komplizierte Grabungstechnik wurden die wie Zwiebelschalen aufeinanderliegenden Schichten der Ofenbasis sowohl in der Senkrechten – also im Profil – als auch in der Waagerechten – also in der Fläche – erschlossen und dokumentiert. Die Steinsetzung beider Tiegel wurde abgeformt, der jüngere ist rekonstruiert und nun im Städtischen Museum in Goslar zu besichtigen.

War schon eine nachgewiesene Bauänderung, also die Verkleinerung der Ofenbasis von einem Tiegel mit 0,80 m Durchmesser auf einen solchen mit 0,70 m Durchmesser interessant, so erwartete die Ausgräber darunter noch ein weiterer Leckerbissen.

Nachdem die untere Tiegelsetzung herausgenommen war, zeigte sich im Zentrum unterhalb der Steinplatten bis hinab zur tiefsten Stelle der gleichmäßig rund ausgeformten Ofengrube ein locker aufgefüllter Bereich. Lockere Verfüllungen sind in der Archäologie meist ein Hinweis auf ehemalige Hohlräume. Ein solcher Hohlraum an der Basis von Öfen ist technisch sinnvoll zum Sammeln und Ableiten von Feuchtigkeit, dringend notwendig bei Schmelztemperaturen von über 1200 Grad Celsius.

Das, was dann an der Basis der Ofengrube beobachtet werden konnte, widerstrebte aber jeder technologischen Erklärung: An der tiefsten Stelle befand sich eine runde Schlackenplatte, die von Menschenhand auf einen Durchmesser von zwölf Zentimetern zugearbeitet worden war. Sie überdeckte einen kleinen runden, nur wenig gekrümmt in den Untergrund hinabführenden Hohlraum von vier Zentimetern Durchmesser. Er verjüngte sich nach unten und endete nach sechs Zentimeter Länge. In dieser Vertiefung befand sich ein sechs Millimeter starkes Holunderröhrchen, zugeschnitten auf sieben Zentimeter Länge. Die starke Kontamination des Bodens mit Kupfersalzen hatte dieses Hölzchen wie frisch erhalten, im Inneren waren noch Reste des Holundermarks vorhanden. Teilweise mit gekneteten Lehm grob ummantelt, war es locker in den Hohlraum hineingestellt worden (Abb. 9).

9 Ausgrabung Schnapsweg, der Zauber, ein lehmummanteltes Holunderröhrchen.

Das Rätsel löste ein Blick in die Volksheilkunde: Der schwarze Holunder wird dort als hitzeregulierend beschrieben und im Volksglauben sowohl der Germanen als auch der Slawen steht der „Baum der Holla" in enger Verbindung mit bösen Geistern, Kobolden und Zwergen (Erlbeck / Haseder / Stinglwagner 1998, 354). Es gelang offensichtlich beim Ausgraben dieses Ofens, nach 1000 Jahren hinter eines der größten Geheimnisse eines Schmelzers zu kommen: Seinen „Zauber", seine „Magie"!

Obwohl in jener Zeit längst das Christentum herrschte, sicherte er – der mit den Feuertabus sehr vertraut war – sich insgeheim auch gegenüber den Naturgeistern ab, um seinen Schmelzprozess gelingen zu lassen. Von gleichen Vorgehensweisen wird heute noch bei einigen afrikanischen Schmelzern berichtet (von Noten / Raymackers 1988, 114).

Wie viele Details aus unserer Vergangenheit mögen noch im Boden liegen? Die wenigen hier beschriebenen, mit archäologischen Mitteln gelesenen Beispiele zeigen überdeutlich, von welch hoher Qualität unsere seit Jahrhunderten ungestört unter dem Wald liegenden Fundstellen sind und wie sehr sie unseres Schutzes auch in der Zukunft bedürfen. Sie sind ein einmaliges Archiv unserer Geschichte. Diese Beispiele zeigen aber auch, dass die manchmal trocken und spröde erscheinende „Schlackenarchäologie" des Harzes eines mit Sicherheit nicht ist: langweilig!

Abbildungsnachweis
1-6 F.-A. Linke, 7-9 C. S. Fuchs (Niedersächsisches Landesamt für Denkmalpflege).

Spuren finden – archäologische Prospektion

Friedrich-Albert Linke

Jede Tätigkeit des Menschen an einem Ort hinterlässt Spuren, insbesondere dann, wenn sie mit Bodeneingriffen verbunden ist. Diese Spuren lassen sich – auch wenn sie oberflächlich vernarben – mit archäologischen Ausgrabungstechniken entschlüsseln. Damit bilden diese Fundstellen gerade für die Zeiten, aus denen es keine schriftlichen Überlieferungen gibt, die einzigen auswertbaren Quellen, die uns über das Leben in dieser Zeit berichten. Für die historischen Zeiten können wir mit diesen Bodenspuren Geschriebenes archäologisch überprüfen und ergänzen.

Voraussetzung für den Schutz, aber auch die Nutzung dieser Informationen durch Ausgrabungen ist jedoch immer die Kenntnis ihrer Lage! Diese Lokalisierung der Fundstellen wird – analog zur Auffindung von Erzlagern – Prospektion genannt.

Für die Prospektion stehen seitens der Naturwissenschaften unterschiedliche Verfahren zur Verfügung. Physikalisch lassen sich in den oberflächennahen Bereichen mittels geoelektrischer Verfahren Differenzen in den Leitfähigkeiten von archäologischen Relikten im Boden erkennen, durch unterschiedliche Dichten der Schichtgefüge werden in den Boden entsandte Radarimpulse unterschiedlich reflektiert und messbar, unter bestimmten Voraussetzungen wurde das natürliche Magnetfeld im Bereich alten Siedlungen beeinflusst, ein heute ebenfalls noch messbarer Vorgang. Chemische Analysen ermöglichen unter anderem den Nachweis höherer Phosphatgehalte im Boden, wie sie durch den Eintrag von Fäkalien in Siedlungsbereichen entstehen können. All diese Methoden sind geeignet, vermutete Fundstellen zu bestätigen und einzugrenzen, ja sogar innerhalb der Fundstellen Strukturen zu ermitteln – gerade auch in der Montanarchäologie (vgl. Beitrag R. Schulz) – nicht aber, um ganze Gebiete nach menschlichen Spuren zu durchforschen.

Die konventionelle Methode der archäologischen Prospektion ist die Feldbegehung. Dabei werden Ackerfluren nach materiellen menschlichen Hinterlassenschaften (Artefakten) und Verfärbungen im Boden abgesucht (Abb. 1). Für diese Vorgehensweise eignen sich besonders überpflügte Äcker, also Geländeabschnitte, die sich auch einer großflächigen fotografischen Fernaufklärung aus dem Flugzeug (Luftbildarchäologie) nicht verschließen.

Aber auch diese Methoden versagen in dicht bewaldeten Bergregionen, zu denen der Harz gehört. Zum Auffinden der für die Montanarchäologie wichtigen Geländespuren – neben den Relikten des Bergbaus sind dies in erster Linie die im Wald gelegenen Reste von Schmelzplätzen und kleinen Hüttenbetrieben – bedarf es besonderer Maßnahmen, wie am Beispiel der Schmelzplätze deutlich gemacht werden soll.

Davon ausgehend, dass die Hüttenleute zur Ausübung ihres Gewerbes die Nähe des Wassers suchten, sei es für hüttentechnische Vorgänge oder auch zur Eigenversorgung und darum wissend, dass sich die Spuren aller Vorgänge an einem Bach in seinem Sediment niederschlagen und erhalten, nutzen wir die Gewässer als Pfade zu den Fundstellen (Abb. 2) (Jockenhövel / Wilms 1993, 520. Klappauf / Linke 1997, 25).

2 Ein günstiger Zeitpunkt für die Bachbettprospektion ist die bewuchsfreie Zeit im Frühjahr.

Gezieltes Begehen eines jeden Bachsystems von seinem Austritt aus dem Harz bis hin zu den einzelnen Quellen bei gleichzeitiger Beobachtung abgerollter Schlacken in den Sedimentablagerungen gibt die entscheidenden Hinweise auf die örtliche Lage von Schmelzplätzen an den Ufern. Dort, wo die Schlackenbeimengungen in den Sedimenten merklich zurückgehen oder gänzlich aufhören, muss sich im angrenzenden Uferbereich der Verursacher der Schlackenspur, also die Halde einer Metallschmelze, befinden.

Bei entsprechender Schulung und Erfahrung der Prospektoren wird die detaillierte Erfassung der Fundstelle Routine. Neben immer wiederkehrenden ähnlichen – weil günstigen – Geländesituationen geben Bewuchsstörungen, wie sie durch Bodenkontamination verursacht werden und das Vorkommen sogenannter Weiserpflanzen Hinweise auf die Relikte der Kupferverhüttung (Abb. 3). Sehr viel schwerer sind die Schmelzplätze der Blei- und damit verbunden die der Silberproduktion zu erkennen. Ihre Abfälle verursachen keine Störungen in der Pflanzendecke, nur schwache Geländespuren lassen eine Lokalisierung zu (Abb. 4). Ähnlich verhalten sich die Plätze, auf denen ehemals Eisenöfen standen, auch sie sind normal bewachsen. Hier ist es oft Intuition, durch einen Einschlag an der richtigen Stelle den Nachweis zu erbringen.

Die erkannten Fundstellen werden kartiert, dokumentiert und beprobt. Allein die Auswertungen dieser durch die Prospektion ermittelten Ergebnisse lassen den Bearbeitern im Harz die Herzen

1 Archäologische Prospektion: Ein überpflügtes Feld wird systematisch nach Fundmaterialien abgesucht, die Funde werden kartiert.

3 Ein deutlicher Hinweis: Die Sternmiere als Weiserpflanze auf einer Schlackenhalde.

4 Durch eine schwache Geländestufe im Gegenhang verrät sich ein Bleischmelzplatz.

höher schlagen. Zunehmend deutlicher zeichnen sich räumliche und zeitliche Konzentrationen bestimmter Technologien ab. Die anfänglich geringe Anzahl bekannter Schlackentypen hat sich inzwischen vervielfacht und jedes neu in Angriff genommene Gebiet des Harzes scheint seine Überraschungen bereit zu halten.

Für die geländebedingten Erschwernisse montanarchäologischer Prospektion gegenüber jener im überpflügten Ackerland wird der Prospektor zudem durch einen meist hervorragenden Erhaltungszustand seiner Fundstellen entschädigt.

Ungestört durch Kultivierungsmaßnahmen sind hier oberflächennah die Strukturen der Schmelzhütten mit ihren Einrichtungen erhalten. Die Kontamination der Böden mit Schwermetallverbindungen konservierte zusätzlich organische Materialien, so dass durch fachgerechte Ausgrabungen detaillierte Kenntnisse zur angewandten Schmelztechnologie, zum genutzten Holz (oder Holzkohle) und damit zum Waldbild der jeweiligen Schmelzzeit, ja sogar zu den Ernährungsgewohnheiten der Hüttenleute zu erlangen sind.

Hinzu kommen die ebenso zu berücksichtigenden und aussagekräftigen Bergbaubefunde, Poch- und Scheidehalden, die noch nachvollziehbaren Wegetrassen und die Unzahl von Meilerplätzen. Dies alles zusammen bildet ein Archiv unschätzbaren Wertes, in dem die rücksichtslose Ausbeutung der Bodenschätze und die damit einhergehende intensive Belastung der Umwelt, aber auch die Regenerationsfähigkeit der Natur abzulesen ist.

Diesem Archiv gebührt all unsere Fürsorge.

Abbildungsnachweis
1-4 F.-A. Linke (Niedersächsisches Landesamt für Denkmalpflege).

Spuren suchen mit der Geophysik

Rüdiger Schulz

Geophysikalische Prospektion

Spuren im Untergrund, ob vom Menschen verursacht (anthropogen) oder natürlich vorhanden (geogen), lassen sich mit Methoden der Angewandten Geophysik aufspüren. Allerdings müssen die Methoden der Fragestellung angepasst werden. Normalerweise werden mit der Geophysik großräumige Veränderungen zum Beispiel im Magnet- und Schwerefeld der Erde erfasst; die Geophysik macht Aussagen über die Struktur der Erde von der Erdkruste bis zum Erdkern; mit geophysikalischen Methoden werden Erzlagerstätten oder Erdölfelder in Tiefen von einigen hundert Metern bis zu mehreren Kilometern prospektiert. Dagegen geht es bei der archäologischen Spurensuche um kleinräumige Untersuchungsgebiete; die Untersuchungstiefe liegt nur im Meterbereich. Deshalb muss die geophysikalische Prospektion in der Archäologie in einem engen Messraster hochauflösend kleinste Veränderungen in den natürlichen oder künstlich erzeugten geophysikalischen Feldern nachweisen (Schulz 1987).

Archäologische Strukturen können geophysikalisch erfasst werden, wenn sie markante physikalische Eigenschaften haben bzw. ihr Kontrast zur Umgebung groß genug ist. So lassen sich Steinfundamente, eingebettet in einem feuchten Ackerboden, wegen der erhöhten Magnetisierung und der geringen elektrischen Leitfähigkeit der Steine hervorragend mit magnetischen oder geoelektrischen Messungen kartieren. Doch diese ideale archäologische Fundsituation, wie sie zum Beispiel für die Kaiserzeit typisch in den römischen Gebieten innerhalb des Limes (Rheinland, Baden-Württemberg oder Bayern) ist, treffen wir in Norddeutschland leider nur selten an. Nur in Ausnahmefällen erhält man so klare Ergebnisse, wie sie in Abb. 1 dargestellt sind: Die Fundamente einer mittelalterlichen Burganlage südlich des Deisters zeichnen sich deutlich im Bild des scheinbaren spezifischen elektrischen Widerstandes ab (Baatz et al. 1992).

Solche geophysikalischen Bilder von archäologischen Spuren sind im Harz und im Harzvorland nur selten zu erwarten. Neben einigen herrschaftlichen Befestigungsanlagen wie der Pipinsburg

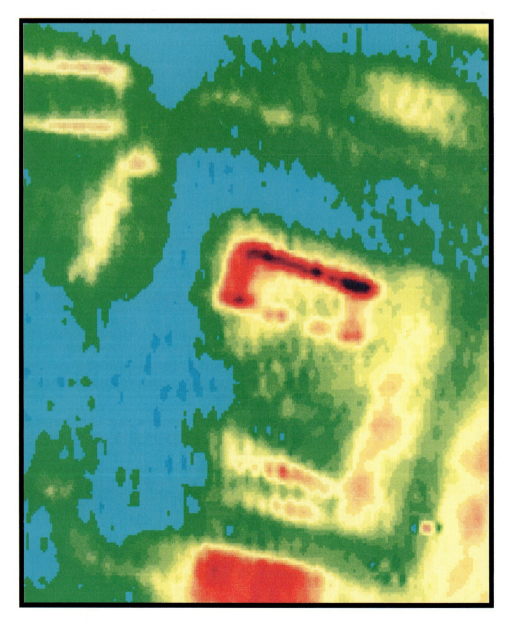

1 Ausschnitt aus der geoelektrischen Kartierung „Slottwiese"† bei Eimbeckhausen/Deister (Baatz et al. 1992). Der flächenhaft dargestellte scheinbare spezifische elektrische Widerstand (blau repräsentiert niedrige und rot hohe Werte) lässt deutlich die Fundamente einer mittelalterlichen Wasserburg, der Posteburg, und deren Nebengebäude sowie den ehemaligen Wassergraben erkennen. Die Messungen wurden in der sogenannten Wenneranordnung mit einem Elektroden-Sonden-Abstand von 1 m und einem Messpunktabstand von ebenfalls 1 m ausgeführt.

sind bis ins frühe Mittelalter im wesentlichen nur bäuerliche Siedlungen bekannt. Holzfundamente wie Pfostenlöcher sind in der Regel kaum mit geophysikalischen Messungen nachzuweisen. Aber selbst vereinzelte Steinfundamente ergeben bei gestörten Lagerungsverhältnissen kein klares Bild. Dennoch können in diesen Fällen geophysikalische Kartierungen wesentliche Hinweise auf Siedlungsspuren liefern; dies haben die Untersuchungen in Düna/Osterode gezeigt (Schulz / Mundry 1986). Das Siedlungsgebiet in Düna, das durch anthropogene Eingriffe in den natürlichen Schichtaufbau des Untergrundes gekennzeichnet ist, konnte gegenüber dem nicht beeinflussten Untergrund durch geoelektrische Kartierungen abgegrenzt werden. Ferner ergeben sich Hinweise auf den alten Bachlauf und einen möglicherweise vorhandenen Quellteich. Diese Hinweise wurden durch gezielte Peilstangenbohrungen bestätigt; andererseits konnten die Ergebnisse der Grabung somit in die Fläche übertragen werden (Klappauf 1985a).

Methoden und Messinstrumente

Ermutigt durch die Ergebnisse in Düna wurde das geophysikalische Messinstrumentarium für die archäologische Prospektion verbessert. Zur schnellen flächenhaften geoelektrischen Kartierung wurde eine mobile Elektrodengruppe entwickelt, die auf einem Anhänger hinter einem Geländewagen montiert ist; problemlos kann damit pro Tag eine Fläche von ca. 2500 m² geoelektrisch kartiert werden (Südekum 1999). Zusätzlich werden flächendeckend in einem Raster von 1 m die Anomalien der Totalintensität und der Vertikalgradient des erdmagnetischen Feldes bestimmt (Abb. 2). Ergänzt werden diese Messungen durch flächendeckende Georadaruntersuchungen (Ziekur 1999). Mit dieser Methodenkombination wurden die Siedlungsgebiete der Wüstung Astfeld (bei Goslar) und die Burgstelle und Verhüttungsplätze im Weiler Rhode erfasst. (Die Ergebnisse der Untersuchungen in Rhode werden ausführlich im Beitrag von G. Schlicksbier beschrieben.)

Erkundung von Verhüttungsplätzen

Bei der Spurensuche zur Erforschung der Anfänge des Bergbaus im Harz spielen die mittelalterlichen Verhüttungs- und Schlackenplätze eine zentrale Rolle. Zur Lokalisierung und detaillierten Erfassung dieser Plätze eignet sich besonders die Geomagnetik.

2 Bestimmung des Vertikalgradienten des erdmagnetischen Feldes. Mit zwei Protonenpräzessionsmagnetometern in 0,8 m und 1,3 m Höhe wird zeitgleich die Totalintensität des Erdmagnetfeldes gemessen und daraus der Gradient bestimmt.

Die geomagnetische Erkundung nutzt die Kontraste der magnetischen Suszeptibilität und der remanenten Magnetisierung verschiedener Materialien des Untergrundes aus. Gebrannte Steine, Verhüttungsschlacken oder zurückgebliebene Erz- oder Eisenteile verursachen starke Unterschiede in der Totalintensität des erdmagnetischen Feldes; insbesondere Reste von Verhüttungsöfen können genau lokalisiert werden.

Wegen der sehr oberflächennahen Lage der magnetisierten Verhüttungsspuren ändert sich das erdmagnetische Feld mit der Höhe sehr rasch, so dass man in der Regel nicht das Feld selber sondern den vertikalen Gradienten des Feldes misst. Gleichzeitig werden so bei dieser Messung die globalen zeitlichen Änderungen des Erdmagnetfeldes eliminiert. Wie Abb. 2 zeigt, wird mit Hilfe zweier gekoppelter Magnetometer in 0,8 m und 1,3 m Höhe der Vertikalgradient des erdmagnetischen Feldes bestimmt. Der Messpunktabstand muss wegen der geringen Größe der Objekte relativ klein gewählt werden; in der Regel beträgt er 1 m.

Eine Reihe von Verhüttungsplätzen im Harz und im Harzvorland wurden auf diese Art geomagnetisch kartiert. Als Beispiel für einen solchen Verhüttungsplatz im Harz soll neben den Verhüttungsplätzen bei Rhode (Beitrag Schlicksbier) die Schlackenfundstelle „Schnapsweg" vorgestellt werden (Abb. 3). Die Fundstelle befindet sich am Westhang des Hackelsberges am Oberlauf des Steigertales in einer Höhe von ca. 490 m über NN oberhalb der – verursacht durch den Wegausbau des Schnapsweges – steilen, nach Osten aufsteigenden Böschung. Hier waren in der Abrisskante Holzkohlen und Schlacken zu erkennen.

Bei der geoelektrischen, insbesondere aber bei der geomagnetischen Kartierung zeigten sich im südwestlichen Teil des Untersuchungsgebietes deutliche Anomalien (Abb. 3). Mehrere ausgeprägte Anomalien im Vertikalgradienten des erdmagnetischen Totalfeldes können zu einer Nordost-Südwest verlaufenden Struktur verbunden werden, die auf die Existenz von mehreren Schmelzöfen hindeutet. Durch eine Grabung mit einer Erstreckung von 4 m in Nord-Süd- und 8 m in Ost-West-Richtung (Abb. 4) konnte die Existenz von zumindest einem Kupferverhüttungsofen mit ca. 80 cm Durchmesser bestätigt werden. Das Zentrum des Ofens liegt genau im Bereich des stärksten Gradienten der nördlichen Magnetikanomalie. Eine magnetische Wiederholungsmessung nach Beendigung der Grabung, das heisst nach Bergung des Ofens mit seinem Tiegel, zeigte das völlig Verschwinden dieser magnetischen Anomalie. Damit ist eindeutig nachgewiesen, dass der Verhüttungsofen die Ursache für die magnetische Anomalie ist. Aus der Interpretation der gesamten magnetischen Kartierung (Abb. 3) ergibt sich, dass ausgehend von dieser nördlichen Anomalie in südwestlicher Richtung drei weitere Verhüttungsstellen existieren.

Physikalische Altersbestimmungen

Physikalische Methoden helfen dem Archäologen, seine Funde und Grabungsergebnisse zeitlich zu datieren. Diese Methoden konnten auch bei der Grabung „Schnapsweg" erfolgreich eingesetzt werden. Routinemäßig wird organisches Material mit der ^{14}C-Methode datiert. Das Alter von Holzkohlen von der Verhüttungsstelle Schnapsweg wurde von M. A. Geyh mit ca. 1090 ± 75 n. Chr. bestimmt.

Mit Methoden der Paläomagnetik kann gebranntes Material, wie verziegelter Lehm oder Grauwackenplatten des Ofentiegels, datiert werden. Dabei setzt man voraus, dass bei der letzten Benutzung des Ofens das damals herrschende erdmagnetische Feld mit seiner Deklination und Inklination in das Material „eingebrannt" wird. Mit Hilfe der Säkularvariationskurve gelang es

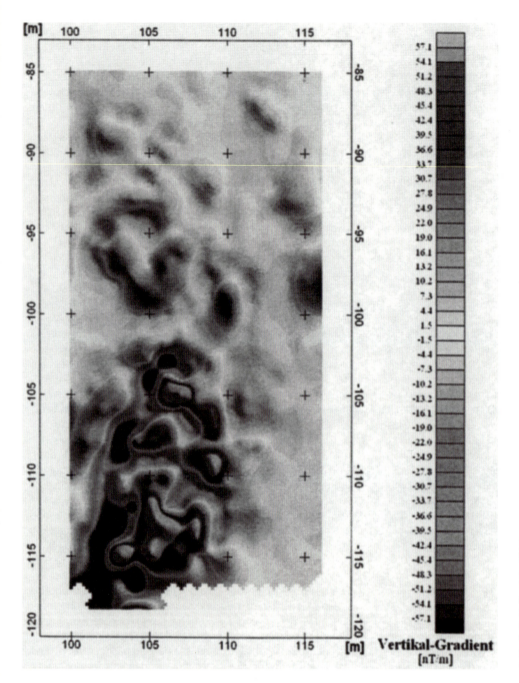

3 Anomalien des Vertikalgradienten der Totalintensität des erdmagnetischen Feldes am „Schnapsweg". Im südwestlichen Teil des Untersuchungsgebietes heben sich mehrere Anomalien (Maxima mit nordöstlich vorgelagerten Minima) heraus, die eindeutige Hinweise auf Verhüttungsöfen liefern. Für die nördlichste Anomalie (-105 Süd, 106 Ost) ist durch die Grabung (Abb. 4) ein Ofen belegt.

F. Schnepp, aus 19 Proben das Alter des Ofens am Schnapsweg mit 1040 ± 80 n. Chr. anzugeben.

Gestützt werden diese Zeitangaben durch die archäologische Datierung von zwei Keramikbruchstücken, so dass die Produktionszeit des Verhüttungsplatzes am Schnapsweg in das 11. Jahrhundert datiert werden kann.

Mit Hilfe der Geophysik gelingt es also nicht nur, archäologische Spuren räumlich zu lokalisieren, sondern man kann diese Spuren auch mit physikalischen Methoden zeitlich einordnen.

Abbildungsnachweis
1 W. Südekum, 3 J. Sauer (Institut für Geowissenschaftliche Gemeinschaftsaufgaben; 2, 4 F.-A. Linke (Niedersächsisches Landesamt für Denkmalpflege).

4 Grabung „Schnapsweg". Kernstück der Grabung ist ein Ofen mit ca. 0,8 m Durchmesser. Das Fundmaterial umfasst Rammelsberger Erz als Ausgangsmaterial, Fließ- und Plattenschlacken als Abfall und Kupferstücke als Produkt des Schmelzvorganges. Die Produktion kann in das 11. Jahrhundert n. Chr. datiert werden. Der Ofen ist die Ursache für eine ausgeprägte magnetische Anomalie (Abb. 3). Blick von Osten.

Spuren lesen – Ausgrabungen

Friedrich-Albert Linke

Eine archäologische Ausgrabung wird oft verglichen mit dem Lesen von Urkunden, deren Schriftzeichen aus Mauerresten, unterschiedlich getönten Bodenstrukturen, Erdschichten und Holzrudimenten bestehen. Diese so genannten „Befunde" verraten dem kundigen Ausgräber durch die Lage zueinander, durch Form und Zusammensetzung ihre Entstehungsgeschichte. Die Logik der archäologischen Lesart soll anhand der Darstellung einer fiktiven Grabungssituation (Abb. 1) verdeutlicht werden. Dargestellt ist der Blick in den Schnitt einer regulären Grabung, Messpunkte neben dem Schnitt gewährleisten Bezüge zu anderen Schnitten und in das Kartenwerk. Die Endtiefe jeder Grabung, der von Menschenhand unberührte Boden, wurde im Vordergrund durch das Abtragen vieler Flächen bereits erreicht. Jedoch verraten uns noch einige Verfärbungen an der Basis, vor allem aber auf den Erdsockeln und im Profil im hinteren Schnittbereich die Geschichte dieser Fundstelle:

Mit (1) ist im rechten Profil eine dünne schwärzliche Schicht gekennzeichnet, die zuunterst über dem hellgelben gewachsenen Boden liegt. Mit dieser Schicht stehen die kleinen runden Verfärbungen in Verbindung, die die Ausgräber auf einem Sockel rechts erhalten haben. Die Zusammengehörigkeit der Schicht (1) und dieser Verfärbungen lässt sich im Hintergrund des Sockels ablesen, wo eine von ihnen bis an die Schicht heranreicht und in ihr endet. Zwei dieser Verfärbungen wurden vorn im Sockel geschnitten und zeigen eine regelmäßige zylindrische Form. Dieses ist das Erscheinungsbild von typischen „Pfostengruben", wie sie in den Boden eingegrabene hölzerne Konstruktionsteile hinterlassen, Tierbauten zum Beispiel würden in der Senkrechten rund erscheinen. Die Verfärbungen entstanden zum einen durch die Vermischung von humosem Oberboden und hellem Anstehenden beim Ausheben und Verfüllen, zum anderen durch das Vergehen des ehemals dort stehenden Pfostens. Die regelmäßigen Abstände dieser kleinen Verfärbungen zueinander deuten auf die Reste eines Gebäudes hin. Datierend für diesen Holzbau sind Funde wie zum Beispiel Tonscherben aus den Pfostengruben selbst und der gleichzeitigen Schicht (1).

Oberhalb der Schicht (1) ist in der linken Schnittwand die Schicht (3) zu erkennen, von der ersten durch ein helles, vermutlich aufgeschwemmtes Band getrennt. Da sie flächig über der Schicht (1) liegt, muss sie später entstanden sein, also jünger sein. Von dieser Schicht reicht – gekennzeichnet durch die (4) eine große dunkle runde Verfärbung in den Boden hinein, teilweise – aber noch nicht vollständig – in der Senkrechten (dem Profil) erfasst. Form und Größe dieser Eingrabung sprechen für eine in vorgeschichtlichen Siedlungen häufig vorkommende Vorratsgrube.

Die Schicht (3) steigt nach rechts und wird offensichtlich bei der Ziffer (5) durch die aufliegende, zeitlich jüngere Situation gestört. Bei Befund (5) handelt es sich um einen Fußboden, also den Bereich eines Innenraums. Erhalten sind Brettreste auf einer kiesigen Ausgleichsschicht. Der Innenraum wird durch die Mauer (6) begrenzt, an die das letzte Brett unmittelbar anschließt. Rechts der Mauer zeichnet sich mit Befund (7) eine dunkle Erdschicht über einer dichten Packlage aus Geröll ab. Eingedrückte Radspuren kennzeichnen sie als einen Weg. Beide Bereiche – Innenraum und Außenbereich – scheinen gleichzeitig, wie lässt sich das aber beweisen und vor allem – wie datiert man eine Mauer?

Unter der Mauer (6) ist eine Eingrabung im Boden zu erkennen. Dabei handelt es sich um deren Fundamentgrube. Sie stört die Schicht (1), ist also jünger als diese. Die Erdverfüllung des Fundamentes geht sowohl in die Ausgleichsschicht unter dem Fußboden als auch in die Packlage unter der Straße über. Damit sind sowohl der aufliegende Innenraumfußboden als auch der freigelegte Straßenbelag zeitlich gleich. Die Mauer ist jünger als die Schichten (1) und (3). Nach ihrer Errichtung füllte man die Fundamentgrube, ebnete den Innenraumbereich und schuf eine feste Basis für die Straße. Funde aus diesen Bereichen können, wenn sie beispielsweise aus den Schichten (1) und (3) verschleppt wurden, älter und nur die jüngsten Stücke dieser Kollektion können gleichzeitig mit dem Mauerbau (6) sein. Durch das Einziehen des Fußbodens werden die Zeiten jedoch für den Ausgräber nachvollziehbar eindeutig voneinander getrennt. Alle Fundstücke, die über dem Fußboden ausgegraben wurden, sind frühestens gleichzeitig mit

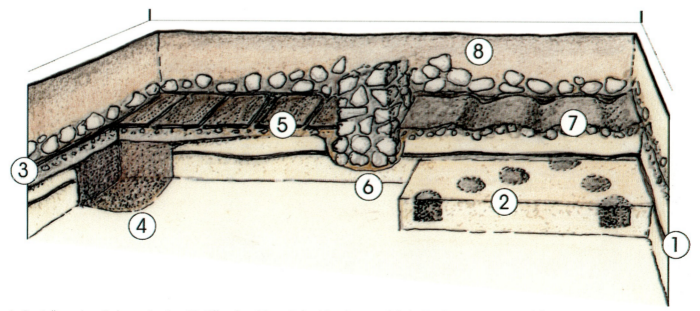

1 Darstellung einer Grabungssituation. Die Ziffern bezeichnen Befundsituationen, auf die im Text Bezug genommen wird.

der ersten Benutzung des Raumes oder jünger. Dieses trifft auch auf die Fundstücke aus der sich im hinteren Profil abzeichnenden Versturzschicht (8) zu.

Diese Darstellung mag verdeutlichen, dass Grabungstechnik – denn so nennt man diese archäologische Vorgehensweise, keine Alchemie ist, sondern sich logisch aufbaut (Biel / Klonk 1994. Gersbach 1989).

Ihre Stützpfeiler bilden die Stratigraphie – der Schichtaufbau von unten nach oben – und die Typologie – die Altersbestimmung durch archäologische Funde – aber auch naturwissenschaftliche Methoden wie beispielsweise die Kohlenstoffdatierung oder die Datierung nach den Jahresringen von in Grabungsbefunden aufgefundenen Hölzern (zum Beispiel bei entsprechender Erhaltung die Fußbodendielen im oben angeführten Beispiel) (Linke 1992, 141).

Natürlich gelten die gleichen Methoden für montanarchäologische Ausgrabungen. Es kommen jedoch Erschwernisse hinzu, die diese Untersuchungen oftmals sehr kompliziert gestalten (Abb. 2). Beispielsweise möchte man beim Ausgraben eines Verhüttungsofens neben der Tatsache, dass es sich um einen Ofen aus einer gewissen Zeit handelt zusätzlich erfahren, woher das eingesetzte Erz stammt, welches Produkt daraus auf welchem Wege und bei welcher Temperatur erschmolzen wurde. Man möchte wissen, wie die Konstruktionen der Öfen beschaffen waren, mit denen diese Temperaturen zu erreichen waren, wie oft sie benutzt wurden, welche Menge erschmolzenen Materials in einer „Ofenreise" – einem Verhüttungsdurchgang – gewonnen werden konnte. Wünschenswert wäre zudem zu erfahren, welcher Waldbestand als Energiequelle noch zur Verfügung stand, wie die Hüttenleute lebten, zu welcher Jahreszeit sie verhütteten und wie lange ein Schmelzplatz genutzt wurde. All diese wünschenswerten Informationen müssen aus dem Objekt selbst heraus erarbeitet werden, denn die Möglichkeit des Vergleichs mit anderen Ausgrabungsergebnissen ist in der noch jungen Montanarchäologie kaum möglich. Jeder Befund muss aus sich heraus zum Sprechen gebracht werden! Dies ist nur leistbar, wenn die archäologischen Untersuchungen eng durch archäometallurgische Analysen begleitet werden, für die ein sorgfältig einzelbefundbezogenes Fundmaterial geborgen werden muss (vgl. unter anderem Beiträge Bachmann. Brockner).

Wie der kurze Abriss zur Methodik der Ausgrabung zeigen sollte, muss der Ausgräber Erdschichten nahezu sezieren, um seine Informationen zu gewinnen. Damit wird jede archäologische

2 Blick auf die oberen Verfüllschichten in den Resten eines Kupferschmelzofens.

Untersuchung zur gründlichsten Zerstörung einer Fundstelle, die man sich vorstellen kann. Dies verpflichtet den Forscher zu einer akribischen Dokumentation aller erstellter Flächen und Profile und aller Details in Fotos, in maßstäblichen Zeichnungen und in ausführlichen Beschreibungen. Eine weitere Verpflichtung besteht in der konsequenten Auswertung und Publikation seiner Erkenntnisse. Erst dann, wenn die Ergebnisse einer Ausgrabung für die Forschungen Dritter nachvollziehbar zur Verfügung stehen, ist unserem Geschichtsbild ein neues Mosaiksteinchen hinzugefügt.

Abbildungsnachweis
1 R. Krone, Entwurf Verfasser, 2 Verfasser (Niedersächsisches Landesamt für Denkmalpflege).

Spuren deuten – Frühe Montanwirtschaft im Harz

Lothar Klappauf

Die Bedeckung des heutigen Harzes zum größten Teil mit Wald führte mit dazu, dass die darunter verborgenen Bodendenkmale im Gegensatz zu den oftmals weithin sichtbaren Zeugen des jüngeren Bergbaus meist nur recht periphere Beachtung fanden. Ebenso wird zwar immer wieder auf die vom Berg- und Hüttenwesen verursachten Umweltschäden hingewiesen, doch bleibt es zumindest für die frühe Montangeschichte meist bei allgemeinen Aussagen. Museale Präsentationen beschränkten sich bis in die jüngste Zeit auf die Neuzeit. Dass sich nachweisbar bereits die Aktivitäten des frühmittelalterlichen Berg- und Hüttenmannes massiv auf die Umwelt ausgewirkt haben, wird jedoch gerade in den letzten Jahren immer deutlicher (Hillebrecht 1989. Schwarz 1997). Die Umweltsünden des „Alten Mannes", also des frühen Berg- und auch Hüttenmannes, wie sie unter anderem bei der Analyse von Bachsedimenten deutlich werden, helfen heute Bergbau- und Verhüttungsspuren im Gelände zu finden.

In menschlichem Skelettmaterial des 17./18. Jahrhunderts vom Brüdernkloster in Goslar (vgl. Beiträge von S. Hummel, H. Schutkowski, A. Fabig, B. Herrmann und B. Bramanti) lassen sich deutlich erhöhte Schwermetallwerte nachweisen. Zudem sorgen gerade die Schwermetallionen für eine hervorragende Konservierung organischer Reste auf Schmelzplätzen, die auch dadurch zu einem Bodenarchiv ganz besonderer Qualität werden und die Rekonstruktion sowohl der historischen Vegetation als auch des menschlichen Umgangs mit der Natur erlauben (Hillebrecht 1992. Willerding 1992).

Bergbau

Entscheidend für die Struktur der Besiedlung waren zuerst die Lagerstätten (Bartels 1997b. Böhme 1978b. Bornhardt 1943. Denecke 1978. Klappauf 1991. Schnell 1954). Sie wurden von Prospektoren aufgespürt, die sich von Merkmalen wie Bewuchs, Quellhorizonten und Geomorphologie leiten ließen. Ähnliche Kriterien leiten auch heute noch den archäologischen Prospektor, wenn er die Relikte des „Alten Mannes" in Form von Pingen, Schächten und Stollen mit ihren Halden aus taubem Gestein sucht. Die bisherige Meinung, dass sich Spuren des frühen Bergbaus nur noch mit wenigen Ausnahmen erhalten hätten, scheinen durch neue Entdeckungen relativiert zu werden (Abb. 1). Ihnen gilt es in Zukunft vermehrt Achtung zu schenken, die ersten Projekte zur Untersuchung vermutlich früher Bergbaureviere in Kooperation mit dem zuständigen Oberbergamt in Clausthal zeigen einen guten Verlauf.

Transport

Der Abbau des Erzes bedingte eine gewisse verkehrstechnische Erschließung des Bergbaugebiets (Brachmann 1992. Denecke 1969. Gringmuth-Dallmer 1992. Prell 1983). Das Erz musste, falls es nicht auf der Lagerstätte verhüttet werden sollte, zu den entsprechenden Schmelzhütten gebracht werden. Die Verarbeitung vor Ort schied, wie wir trotz der scheinbaren Orientierung mancher Hütten auf benachbarte Lagerstätten wissen, in den meisten Fällen aus. Das Erz ging, wie auch in unserem Zeitalter, zur Kohle (Abb. 2). Also benötigte man Verkehrswege, auf denen sich im einfachsten Fall bepackte Menschen, möglichst aber Trag- und

1 Die Rammelsberg-Lagerstätte mit ihren bis heute erhaltenen Förderanlagen beeindruckt den Besucher der Stadt Goslar. Weitgehend unerforscht sind die Relikte des älteren, bis in die Bronzezeit zurückreichenden Abbaus, dessen Spuren jedoch deutlich im Gelände auffindbar sind.

Zugtiere sicher bewegen konnten. Gleichzeitig wurden diese Wege für die Versorgung der Bergleute benötigt, auch wenn nur saisonal und in kleinem Umfang abgebaut wurde.

Recht gut fassen konnten wir diesen Komplex am Rammelsberg bei Goslar (Brockner et al. 1995. Budde 1996. Klappauf 1996a. Zotz 1993a). Vom Ausbiss der Lagerstätte, also von der Stelle, an der das Erz bis an die Oberfläche reichte und zunächst obertägig abgebaut werden konnte, führen ganze Hohlwegbündel nach Goslar. Diese Erzabfuhrwege wurden bis zur Errichtung des heutigen Bergwerks genutzt. In der Stadt selbst wurde das Erz gelagert und von dort zur Aufbereitung bzw. zu den Schmelzhütten transportiert. Ein Magazin Rammelsberger Kupfererze des 12. Jahrhunderts konnten wir bei archäologischen Ausgrabungen im Goslarer Stadtgebiet erfassen.

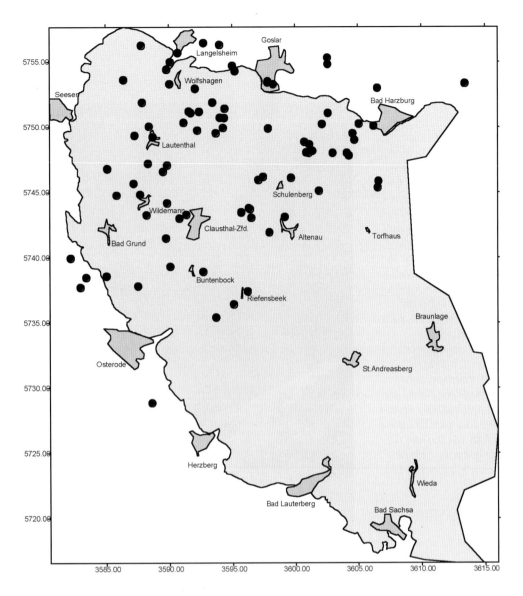

2 Die Erze, wie hier das Rammelsberger Erz, wurden zu den Hüttenstellen oft über weite Strecken transportiert. Der Nachweis Rammelsberger Erze auf Schmelz- und Hüttenplätzen, wie er sich bei weiteren Untersuchungen noch verdichten wird, gibt einen Eindruck von der schon früh entwickelten Infrastruktur im Harz.

Energie

Grundvoraussetzung für die notwendigen technischen Prozesse zur Gewinnung des Metalls war natürlich der Brennstoff (Hillebrecht 1982. Dies. 1992). Dieser stand in Form von Buchenholz und der daraus gewonnenen Holzkohle im Harz zunächst nahezu uneingeschränkt zur Verfügung, jedoch lassen sich bereits im 7./8. Jahrhundert erste Anzeichen einer Waldzerstörung in der damals hergestellten Holzkohle feststellen (vgl. Beitrag Frenzel). Auch im Siedlungsgebiet im Harzvorland ist in dieser Zeit bereits ein großflächiger Rückgang der Waldgebiete und eine Ausbreitung der Ackerflächen zu beobachten, woraus sich eine Zunahme der Bevölkerung in den Siedlungen des Harzvorlandes ableiten lässt. Im Gelände unzählig vorhanden sind die Platzmeiler, auf denen seit dem 12./13. Jahrhundert die Kohlenmeiler errichtet wurden. Problematisch sind dagegen die davor üblichen Grubenmeiler – einfache, in den Boden eingetiefte Gruben, in denen sich unter einer Abdeckung Holz verkohlen lässt und die sich ohne gezielte Sondage kaum von Baumwürfen unterscheiden lassen. Die Datierung der Meiler ist prinzipiell durch die ^{14}C-Analyse möglich, allerdings muss die Möglichkeit mehrphasiger Nutzung der gleichen Stelle berücksichtigt werden. Dazu stellt die Menge der Meiler ein nahezu unlösbares Problem dar (Klappauf 1991. Ders. 1993. Ders. 1995. Ders. 1996b). Die Zusammensetzung der Holzkohle in den Meilern gibt wichtige Aufschlüsse über die Waldzusammensetzung und -entwicklung, wie in der wegweisenden Arbeit von M.-L. Hillebrecht (1982) gezeigt worden ist. Allerdings lässt die Vielzahl der Meiler, die wir auf über 15000 schätzen, leider nur in wenigen Fällen eine regelgerechte Bearbeitung zu.

Metallgewinnung

Für die Verhüttung lassen sich im (niedersächsischen) Harz bisher ca. 800 Plätze, an denen Erz verschmolzen wurde, lokalisieren (Abb. 3). Auf den gesamten Harz hochgerechnet bedeutet dies, dass über 2500 ehemalige Schmelzplätze vorhanden sein dürften. An diesen Hütten wurden die angelieferten Erze auf Kupfer, silberhaltiges Blei oder auch Eisen erschmolzen (Bachmann 1993a. Ders. 1993b. Brockner 1994c. Klappauf/Linke 1997). Das gewonnene Metall wurde in auf die Weiterverarbeitung spezialisierte Betriebe transportiert.

Die Schmelzhütten selbst sind bisher Hauptgegenstand unserer laufenden Untersuchungen (Klappauf / Linke 1996. Dies.1997). Nach ihrer Produktion lassen sich verschiedene Typen unterscheiden. Dabei bleibt auf Grund des bisherigen Arbeitsgebietes, eher konzentriert im westlichen Teil des Oberharzes, die Eisenproduktion

Archäologie

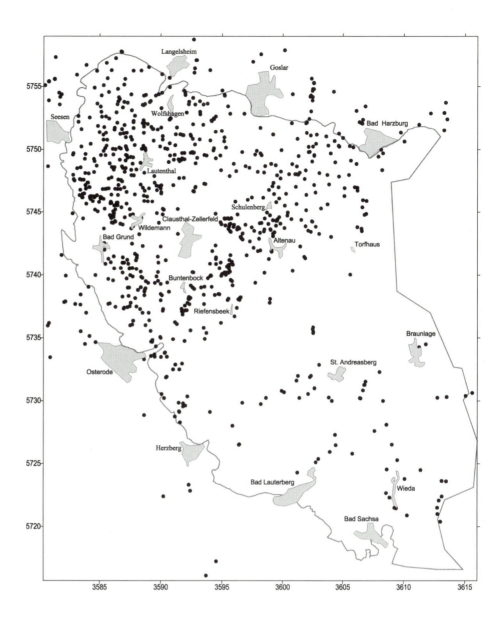

3 In den bisher intensiver bearbeiteten Regionen des Harzes deutet sich eine dichte Verbreitung früher Schmelzplätze an, das sich in den noch weniger erforschten Gebieten fortsetzen wird.

4 Viele ehemalige Schmelzplätze geben sich im Gelände durch auffallende Bewuchsstörungen zu erkennen, wie der Schmelzplatz an der Lasfelder Tränke aus dem 10./11. Jahrhundert n. Chr.

heute noch weitgehend außer Acht. Doch sind die Eisenlagerstätten, wie sich bereits bei den Ausgrabungen in Düna/Osterode andeutete, schon im 1. Jahrhundert v. Chr. ausgebeutet worden. Auch die den wichtigen Eisenlagerstätten vom Iberg bei Bad Grund vorgelagerte frühe Befestigungsanlage der Pipinsburg (vgl. Beitrag Grunwald) und vergleichbare Befestigungen in auffallender Nähe zu anderen Eisenlagerstätten untermauern die frühe Nutzung dieses prägenden Rohstoffes bereits in der Eisenzeit.

Zu den einzelnen Schmelzhütten stehen inzwischen aus mehreren Grabungen (vgl. Übersichtskarte 2) Detailinformationen zur Verfügung, die es erlauben, auch weniger intensiv untersuchte Fundplätze (Abb. 4) zu charakterisieren und erste flächendeckende Ergebnisse aufzuzeigen.

Plätze der Kupfergewinnung

Am Kunzenloch bei Lerbach/Osterode (Linke 1994) wurde in einem größeren Verhüttungskomplex nur ein kleiner Ausschnitt von ca. 2 x 5 m untersucht. Deutlich erkennbar ist ein Arbeitsplateau, auf dem der Ofen stand. Dieser ist leider nur in seinem Unterbau aus gebranntem Lehm fragmentarisch erhalten. Zur Produktion von Kupfer wurde hier Rammelsberger Erz verwandt. Anhand von ^{14}C-Daten kann die Betriebszeit in das 10. Jahrhundert n. Chr. datiert werden. Abfallprodukte dieser Verhüttung sind neben den aus dem Ofen abgestochenen – geflossenen – Fließschlacken die sogenannten „pizzaförmigen" Plattenschlacken (Abb. 5), die hier in einem eindeutigen mittelalterlichen Zusammenhang erstmals beobachtet werden konnten, während sie bisher immer als Anzeichen bronzezeitlicher Verhüttung angesehen wurden. Aus den in einer Schicht gefundenen Schlackenfragmenten wurden erstmalig die heute als typisch für die Kupfergewinnung dieser Zeit angesehenen Plattenschlacken zusammengesetzt.

Am Riefenbach bei Bad Harzburg (Brockner 1994b. Linke / Klappauf 1994) konnte erstmals nahezu ein ganzer Schmelzplatz in einer Fläche von ca. 15 x 10 m mit drei Öfen unterschiedlicher Funktion und einer in den Boden eingearbeiteten Gussform freigelegt werden. Hier lassen sich systematische Strukturen erkennen. An dem Platz wurde aus Rammelsberg-Erz Kupfer gewonnen, als Abfall entstand hier ausschließlich Fließschlacke, die aus dem Schmelzofen abgestochen wurde. Außerdem wurden verschiedene Legierungen gefunden. Die Datierung anhand der aufgefundenen Keramik reicht in das 11./12. Jahrhundert. Neben dem Hüttenplatz befindet sich ein Platzmeiler des 17. Jahrhunderts. Der

5 Aus vielen Einzelbruchstücken zusammengesetzte Plattenschlacke aus der Grabung Kunzenloch. Die Entstehung dieser an eine Pizza erinnernde Schlackenart ist noch nicht geklärt. Sicher können diese Schlacken der Verhüttung von Rammelsberger Erz auf Kupfer im 10./11. Jahrhundert n. Chr. zugeschrieben werden.

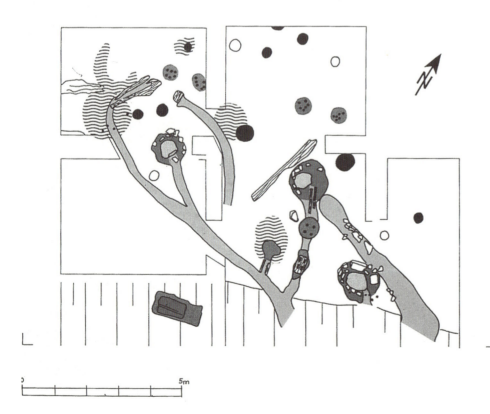

6 Vereinfachter Plan der Ausgrabung des Schmelzplatzes am Riefenbach bei Bad Harzburg aus dem 11./12. Jahrhundert n. Chr. Deutlich werden die eingetieften Rinnen und die Standorte der Öfen. Im Abhang zum Riefenbach ist das Gießbett erkennbar.

Köhler nutzte Schlacken des alten Hüttenplatzes unter anderem dazu, feuchte Bereiche für sich begehbar zu machen.

Der Hüttenplatz wird strukturiert (Abb. 6) durch ein System von Wasserrinnen, die, mit Holz ausgekleidet, der Aufbereitung des Erzes oder aber auch der Schlacken gedient haben dürften, wie ein als Waschtrog zu deutender Befund nahelegt.

Die Konstruktion der drei Öfen ist einander ähnlich. In einer erst später zugeschwemmten Mulde stehen drei Steine (Abb. 7), die einen großen Tiegelstein von ca. 30 kg tragen.
Auf diesen ist der eigentliche Tiegel aus Lehm aufgestrichen (Abb. 8). Vom Ofenaufbau selbst haben sich, wie bei allen bisher bekannten Fundplätzen, keine Hinweise erhalten. Ebenso lagen die notwendige Windzuführung und das zu rekonstruierende Schlackenabstichsloch oberhalb der erhaltenen Ebene.

Am Rand der Grabungsfläche weisen Pfosten auf ein Schutzdach hin. Im Hang zum Bach fand sich ein in den Lehm eingearbeitetes Gießbett, darin hatte sich der Fußabdruck eines Hüttenmannes erhalten (vgl. Beitrag Linke, Die Spur des „Alten Mannes").

In der jüngsten Grabung am Schnapsweg bei Lautenthal (Linke 1998. Klappauf et al. 1998), einer kleinen Rettungsgrabung auf einem von A. von Kortzfleisch entdeckten Hüttenplatz des 11. Jahrhunderts, an dem wiederum aus Rammelsberger Erz Kupfer gewonnen wurde, ergänzen sich die Befunde zu einem anschaulichen Bild von den alten Hüttenplätzen (Abb. 9). Zunächst weist die Prospektion des Niedersächsischen Landesamts für Bodenforschung auf magnetische Anomalien im Untergrund (vgl. Beitrag Schulz) auf eine Batterie von mindestens vier Öfen hin.

7 Trägersteine für den Tiegelstein als Unterbau eines Ofens am Riefenbach bei Bad Harzburg, in einer später zugeschwemmten Mulde unter dem Ofen.

8 Auf den Tiegelstein aufgearbeiteter Tiegel eines Schmelzofens vom Riefenbach bei Bad Harzburg.

9 Der Kohlplatz in Tibet zeigt eine Anlage, wie sie ähnlich beim frühmittelalterlichen Schmelzplatz vom Schnapsweg gewesen sein dürfte.

Von dem am Hang liegenden Werkplatz führt ein hangseitig mit einem lose gesetzten Trockenmäuerchen befestigter Weg zum Bach. Darüber zeichnen sich zwei Arbeitsplateaus ab, beide waren zum Hang hin mit Staketen und Holzbrettern gesichert. Das obere Plateau ist vollständig erfasst. Auf ihm fanden sich mehrere Laufhorizonte, die von Lehmschichten überdeckt wurden, die möglicherweise von der Ausbesserung des Schmelzofens stammen. Am hangseitigen Plateaurand waren zwei Gruben eingetieft, verfüllt mit großen Holzkohlestücken und Schlacken. Dabei fiel die strikte Trennung von Platten- und Fließschlacken auf.

Drei Pfosten lassen sich einem Schutzdach zuordnen, das wohl vor allem dazu diente, die Arbeitsmaterialien trocken zu halten. Die Konzentration großer Rindenstücke in diesem Bereich könnte auf eine einfache Art der Dachdeckung weisen. Auffallend war eine kleine Halde stark mit Kupfersalzen durchsetzten Materials, dessen Fraktionierung auffallend gleichmäßig war. Randliche Staketen lassen an einen Siebplatz denken.

Der Ofen selbst zeichnete sich an der Oberfläche durch eine Konzentration von verbrannten Steinen und Hüttenlehm ab. Darunter liegende, kompakte Schichten kleiden als Gestübbe einen sauber aus Steinen gesetzten Tiegel aus (vgl. Abb. 14), unter dem wiederum Gestübbereste eines älteren, größeren Tiegels lagen (vgl. Beitrag Linke, Die Spur des „Alten Mannes"). Das nach besonderen Rezepten hergestellte Gestübbe diente zur Isolierung der Ofenmulde, damit möglichst wenig Metall verloren ging.

Überraschend wie die Befunde waren auch die Funde. Dass sich organische Reste auf Grund der starken Kontamination des Bodens hervorragend erhalten (vgl. Beitrag U. Willerding, „Ernährung"), war schon von anderen Schmelzplätzen bekannt, auch dass sich nicht nur verkohlte Reste sondern Blatt- und Stängelreste erhalten haben. Allerdings ist die Vielfalt der nachweisbaren Pflanzenarten ungewöhnlich. Haselnussschalen und Apfelkerne waren bereits bei der Grabung aufgefallen. Daneben sind nun unter anderem auch Gerste, Roggen, Lein und Pflaume sowie natürlich Reste der natürlichen Vegetation nachgewiesen. Neben der in dieser Gegend erwarteten Buche scheint der Nachweis der Fichte in der geringen Höhenlage bemerkenswert. Typische Ackerunkräuter lassen den Schluss zu, dass das Getreide noch unverarbeitet zu den Hüttenleuten gelangte. Ein Anbau im Bereich der Schmelzhütte scheidet auf Grund der klimatischen Verhältnisse nicht unbedingt aus.

Eine weitere Überraschung ergab sich bei der Aufbereitung der Grabungsfunde während des Winters. Nach mühevoller und zeitweise frustrierender Arbeit gelang es, an die Erfahrungen aus der Grabung Kunzenloch anschließend, aus zahllosen Schlackenbruchstücken mindestens fünf Platten zu rekonstruieren, die sich bei der folgenden Grabungskampagne ohne Schwierigkeiten in den jüngeren Ofentiegel einpassen ließen. Auch dieser Befund sucht seinesgleichen, ursprünglich waren die Plattenschlacken, analog zu den am Mitterberg in Österreich gefundenen Schlacken, als Indikatoren für bronzezeitliche Kupfergewinnung angesehen worden.

Plätze der Blei-/Silbergewinnung

Die Grabung am Johanneser Kurhaus bei Zellerfeld führt zunächst eher eine Ausnahme vor Augen (Alper 1998. Brockner 1992. Ders. 1994a. Brockner et al. 1992. Heimbruch et al. 1989. Klappauf / Linke 1989. Rehren / Klappauf 1995. Willerding 1992). Am Johanneser Kurhaus wurde seit dem 9./10. Jahrhundert Blei und Silber aus dem unmittelbar neben der heutigen Grabung abgebauten Erz des Zellerfelder Gangzuges gewonnen. Zudem bildete sich spätestens im 12. Jahrhundert eine größere, vermutlich länger bewohnte Siedlung heraus, in der sich neben den typischen Montantätigkeiten die für die meisten Siedlungen üblichen Arbeiten nachweisen lassen. Funde von Kardamom und Weintrauben – sonst nur aus wohlhabenden städtischen Komplexen bekannt – deuten in dieser Zeit auf einen gewissen Wohlstand der Bewohner hin. Aber auch Relikte des nahen Abbaus in Form der bisher ältesten bergmännischen Werkzeugs – Gezähe (Abb. 10) – im Harz und kleinere Lämpchen fanden sich. Die Leuchtmittel werden zur

10 Aus einer Halde der 1. Hälft des 13. Jahrhunderts n. Chr. aus der Grabung am Johanneser Kurhaus bei Clausthal-Zellerfeld konnte das bisher älteste, sicher datierte bergmännische Werkzeug – eine Keilhaue zum Abbau des Gesteins – geborgen werden.

11 Die gleichmäßig fraktioniert scheinenden Grusschlacken, wie hier vom Schmelzplatz am Hunderücken, werden der mittelalterlichen Wiedernutzung der älteren Sinterschlacken zugeschrieben.

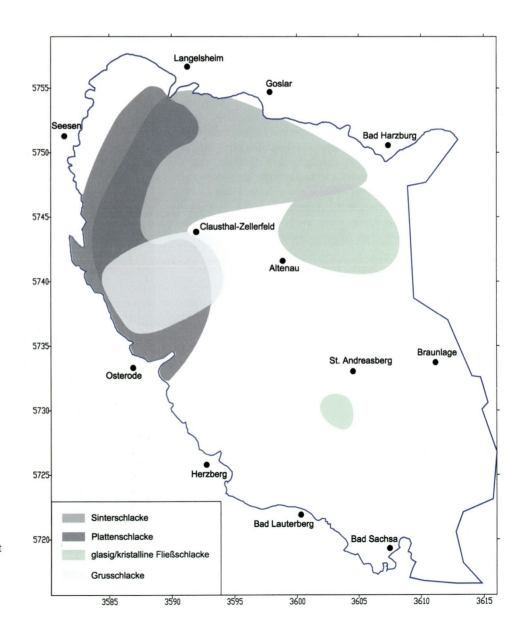

12 Anhand der Verbreitung typischer Schlackenarten des 9.–11. Jahrhunderts n. Chr. lassen sich sogenannte „Schlackenprovinzen" unterscheiden. Ihre historische Bedeutung ist noch nicht abschließend geklärt, ebenso ist die Verbreitung und Differenzierung der Fließschlacken Gegenstand zukünftiger Untersuchungen.

Zeit untersucht, Wachs scheint eine wichtige Rolle gespielt zu haben.

Am Johanneser Kurhaus fanden sich verschiedene Ofentypen, die sich den notwendigen Arbeitsschritten um aus dem schwefelhaltigen Gangerz – Bleiglanz – das Silber zu gewinnen, zuordnen lassen.

Die Schmelzöfen waren einfache Mulden, zumeist in den Hang eingebaut und hangabwärts flach auslaufend. Von einem leichten Überbau zeugen lose gesetzte Steine und Staketen, die vermutlich von einem kuppelartigen Überbau stammen. Der in diesen Öfen durchgeführte Schmelzprozess nutzte den im Erz vorhandenen Schwefel als zusätzliche Energiequelle und konnte mit Holz als Energieträger ablaufen. Abfallprodukt waren Schlacken mit wenigen glasigen Partien – wir nennen sie mineralogisch nicht ganz korrekt Sinterschlacken – in denen das Gangmaterial lediglich bei niedrigen Temperaturen um ca. 800–900°C zusammengebacken ist.

Das so gewonnene silberhaltige Werkblei wurde in Tiegeln auf einfachen Herden flüssig gemacht und das Blei durch Aufblasen von Luft oxidiert – abgetrieben – bis das Silber abgetrennt war. Bleioxidabdrücke des Tiegels zeugen von diesem Prozess. Das übrig gebliebene Blei konnte, wenn es nicht für weitere metallurgische Prozesse gebraucht wurde, als Werkstoff auf dem Bau oder auch bei der Glas- und Keramikproduktion (Dachdeckung, Fenster, Glasuren) verwandt werden.

Im Gegensatz zu dieser Hüttensiedlung am oder auf dem Erzgang liegt der Verhüttungsplatz am Hunderücken weitab der Ganglagerstätten zwischen Osterode und Clausthal-Zellerfeld. Entlang eines kleinen Baches liegen mehrere Schlackenhaufen jeweils unterhalb kleiner Podeste, auf denen sich die Schmelzöfen befanden. Am Hunderücken wurde in einem ähnlichen Verfahren wie am Johanneser Kurhaus aus Oberharzer Gangerz Silber gewonnen. Dabei muss hier das Erz antransportiert worden sein. Zeitlich lassen sich zwei Nutzungsphasen unterscheiden, die ältere datiert anhand der Keramik in das 9./10. Jahrhundert, die jüngere in das 11./12. Jahrhundert. Möglicherweise wurde in dieser Phase hauptsächlich die Wiederverarbeitung des älteren Schlackenmaterials betrieben. Die Deutung des recht unscheinbaren Befundes als Schmelzofen wird durch etwa 20-fach überhöhte Bleiwerte im Ofenbereich gestützt.

Die hier gefundenen Schlacken entsprechen in ihrer Zusammensetzung den Sinterschlacken vom Johanneser Kurhaus, doch sind sie größtenteils so klein fraktioniert, dass wir von Schlackengrus sprechen (Abb. 11). Dieser Grus zeugt wohl von der Wiederverwertung der noch recht metallreichen Sinterschlacken.

Auch die Trennung des Silbers vom Blei lässt sich hier – allerdings in nur geringem Umfang – nachweisen. Hinweise auf eine Aufbereitungsanlage werden durch neue Grabungen an einem benachbarten Schmelzplatz (Brandhai/Lasfelder Tränke) bestätigt.

Zusammenfassung

Ergänzt durch weitere Detailergebnisse vor allem aus der Prospektion lassen sich allein auf Grund der archäologischen Quellen erstmals strukturelle Aussagen zur Entwicklung der frühen Montangeschichte im Harz treffen:
a) Die Schmelzplätze sind nach ihrer Lage im Gelände zu charakterisieren
b) Die Verbreitung der Stammerze ist zu bestimmen
c) Ca. 150 Schmelzplätze sind über ^{14}C-Analysen, Keramik oder historische Nachrichten bislang datiert
d) Verschiedene Schlackentypen sind zu unterscheiden und unterschiedlichen Prozessen zuweisen – auf analytischer Grundlage (vgl. Beitrag Brockner)

Die verschiedenen Schlacken zeigen markante Verbreitungsgebiete (Abb. 12), die uns dazu veranlassen von Schlackenprovinzen (Klappauf / Linke 1996) zu sprechen. Es bleibt zusammen mit den Fragen nach Absatzgebieten, Besitz- und Herrschaftsstrukturen (Brockner 1991. Ders. 1992a. Uhde 1976/77. Weidemann 1978) und nach den endverarbeitenden Betrieben (Brockner et al. 1996. Brockner / Klappauf 1993. Frick 1992/93. Gabriel 1988. Klappauf 1991. Ders. 1993. Wachowski 1995) zu prüfen, ob diese Schlackenprovinzen historische Wirtschaftsstrukturen des frühen Mittelalters widerspiegeln, wie sie in dem Gebiet um die Münzstätte des 10. Jahrhunderts in Gittelde mit der benachbarten Treibhütte Badenhausen (Brockner et al. 1989. Klappauf 1995) und den von da aus verkehrstechnisch erschlossenen, zeitgleichen Blei-/Silberschmelzplätzen (unter anderem am Hunderücken) zu sehen sind (Abb. 13).

Vorsichtig lässt sich anhand der bisherigen Ergebnisse bereits eine Entwicklung der frühen Montanwirtschaft im Harz skizzieren, die es nun vor allem in Zusammenarbeit mit Historikern gezielt zu ergänzen und zu überprüfen gilt (vgl. dazu die tabellarische Übersicht in diesem Band). Die verschiedenen Teilergebnisse können

13 Das mit menschlichen Darstellungen verzierte Silberlöffelchen aus Düna/Osterode wurde sehr wahrscheinlich aus Oberharzer Silber gefertigt. Die Verbreitung solcher Fertigprodukte kann Aufschluss über Handels- und Wirtschaftsbeziehungen der Harzregion geben.

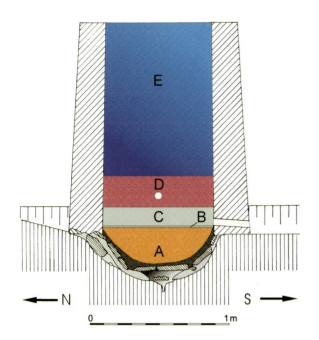 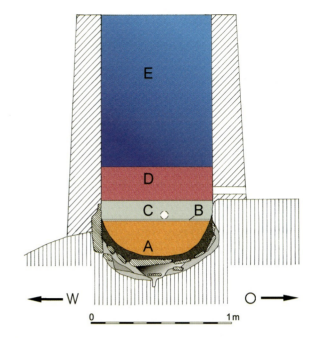

14 Rekonstruktionsvorschlag für den Kupferschmelzofen vom Schnapsweg (Entwurf F.-A. Linke).
Funktion – links Schnitt N–S, rechts Schnitt W–O
A Tiegel – Sammelreservoir für Schmelzgut, B Entstehungsbereich Plattenschlacke, C Sammelraum für Schlacke,
D Verbrennungsraum/Reduktionsbereich, E Schacht.

Grundlage für die Rekonstruktion der frühmittelalterlichen Industrielandschaft in der Wechselwirkung zwischen Mensch-Technik-Umwelt-Natur sein bis hin zur Rekonstruktion der Schmelzöfen (Abb. 14) und der Abschätzung der realistischen historischen Produktionsmengen.

Abbildungsnachweis
1 L. Klappauf, 2, 12 H.-J. Lichtenberg, 3, 14 R. Krone, 4, 7, 8 F.-A. Linke, 5, 10, 11, 13 C. S. Fuchs, 6 D. Herda (Niedersächsisches Landesamt für Denkmalpflege); 9 B. Frenzel (Universität Hohenheim).

„... twischen beyden watern ..." – Burgstelle und Verhüttungsplätze im Weiler Rhode

Gregor Schlicksbier

Im Frühjahr 1998 entdeckte Friedrich-Albert Linke von der Arbeitsstelle Montanarchäologie des Niedersächsischen Landesamtes für Denkmalpflege in Goslar, südlich einer seit langem bekannten Turmhügelburg im Weiler Rhode (vgl. Steinacker 1910, 403–404. Stolberg 1983, 198), Gemeinde Lutter am Barenberge, verschiedene Meiler- und Verhüttungsplätze (Abb. 1). Die unmittelbare Nachbarschaft dieser Plätze zu einem herrschaftlichen Wohnsitz, vermutlich des 12. Jahrhunderts, weckte sofort das Interesse der Montanforscher.

1 Der „Kahlenberg" – eine mittelalterliche Turmhügelburg im Weiler Rhode, Gemeinde Lutter am Barenberge, Ldkr. Goslar, von Südwesten gesehen.

Die daraufhin von Wolfgang Brockner vom Institut für Anorganische Chemie der Technischen Universität Clausthal an den aufgesammelten Schlacken durchgeführten Analysen ergaben, dass es sich bei einem Teil um Rückstände einer auf die Gewinnung von Blei/Silber und Kupfer ausgerichteten Verhüttung von Rammelsberg-Erz handelt. Die Lage der Verhüttungsplätze – nicht unmittelbar an energieliefernden Bächen – und die Art der Schlacken lassen auf eine Verhüttung noch vor Beginn des 13. Jahrhunderts schließen. Damit ist es nicht unwahrscheinlich, dass einige der am Rhodeborn und am Brandhai gefundenen Verhüttungsplätze und die Turmhügelburg von Rhode einander zeitlich entsprechen. Die mögliche Verbindung von Verhüttung, Köhlerei und Burg sowie der Zustand des Burghügels waren Anlass, sich seit September 1998 intensiver mit Rhode zu beschäftigen.

Das Lutterer Becken

Das Lutterer Becken wird im Süden vom Harz, im Westen vom Nauer Berg, dem Pagenberg im Norden und dem Radeberg im Osten umschlossen (Abb. 2). Entlang seines Westrandes fließt von Südwesten nach Nordosten die Neile. Im Inneren des Beckens liegen am Lutter-Bach die Ortschaft Lutter am Barenberge und am Zusammenfluss des Dolger- bzw. Kief-Baches und des Steimker-Baches der Weiler Rhode. An den Hängen des Nauer Berges befinden sich die Ortschaften Hahausen und Nauen. Sie lehnen sich an den Quellhorizont der Schichtstufen an. Ebenfalls in Randlage befinden sich die bereits im Spätmittelalter wüstgefallenen Ortschaften Dolgen und Kirchnauen. Das Lutterer Becken bildet eine abgeschlossene Landschafts- und Siedlungseinheit (vgl. Rippel 1958, 27–43).

Der Weiler Rhode

Die Flur des Weilers Rhode, das sogenannte Rodenfeld, lag innerhalb dieser Siedlungskammer relativ isoliert. Von Lutter war sie durch den Steimker-Bach und von Nauen durch die Neile getrennt. Am östlichen Rand des Rodenfeldes liegt der Weiler. Im Rahmen der General-Landesvermessung verfertigte Carl Cristoph Wilhelm Fleischer 1756 eine Karte der Dorf- und Feldmarken von Lutter am Barenberge und Rhode (Fleischer 1756) (Abb. 3). Der im Zusammenhang mit der Vermessung durch Johann Julius Büstemeister verfassten Dorf-, Feld- und Wiesenbeschreibung ist zu entnehmen, dass Rhode damals aus drei Kotthöfen und einem Adelsgut bestand (Büstemeister 1756). Bei dem Adelsgut handelte es sich um den Hof der Familie von Schack.

Auf der Karte ist gut zu erkennen, dass das Adelsgut – bestehend aus drei größeren festen Gebäuden – von einer breiten Gräfte (Graben) umgeben ist. Südlich des Gutes liegen ein kleinerer und ein größerer Teich, am nördlichen Rand der „Schackschen Wiese" befinden sich drei weitere, mehr oder weniger quadratische Teiche. Das Wasser wird durch Dämme in der Gräfte und den Teichen gehalten. Bäche und Teiche stehen durch verschiedene Kanäle miteinander in Verbindung. Östlich des Adelsgutes liegt in einer Wiese zwischen dem „Steimecke Flus" und einem weiteren Bach ein konischer Hügel mit flachem Plateau. Der Hügel wird von Graben und Wall umschlossen. Ein Durchstich zwischen den beiden Bächen südlich des Hügels schafft hier eine Insellage.

Die historischen Nachrichten

Die historische Überlieferung zu Rhode ist recht spärlich (vgl. wenn nicht anders genannt Kleinau 1967/68, 478–479):

– 1205 bekundet Papst Innocenz III. seinen Schutz für das Kloster Walkenried, bestätigt demselben den Besitz seiner Güter und erteilt umfangreiche Privilegien. Erwähnt werden in dieser Urkunde unter anderem Hüttenanlagen, die die Mönche bei dem Dorf „Roth" betreiben ließen. In der Urkunde heißt es: „villam, quae dicitur Roth, cum casis in nemore sitis" (Grotefend 1852, 47–52).

– 1458 belehnt Bischof Ernst von Hildesheim Cordt van Ruden unter anderem mit „1 dorpstede thom Rode mit ohrer thobehoringe twischen beyden watern de neyle und de steynbeke" (Deeters 1964, 72).

– 1481 übergibt Bischof Bertold von Hildesheim das Lehen zu Erblehnesrecht Ludolf von Saldern.

– 1484 belehnen die von Saldern ihre Aftervasallen von Rhüden mit dem Dorfe Rhode.

Archäologie

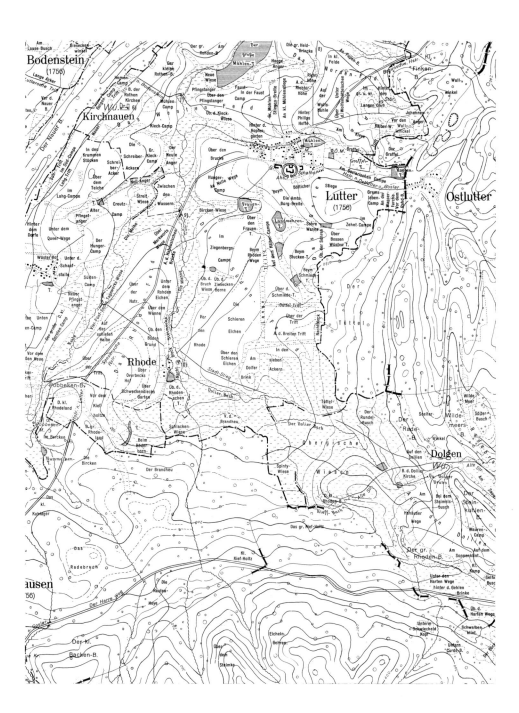

2 Ausschnitt einer Karte des Landes Braunschweig im 18. Jahrhundert (Kartengrundlage: Karte des Landes Braunschweig im 18. Jahrhundert. Herausgegeben von der Historischen Kommission für Niedersachsen, Hannover. Vervielfältigt mit Erlaubnis des Herausgebers: Landesvermessung + Geobasisinformation Niedersachsen [LGN] 52-128/99).

- 1545 wird das Dorf „tom Rode" erneut als Afterlehen der von Rhüden genannt, die hier ihren Adelssitz bis 1626 hatten.
- 1626 tobt bei Rhode eine der großen Schlachten des Dreißigjährigen Krieges. Die katholischen Truppen unter der Führung Tillys besiegen die Evangelischen, die vom dänischen König Christian IV. geführt wurden. Das Lehen kam danach an die Jordans aus Hildesheim.
- 1647 verkaufen diese das kriegszerstörte Gut „uffm Rode" an Oberstleutnant Fr. W. Gans.
- Ab 1649 werden die Gebrüder Gans von den von Saldern auch mit dem Dorf „zum Rohden" belehnt.
- 1687 bestätigen die von Buchholtz als Nachfolger der von Saldern das Lehen.
- 1710 belehnen sie dann die Familie von Schack mit dem „Rothoff".
- 1759/60 betreibt ein Pächter Namens Sandhagen auf den Schackschen Gütern eine Salpetersiederei.
- 1763 ist hier unter anderem eine Pottaschesiederei der Familie von Schack belegt.
- 1852 wird das Adelsgut mit dem Rittergut in Lutter zu einer Domäne vereint. In der Folge werden die Gebäude des adligen Gutes in Rhode niedergelegt.

Die Geländesituation heute

Das Adelsgut, der kleinere der beiden Teiche im Süden und die drei nördlichen Teiche sind heute obertägig nicht mehr sichtbar. Das Gelände wurde durch Bodenaufträge und Beackerung stark überformt. Bei genauer Betrachtung zeichnet sich im südlich anschließenden Wiesengelände jedoch noch die Senke des großen Teiches ab (Abb. 4).

Ein besonderes Glück ist es, dass trotz der Anfang der 70er Jahre erfolgten Flurbereinigung der Burghügel erhalten blieb. Dies

3 Ausschnitt der „Charte von dem Dorfe und der Feldmarck Lutter am Barenberge, nebst dem angränzenden im Amte Lutter belegenen Dorfe und Feldmarck Rohde, vermessen von Fleischer 1756, copiirt von Culemann 1792".

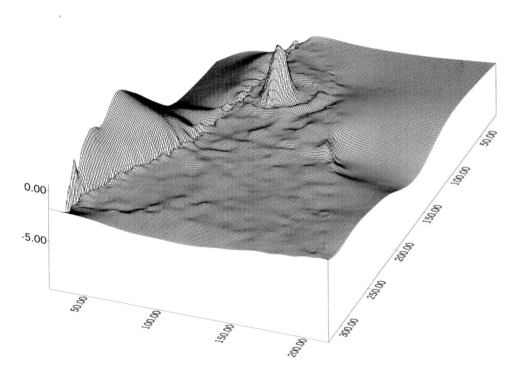

4 Überhöhtes digitales Geländemodell der Motte und ihres Umfeldes von Südosten gesehen. Die Motte befindet sich im Norden und die Senke des großen Teichs im Süden. Die „Erhebung" im Hintergrund und die „Senke" im Vordergrund liegen außerhalb des gemessenen Bereichs. Sie sind in der realen Geländetopographie nicht vorhanden.

ist vor allem ein Verdienst der Grundeigentümer, der Familie Lohmann aus Rhode. Auch wenn der Hügel heute erhebliche Beschädigungen durch Abgrabungen und Viehtritt aufweist und Wall und Graben zum Teil stark verschliffen sind, vermittelt die Anlage immer noch einen großartigen Eindruck von einer mittelalterlichen Turmhügelburg, einer sogenannten Motte.

Motten

Motten bestehen aus einem konischen, manchmal auch pyramidenförmig aufgeschütteten Erdhügel. Die Bezeichnung Motte für diesen Burgentyp ist der französischen Forschung des 19. Jahrhunderts entlehnt – „Château à motte". „Motte" bezeichnet die

Erd- bzw. Grassoden des Hügelaufwurfs. Auf dem Plateau des Hügels stand ein zentraler, in der Regel turmartiger Bau, der meist aus Holz errichtet war. Neben dem Turm kann sich ein weiteres kleines Gebäude auf dem Plateau befunden haben. Der Rand des Plateaus wurde durch eine Palisade, gelegentlich auch durch einen Erdwall gesichert. Auch der Hügelfuß wurde durch eine Palisade oder Faschinen geschützt. Zusätzlich war der Hügel von einem Graben und häufig auch einem Wall, zum Teil mit einer weiteren Palisade umschlossen. Der Zugang zur Burg erfolgte über eine Holztreppe vom Fuß des Hügels oder über eine gestelzte Holzbrücke (Abb. 5).

5   Umzeichnung der Motte von Dinan auf dem Teppich von Bayeux.

Neben einteiligen Anlagen finden sich auch mehrteilige. An die eigentliche Motte schließt eine sichel- oder hufeisenförmige, manchmal auch rechteckige Vorburg an. Auch sie war durch Palisade, Wall und Graben gesichert und mit dem Burghügel – der Hauptburg – durch eine Brücke verbunden. Die Vorburg war Werk- und Wirtschaftshof, außerdem diente sie der Unterbringung der Mannschaft.

Motten entstanden im 10. Jahrhundert in Frankreich und fanden von dort rasche Verbreitung im übrigen West- und Mitteleuropa. Sie kommen von Irland bis zum Baltikum und Polen und von Jütland bis zu den Alpen sowie vereinzelt auch in Italien vor. Sie sind die typische Form der Niederungsburg des 11./12. Jahrhunderts, treten aber auch noch im 13./14. Jahrhundert auf.

Die Voruntersuchung 1998

Neben einer ersten Sichtung der in den Staatsarchiven Hannover und Wolfenbüttel zu Rhode vorhandenen Archivalien und allgemeiner Literaturrecherche wurde zunächst eine topographische Feinvermessung des Burghügels und des umgebenden Wiesengeländes durchgeführt, um daraus eine genaue Karte und ein digitales Geländemodell zu erstellen (Abb. 4). So konnte nicht nur der Hügel mit seinen Beschädigungen dokumentiert, sondern auch der vollständige Verlauf von Wall und Graben nachvollzogen werden. Außerdem wurden im südlichen Wiesengelände die Senke eines großen Teiches und mehrere auffällige „Podien" lokalisiert.

Darüber hinaus konnte das Institut für Geowissenschaftliche Gemeinschaftsaufgaben (GGA) in Hannover gewonnen werden, in ausgewählten Bereichen Gleichstromsondierungen, Gleichstromkartierungen, Magnetkartierungen und Radarmessungen durchzuführen (vgl. hierzu auch den Beitrag von R. Schulz in diesem Band).

Bei der Magnetkartierung zeigte sich um den Burghügel ein Ring kleinräumiger Anomalien, die auf den verfüllten Graben hinweisen. Deutlich wurde der Verlauf von Wall und Graben auch durch die Widerstandskontraste bei den geoelektrischen Kartierungen (Abb. 6). Im Südteil des Messgebietes wurden durch die beiden Verfahren verschiedene Strukturen erfasst, die möglicherweise mit den "Podien" im Wiesengelände in Verbindung gebracht werden können. Östlich des Burghügels befand sich eine auffällig große, rechtwinklige Struktur. Möglicherweise waren hier die Reste einer frühneuzeitlichen Schanze zu erkennen.

Bodenradaruntersuchungen wurden zunächst nur auf der Ackerfläche westlich der Turmhügelburg durchgeführt (Abb. 7). Dabei konnten sowohl Lage und Strukturen eines auf einer Karte von 1756 verzeichneten Edelhofes, als auch die Reste des im Westen stark verschliffenen Burgwalls lokalisiert werden.

Magnetisch vollständig gemessen wurde einer der Schlackenplätze wenige hundert Meter südlich der Turmhügelburg (Abb. 8). Dabei fallen drei starke, relativ flächige Anomalien auf. Wie in verschiedenen bei Drainagearbeiten entstandenen Bodenaufschlüssen zu sehen, werden sie durch Schlacken verursacht. Weitere Anomalien deuten auf das Vorhandensein von Verhüttungsöfen bzw. Wohn- und/oder Werkplätzen.

Zusätzlich zu diesen Untersuchungen wurde durch die Turmhügelburg und das angrenzende Wiesengelände ein Bohrprofil gelegt. Bei den Bohrungen wurde stets in wenigen Dezimetern Tiefe das Grundwasser angetroffen. In den ungestörten Randflächen setzt sich der Untergrund aus Schluff, Sand und Kies zusammen. Der die Burg umgebende Graben war teilweise über 2 m tief. Heute ist er mit schluffigem Material und organischen Mudden verfüllt. Im Grabensediment wurden mehrfach Holzreste, gelegentlich auch Holzkohle gefunden. Ein Horizont mit starken Anreicherungen organischer Reste an der Grabenbasis bietet Gelegenheit für pollenanalytische Untersuchungen. Der Hügel selbst konnte nicht vollständig durchbohrt werden. Das Innere des Hügels setzt sich aus einer stark verdichteten Mischung von Ton, Schluff, Sand und Kies zusammen. Diese äußerst widerstandsfähige Mischung wurde sicherlich bewusst gewählt, um dem Hügel eine möglichst lange Lebensdauer zu sichern. Bei ergänzenden Bohrungen im umgebenden Wiesengelände wurden oberflächennah immer wieder Holzkohle- und Hüttenlehmpartikel angetroffen. Sie sind, wie auch die hier festgestellten geophysikalischen Anomalien, deutliche Indikatoren für eine Besiedlung im südlichen Vorfeld der Turmhügelburg.

Die Sicherungs- und Sondierungsgrabung 1999

Erstes Ziel der von Mitte Juli bis Mitte November 1999 dauernden Grabungskampagne war die Rettung der historischen Befunde auf der Motte. Es zeigte sich, dass das Burgplateau bis in die Aufschüttung der Motte neuzeitlich gestört und der Hügel von allen Seiten her erheblich angegraben war (Abb. 9). Das Plateau besaß ursprünglich einen Durchmesser von etwa 12 m, heute ist es auf eine Größe von 7,50 m Nord–Süd auf 6,00 m Ost–West reduziert. Zu den wenigen originalen Befunden gehören ein großer, über die Oberfläche ragender, rechteckiger Sandsteinquader – vermutlich Teil des Unterbaus für den hölzernen Turm – und zwei verziegelte Stellen auf der Hügelschüttung. Beide Verziegelungen wurden durch Elisabeth Schnepp vom Niedersächsischen Landesamt für Bodenforschung für archäomagnetische Untersuchungen beprobt. Die Ergebnisse dieser Untersuchung liegen zur Zeit noch nicht vor.

Aufschluss über den Aufbau der Befestigung und über den Erhalt der Befunde sollte ein 25 m langer und 2 m breiter Sondierungsschnitt durch Graben und Wall in die südlich der Motte gele-

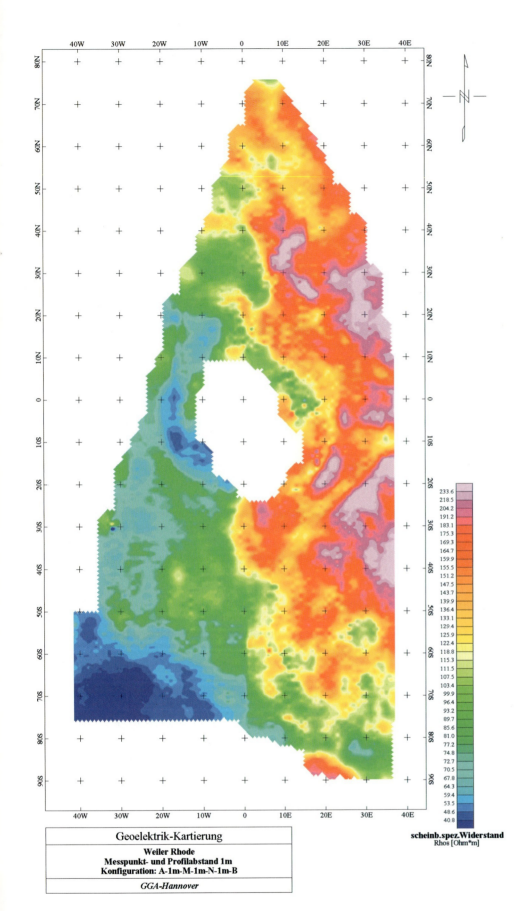

6 Geoelektrik – Wiesengelände „Motte" (2685).

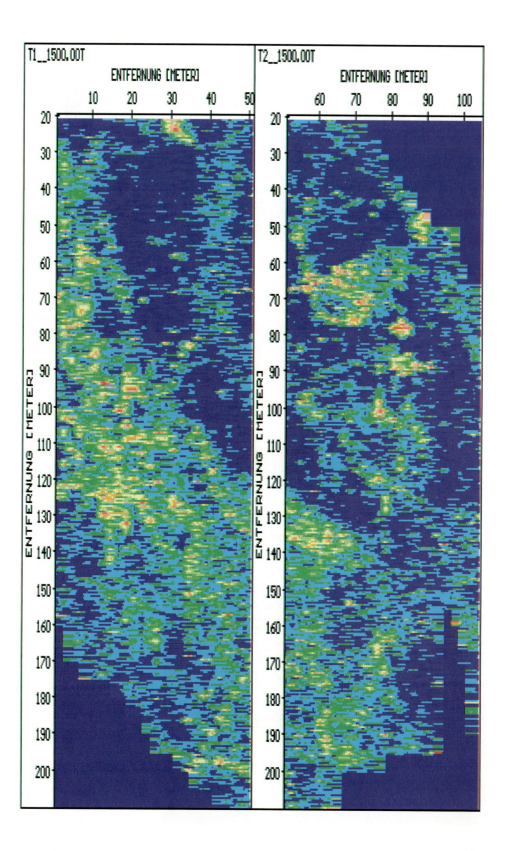

7 Bodenradar – Ackerfläche westlich der Motte; Zeitscheibe 15–20 ns (0,64–0,85 m).

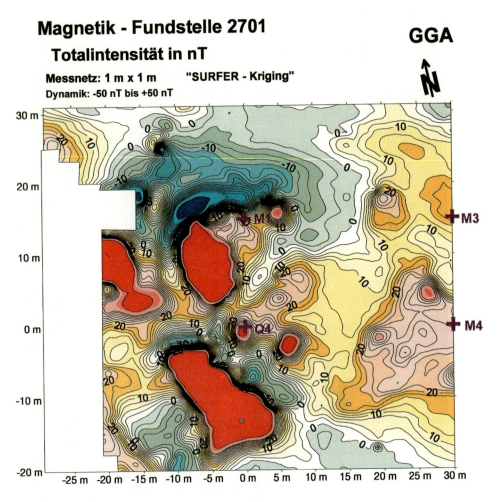

8 Magnetik – Schlackenplatz (2687/2701).

9 Blick über das Plateau der Motte von Nordwesten (Schnitt 1–4, Endfläche). Am rechten oberen Bildrand ein in Originallage befindlicher Sandsteinquader, der als Ständerstein zu deuten ist.

gene Wiese bringen (Abb. 10). Überraschend war die Entdeckung eines zweiten Grabens vor dem Wall. Dieser verläuft vom Steimker-Bach gerade nach Südwesten und biegt in der Mitte der Wiese scharf nach Süden um. Der Graben umschließt einen Bereich mit zahlreichen Siedlungsspuren. An der Innenseite des Grabens konn-ten Pfostensetzungen beobachtet werden. Der eigentliche, ca. 5 m breite Befestigungsgraben wurde bis in eine Tiefe von etwa 1,50 m unter heutiger Oberfläche untersucht. Über den bei ca. 1,20 m unter Oberkante beginnenden Grabensedimenten mit einer hervorragenden Holzerhaltung liegen verschiedene moderne bis frühneuzeitliche Verfüll- und Erosionsschichten, darunter auch eine vom Burghügel in den Graben ziehende Schicht, die mit großen Mengen an Holzkohle und verziegeltem Lehm durchsetzt ist. Die Basis des Grabens konnte wegen des eindringenden Grundwassers in der Kampagne 1999 nicht erreicht werden. Sondierungsbohrungen ergaben eine Grabentiefe von rund 2,50 m.

Zur weiteren Abklärung der Siedlungsspuren im durch den zweiten Graben umschlossenen Bereich wurde eine Fläche von 10 m x 10 m untersucht. Dabei ergaben sich deutliche Hinweise auf das ehemalige Vorhandensein eines Gebäudes (Abb. 11). Auf der Kuppe einer Schwemmlößterrasse trat unter dem ca. 20 cm mächtigen Pflughorizont eine bis zu 10 cm starke Siedlungsschicht zu Tage. Der Pflughorizont war durchsetzt mit großen Mengen Holzkohle und Holzkohlestaub. Die durchtretene, stark humose Siedlungsschicht enthielt neben Holzkohle und verziegeltem Lehm größere Mengen Keramik (12./13. Jahrhundert), zahlreiche Metallfunde wie eiserne Messer und Nägel, ein Stück Bleiglätte und einige Schlacken. Eine Interpretation als Gebäuderest legen einige Pfosten, zahlreiche Konzentrationen meist gebrannter Steine und Lagen von durchlochten Schieferplatten (Dachdeckung) nahe.

10 Blick auf die Wall-Graben-Schnitte 5 und 6 von Südwesten (Fläche 4). Im Vordergrund ist deutlich ein zweiter Graben zu erkennen.

11 Ein Mitarbeiter beim Freilegen der verstürzten Schieferdeckung eines Hauses (Schnitt 9, Fläche 2).

Erste Antworten und offene Fragen

Im Laufe der Untersuchungen des Jahres 1999 konnten eine Reihe von Fragen geklärt werden; allerdings blieben auch einige unbeantwortet und neue kamen hinzu.

So wissen wir, dass die mit 57 m Gesamtdurchmesser relativ kleine Turmhügelburg sicherlich im 12./13. Jahrhundert bestand und dass es eine durch einen weiteren Graben gesicherte Vorburg im Süden der Motte gab. Auf dem rund 5 m über die Umgebung ragenden Burghügel stand mit großer Wahrscheinlichkeit ein in Ständerbauweise errichteter hölzerner Turm mit Flechtwerkwänden. Mindestens ein Ständer- oder Schwellbalkenbau stand auch im Vorburgbereich. Dieser war mit einer Dachdeckung aus Schiefer versehen. Geklärt werden konnte zudem, dass das bewegte Geländerelief um die Motte herum nicht allein das Resultat von Siedlungsaktivitäten, sondern vor allem das natürlicher Vorgänge ist. Der durch das mit Löß bedeckte Lutterer Becken mäandrierende Steimker-Bach schuf lange vor dem Bau der Motte eine Auenlandschaft mit sich ständig verlagernden Schotter- und Schwemmlößterrassen. Diese offenbar günstige topographische Situation wurde für den Mottenbau genutzt. Man regulierte den Lauf des Steimker-Baches und legte zusätzliche Wasserläufe an, um eine Inselsituation zu schaffen. Unter Ausnutzung des Geländereliefs begann man nun durch Abgrabungen und Aufschüttungen Motte und Vorburg auf dieser „Insel" zu errichten.

Eine besonders erschreckende Erkenntnis der Sondierungsgrabung war der entgegen dem ersten Augenschein erhebliche Grad der Zerstörung. Dies gilt nicht allein für den Burghügel, sondern auch für den Vorburgbereich. Um die noch offenen Fragen, wie die nach dem genauen Beginn und dem tatsächlichen Ende der Anlage beantworten zu können, sind möglichst rasch weiterführende interdisziplinäre Untersuchungen notwendig. Diese sollten sich nicht allein auf Burg und Vorburg beschränken, sondern auch die Verhüttungsplätze und den Edelhof mit einbeziehen. Darüber hinaus wäre die Überprüfung verschiedener Hinweise auf eine Vorbesiedlung im Bereich der heutigen Hofstellen des Weilers sowie in den westlich und südlich anschließenden Ackerflächen wünschenswert. Die Kombination der Fundstellen bietet die Chance siedlungs-, sozial-, wirtschafts- und landschaftsgeschichtliche Zusammenhänge an einem Beispiel umfassend zu beleuchten.

Die Motte von Rhode wurde in einer Zeit errichtet, zumindest aber genutzt, die in dieser Region wesentlich durch die Spannungen zwischen den Welfen und dem Reich geprägt war. Von diesen Spannungen, mit ihren unmittelbaren Auswirkungen auf den Bergbau im Harz, profitierten in besonderem Maße die Zisterzienser, die möglicherweise auch in Rhode aktiv waren (vgl. hierzu auch den Beitrag von A. Bingener). Bei der Erhellung des aus diesen Spannungen resultierenden gesellschaftlichen Wandels im ausgehenden 12. und beginnenden 13. Jahrhundert könnte sich Rhode als ein wertvoller Mosaikstein erweisen.

Abbildungsnachweis
1 F.-A. Linke, 4 J. Greiner, H. J. Lichtenberg, 9-11 H. v. Lipzig (Niedersächsisches Landesamt für Denkmalpflege); 2 Landesvermessung + Geobasisinformationen Niedersachsen (LGN); 3 Staatsarchiv Wolfenbüttel; 5 nach H. Hinz 1981; 6, 7, 8 W. Südekum, R. Ziekur, J. Sauer (Institut für Geowissenschaftliche Gemeinschaftsaufgaben).

Ausgrabungen am ehemaligen Brüdernkloster Goslar

Lothar Klappauf / Friedrich-Albert Linke / Andreas Bingener

Als im Jahre 1981 die Stelle des ehemaligen Brüdernklosters in Goslar neu bebaut werden sollte, wurden während der Bauarbeiten die Reste des Franziskanerklosters dokumentiert (Budde 1996). Neben der Kirche konnten die Klostergebäude gesichert werden. Zudem gelang auch der Nachweis der Verhüttung Rammelsberger Erze an dieser Stelle, bevor Anfang des 13. Jahrhunderts das Kloster gegründet wurde (Brockner et al. 1995. Klappauf 1981).

Als im Jahre 1993 weitere Baumaßnahmen auf dem Friedhofsgelände des ehemaligen Klosters unabweisbar waren, wurde auch dieser Abschnitt während der Bauarbeiten archäologisch untersucht. Dabei konnte ein Teil des Klosterfriedhofs mit über einhundert Bestattungen freigelegt werden (Abb. 2). Diese wurden systematisch dokumentiert und geborgen. Den wenigen Funden in den Gräbern nach handelte es sich um Bestattungen des ausgehenden 18. Jahrhunderts, einer Zeit, die archäologisch oftmals unberücksichtigt bleibt. Auch hier konnten, von den Gräbern zum größten Teil zerstört, wiederum ältere Hinweise auf die Buntmetallgewinnung beobachtet werden, unter anderem fand sich eine bronzene Lanzenspitze (siehe Beitrag Grunwald), die jedoch aus ihrem ursprünglichen Zusammenhang verlagert war.

Besondere Aufmerksamkeit erlangte die Notgrabung durch den Hinweis von H. G. Griep aus Goslar, dass seit Mitte des 18. Jahrhunderts auf dem Friedhof des Brüdernklosters Einwohner des Goslarer Frankenbergviertels bestattet worden seien. Das Frankenberger Stadtviertel gilt als Wohnstätte der „silvani" (siehe Beitrag Bartels in diesem Band), also der im Wald beschäftigten Hüttenleute oder Waldarbeiter. Die Vermutung, dass sich diese Tätigkeit auch noch in den geborgenen Skelettresten nachweisen ließe, war nicht von der Hand zu weisen. Es muss als besonderer Glücksfall gelten, dass sich das Anthropologische Institut der Universität Göttingen dieser Untersuchungen annahm und wesentliche Erkenntnisse zur Bevölkerungsstruktur Goslars gewinnen konnte (siehe Beitrag Fabig/Herrmann). Zudem fand sich im

1 Messer mit Horngriffen aus dem Bereich des Brüdernklosters.

2 Grabung auf dem Friedhof des Brüdernklosters 1994.

Goslarer Stadtarchiv ein Aktenstück, das die Vermutung über die Bestattung von Frankenberger Einwohnern auf dem Kirchhof des Brüdernklosters urkundlich absichert (StadtA Goslar, Bestand B 6236).

Am 20. Februar 1715 fand in Goslar ein gerichtlicher Austrag statt, bei dem als Zeugen die Vorsteher der Frankenberger Kirche St. Peter und Paul und die Verwalter des seit der Reformationszeit aufgelösten Brüdernklosters sowie Franz Daniel Bergen gehört wurden. Die ganze Angelegenheit hatte sich offenbar an einem Zwischenfall entzündet, der sich anlässlich der Beerdigung der Ehefrau von Franz Daniel Bergen ereignet hatte. Die Vorschriften für die Beerdigungszeremonie von Bergens Ehefrau waren nicht eingehalten worden. Von Seiten der Frankenberger Kirche wies man darauf hin, dass das Brüdernkloster der Frankenberger Kirche seit der Reformationszeit angegliedert sei und zwar „dergestalt, dass die verstorbenen Persohnen in der Frankenbergischen Pfarr, so keine Bürger gewesen, auff diesen Friedhof [des Brüdernkloster] begraben worden". Die Vertreter der Frankenberger Kirche führten weiter aus, dass sie während der Beerdigungen die Glocken der Frankenberger Kirche zu läuten hätten. Auf Anordnung der Prediger und Vorsteher der Frankenberger Kirche waren die Türen der Brüdernkloster-Kirche zu öffnen, um der Trauergemeinde den Einzug in das Kirchengebäude zu ermöglichen. Die beim Gottesdienst vereinnahmten Kollektenbeiträge pflegte man den Bewohnern des Klosters zu überreichen.

Der Ablauf der Beerdigungsfeierlichkeiten war seit Jahrzehnten genau geregelt. Die Vorsteher der Frankenberger Kirche konnten ihre Ausführungen vor Gericht durch Abschriften von Kirchenbucheintragungen belegen. So wurde nach dem Frankenberger Kirchenbuch bereits am 18. Januar 1641, also noch während des Dreißigjährigen Krieges, das Kind des Soldaten Matthias Helmken auf dem Brüdernkloster-Friedhof begraben und die Glocken der Frankenberger Kirche dabei geläutet. Zwischen Oktober 1651 und Februar 1669 setzte man drei Männer, zwei ältere Frauen und ein Kind auf dem Friedhof bei. Weitere Eintragungen liegen nicht vor, doch ist es sehr wahrscheinlich, dass bis zum Beginn des 18. Jahrhunderts seitens der Frankenberger Kirchengemeinde kontinuierlich auf dem Brüdernkloster-Friedhof bestattet wurde. Die Rechtsposition der Frankenberger war überdies so gut abgesichert, dass auch nach 1715 mit Begräbnissen zu rechnen sein wird.

Abbildungsnachweis
1 C. S. Fuchs, 2 F.-A. Linke (Niedersächsisches Landesamt für Denkmalpflege).

Archäometrische Untersuchungen an ausgewählten Grabungsfunden zur Erhellung der frühen Silbergewinnung in der Harzregion

Wolfgang Brockner

Bei archäologischen Ausgrabungen im Harz und seinem Vorland treten im Fundmaterial häufig Erze, Metalle bzw. Metallrelikte, Schlacken, Holzkohle und sonstige Verhüttungsrelikte, wie beispielsweise Bleiglätte und Ofenwandreste, auf. Dieses häufig unbeachtete Material kann mit Hilfe naturwissenschaftlicher Untersuchungen zur Klärung relevanter sachorientierter Fragen beitragen. Mit Abstand die häufigsten Funde sind Verhüttungsschlacken, da diese meist verwitterungsbeständig sind und offensichtlich früher meist verworfen wurden. In der Regel werden auch Holzkohlen auf Verhüttungsplätzen geborgen, die aber unter anderen Aspekten bearbeitet werden, etwa im Rahmen der ^{14}C-Datierung oder der Holzkohle-Mikroskopie (vgl. Hillebrecht 1992. Dies. in diesem Band) und auf die deshalb hier nicht näher eingegangen wird.

Die mit naturwissenschaftlichen Untersuchungsmethoden lösbaren wichtigsten Fragestellungen beinhalten die Ermittlung der
– Art und Herkunft des Fundmaterials,
– Art des Verhüttungs- und eventuellen Raffinationsprozesses,
– Zuschlagsmaterialien und
– Herstellungstechniken, wie beispielsweise Gießen, Schmieden und andere.

Aus den gewonnenen Ergebnissen können häufig in fachübergreifender Zusammenarbeit indirekt Rückschlüsse zum Beispiel auf technologische Prozessentwicklungen, Handelsbeziehungen und anderes gezogen werden. Natürlich ist auch die Datierung eines Fundstückes von zentraler Bedeutung, jedoch werden Datierungen bzw. Datierungsmethoden hier nicht behandelt. Genannte Datierungen basieren einerseits auf archäologischen Zuordnungen und andererseits auf Radiocarbondaten von schichtbegleitenden Holzkohlefunden (Beitrag Klappauf, „Spuren deuten").

Zur Lösung der oben genannten Fragenkomplexe sind im einzelnen erforderlich:
– Analytisch-chemische Untersuchungen zur Ermittlung der chemischen Zusammensetzung,
– Mineralogisch-mikroskopische Untersuchungen zur Bestimmung der Phasenbestandteile und
– Thermo-analytische Messungen zur Feststellung der Mindestprozesstemperatur.

Für eine umfassende Untersuchung der archäometallurgischen Funde, meist Schlacken, haben sich einige Untersuchungsmethoden etabliert, die relativ weit verbreitet, materialsparend und hinreichend aussagekräftig in ihren Ergebnissen sowie manchmal (erwünschtermaßen) in ihren Informationen überlappend und kontrollierend sind (vgl. Erklärungen ausgewählter Begriffe und Methoden am Ende dieses Bandes).

Selbst eine zerstörungsfreie Untersuchungsmethode, wie zum Beispiel die Mikroskopie, erfordert mit der Reinigung des Fundes und der Freilegung einer, wenn auch kleinen Originaloberfläche einen unvermeidlichen Eingriff. Obwohl moderne Analysemethoden sehr empfindlich sind, ist auf eine gewisse Repräsentanz der zu analysierenden Probenmenge bzw. -fläche zu achten, da viele archäometallurgische Funde heterogen, das heißt nicht einheitlich in ihrer Zusammensetzung, sind. In der Regel bedeutet dies, dass (zu) kleine (Schlacken)fundstücke nur in wirklich begründeten Ausnahmefällen bearbeitet werden sollten. Beachtet werden sollte auch, dass mindestens die Hälfte des Untersuchungsobjektes als Belegstück (und eventuelle Reserve für unvorhergesehene Untersuchungen) zurückbehalten werden sollte. Von nicht zu unterschätzender Bedeutung ist deshalb die Probenvorbereitung, die für Schlacken (bei anderen archäometallurgischen Fundgruppen gilt Sinngemäßes) folgendermaßen abläuft:

Nach eingehender visueller Fundinspektion werden anhaftende Bestandteile, wie zum Beispiel Beläge, Sekundärminerale etc. entfernt und aufbewahrt. Danach wird das Fundstück mechanisch von anhaftenden Erdresten befreit, mit Wasser in einem Ultraschallbad gereinigt, mit Alkohol gespült und bei 105 °C getrocknet. Das (Schlacken)fundstück wird sodann mit einer Diamanttrennscheibe halbiert und aus der einen Probenhälfte stäbchenförmige Probekörper für die dilatometrischen Messungen und Stückchen mit geeigneten Flächen für die Herstellung von An- und Dünnschliffen gesägt. Restliche Teilstückchen werden entkrustet und für die Herstellung von pulverförmigen Proben vorbereitet (Ultraschallreinigung, Spülen und Trocknen) und dann mit einer Kugel- oder Scheibenschwingmühle gemahlen. Entweder kommen die Pulverproben direkt zur Analyse, oder müssen noch, wie zum Beispiel bei der AAS (siehe Erklärungen ausgewählter Begriffe und Methoden) in Lösung gebracht werden (Schmelz- oder Säure-Aufschluss). Ein Aufschluss verändert vor allem den originalen Probenzustand und er ist zudem zeit- und arbeitsaufwendig.

In den Erklärungen ausgewählter Begriffe und Methoden am Ende dieses Bandes werden die einzelnen Untersuchungsmethoden kurz erläutert. Gelegentlich werden darüberhinaus, wenn möglich, auch „exotische" Untersuchungsmethoden wie zum Beispiel die Neutronenaktivierungsanalyse (NAA), eingesetzt.

Die archäologische Grabung in Düna, unweit Osterode am Harz, Ldkr. Osterode (Institut für Denkmalpflege, Niedersächsisches Landesverwaltungsamt, leitender Ausgräber L. Klappauf, 1981–1985) bildet nach wie vor einen Meilenstein in der Montanarchäologie des Harzes. Neben ihren vielen Einzelergebnissen markiert sie auch den Beginn der inzwischen etablierten interdisziplinären Zusammenarbeit von Wissenschaftlern der unterschiedlichsten natur- und geisteswissenschaftlichen Fachrichtungen (Klappauf et al. 1994). Von herausragender Bedeutung ist fernerhin, dass die metallurgischen Hinterlassenschaften aus Düna die bislang frühesten eindeutigen Zeugen des Abbaus und der Verhüttung Harzer Erze ab dem 1. Jahrhundert v. Chr. sind (Klappauf 1989b. Klappauf et al. 1990).

Die archäometallurgischen Funde aus Düna – Erze/Erzrelikte, Metalle, Schlacken, Bleiglätte, Holzkohle und Ofenwandmaterialien – belegen die Erzeugung von Eisen, Kupfer, Blei und Silber aus in der Nachbarschaft vorkommenden Eisenerzen, Oberharzer Gangerzen und auch aus Erzen der relativ weit entfernten Rammelsberglagerstätte bei Goslar (Beitrag Deicke. Klappauf et al. 1994) schon in der frühesten Siedlungsphase. Als ein „Highlight" ist hier ein Silberfibelfragment des 4./5. Jahrhunderts n. Chr. (Beitrag Grunwald, Abb. 9) zu erwähnen, das gemäß seiner Blei-Isotopensignatur Harzer Gangerzherkunft sehr wahrscheinlich macht.

Untermauert wird die frühe Silbergewinnung aus Oberharzer Gangerzen weiterhin durch einen Bleiglättefund (PbO; Düna, FNr. 2791/05; Siedlungsphase I) und seiner Blei-Isotopensignatur (Brockner / Heimbruch in Vorbereitung. Heimbruch 1990), denn Bleiglätte entsteht bei der Silbergewinnung beim Abtreiben

(Kupellation) des sogenannten Werkbleis (silberhaltiges Blei) (vgl. Beitrag Bachmann), das leicht aus silberführendem Oberharzer Bleiglanz nach dem einstufigen Röst-Reaktionsverfahren (Heimbruch et al. 1989) erhalten werden kann bzw. wurde.

Aus der Siedlungsphase I von Düna fanden sich ebenfalls einige sulfidische Buntmetallerze sowohl Oberharzer Gangherkunft (Bleiglanz; Düna, FNr. 2474/GS1) als auch solche aus der Rammelsberglagerstätte (zum Beispiel Bleiglanz mit Kupferkies; Düna, FNr. 745/3) (Koerfer 1990. Koerfer et al. in Vorbereitung) sowie durch zwei metallische Bleifragmente (Düna, FNr. 3081/3/5 und FNr. 6426/52) (Brockner / Heimbruch in Vorbereitung. Heimbruch 1990) und einer Anzahl von sowohl Kupferschlacken als auch von Mangan-reichen Eisenschlacken (Heimbruch 1990. Koerfer 1990). Die weiterführende chronologische Einstufung der Funde und Befunde der Grabung Düna wird im Rahmen einer noch laufenden archäologischen Dissertationsarbeit geleistet.

In auffälliger Häufigkeit fanden sich in Düna auch emaillierte Scheibenfibeln aus dem 9./10. Jahrhundert n. Chr. (Bracht / Brockner 1995. Brockner / Klappauf 1993). Bemerkenswerterweise bestehen deren metallische Grundkörper aus bleihaltigem Messing (einer Kupfer-Zink-Legierung). Da metallisches Zink seinerzeit unbekannt war, wurde Messing nach dem sogenannten Galmeiverfahren im geschlossenen Tiegel hergestellt (vgl. Brockner 1992b). Während die Blei-Isotopensignatur des Materials der Scheibenfibel (Düna, FNr. 5047) mit der Bleiherkunft aus Oberharzer Gangerzen harmoniert, findet sich jene der Scheibenfibel (Düna, FNr. 5110) zwischen dem jeweils charakteristischen Verhältnisfeld der Oberharzer Gangerze und dem der Rammelsbergerze (Heimbruch 1990). Letzteres mag bedeuten, dass bei der Messingherstellung im geschlossenen Tiegel sogenanntes Goslarer Galmei, eine Zinkoxid- und Bleioxid- bzw. -karbonat-Mischung, gewonnen als Niederschlag („Hüttenrauch") der Harzer Bleierzverhüttung, verwendet wurde und so dieses Blei mit in das Kupfer/Messing gelangte. Die typischen glasartigen (zink- und bleihaltigen) Schlacken des Galmeiverfahrens wurden jedoch bislang in der Harzregion nicht aufgefunden.

Dass in Düna nicht alles aus „heimischen" (Harzer) Erzen stammte, belegen unter anderem der Fund einer Römischen Blei-Silber-Münze (Follis des Galerius, 308/309 n Chr.; Düna, FNr. 6399) (Möller 1986) und ein bronzener Kerzenständer (um 1200 n. Chr.; Düna, FNr. 6400) (Abb. 1), der eine sehr „exotische" Blei-Isotopensignatur aufweist (Brockner / Heimbruch in Vorbereitung. Heimbruch 1990).

In Verbindung mit unseren archäometrischen Untersuchungen von Grabungsfunden konnten auch damit verknüpfte Fragestellungen, wie beispielsweise die der Metallherkunft der berühmten Hildesheimer Domtür (Bernwardtür, 1015 n. Chr. vollendet), einem figürlich geschmückten Prunkstück der bernwardinischen Metallgusskunst (Brandt / Eggebrecht 1993), bearbeitet werden. Legierungszusammensetzung(en) und Blei-Isotopenverhältnisdaten sprechen dafür, dass das verwendete blei- und zinnenthaltende Messing aus Buntmetallschrott erschmolzen wurde und mehrere in ihrer Zusammensetzung differierende Portionen zum Abguss gelangten. Auch das in der (den) Legierung(en) enthaltene Blei stammt nicht aus Harzer Erzen (Brockner et al. 1996).

Hinweise auf einen weiteren Prozess der Silber/Gold-Extraktion, dem sogenannten Verbleienden Schmelzen mit Blei als Edelmetallsammler, fanden sich im Fundspektrum der Notgrabung des ehemaligen Franziskaner-Brüdernklosters in Goslar (Abb. 2) (Klappauf 1981), bestehend aus Rammelsberger Kupferarmerz und glasartigen bleireichen Schlacken (3–8 Gew.-% PbO) mit ungewöhnlich hohem Bariumgehalt (11–15 Gew.-% BaO). Da Barium- und Blei-Kationen, außer im Redox-Verhalten, sich chemisch sehr ähnlich verhalten, können erstere Blei-Ionen substituieren und damit die unerwünschte Verschlackung des Bleis zurückdrängen, welches dann als Edelmetallsammler die Effektivität des Prozesses verbessert. Aus der Schlackenzusammensetzung wird deshalb auch gefolgert, dass bewusst und gezielt bariumreiche Zuschläge, sehr wahrscheinlich das im Harz vorkommende Mineral Baryt ($BaSO_4$), eingesetzt wurden (Brockner / Griebel / Koerfer 1995).

Beim verbleienden Schmelzen muss nicht unbedingt metallisches Blei eingesetzt werden, sondern es kann zum Beispiel Bleiglätte (PbO) aus dem Treibprozess benutzt werden, wobei bei den reduzierenden Verfahrensbedingungen metallisches Blei erzeugt wird. Hier liegt eine elegante ressourcensparende Möglichkeit des Bleiglätte-Recyclings.

1 Kerzenständerfuß aus Düna, Ldkr. Osterode am Harz (FNr. 6400, 12. Jahrhundert n. Chr.).

Archäologie

2   Erzrelikte (rechts) und Schlackenfunde (links) von der Grabung Brüdernkloster, Goslar (12./13. Jahrhundert n. Chr.).

Sowohl die archäologische Grabung am Schnapsweg, Forstamt Seesen (11. Jahrhundert n. Chr.) (vgl. Beitrag Bachmann. Hegerhorst 1998. Klappauf et al. 1998), als auch die am Riefenbach bei Bad Harzburg (11./12. Jahrhundert n. Chr.) (Klappauf et al. 1994) erbrachten metallische Funde, die in ihrer Zusammensetzung von Kupfer bis Blei reichen (Abb. 3). Diese Befunde können im Zusammenhang mit einer Kupferentsilberung stehen. Ob jedoch das eigentliche Seigern, das heißt das Erhitzen der Kupfer-Blei(Silber)-Mischung zwecks Abtrennung des flüssigen Werkbleis stattfand, ist noch fraglich. Wenn dem so ist bzw. war, wurde das Seigern wesentlich früher in der Harzregion durchgeführt, als bislang allgemein angenommen (Suhling 1976).

Zusammenfassung und Ausblick

Die Anfänge von Abbau und Verhüttung komplexer Harzer Buntmetallerze liegen noch im geschichtlichen Dunkel. Mit den interdisziplinären Untersuchungen der archäometallurgischen Funde der Grabung Düna gelang es die frühe Ressourcennutzung zurück bis in die Zeit der Zeitenwende zu erhellen. Eine Triebkraft der Erznutzung war sicherlich die Silbergewinnung. Es wurde deshalb in diesem Beitrag mit ausgewählten Beispielen näher darauf eingegangen um die Komplexität der Erznutzung zu skizzieren und noch offene Fragen herauszuarbeiten. Für die Zukunft sind noch umfangreiche Forschungsarbeiten zu bewältigen und die bislang bewährte interdisziplinäre Arbeitsweise sollte dazu noch ausgedehnt werden.

Danksagung

Mein besonderer Dank gilt L. Klappauf und F.-A. Linke für die immer hilfreiche Kooperation, meinen genannten Mitarbeiterinnen G. Heimbruch, S. Koerfer, C. Griebel, S. Kaufmann und K. Hegerhorst für ihr stetes Engagement und der Volkswagenstiftung für die gewährte finanzielle Unterstützung.

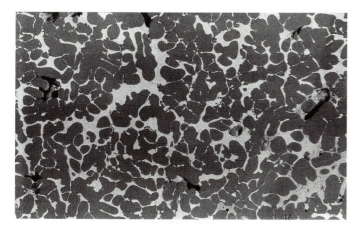

3   REM-Gefügeaufnahme eines metallischen Kupfer-Blei-Fundes (mit etwa 55 Gew.-% Cu und 45 Gew.-% Pb) von der Grabung „Schnapsweg", Forst Lautenthal, mit dunkler Kupfermatrix und hellen Blei-Einschlüssen (FNr. 412-139; Datierung: 11. Jahrhundert n. Chr.; Vergrößerung: 100x).

Abbildungsnachweis
1 C. S. Fuchs (Niedersächsisches Landesamt für Denkmalpflege);
2, 3 Verfasser.

Geologie und Erzlagerstätten des Harzes

Matthias Deicke

Im Ordovizium vor ca. 450 Millionen Jahren befand sich im heutigen Mitteleuropa ein breites Meeresbecken, das sich in den folgenden Epochen des Silurs, Devons und Karbons mit Sedimenten füllte. Im mittleren Devon drangen magmatische Schmelzen auf, in deren Zusammenhang die Rammelsberger Lagerstätte und die Eisenerzvorkommen des Oberharzer Diabaszuges entstanden.

Der Harz gehört wie das Rheinische Schiefergebirge zur rhenoherzynischen Zone des mitteleuropäischen Varistikums. Die Hauptfaltungsphase erfolgte im Oberkarbon vor ca. 290 Millionen Jahren. Gegen Ende des Karbons drangen die magmatischen Tiefengesteine des Harzburger Gabbros und des Brockengranites in die gefalteten Sedimente ein (Abb. 1). Bereits in dem darauf-

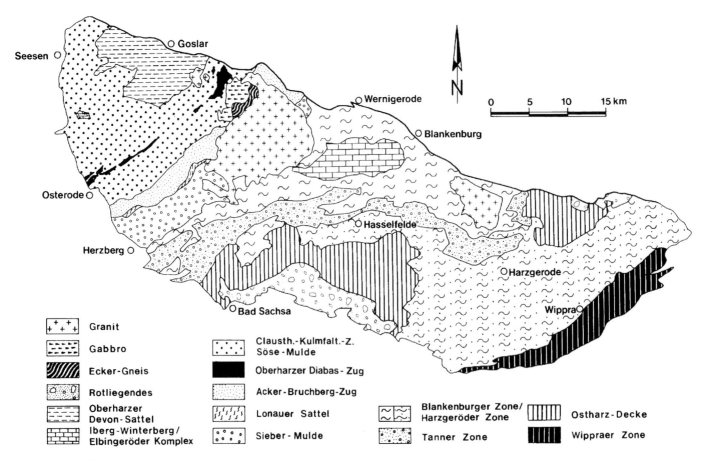

1 Geologische Übersichtskarte des Harzes (aus Wachendorf 1986).

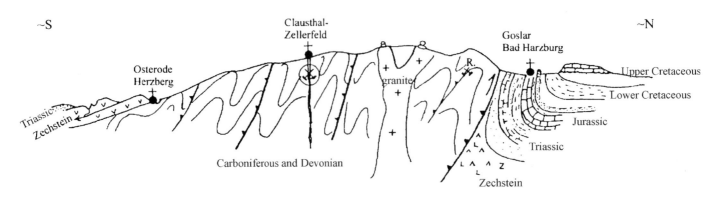

2 Schematisches Nord-Süd-Profil durch den Westharz (aus Kuhlke 1997).

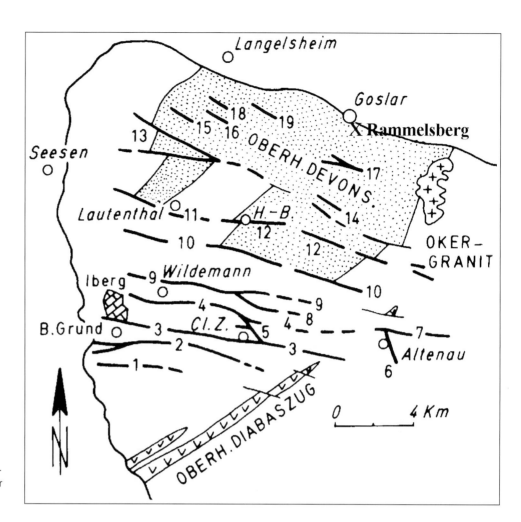

3 Die Erzgänge des Harzes sowie die Lage der genannten Lagerstätten (aus Mohr 1992).

folgenden unteren Perm (Rotliegendzeit) wurde das variskische Gebirge wieder abgetragen. Im oberen Perm (Zechsteinzeit) bedeckte ein flaches Nebenmeer Norddeutschland. In dem trockenheißen Klima der Zechsteinzeit kam es zur wiederholten Eindunstung des Meerwassers und damit zur Ablagerung von Evaporiten (Gips, Salz).

Im Erdmittelalter (Mesozoikum) blieb das Gebiet des heutigen Harzes die meiste Zeit vom Meer bedeckt. Erst vom oberen Jura bis in das Tertiär erfolgte eine erneute Hebungsphase. Entlang Ost-West verlaufender Störungszonen wurde der Harz stufenartig in mehreren Schollen über die umliegenden mesozoischen Schichten herausgehoben, wobei die nördliche Scholle meist höher herausgehoben wurde als die jeweiligen südlich angrenzenden. Am nördlichen Harzrand beträgt der vertikale Versatz bis zu 3000 m. Dort wurden die jüngeren mesozoischen Schichten überkippt und teilweise von den älteren paläozoischen Gesteinen des Harzes überlagert (Abb. 2). Die einstige mesozoische Bedeckung des Harzes wurde bereits während der Heraushebung wieder abgetragen, sodass heute das paläozoische Grundgebirge wieder zu Tage tritt.

Die heutige Morphologie des Harzes wurde besonders von den jungen, quartären Formungsprozessen geprägt. In den Kaltzeiten reichten die nordischen Gletscher zeitweilig bis an den Harz heran. Der Harz selbst besaß in der letzten Kaltzeit (Weichsel-Glazial) eine Eigenvergletscherung in den Hochlagen. In den nicht vereisten Harzgebieten führte der häufige Wechsel von Gefrieren und Auftauen zur tiefgründigen Auflockerung des Gesteins und zur Bereitstellung großer Schuttmassen, die über die Flüsse in das Harzvorland verfrachtet wurden.

Erzlagerstätten im Harz

Im Harz finden sich auf engem Raum Eisen- und Buntmetallerzlagerstätten von unterschiedlicher Genese und Bildungsalter. Im folgenden sei hier nur auf die wichtigsten Lagerstätten des Westharzes eingegangen, die sich bereits im oder vor dem Mittelalter in Abbau befanden (Abb. 3):
– Rammelsberger Lagerstätte bei Goslar
– Ober- und Mittelharzer Erzgänge (1–19)
– Kupferschiefer am westlichen und südlichen Harzrand
– Iberger Eisenerze
– Roteisenerze des Oberharzer Diabaszuges

Rammelsberger Lagerstätte bei Goslar

Bei der Buntmetallerzlagerstätte des Rammelsberges handelt es sich um zwei linsenförmige Erzkörper, dem Alten und dem Neuen Lager, sowie einigen kleineren, vorwiegend Baryt führenden Erzlagern. Die wichtigsten Erze des Rammelsberges waren Bleiglanz, Zinkblende und Kupferkies. Die gesamte geförderte Roherzmenge betrug ca. 27 Millionen Tonnen mit einem Metallinhalt von 1.6 Millionen Tonnen Blei, 3.6 Millionen Tonnen Zink, 0.3 Millionen Tonnen Kupfer, 3000 Tonnen Silber, sowie zahlreichen weiteren Elementen wie Antimon, Cadmium, Germanium, Gold, Indium, Thallium usw.

Das Alte und das Neue Lager sind überkippt und fallen auf mehrere hundert Meter in den Berg hinein (Abb. 4). Das Alte

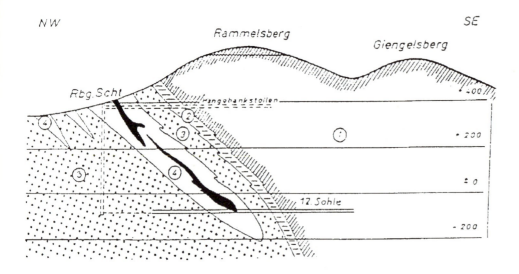

4 Schematisches Profil der Rammelsberger Lagerstätte (nach Kraume 1955).

Lager besaß eine Mächtigkeit von bis zu 15 m und biss an der Oberfläche der Nordwestflanke des Rammelsberges auf ca. 500 m Länge aus. Das erst 1859 entdeckte Neue Lager wies Mächtigkeiten von bis zu 40 m auf und reichte bis in 500 m Tiefe. Die Erzzusammensetzung ist im Neuen und Alten Lager nahezu identisch, weist aber in den jeweiligen Lagerbereichen starke Schwankungen auf (Kraume 1955).

Die Genese der Lagerstätte ist als submarin – sedimentär – exhalativ zu verstehen und damit dem Lagerstättentyp SEDEX zuzuordnen. Die geotektonische Position der Rammelsberger Lagerstätte ist vermutlich an eine nahegelegene Störungszone gebunden, an der etwa 100–250 °C heiße, schwach saure Lösungen am Meeresboden austraten. Die in den Hydrothermen gelöste Metallfracht wurde beim Kontakt mit dem kühlen und schwach basischen Meerwasser ausgefällt und als Erzschlamm abgelagert. Zahlreiche geochemische Untersuchungen an Blei- und Schwefel-Isotopen des Erzes zeigen, dass dies aus den umgebenden paläozoischen Gesteinen von den sauren Hydrothermen herausgelöst wurde (Werner 1988).

Die ausgefällten Erzschlämme wurden nicht nur im Bereich der Rammelsberger Lagerstätte sedimentiert, sondern konnten in Bohrkernen als dünnes Erzband auch weit abseits des Rammelsberges nachgewiesen werden. Die Genese der Lagerstätte im Rammelsberg ist auf die erhöhte Sedimentationsrate in einer devonischen untermeerischen Senke, dem sogenannten Goslarer Trog, zurückzuführen, wo sich die Erzschlämme zu größeren Mächtigkeiten anreichern konnten. Die Ablagerung erfolgte vor ca. 370 Millionen Jahren im unteren Mitteldevon (Eifel-Stufe) zusammen mit den Wissenbacher Tonschiefern, in die die Lagerstätte eingebettet ist.

Während der variskischen Faltungsphasen wurde das Erz stark deformiert und metamorphisiert. Die starke Verwachsung der einzelnen Erzmineralphasen sowohl untereinander als auch mit den wertlosen Tonschiefern ist auf die sedimentäre Genese und die tektonische Überprägung zurückzuführen (Abb. 5).

Der Bergbau am Rammelsberg wurde 1988 wegen Erschöpfung der Lagerstätte eingestellt.

Ober- und Mittelharzer Erzgänge

Bei den Gangvererzungen des Ober- und Mittelharzes handelt es sich um hydrothermale Ablagerungen in Gangzügen. Die 19 Oberharzer Gangzüge sind vorwiegend an nordwest–südost–streichen-

5 Rammelsberger Erz (dunkel = Bleiglanz, Zinkblende und Tonschiefer; goldgelb = Pyrit und Kupferkies).

de tektonische Störungszonen gebunden, an denen meist der nördlich angrenzende Bereich herausgehoben wurde (Abb. 3). In diesen Bruchspalten konnte von Magmenkörpern aufgeheiztes Wasser zirkulieren und die mitgeführte Metallfracht in den vorhandenen Hohlräumen ausfällen.

Wiederholt auftretende tektonische Bewegungen führten zur Zerrüttung (Brekziierung) der abgelagerten Erze. Die fortdauernde Mineralisation in den Störungszonen bewirkte eine Verkittung der Bruchstrukturen und damit die Bildung seltener Erzstrukturen wie

Ringel- oder Kokardenerze. Im Oberharzer Revier traten als Erzminerale hauptsächlich Bleiglanz und Zinkblende auf (Abb. 6). Kupferkies fiel nur gelegentlich als Nebenprodukt mit an. Als Gangarten dominierten Quarz, Schwerspat, Kalkspat und Dolomit.

Nach Blei-Isotopenuntersuchungen beträgt das Alter der Gangvererzungen 170–180 Millionen Jahre (Haack / Lévêque 1995). Damit ist sichergestellt, dass die Erzgenese in den Gangzügen in keinerlei Zusammenhang mit dem oberkarbonischen Brockenpluton (ca. 290 Millionen Jahre) steht, was gelegentlich in der älteren Literatur und einigen geologischen Führern behauptet wird.

6   Erz aus Oberharzer Gangzügen (silbergrau = Bleiglanz, dunkelbraun = Zinkblende, weiß = Schwerspat).

Der Erzbergbau auf Gangzügen kam im Zuge der Weltwirtschaftskrise von 1930 im Oberharz mit Ausnahme weniger Gruben zum Erliegen. Mit der Schließung der letzten Gangerzgrube im Jahr 1992 fand der Erzbergbau im Harz sein vorläufiges Ende.

Im Gegensatz zum Bergbau auf Gangzügen des Oberharzes zeichnet sich St. Andreasberg, das Zentrum des Mittelharzer Gangerzbergbaus, nicht durch eine besonders hohe Metallproduktion aus, sondern durch das Vorkommen von sehr reinen Silbererzen. Urkundlich ist der Bergbau im Andreasberger Revier seit 1487 belegt. Bereits 1910 endete hier der Bergbau.

Kupferschiefer am westlichen und südlichen Harzrand

Entlang des westlichen und südlichen Harzrandes steht an der Basis des Zechsteins der Kupferschiefer an. Bei dem Kupferschiefer handelt es sich um einen feingeschichteten bituminösen Mergel, der vor ca. 240 Millionen Jahren aus dem Faulschlamm-Sediment eines sauerstoffarmen Meeres entstand. Die Mächtigkeit des Kupferschiefers beträgt nur 30–50 cm und seine Buntmetallgehalte steigen nur selten über 2 %; doch sein weit verbreitetes Vorkommen und die relativ einfache Abbaubarkeit machten den Kupferschiefer zu einem bedeutenden Buntmetallerz.

Der Kupferschiefer enthält neben Blei, Kupfer, Zink und Silber auch erhöhte Anreicherungen von Kobalt, Molybdän, Nickel, Rhenium, Uran und Vanadium. Für die Metallherkunft werden in über 200 Arbeiten die verschiedensten Theorien diskutiert. Die Metallgehalte weisen regional starke Schwankungen auf. Die höchsten Konzentrationen finden sich am südöstlichen und östlichen Harzrand im Bereich der permischen Vulkanite in den Revieren Eisfeld, Hettstedt, Mansfeld und Sangershausen. Dort wurde im Zuge der Autarkie-Bestrebungen der ehemaligen DDR der Kupferschiefer bis in die jüngste Zeit in großem Umfang abgebaut. Der nach der Vereinigung der deutschen Staaten unter marktwirtschaftlichen Gesichtspunkten nicht mehr rentable Kupferschieferbergbau kam 1990 zum Erliegen.

Iberger Eisenerze

Der oberdevonische Riffkalk des Iberg/Winterberges wird in seinen Randbereichen durch Störungszonen begrenzt. In diesen Störungen konnten saure eisenhaltige Hydrothermen aufsteigen, die beim Kontakt mit dem anstehenden Riffkalk zur Bildung einer metasomatischen Verdrängungslagerstätte geführt haben (1). Der so entstandene Eisenspat (Siderit, $FeCO_3$) reagierte später mit meteorischem Wasser zu Brauneisenerz (Limonit, FeOOH) unter Freisetzung von Kohlensäure (2). Dieses wiederum führte zur Auflösung des anstehenden Kalksteines und damit zur Höhlenbildung im Umkreis der Erzlager (3).

(1) $Fe^{2+}_{(aq)} + CaCO_{3(s)} <=> FeCO_{3(s)} + Ca^{2+}_{(aq)}$
(2) $2\ FeCO_{3(s)} + 3\ H_2O_{(e)} + 1/2\ O_{2(aq)} <=> FeOOH_{(s)} + H_2CO_{3(aq)}$
(3) $CaCO_{3(s)} + H_2CO_{3(aq)} <=> Ca^{2+}_{(aq)} + 2HCO_{3-(aq)}$

Die Höhlenbildung am Iberg/Winterberg steht also im direkten Zusammenhang mit der Verwitterung der Eisenerze. Dieser Umstand war für die frühen Bergleute von großem Vorteil. So brauchten sie „nur" die Höhlen abzusuchen, in denen sie im Idealfall den limonitischen Höhlenlehm vorfanden, der einfach abzubauen war. Die niedrigen SiO_2- und Phosphatgehalte begünstigten die Verhüttung. Ein weiterer Vorteil stellt der hohe Mangangehalt in den Iberger Eisenerzen dar. Aufgrund dieses Stahlveredlers waren Werkzeuge aus Iberger Eisenerz wesentlich längerlebig als andere.

Verschiedene Autoren vermuten aufgrund dieser günstigen Ausgangsbedingungen den Beginn des Bergbaus am Iberg bereits in vorchristlicher Zeit (zum Beispiel Broel 1963, Laub 1968/1969), ohne aber eindeutige Belege dafür liefern zu können. In der archäologischen Grabung in Düna wurden manganreiche Eisenschlacken in einer Schicht aus dem 3.–6. nachchristlichen Jahrhundert nachgewiesen, die mit großer Wahrscheinlichkeit auf die Verhüttung von Iberger Eisenerzen zurückzuführen sind (Brockner et al. 1990). Der Eisenerzbergbau am Iberg wurde bis 1885 betrieben.

Roteisenerze des Oberharzer Diabaszuges

Der Oberharzer Diabaszug erstreckt sich über 25 km von Osterode in nordöstliche Richtung bis nach Bad Harzburg (Abb. 3). Die Roteisensteinlager bildeten sich im mittleren Devon vor ca. 360 Millionen Jahren zusammen mit den Diabasen und den zugehörigen Tuffen und Tuffiten („Schalsteinen"). Vermutlich waren es eisenchloridhaltige Hydrothermen, die am Meeresboden oxidiert und ausgefällt wurden. Die Roteisenerze setzen sich hauptsächlich aus Hämatit (Fe_2O_3), Quarz und Calcit zusammen. Die Lagermächtigkeiten überstiegen nur selten 1–2 m. Der Schwerpunkt des Eisenerzbergbaues am Oberharzer Diabaszug lag im Gebiet Osterode – Lerbach – Altenau.

Die Eisengehalte lagen in den Roteisensteinen meist unter 35 %. Die häufig hohen Gehalte an SiO_2 erschwerten die Verhüttung. Die karbonatreichen und SiO_2-armen Eisenerze („Blauer Stein") wurden bevorzugt verhüttet. In den Kontaktbereichen des Diabaszuges zum Brockengranit und zum Harzburger Gabbro wurde der Hämatit weitgehend zu Magnetit umgewandelt (Simon 1979).

Der Eisenerzbergbau im Raum Osterode–Lerbach ist seit 1460 urkundlich belegt. „Blauer Stein" konnte in der archäologischen Grabung in Düna bereits ab dem 4. Jahrhundert nachgewiesen werden (Koerfer 1990). Im Harz endete der Bergbau auf Roteisenstein im Jahr 1887.

Mit Ausnahme der Rammelsberger Lagerstätte endete der Erzbergbau im Harz nicht aufgrund der Erschöpfung von Lagerstätten, sondern stets unter den Aspekten der Wirtschaftlichkeit kam es zur Schließung einzelner Gruben. Mit stark steigenden Rohstoffpreisen könnte der Harz in Zukunft wieder eine Bergbauregion werden.

Der Jahrhunderte währende Bergbau und die bis in jüngste Zeit durchgeführten Sucharbeiten haben den Harz zu der geologisch am besten untersuchten Region weltweit gemacht.

Abbildungsnachweis
1 aus Wachendorf 1986; 2 aus Kuhlke 1996; aus Mohr 1993; 4 nach Kraume 1955; 5, 6 C. S. Fuchs (Niedersächsisches Landesamt für Denkmalpflege).

Die Landschaft Harz

Ulrich Willerding

Auch früher schon lockte der Harz mit seinen abwechslungsreichen Bergen und Tälern die Menschen zum Wandern. Doch war es damals nur wenigen Menschen – wie Johann Wolfgang von Goethe, Joseph von Eichendorff, Heinrich Heine oder Hans Christian Andersen – vergönnt, eine Harzreise zu machen. Die meisten Harzbewohner mussten hart um den Erwerb des täglichen Brotes arbeiten. Oftmals war es auch erforderlich, dass Frau und Kind zur Sicherung des Lebensunterhalts beitrugen.

Inzwischen ist dieses nördlichste Mittelgebirge Europas ein beliebtes Erholungsgebiet geworden, das alljährlich von sehr vielen Touristen aufgesucht wird. Die Aussicht auf schöne Tageswanderungen durch dunkle Fichtenwälder und bunt blühende Bergwiesen lockt ebenso zum Tagesbesuch wie zum längeren Urlaubsaufenthalt. Hinzuweisen ist auch auf die Möglichkeit zu Heilkur- und Reha-Aufenthalten, die die Luftkurorte des Gebirges ihren Besuchern bieten. Zu den wichtigen Aufgaben eines Harzbesuches gehören daher neben der Erholung heute auch Erhaltung und Wiederherstellung von Gesundheit und Arbeitskraft.

Umgeben ist der Harz von einem Kranz anmutiger Städte wie Osterode, Goslar oder Quedlinburg. Die Vielzahl romanischer Kirchen und schmucker Fachwerkhäuser geben Zeugnis vom Reichtum vergangener Zeiten und sind beliebte Ziele kulturgeschichtlich und kunsthistorisch interessierter Besucher.

So verhilft heute der Harz seinen Besuchern mit seinem vielseitigen Angebot zu neuer Kraft für die Bewältigung der alltäglichen Aufgaben. Im Sommer mögen Wanderungen auf den ausgedehnten Wanderwegen dazu beitragen. Stauseen und ungeregelte Gebirgsbäche bieten vielseitige Gelegenheiten zum Wassersport. Zahlreich sind die Möglichkeiten zum Wintersport. Dementsprechend findet heute ein großer Teil der einheimischen Bevölkerung seinen Lebensunterhalt durch die Versorgung der vielen Gäste.

Die Grundlagen für diese modernen Nutzungsmöglichkeiten des Mittelgebirges bieten die Eigenheiten dieses Naturraumes. Mit einer maximalen Höhe von 1142 m über NN reicht der Brocken – als höchster Berg des Gebirges – bis in die subalpine Stufe. Klima und natürliche Vegetation zeigen demgemäss eine Vielfalt, die von der collinen bis in die subalpine Stufe reicht. Durch seine Lage am nördlichen Rande der zentraleuropäischen Mittelgebirgszone ist das Klima in allen Höhenstufen subozeanisch getönt. Die Höhenlage sorgt zusätzlich für eine colline, montane und oreale bzw.

HÖHENSTUFEN IM HARZ
(Daten nach verschiedenen Autoren)

KLIMA-DATEN		HÖHENSTUFEN		VEGETATIONSSTUFEN		
Temp.mittel (° C; Jahr)	Niederschlag (mm/Jahr)			Wälder	Grünland	Moore
2,4	1640	Brocken: 1142 m ca. 1100 m NN	subalpin	*ca. 1000 n.Chr.: Buchengrenze bei 1000 m NN*		
<3->4	1300-1600		oreal (hochmontan)	Fichtenwälder *Calamagrostio villosae-Piceetum*		oberhalb 700 m NN Hochmoore
>4->6	1000-1400	ca. 750-850 m	montan	Buchenwälder *Luzulo-Fagetum Dentario-Fagetum*	Borstgras-Rasen *Polygalo-Nardetum* Trollblumen-Feuchtwiesen *Trollio-Cirsietum oleracei* Goldhafer-Wiesen *Geranio-Trisetetum flavescentis*	
6-7	600-1100	ca. 500 m	submontan	Buchen(misch)wälder *Luzulo-Fagetum Melico-Fagetum*	ca. 300 - 350 m	
>7->8	<900	ca. 250 - 350 m	collin	Eichenreiche Buchenmischwälder *Luzulo-Fagetum Melico-Fagetum Stellario-Carpinetum*	Talfettwiesen *Arrhenatheretum elatioris*	

1 Mit zunehmender Höhe ändert sich die Zusammensetzung der natürlichen Vegetation im Harz und lässt so das montane bzw. oreale Klima dieses Mittelgebirges erkennen. Die ursprüngliche Vegetation ist unter dem Einfluss des Menschen allerdings inzwischen weitgehend verschwunden. Dies hat auch zur weiten Verbreitung von zum Teil recht uniformen Fichtenbeständen geführt.

2   Auch von der für den Tourismus ausgebauten Harzhochstraße ist der Ausblick auf die Rumpfflächen des Harzes möglich. Fichtenforsten bestimmen weithin das Landschaftsbild. Heute leiden die Fichten stark unter den Auswirkungen der Luftverschmutzung. (Blick von der Stieglitz-Ecke nach Westen, Sommer 1998).

3   Der Blick über das Sonnenberger Moor zum Achtermann zeigt, wie groß die natürlichen Offenlandflächen der Hochmoore sind. Charakteristisch ist die uhrglasartige Wölbung des Hochmoores (Sommer 1985).

subalpine Tönung des Klimas. Dementsprechend steigen mit zunehmender Höhe Niederschlag und Anzahl der Tage mit Schneedecke an, während die Temperaturen sinken (Abb 1).

Ackerbau – vor allem mit Weizen, Gerste und Zuckerrüben – ist daher nur auf den fruchtbaren, meist von Löß bedeckten Böden des Vorlandes sowie der Randgebiete möglich. Im Gebirge selbst weisen Grünlandflächen im Umkreis der Bergstädte auf Viehwirtschaft hin. Neben den Weideflächen für die Sommerweide der Rinder sind es ausgedehnte Bergwiesen, auf denen Heu für ihre Stallhaltung im Winter geerntet wird.

Die Grünlandflächen erfreuen ebenso durch ihre buntblühende Pflanzenwelt wie durch die Möglichkeiten, über die Rumpfflächen des Gebirges hinweg bis weit ins Vorland zu schauen (Abb. 2). Allerdings ist die Rinderhaltung in der montanen Stufe heute stark im Rückgang. Für die Erhaltung der floristisch und ökologisch wertvollen Offenlandflächen wurden inzwischen Programme ausgearbeitet, die bei extensiver Nutzung für den Bestand dieser eindrucksvollen und sehenswerten Pflanzenbestände sorgen sollen. Einige dieser Grünlandflächen stehen inzwischen sogar unter Naturschutz. Dazu muss allerdings ihr derzeitiges, nicht auf intensive Nutzung ausgerichtetes Management beibehalten werden.

Der zunehmenden Höhe entsprechend sinkt das durchschnittliche Jahresmittel der Temperatur von 7 bis 8 °C in der collinen Stufe auf 2,4 °C in der subalpinen Stufe. Das Jahresmittel des Niederschlages steigt hingegen von knapp 900 mm in der collinen Stufe bis auf ca. 1100 mm, die auf dem Brocken erreicht werden. Die meisten der von Touristen besuchten Siedlungen befinden sich in einer Höhenlage zwischen etwa 500 bis 750 m über NN, also in der montanen Stufe. Die jährlichen Niederschläge betragen dort 1000 bis 1400 mm, das Durchschnittsmittel der Temperatur liegt zwischen ca. 4 und 6 °C. Diese Höhenlage bietet gute Voraussetzungen für einen erholsamen Urlaub in allen Jahreszeiten.

Die Vegetation ändert sich – den Klimaverhältnissen entsprechend – ebenfalls mit zunehmender Höhe. Auf den ersten Blick ist das allerdings oftmals nicht zu erkennen. Derzeit bedecken vor allem Fichtenbestände das Gebirge von der collinen Stufe bis zur Waldgrenze bei etwa 1100 m über NN. Erst bei näherem Hinsehen wird deutlich, dass sich die Flora der collinen Talfettwiesen deutlich von der der montanen Goldhafer-Wiesen unterscheidet. Dazu tragen vor allem die montanen Florenelemente des Offenlandes bei. Das sind unter anderem die aromatisch duftende Bärwurz, der violett blühende Wald-Storchschnabel und die feuchtigkeitsliebende Trollblume. Bei näherem Hinschauen ist jedoch auch eine gewisse Differenzierung in der Bodenvegetation der Fichtenbestände zu erkennen. Im collinen Bereich handelt es sich dabei vor allem um recht uniforme Grasdecken, in denen oft die zierliche Draht-Schmiele mit ihren schmalen, glatten und glänzenden Grasblättern dominant ist. Mit zunehmender Höhe kommen auch hier einige montane Arten hinzu. Dazu gehören zum Beispiel das niederliegende Harzer Labkraut, der anmutige, weißblühende Siebenstern und einige Bärlapp-Arten. In den Fichtenwäldern der orealen Stufe setzt sich schließlich oftmals das hochwüchsige Wollige Reitgras durch, wobei jedoch neben den schon genannten Waldpflanzen auch noch andere vorkommen können. Dies ist insbesondere in der Nähe wild sprudelnder Bäche der Fall. Dort sind gelegentlich Hochstaudenfluren zu finden, die sich durch ihre bunte Blütenvielfalt auszeichnen.

Oberhalb von 700 m über NN erstrecken sich meist große natürliche Offenlandflächen. Das sind die Hochmoore, die durch ihre Uhrglas-ähnliche Aufwölbung charakterisiert sind (Abb. 3). Sie haben sich oftmals in der direkten Nachbarschaft von Quellen entwickelt. Die sich dort in den Niedermooren ansiedelnden Torfmoose wuchsen allmählich empor und sorgten so dafür, dass die Wurzeln der Moor-Pflanzen dem etwas nährsalzreicheren Quellwasser entzogen wurden. Sauerstoffmangel sowie eine starke Versauerung im nassen Boden führten dazu, dass der mikrobielle Abbau organischer Substanz weitgehend unterbleibt. In dem so entstehenden Torf steht den Hochmoorpflanzen schließlich nur noch das nährsalzarme Regenwasser zur Verfügung (ombrotrophe Moore). In diesem, vor allem aus Torfmoosen entstehenden *Sphagnum*-Torf bleiben neben den Moosresten auch andere organische Materialien erhalten, so dass das wachsende Hochmoor im Laufe der Zeit zu einer Art Urkundenbuch wird. Mit Hilfe der dort abgelagerten Pflanzenreste kann neben der Geschichte des Moores und seiner Vegetation auch die der Umgebung erschlossen werden. Die in den Hochmoortorf eingewehten Pollenkörner und Sporen bleiben ebenfalls gut erhalten. Pollenanalytische Untersuchungen können daher zur Klärung der Vegetationsgeschichte größerer Regionen beitragen. Dank der Vielzahl der im Oberharz vorhandenen Hochmoore konnte daher die vege-

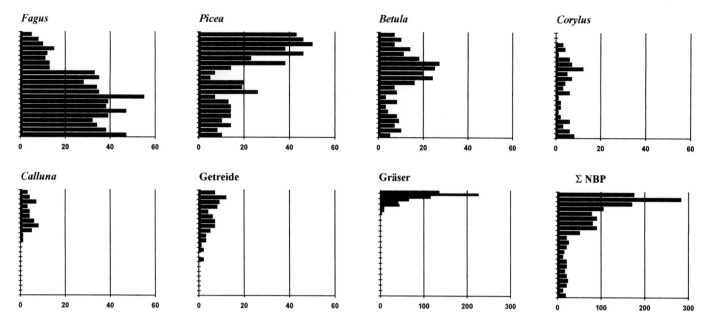

4 Die als Schattenrisse dargestellten Pollendiagramme einiger Arten bzw. Gattungen zeigen, wie stark sich die Vegetationsverhältnisse im Oberharz während der letzten 2000 Jahre verändert haben. Besonders auffällig ist die Gegenläufigkeit der Rotbuchen*(Fagus)*- und der Fichten*(Picea)*kurve. Zugleich wird deutlich, dass auf den Rückgang der Rotbuche zunächst Pionierarten wie Birke *(Betula)* und Hasel *(Corylus)* positiv reagieren. Schließlich steigen die Fichtenwerte endgültig an, wodurch die zunächst durch Waldweide und dann durch die Forstwirtschaft bedingte Förderung des Nadelholzes angezeigt wird. Der späte Anstieg der Gräser-Pollenwerte lässt darauf schließen, dass Bergwiesen und -weiden erst vor vergleichsweise kürzerer Zeit entstanden sind (Auszug aus dem Pollendiagramm „Hangmoor am Königsberg" im Oberharz, etwa 1010 m über NN, von Firbas / Losert / Broihan 1939; Umzeichnung vom Verfasser).

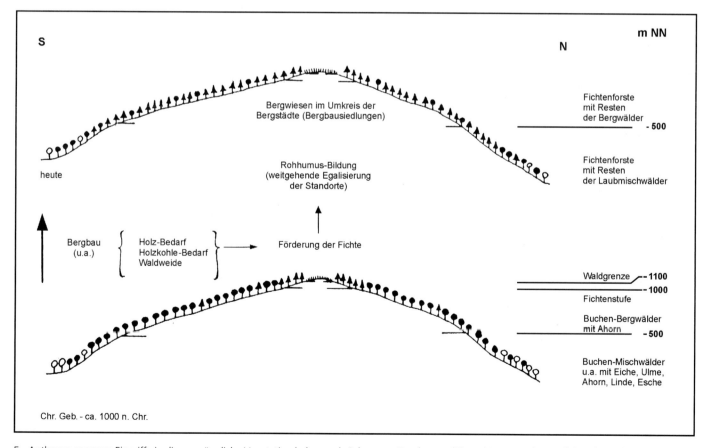

5 Anthropo-zoogene Eingriffe in die ursprüngliche Vegetation haben – als Folgen von Bergbau und Erzverhüttung – dazu geführt, dass während des zweiten Jahrtausends n. Chr. aus einem Laubwaldgebiet ein von der Fichte beherrschtes Gebirge wurde.

tationsgeschichtliche Entwicklung im Harz und seinem Umland sehr detailreich erschlossen werden.

Dabei wurde erkannt, dass die heutige Dominanz der Fichte in allen Höhenstufen eine relativ junge Erscheinung ist. Die Pollenkurven von Fichte und Rotbuche verlaufen nämlich in den jüngeren Abschnitten zahlreicher Pollendiagramme gegenläufig. Bei ansteigenden Fichtenwerten sinken also die Buchenwerte und umgekehrt. Dies zeigt an, dass mehrfach ein Wechsel in der Häufigkeit beider Arten stattgefunden hat. Schließlich gelangte die Fichte endgültig zur Vorherrschaft.

Bereits im Jahre 1939 war es Firbas, Losert und Broihan gelungen, die Ursachen dieser interessanten Erscheinung zu klären (Firbas / Losert / Broihan 1939). Sie stellten für die Zeit seit dem Mittelalter einen Zusammenhang zwischen der Zusammensetzung der Wälder und der Entwicklung von Bergbau und Hüttenwirtschaft fest. Die bevorzugte Nutzung des Buchenholzes in der Montanwirtschaft sorgte zu Zeiten florierenden Bergbaus für eine Reduzierung des Buchenanteils in den Wäldern des Harzes (vgl. Beitrag Frenzel / Kempter). Infolge der veränderten Konkurrenzverhältnisse konnte sich daher die Fichte in den Phasen intensiveren Bergbaus ausbreiten. So wurde die Fichte zum Indikator für die einzelnen Bergbauphasen, bis sie sich schließlich – infolge forstlicher Förderung – im Harz endgültig durchsetzte (Abb. 4).

Noch um 1000 n. Chr. lag die natürliche Buchengrenze bei etwa 1000 m über NN. Heute gibt es nur noch vereinzelte Buchenbestände in der montanen und orealen Stufe. Hierdurch ist es jedoch möglich, genauere Vorstellungen über die Beschaffenheit der ehemals im Harz dominierenden Buchenwälder abzuleiten. Für ihre Krautschicht waren einige montane Arten charakteristisch, so die Quirlblättrige Weißwurz mit schmalen, weißlich-grünen Blütenglöckchen und die Zwiebeltragende Zahnwurz mit zart hellvioletten, vierteiligen Blüten. In ihren Blattachseln befinden sich auffällige, zwiebelartig gestaltete Achselknospen.

Diese Wälder stehen auf montanen Braunerden. Deren Nährsalzgehalt hängt von dem jeweiligen Ausgangsgestein ab. Ihre Gliederung erfolgt vor allem nach der unterschiedlichen Kombination montaner Waldpflanzen.

Die Fichte und die von ihr aufgebauten Bestände, die heute von vielen Menschen als besonders typisch für den Harz angesehen werden, verdanken ihre derzeitige Verbreitung also in erster Linie dem Menschen, genauer gesagt der Montanwirtschaft (Abb. 5). Aus den herabfallenden Fichtennadeln sind allmählich mächtige Rohhumus-Decken entstanden. Daher reichen die flachen Tellerwurzeln der Fichte oftmals nicht mehr bis zum mineralischen Unterboden. Das trägt zur weiteren Versauerung und schließlich zur Podsolierung, also zu einer starken Verschlechterung des Bodens bei. Montane Braunerden sind durch die bei der Verwitterung der Gesteine freigesetzten Ionen, zum Beispiel vom Eisen, rötlich-braun gefärbt. Bei der Podsolierung werden die färbenden Bestandteile durch Humussäuren zunehmend ausgewaschen. Dadurch entstehen zunächst einzelne gebleichte Sandkörnchen. Schließlich kann sich ein mehrere Zentimeter mächtiger Bleichhorizont entwickeln, der von den für die Pflanzen erforderlichen Ionen praktisch frei ist. Die hier beschriebene, letztlich anthropogene massive Verschlechterung der Bodenverhältnisse im Harz ist irreversibel. Deshalb sind die Bemühungen, allmählich wieder Wälder aufzubauen, die der ehemaligen natürlichen Waldvegetation nahe kommen, von großen Schwierigkeiten begleitet.

Die Verfichtung im Harz brachte eine Reihe weiterer Schwierigkeiten mit sich:
– Durch die beschriebene Bodenentwicklung setzt schließlich die sogenannte Basenpumpe aus. In den natürlichen Buchenwäldern sorgt sie dafür, dass die tiefreichenden Wurzeln der Bäume die Nährsalze aufnehmen können, die bei der Verwitterung der Gesteine freigesetzt werden. Beim Laubfall im Herbst geraten sie in die Falllaubschicht und werden dort – wie in einem Komposthaufen – remineralisiert. Auf diese Weise gelangten sie in den natürlichen Stoffkreislauf. Durch den kontinuierlichen Abbau des Falllaubes in der Humusschicht stehen den Waldpflanzen stets ausreichende Mengen von Nährsalzen zur Verfügung, sofern das Ökosystem nicht gestört wird. Das ist aber der Fall, sobald die Rohhumusbildung beginnt. In dem extrem sauren Milieu können remineralisierende Mikroorganismen kaum existieren. Daher bricht das alte, ausgeglichene Ökosystem zusammen, und forstlich eingebrachte Buchen können nur bei intensiver Pflege gedeihen.
– Die bereits erwähnten Tellerwurzeln der Fichten führen außerdem zum Rückgang der Verdunstung des Bodenwassers. Das flache Wurzelsystem schafft nicht die natürliche Drainage-Leistung, die für die tiefreichenden Wurzeln der Rotbuche selbstverständlich sind. Bei entsprechenden Relief- und Bodenverhältnissen kann es nach der Beseitigung der Buchen leicht zu einer Vernässung des Bodens kommen. Das betrifft ebenso manche mit Fichten aufgeforstete Moor-Flächen wie solche, die längere Zeit brach liegen. Dies kann so weit gehen, dass sich Torfmoose ansiedeln und eine – im Grunde anthropogene – Vermoorung von Fichtenbeständen bewirken.

Die Genese der „versumpfenden Fichtenbestände" lässt sich mit Hilfe stratigraphischer und pollenanalytischer Untersuchungen klären. Sind die Entwicklungsbedingungen für das entstehende Hochmoor günstig, so sterben die Fichten allmählich ab, und es entstehen neue Flächen natürlichen Offenlandes, die allerdings anthropogen bedingt sein können.

Treffend äußerte sich Firbas (1952, 93) zur derzeitigen Situation und den sich daraus ergebenden Problemen: „Die Harzwälder

6 Die Abbildungen des V. Biringuccio aus Siena in seiner „Pirotechnica" (Venedig 1548) lassen den Unterschied zwischen Platzmeiler (oben) und Grubenmeiler (unten) erkennen. In letzterem lässt sich auch Wurzelholz verkohlen.

7 Holzkohlen-Meiler werden heute nur noch selten betrieben, wie hier im Bükk-Gebirge (Nordost-Ungarn, Sommer 1990). Ab und zu dient bei uns der „Meiler-Anstich" als Touristen-Attraktion.

wurden noch zu Beginn unseres Jahrtausends von der Buche beherrscht, später jedoch durch die Ausbreitung der Fichte so sehr verändert, dass die heutige Vegetation und ihre Böden kaum noch irgendwelche Spuren dieser gar nicht so lange zurückliegenden Buchenherrschaft erkennen lassen".

Neben der Pollenanalyse gibt es jedoch auch andere Methoden, die bei der Gewinnung von Kenntnissen über die Nutzung der Ressource Holz durch die frühe Montanwirtschaft im Harz hilfreich sind. Als Quellen sind hier vor allem direkte Hinterlassenschaften im Bereich der Montan-Arbeitsplätze zu nennen. Aber auch zeitgenössische Bilder und Texte, aus denen die damaligen Umweltverhältnisse zu ersehen sind, kommen in Betracht.

Besonders informationsreich sind die Untersuchungen von Holzkohle, wie sie auf Meilerplätzen und Schlackenhalden zu finden ist. In den Meilern wurde Holzkohle hergestellt, die zur Gewinnung der Prozessenergie bei der Erzverhüttung erforderlich ist. Die bloße Holzverbrennung würde nicht die zur Verhüttung er-

8 Besonders am Harzrand waren Niederwälder verbreitet. Die dort geworbenen Stockausschlag-Ruten werden von einer Frau auf dem Rücken nach Hause getragen (19. Jahrhundert).

9 Im Oberharz herrschten zur gleichen Zeit bereits die Fichten vor. Wie deren breite Kronen erkennen lassen, handelt es sich nicht um die im Harz einheimischen, schneeresistenten, schmalkronigen Fichten. Im Vordergrund ist die Grube „Hilfe Gottes" mit den zugehörigen Anlagen bei Bad Grund abgebildet.

forderlichen hohen Temperaturen liefern. Auch für die Reduktion oxidischer oder sulfidischer Erze ist Holzkohle wichtig.

Anfangs wurde das Holz in Grubenmeilern verkohlt (Abb. 6). Deren Reste sind im Gelände heute meist nur schwer auszumachen. Gelegentlich sind noch die von dem Grubenmeiler stammenden, etwa umgekehrt kegelförmigen Vertiefungen zu finden; an ihrem Grunde befindet sich eine Schicht Holzkohle, die allerdings von kolluvialem Boden überdeckt ist. Oft aber handelt es sich bei derlei Vertiefungen nur um Reste von Baumwurf-Gruben oder Bombentrichtern. Seit dem Spätmittelalter wurde das Holz auf sogenannten Platzmeilern vermeilert (Abb. 7). Das sind kreisrunde, im Durchmesser ca. 5–18 m große Plätze, auf denen das Holz gemeilert wurde (vgl. Beitrag Frenzel / Kempter, Abb. 1. Beitrag Hillebrecht, Abb. 1). Häufig liegen solche Platzmeiler in der Nähe alter Hohlwege. Sie sind oftmals stufenartig in den Hang eingetieft.

Auch in Schlackenhalden ist Holzkohle zu finden. Sie ist in der Schlacke enthalten und so auf die Halde gelangt. Diese Holzkohle zeigt an, welche Holzarten tatsächlich für die Verhüttung bestimmter Erzsorten verwendet wurden. Solche Schlackenhalden liegen meist in unmittelbarer Nähe der Verhüttungsstellen.

An weiteren montanwirtschaftlich bedingten Geländeformen sind noch die Pingen und Bergbauhalden zu erwähnen. Erstere sind im Zusammenhang mit der Prospektion bzw. Förderung von Erz entstanden. Häufig gedeihen in diesen kleinen Hohlformen Farne; sie zeigen die dort meist höhere Luftfeuchtigkeit an. Auf den Bergbauhalden lagert taubes Gestein, wobei dort auch kleine Erzstücke vorhanden sein können. Schlacke ist dort nicht zu finden.

Zeitgenössische Bilder (Abb. 8, 9) und Reiseberichte vermitteln ebenfalls einen Eindruck von den damaligen Waldverhältnissen im Harz. So erwähnt Hans Christian Andersen, wie „romantisch" diese Gegend durch ihre „unübersehbaren Waldungen, hohen Gebüsche über brausenden Flüssen, großen Felsmassen oder die tote Steinmasse halbzerfallener Gebäude" sei. 1824 berichtet Heinrich Heine in seiner „Harzreise", „die Tannenwälder wogten unten wie ein grünes Meer".

Während beide Dichter – am Anfang des 19. Jahrhunderts – offensichtlich von den romantischen Elementen des Harzes beeindruckt wurden, fragte Goethe – ebenfalls fasziniert von der Natur des Gebirges – bereits suchend und erkennend nach den Ursachen des Natur-Schauspiels. Dabei entdeckte er die Kontaktmetamorphose zwischen Granit und Hornstein. Deren Ergebnis ist am Goetheplatz (Rehberger Graben) unweit von St. Andreasberg besonders gut zu erkennen.

Von der anthropogen ausgelösten Dynamik in der Waldentwicklung, deren Zusammenhänge erstmals mit Hilfe der Pollenanalyse im 20. Jahrhundert geklärt worden ist, haben die Reisenden und Forscher des 19. Jahrhunderts wohl noch keine Vorstellung gehabt. Bei den von Heinrich Heine erwähnten „Tannenwäldern" handelte es sich freilich um solche der Fichte, die offenbar schon 1824 zur Dominanz gekommen war. Er war offensichtlich der alten deutschen Tradition gefolgt, Fichten fälschlicherweise als Tannen zu bezeichnen.

Das in den literarischen Quellen beschriebene dichte Kleid von Nadelwäldern wies allerdings häufiger Lücken auf, insbesondere in den Gebieten am Rande des Gebirges und in der Umgebung der Bergstädte. Dort waren Wiesen und Weiden entstanden, die für die Versorgung des von den Bergleuten gehaltenen Viehs genutzt wurden (Abb. 10). Die eher nahe dem Gebirgsrand liegenden Flächen ohne Fichtenbewuchs dienten vor allem der Befriedigung des privaten Holzbedarfs. Sie wurden häufig niederwaldartig genutzt, indem man sich auf das natürliche Regenerationsvermögen einzelner Gehölzarten verließ. Die nachwachsende Ressource Holz fand meist in Form von Stockausschlägen (vgl. Abb. 8) Verwendung. Oftmals ließ man aber auch einzelne Bäume stehen, um Reserven für Bau- und Werkholz zu haben. Da sich die Kronen dieser Bäume ohne die Konkurrenz der benachbarten Bäume entwickeln konnten, entstanden sogenannte Mittelwälder, die durch einzelne Kronenbäume über den Stockausschlagsgebüschen charakterisiert sind (Abb. 11).

10 Bereits im 19. Jahrhundert waren die Bergstädte wie Clausthal-Zellerfeld von größeren Offenlandflächen umgeben, die für die Oberharzer Viehwirtschaft benötigt wurden. Mehrere Zechenanlagen sind deutlich erkennbar.

11 Die Wälder wurden häufig als Mittelwälder (im Vordergrund) und Niederwälder (dahinter) genutzt, wie auf diesem Bild eines flämischen Malers aus dem 16. Jahrhundert zu sehen ist.

Da die fruchtbaren Gebiete mit Lößböden im Harzumland zur Gewinnung von Ackerland schon recht früh weitgehend gerodet worden waren, mussten gebirgsrandnahe Gehölzflächen auch den Menschen im Vorland zur Holzversorgung für den Hausbrand dienen (Abb. 8). So entwickelten sich dort Niederwälder und Mittelwälder, deren Reste zum Teil noch heute an der Wuchsform einzelner Bäume zu erkennen sind. Vermutlich ist die Erhaltung von Laubwaldflächen am Rande des Harzes dieser Nutzungstradition zu verdanken.

Der Wandel in der Zusammensetzung der Harzwälder bis hin zur Dominanz der Fichte wird also durch ganz verschiedenartige Quellen dokumentiert. Bilder und schriftliche Zeugnisse setzen allerdings erst ein, als der Wandel im 19. Jahrhundert bereits vollzogen war (vgl. Abb. 9). Sie scheinen daher die Vorstellungen über die Natürlichkeit der Fichtenwälder im Harz zu bestätigen.

Zieht man jedoch die bereits oben genannten vegetationskundlichen Quellen heran, so lässt sich die Änderung der Waldzusammensetzung vom Buchenbergwald zum Fichtenforst recht detailliert verfolgen. In diesem Zusammenhang sei nochmals auf die Ergebnisse der Pollenanalyse (Abb. 4) verwiesen. Mit Hilfe der Holzkohlenanalyse lässt sich der Ablauf des Wandels allerdings noch genauer erfassen. Dies liegt daran, dass manche Arten sich auf diesem Wege besser erkennen bzw. bestimmen lassen, als das mit Hilfe von Pollenkörnern möglich ist.

Aus den zahlreichen inzwischen vorliegenden Holzkohlen-Diagrammen sind drei als besonders typisch erscheinende Gruppen herausgegriffen worden (Beitrag Hillebrecht, Abb. 2). Die Diagramme der oberen Reihe stammen aus Schlackenhalden von den Jägerplätzen auf der Clausthaler Hochfläche (ca. 600 m über NN). Sie werden in die Zeit um ca. 1100 n. Chr. datiert. Übereinstimmend zeigen sie eine deutliche Dominanz der Rotbuche; an zweiter Stelle folgt regelmäßig der Ahorn. Das wurde in den Pollendiagrammen nicht so deutlich, weil der von Insekten bestäubte Ahorn im Vergleich zu den meisten anderen windblütigen Bäumen Mitteleuropas im Pollendiagramm stets untervertreten ist. Aus standortskundlichen Gründen ergibt sich, dass es sich beim nachgewiesenen Ahorn um den Bergahorn gehandelt hat. Demnach war am Anfang des zweiten Jahrtausends n. Chr. der Harz noch weitgehend von den ursprünglichen montanen Ahornbuchenwäldern bedeckt, so wie sie in Resten noch in manchen anderen Mittelgebirgen erhalten sind. Dass in den Buchenwaldrelikten des Harzes der Bergahorn heute so selten ist, hängt vermutlich damit zusammen, dass seine Knospen und jungen Zweige besonders gern vom Rehwild gefressen werden. Niedrige Exemplare, die an kleine Kandelaber erinnern, lassen den regelmäßigen Verbiss der jungen Triebe erkennen.

Mit Hilfe zahlreicher Holzkohlendiagramme aus Fundstellen des späteren Hochmittelalters sowie des Spätmittelalters ist zu erkennen, dass inzwischen ein erheblicher Wandel in der Zusammensetzung der Gehölzflächen stattgefunden haben muss. Die ursprünglich häufigen Arten sind selten geworden oder fehlen ganz. Dafür kommen jetzt Pioniergehölze vor, die erkennen lassen, dass die natürlichen Wälder weitgehend zerstört worden sind. Zu diesen Gehölzen gehören unter anderem Birke, Weide, Espe, Vogelbeere und Hasel. Sie werden oft als Destruktionszeiger zusammengefasst. Zugleich zeigen die lichtliebenden Gehölze auch an, dass die für sie schädlichen, großkronigen Arten wie Buche und Ahorn weitgehend fehlten. Dank der Verbreitung ihrer kleinen Diasporen durch den Wind bzw. der Beeren- und Nussfrüchte durch Tiere erreichen diese Arten recht schnell die vom Wald entblößten Flächen und bilden dort eine Pioniervegetation. Bei ungestörter Entwicklung entstehen aus ihr Sekundärwälder, die den Primärwäldern ähnlich waren. Dies ist an den mehrfachen sekundären Buchengipfeln in Pollendiagrammen des Harzes auch tatsächlich zu erkennen. Offenbar erreichte der Bergahorn aber niemals wieder die Bedeutung, die er ursprünglich in den Buchenwäldern gehabt hatte.

Die botanischen Quellen zeigen zudem, dass auch die Buche im Lauf der Zeit nicht mehr ihre ehemals so hohen Bestandsanteile zu erreichen vermochte. Statt dessen setzte sich die Fichte immer stärker durch und erreichte schließlich nahezu die Alleinherrschaft im Harz. Die jüngeren Abschnitte der Pollendiagramme lassen dies ebenso erkennen wie Holzkohlendiagramme jüngeren Datums (vgl. Beitrag Hillebrecht, Abb. 2). Neben anderen Ursachen hat dabei wohl auch die Waldweide durch das Vieh der Bergleute eine wichtige Rolle gespielt. Auch hierbei wurden wiederum die jungen Triebe der Laubhölzer bevorzugt gefressen, wodurch diese immer stärker geschädigt wurden und schließlich nahezu vollständig verschwanden. Diese anthropo-zoogenen Eingriffe waren beim älteren Typ der Fichtenförderung sicherlich beteiligt gewesen, was noch als halbnatürlicher Vorgang aufgefasst werden könnte. Das gilt dann allerdings nicht mehr für die Fichtenförderung infolge forstlicher Einbringung.

Bei den heutigen Fichtenbeständen im Harz handelt es sich also weitgehend um Wälder, die direkt oder indirekt vom Menschen gefördert oder angelegt sind. Nur die Fichtenwälder der hochmontanen (orealen) Stufe entsprechen den natürlichen Wäldern dieser Höhenstufe weitgehend. Bei den anderen Fichtenbeständen des Harzes handelt es sich um Forsten, also um künstlich begründete Fichtenanpflanzungen. Sie unterscheiden sich in vielfacher Hinsicht von den natürlichen Wäldern der collinen und montanen Stufe. Das bezieht sich nicht nur auf Flora, Fauna und Boden, sondern unter anderem auch auf den Wasserfaktor. Zu nennen sind hier beispielsweise die Wasserversickerung im Boden, Qualität des Sickerwassers und Grundwasserbildung oder Wasserabgabe der Bestände durch Verdunstung.

Die vegetationsgeschichtlichen Befunde zeigen eindeutig, dass es sich also mehrheitlich keineswegs um natürliche Fichtenwälder handelt. Erfreulicherweise gibt es allerdings noch vereinzelte Fichtenexemplare, die von der in den Hochlagen des Harzes ursprünglich vorhandenen Fichte abstammen. Während die forstlich eingebrachten Fichten – ihrer Herkunft aus schneearmen Tieflandsgebieten entsprechend – breite Kronen besitzen, sind die der einheimischen Exemplare auffallend schmal. Sicher wäre es sinnvoll, bevorzugt diese alte Harzfichte zu vermehren und anzupflanzen. Offensichtlich ist sie in der Lage, den Stress besser auszuhalten, der durch die derzeitige Umweltbelastung und die Existenz in den oberen Gebirgslagen entsteht.

Abbildungsnachweis
1-3, 5-11 Verfasser; 4 nach Firbas/Losert/Broihan 1939, Umzeichnung von Verfasser.

Der Oberharz und sein unmittelbares Vorland. Ein Abriss der Siedlungsgeschichte vor dem Einsetzen der schriftlichen Überlieferung im 8. Jahrhundert n. Chr.

Lutz Grunwald

„Während das Vorland des Harzes bereits im 3. Jahrtausend v. Chr. von einer bäuerlichen Bevölkerung besiedelt wurde und trotz aller Wechsel der Siedlungen, der Völker und der Kulturen bis heute ein Bauernland geblieben ist, war der Harz selbst bis in das 10. Jahrhundert hinein ein unzugängliches Waldgebirge. Da er nur selten einmal von Menschen begangen wurde, sind aus ihm nur wenige vor- und frühgeschichtliche Funde bekannt geworden" (Böhner 1978, VIII).

Mit diesen Worten umschreibt K. Böhner den Harz und sein Umland in seinem Vorwort des „Führers zu vor- und frühgeschichtlichen Denkmälern, Band 36, Westlicher Harz: Clausthal-Zellerfeld – Osterode – Seesen", der anlässlich der vom 16. bis zum 21. Mai 1978 in Goslar abgehaltenen Jahrestagung der Deutschen Verbände für Altertumsforschung erschienen ist. In diesen kurzen Zeilen schwingt das auch heute noch verbreitet bestehende Bild über diesen Gebirgszug als unwirtliche Landschaft mit, den ein Wörterbuch etwa wie folgt umschreibt: Harz, norddeutsches Mittelgebirge zwischen Leinesenke und Saaletal, rund 100 km lang und 30 km breit, in Hochflächen gegliedert, die von höheren Kuppen und Bergzügen überragt werden. Der im Verhältnis zum Unterharz höhere und regenreiche Oberharz (höchster Berg: Brocken, 1142 m über NN) im Nordwesten dieses Gebirges ist dicht bewaldet und von Flüssen zertal. Diese kurze Charakterisierung der Oberharzregion bestätigt das allgemein geläufige Bild einer feuchten und kühlen Landschaft, die man nicht mit einem bevorzugten Siedlungsraum in Verbindung bringt. Vielmehr ist das gängige Bild des Oberharzes als siedlungsfeindlich zu werten. Wenn nun aber auch heute noch diesbezüglich eine eher negative Einschätzung dieser Landschaft vorherrscht, wie muss das Bild des Oberharzes erst in vorgeschichtlichen Epochen ausgesehen haben. In einer Zeit vor Zentralheizung und warmer, regenundurchlässiger Kleidung müssen die angesprochenen Faktoren sehr abstoßend gewirkt haben. Angesichts dieses Sachverhaltes fragt man sich sofort, ob es im Oberharz überhaupt eine vorgeschichtliche Besiedlung gegeben hat oder ob eine Aufsiedlung erst – wie dies K. Böhner ausführte – nach dem Einsetzen der schriftlichen Überlieferung im 8. Jahrhundert ab dem 10. Jahrhundert n. Chr. mit der damaligen Nutzung der Erze zur Metallherstellung erfolgte. In der folgenden kurzen Zusammenfassung soll dieser Frage nach einer knappen Forschungsgeschichte nachgegangen und die Spuren menschlicher Anwesenheit summarisch zusammengestellt werden. Hierbei kann es in diesem begrenzten Rahmen nicht das Ziel sein, eine vollständige Vorlage der Siedlungshinweise vorzulegen. Vielmehr sollen im Zusammenhang mit vier Verbreitungskarten die verschiedenen Abschnitte der menschlichen Anwesenheit in der Oberharzregion aufgezeigt und lediglich in Einzelfällen bestimmte Fundpunkte genauer angesprochen werden.

Wissenschaftliche Ansätze, den Besiedlungsbeginn, die Gründung von Burgen und Städten und die Entwicklung des Bergbaues im Oberharz zu ergründen, gehen bis in das 18. Jahrhundert zurück. Zusammenfassende Arbeiten fehlen aber bis in das Jahr 1926. Damals nahm sich K. Schirwitz der „Frage der vorgeschichtlichen Besiedlung des Harzgebirges" an, die die Wissenschaft „bisher ziemlich unberücksichtigt gelassen" hatte (Schirwitz 1926, 1). Er stellte ein Inventar aller damals bekannter Fundstellen auf, das für den Oberharz eine deutliche Fundarmut aufweist. Dieses Bild konnte F. Tenner zwei Jahre später für die Umgebung von Bad Harzburg verdichten (Tenner 1928). Nach diesen vielversprechenden Ansätzen zu Beginn des 20. Jahrhunderts sollte aber erst der persönliche Einsatz und das Interesse von W. Nowothnig in den 50er und 60er Jahren eine erneute Zusammenstellung und Diskussion der nun doch zahlreicher nachzuweisenden Bodenfunde aus dem Oberharz bedeuten (Nowothnig 1957. Ders. 1959. Vgl. auch Nowothnig 1964). Sein besonderes Augenmerk galt in den 60er Jahren der Interpretation der Funde aus dieser Region in Bezug auf die Bergbauforschung. Bereits 1963 führte Nowothnig Objekte an, die für einen Beginn des Erzabbaus im Oberharz während der Bronzezeit zu sprechen schienen (Nowothnig 1963, 91–94). Ein unumstößlicher Beweis lag hiermit aber nicht vor. Da an dieser Interpretation auch Kritik geäußert wurde (Böhme 1978a, 30–32. Ders. 1978b, 68 f.), wandte sich die wissenschaftliche Forschung in den folgenden Jahren anderen Themen zu. Die Ansätze Nowothnigs verhallten vorerst ohne weiteres Echo. Das Interesse lag nun erneut in Gesamtdarstellungen zur Siedlungsgeschichte. So legte O. Thielemann 1977 eine Übersicht zur Urgeschichte am Nordharz vor. Im Zusammenhang mit der 1978 in Goslar abgehaltenen Archäologietagung erschien dann neben dem bereits angesprochenen Führer, Band 36, auch der „Führer zu vor- und frühgeschichtlichen Denkmälern, Band 35, Goslar – Bad Harzburg" und eine Abhandlung zur Archäologie im südwestlichen Harzvorland (Claus 1978). Ende der 70er Jahre lag daher eine umfassende Zusammenstellung der neuesten Erkenntnisse zur Siedlungsgeschichte des Oberharzes vor. Leider blieben diese Publikationen für die folgenden 21 Jahre die letzten zusammenfassenden Übersichtswerke zum Oberharz in der vorgeschichtlichen Zeit. Zwar gibt es eine große Zahl von Einzelpublikationen zu bestimmten Fundstellen oder Themenbereichen – wie dem im Mittelpunkt dieses Bandes stehenden Erzabbau –, eine auf den neuen Wissensstand zurückgehende Abhandlung zur Siedlungsgeschichte im Oberharz vor dem Einsetzen der schriftlichen Überlieferung in der Zeit um 800 n. Chr. fehlt aber leider. Dieses Desiderat der Forschung aufzuzeigen und etwas zu füllen, soll auf den folgenden Seiten im Ansatz versucht werden.

Die frühesten Hinweise auf die Anwesenheit von Menschen gehören im Oberharzvorland sowie in dessen direkten Randlagen – neben einem Faustkeil aus Schwiegershausen, Ldkr. Osterode am Harz (Kohnke 1988, 116 f. Abb. 12,1) – mit Funden der nordöstlich von Scharzfeld, Ldkr. Osterode am Harz, gelegenen Einhornhöhle (Abb. 1) in das späte Mittelpaläolithikum. 1985 wurden hier zufällig bei einer paläontologischen Untersuchung ein Abschlagkern und weitere Abschläge ausgegraben, die eindeutig die Begehung dieser Höhle durch den Neandertaler (Homo sapiens neanderthalensis) etwa um 45000 bis 40000 v. Chr. belegen (Veil 1989. Zusammenfassend: Thieme 1991, 92 f. mit Abb. 26; 447–449). Ebenfalls in die Zeit vor der ab etwa 40000 v. Chr. erfolgten Anwesenheit des modernen Menschen (Homo sapiens sapiens) in Europa könnten zwei weitere Objekte aus dem Ldkr. Osterode am Harz datieren: Nach dem Heimatforscher E. Anding wurde bereits in den 30er-Jahren des 20. Jahrhundert in einem Dolomitbruch südöstlich von Förste das bearbeitete Fragment

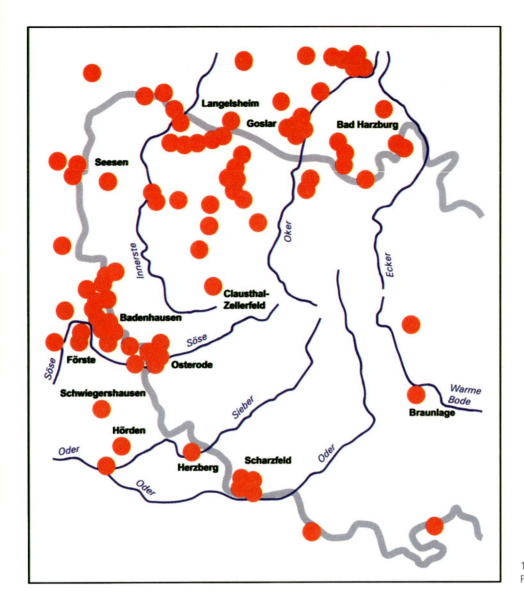

1 Regional für den Oberharz wichtige Fundstellen des Paläo- und Mesolithikums.

eines Mammutstoßzahnes gefunden (Anding 1970, 223 Taf. 17). Nach Andings Schätzung wurden die an diesem Zahnfragment festzustellenden Kerbungen und Höhlungen bereits vor 40000 bis 50000 Jahren ausgeführt. Ein weiterer Fund aus der Gemarkung von Badenhausen könnte nach Andings Einschätzung wie ein faustkeilähnliches Großgerät aus der Nähe von Förste, Gde. Osterode am Harz, entsprechend früh datieren (Anding 1974. Claus 1976, 127). Leider sind die Abbildungen des Stoßzahnes und des Flintobjektes aus Förste nicht besonders aussagekräftig und ist der angesprochene, aus Badenhausen stammende Großschaber aus Tertiärquarzit nicht zeichnerisch dargestellt, sodass diese Funde nicht sicher als mögliche Hinweise auf weitere Aufenthaltsorte des Homo sapiens neanderthalensis gewertet werden können[1].

Nach einer größeren Fundüberlieferungslücke für die Belege aus dem älteren und mittleren Jungpaläolithikum sind erneut aus der Gemarkung von Scharzfeld, Ldkr. Osterode am Harz, ein Fundkomplex des späten Jungpaläolithikums (ca. 15000–11000 v. Chr.) aus der Höhle „Steinkirche" sowie der entsprechend chronologisch einzuordnende Oberflächenfund eines Klingenkerns aus der Gemarkung Westerode, Stadt Bad Harzburg (Linke 1995), bekannt. Diese Funde können der Kultur des Magdalénien angeschlossen werden. Jägergruppen dürften in dieser Zeit am Harzrand entlanggezogen sein (Schwarz-Mackensen 1978, 22).

Spätestens seit dem Magdalénien wurde der Oberharz und sein Umfeld von den Menschen wohl öfter begangen.

Während des Spätpaläolithikums (11000–9500 v. Chr.) waren im Bereich des Oberharzes Menschen anwesend, die den – nach Form und Funktion kennzeichnender Flintartefakte benannten – Stielspitzengruppen anzuschließen sind. G. Schwarz-Mackensen hat 1978 für diese Zeit Fundstellen der Ahrensburger Stielspitzengruppe in der Nähe von Goslar (Sudmerberg und Habichtsberg), bei Langelsheim (Rösekenbrink) und in Bad Gandersheim-Ellierode (Äbtissinberg) nachgewiesen (Schwarz-Mackensen 1978, 18–22 mit Abb. 4). Neufunde aus dieser Zeit haben das Verbreitungsbild der Fundstellen bis heute auch für diese Epoche der Menschheitsentwicklung verdichtet.

Mit dem Ende der letzten Eiszeit um etwa 9500 v. Chr. veränderten sich für die Menschen die Lebensbedingungen (Kind 1999, 14). Nun breiteten sich die Waldregionen aus. Kiefer, Birke und Hasel wurden in der Zeit um 7000 v. Chr. vom Eichenmischwald mit Eichen, Eschen, Ahorn und Linden überlagert. Die Menschen stellten sich während dieser Zeit des Mesolithikums (9500 bis 5500/5300 v. Chr.) auf die veränderten Bedingungen ein. Als Jäger und Sammler waren sie hoch spezialisiert und ihrer Umwelt angepasst. Auch in der Oberharzregion haben sich Spuren der Anwesenheit von Menschen aus dieser Zeit erhalten. Die Fundstellen liegen vor allem am direkten Harzrand auf Hügeln und Kuppen oberhalb von Gewässerläufen. Von den vielen Lagerplätzen soll hier beispielhaft nur die bekannte Station Langelsheim–Rösekenbrink genannt werden (Thielemann 1963). Einzelne mesolithische Fundobjekte fanden sich aber auch in höheren Regionen des Oberharzes. Zu nennen sind vor allem Objekte aus dem Raum Goslar–Clausthal-Zellerfeld und Langelsheim sowie bei Braunlage (Nowothnig 1957, 110–113 mit Abb. 1–2. Vgl. Abb. 1). Sie sind als Belege zu werten, dass der Oberharz in dieser Zeit begangen wurde, wobei wohl in erster Linie an Jagdaktivitäten sowie die Sammeltätigkeit von Beeren und Kräutern zu denken ist. Während des Winters wird der Oberharz wohl von den Menschen für längere Aufenthalte gemieden worden sein. Da nach neuen Berechnungen zur Bevölkerungsdichte während des Mesolithikums in der gesamten Bundesrepublik Deutschland weniger als 35000 Menschen lebten (Kind 1999, 14), wird man andere freie und klimatisch günstigere Regionen zum Überwintern genutzt und den unwirtlichen Oberharz während der kalten Jahreszeit verlassen haben.

Die Sammelaktivität von Privatpersonen hat generell zu regionalen Fundstellenkonzentrationen im Bereich des Oberharzes geführt. Für das ausgehende Paläolithikum und das Mesolithikum sei hier nur auf die Tätigkeit von K. Kummer nördlich von Osterode am Harz (Kummer 1968), W. Lampe in der Region Harriehausen/Willensen, im ehemaligen Kreis Gandersheim und im ehemaligen Landkreis Goslar (Lampe 1932. Zusammenfassend: Niquet 1958) sowie O. Thielemann im nördlichen Harzrandgebiet (Thielemann 1966. Ders. 1977, 3–6 mit Abb. 1) verwiesen. Die eher als fundleer zu bezeichnenden Regionen des Harzvorlandes dürften als Forschungslücken zu interpretieren sein.

Mit der heute nach der charakteristischen Verzierungsweise der Tongefäße als Linienbandkeramik bezeichneten Kulturphase ließen sich etwa ab 5500/5300 v. Chr. auch im Umfeld des Oberharzes Menschen in größerer Zahl nieder und errichteten erstmals dauerhafte Ansiedlungen (Flindt / Geschwinde / Arndt 1997, 37). Während der Ostharz an seinem Nord- und Ostrand von den nachgewiesenen Siedlungen dieser Kultur erreicht wurde, kennen wir für das westliche Umfeld des Oberharzes Niederlassungen nur bis zu einer Linie Kalefeld–Schwiegershausen (Flindt / Geschwinde / Arndt 1997, 33 Abb. 19. Vgl. dort zu Kalefeld: 55–58). Aus den direkten Oberharzrandlagen sind für diese Zeit nur Einzelfunde belegt. Aufgrund der ungünstigeren klimatischen Verhältnisse in der Oberharznähe ist die Dichte der nachzuweisenden Fundstellen in dieser Region nicht so flächendeckend wie am Ostharz (Achner / Weber 1994, 18 Abb. 8). Das Klima dürfte aber nicht der einzige Grund für die geringere Zahl der Nachweise sein. Denn wenn linienbandkeramische Siedlungsstellen von archäologischer Seite – wie dies zum Beispiel im Landkreis Osterode am Harz in Schwiegershausen in den Jahren 1993, 1994 und 1997 erfolgt ist (Flindt /

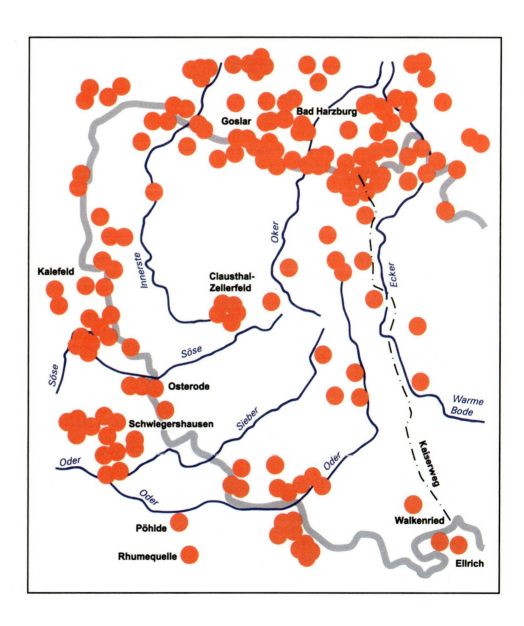

2   Regional für den Oberharz wichtige Fundstellen des Neolithikums.
–·–·–·– mittelalterlicher Weg, vorgeschichtliche Nutzung vermutet

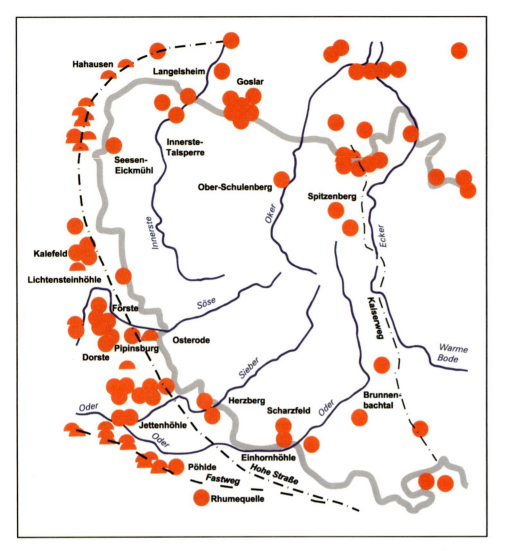

3 Regional für den Oberharz wichtige Fundstellen von der Bronzezeit bis in die jüngere vorrömische Eisenzeit.

🔴 Hügelgrab

– – – – – vorgeschichtlicher Weg, nach der Lage von Grabhügeln

–·–·–·– mittelalterlicher Weg, vorgeschichtliche Nutzung vermutet

Geschwinde / Arndt 1997, 8–54. Kaltofen 1998a) – untersucht werden, so bietet sich doch ein anderes Bild: Die 1998 durch A. Kaltofen im Rahmen einer Magisterarbeit an der Universität Göttingen erfolgte Auswertung dieser Grabung ergab eine zusammenfassende Darstellung der linienbandkeramischen Fundstellen im Umkreis von Schwiegershausen (Kaltofen 1998b, 9 mit Abb. 5). Auch hier zeigte sich, dass die auf einem neuen Wissensstand erfolgte Auswertung der bisher entdeckten, aber oft nur an entlegenen Stellen oder gar nicht publizierten Fundplätze sehr lohnend ist. Dieses Beispiel belegt, dass durchaus mit einer etwas dichteren Besiedlung des Oberharzumlandes zur Zeit der Linienbandkeramik gerechnet werden kann und in der geringen Zahl der Fundstellen sich der nicht befriedigende Stand der wissenschaftlichen Erforschung dieser Region widerspiegelt. Eine Siedlungsdichte, wie sie im Bereich des Ostharzes vorliegt, wird das Umfeld des Oberharzes aber wegen der schlechten klimatischen Lage jedenfalls nie erreicht haben. Im Verlauf der Jungsteinzeit zeigt das Oberharzvorland dann eine dichtere Verteilung von Niederlassungen. Eine Zusammenstellungen der neolithischen Fundstellen am Nordharz, die O. Thielemann 1977 vorlegte (Thielemann 1977, 7 Abb. 3), belegt die doch relativ hohe Anzahl der Fundstellen, die sich bis in das Jahr 1999 noch vermehrt hat. Das Harzumland war nun während der Jungsteinzeit und den verschiedenen Kulturen dieser Epoche dauerhaft genutztes Siedlungsgebiet des Menschen geworden (Abb. 2). Aber auch hier gilt: Die klimatisch begünstigte Region des Ostharzes war stets stärker besiedelt als das Oberharzvorland (Preuss 1989). Dieser Umstand sollte sich bis in das Mittelalter nicht verändern.

Auch im Vergleich der jungsteinzeitlichen Fundstellen im Harz ist ein größeres Fundaufkommen im Ostharz als im Oberharz zu konstatieren. Wenn aber intensive Begehungen und Funddokumentationen erfolgen, wie dies bezüglich des Neolithikums durch E. Reiff für den Raum Clausthal-Zellerfeld erfolgt ist (Reiff 1990, 83–88 mit Abb. 4), kann sich das Fundbild auch im Oberharz deutlich verdichten. Für beide Gebiete gilt aber, dass die jungsteinzeitlichen Objekte von einer Begehung, nicht aber von einer Besiedlung des Harzes künden. Denn für die Lebensweise der Jungsteinzeit mit Ackerbau und Viehhaltung waren das Klima und die Bodenbeschaffenheit des Harzes zu ungünstig. Zwar muss bei diesen Funden in einigen Fällen mit einer mittelalterlichen Verlagerung in die Harzhochflächen gerechnet werden, alle Fundstellen sind hiermit aber nicht zu begründen. Einzelfunde, wie Hacken, Beile und Klingen, wurden oft abseits der späteren mittelalterlichen Siedlungen, teilweise sogar in sehr unwirtlichen Regionen, gefunden. Sie können daher nicht als zum Abwehren von Unheil während der mittelalterlichen Besiedlung des Harzes in diesen gelangte und daher verschleppte Objekte in sekundärer, nicht für die Vorgeschichte zu interpretierende Fundlage gelten. Diese

Mensch und Umwelt

4   Bronzearmring aus der Nähe der Innerstetalsperre.

5   Bronzesichelfragment aus der Nähe der Innerstetalsperre.

6   Bronzelanzenspitze aus Goslar.

Einzelfunde sind vielmehr ein sicheres Indiz für die Begehung des Harzes in der Jungsteinzeit (Böhme 1978, 27. Maier 1976, 129 f.). Der Harz muss daher für die Menschen dieser Zeitepoche von Interesse gewesen sein. Da dieses nicht im Bereich der Landwirtschaft gelegen haben kann, wäre hier zu hinterfragen, ob das Gebirge des Harzes neben der Jagd und der Sammeltätigkeit auch als Rohstoffreservoir für die Herstellung von Steinwerkzeugen oder Waffen genutzt wurde (so zum Beispiel Nowothnig 1957, 115; 1963, 89). H. W. Böhme interpretiert das häufigere Auftreten von Funden zwischen Bad Harzburg im Norden und Walkenried/Ellrich im Süden des Oberharzes derart, dass der hier im Mittelalter verlaufende „Kaiserweg" bereits in der Vorgeschichte seit der Jungsteinzeit genutzt wurde (Böhme 1978 27; 31 Abb. 6. Vgl. Abb. 2 und 3).

Seit dem Übergang von der Jungsteinzeit zur Bronzezeit (etwa von 2300 bis 2000 v. Chr.) ist ein deutlicher Rückgang der Fundstellen im Oberharz und seinem Umland zu konstatieren. Dieses Gebirge lag zu dieser Zeit im Randbereich der sich im Mittelelbe-Saale-Unstrut- und östlichen Nordharzgebiet herausbildenden bronzezeitlichen Aunjetitzer-Kultur, die sich etwa ab 2200 v. Chr. durchzusetzen begann (Müller 1999, 23 f.). Nach einer bereits in der Jungsteinzeit um 2500 v. Chr. einsetzenden frühen Experimentierphase mit der Zinnbronzetechnologie (Müller 1999, 24) erlangte die Bronzeherstellung während der Aunjetitzer-Kultur einen hohen Stellenwert und setzte sich schließlich durch, ohne die Steingeräte gänzlich zu verdrängen. Wie im Ostharz (Achner / Weber 1994, 34 Abb. 19) liegen im Oberharz weiterhin zumindest in den Randlagen, in wenigen Fällen aber auch von den Hochflächen Funde vor. Für den Zeitraum vom Ende der Bronzezeit bis in die vorrömischen Eisenzeit (etwa 1200 bis 50 v. Chr.) ist dann erneut eine größere Anzahl von Objekten festzustellen (Abb. 3). Die von H. W. Böhme 1978 geäußerte Meinung (Böhme 1978, 32), „die vorübergehende Anwesenheit des prähistorischen Menschen im Harz seit dem Mesolithikum finde [...] offensichtlich mit der Bronzezeit ein Ende, und es sollen nahezu 2000 Jahre vergehen, bis erneut das Gebirgsinnere von Menschen aufgesucht wurde," ist nach dem heutigen Wissensstand nicht zutreffend. Neufunde – wie zum Beispiel ein Armring und ein Sichelfragment von der Innerstetalsperre oder eine Lanzenspitze aus Goslar (Abb. 4–6) – zeigen, dass auch in Zukunft mit einer Zunahme der in diese Zeit zu datierenden Fundstellen zumindest für die Jahrhunderte v. Chr. zu rechnen ist. Erinnert sei hier auch an die bei Dorste in der Nähe von Osterode gelegene Lichtensteinhöhle, die nach St. Flindt zwischen 1000 und 800 v. Chr. als Kulthöhle für Menschenopfer genutzt wurde (Flindt 1999. Flindt / Leiber 1998, 50–80). Die hier in den letzten Jahren gewonnenen neuen Einblicke in das Leben, die Glaubensvorstellungen und die kulturellen Beziehungen nach Thüringen (Unstrutgruppenkultur) der Men-

7 Rillenschlägel von Oberschulenberg.

schen der endenden Bronzezeit im Oberharzvorland sind sehr aufschlussreich. Solche Einblicke schienen vor 20 Jahren noch völlig unmöglich zu sein.

Bereits 1963 vermutete W. Nowothnig – wie angesprochen – die Herstellung von Buntmetall während der Bronzezeit im Harz. In Frage kommen hier oberflächennahe Vorkommen von Kupfererzen, die für den bronzezeitlichen Prospektor an der Farbe der Gesteine erkennbar waren. Solche standen im Harz und im östlichen Harzvorland an (Jockenhövel 1994, 36). Die bisherige Annahme der bronzezeitlichen Buntmetallherstellung im Oberharz, die von naturwissenschaftlicher Seite Unterstützung fand (Brockner 1989, 190. Niehoff / Matschullat / Pörtge 1992), lässt sich jetzt erstmals auch archäologisch belegen: Am Spitzenberg bei Bad Harzburg konnte ein Kupferschmelzplatz festgestellt werden, der nach der Radiokarbondatierung etwa in die Zeit kurz vor oder um 1000 v. Chr. datiert (Analyse Hv 9352 des ^{14}C-Laboratoriums des Niedersächsischen Landesamtes für Bodenforschung, Prof. M. A. Geyh: unkalibriert 3355 +/- 490 vor 1950. Freundliche Mitteilung L. Klappauf. Vgl. Klappauf 1999, 25). Rillenschlägel, wie jene von Oberschulenberg (Abb. 7), aus dem Brunnenbachtal und vom Rammelsberg bei Goslar (Abb. 3. Vgl. Nowothnig 1963, 93 f. Linke 1989, 169 mit Anm. 8. Freundliche Mitteilung Chr. Bartels, Bochum) sind vor diesem Hintergrund ebenfalls als Indizien für eine Buntmetallerzeugung im Harz während der endenden Bronzezeit nicht generell zu negieren, sondern müssen für diese Zeit in Betracht gezogen werden. Neueste archäometrische Untersuchungen von Grabbeigaben aus drei in der Nähe von Müllingen, Ldkr. Hannover, untersuchten Grabhügeln lassen sogar die Verhüttung von Buntmetallerzen im Oberharz während der mittleren Bronzezeit als durchaus möglich erscheinen (Brockner / Klemens / Lévêque / Haack 1999). Da inzwischen auch aus höheren Lagen des Oberharzes – wie bei der im oberen Stübchental bei Bad Harzburg gelegenen Fundstelle (Linke 1989) – Fundansammlungen von Keramik der jüngeren Bronze- und frühen vorrömischen Eisenzeit nachgewiesen worden sind, könnten zu dem Befund vom Spitzenberg in Zukunft durchaus weitere Schmelzplätze kommen.

Während der Bronzezeit war der Harz in keiner Weise von den großräumigen Handelswegen abgeschnitten. Im Jahr 1930 veröffentliche E. Sprockhoff eine großräumige Karte zu den Handelswegen der jüngeren Bronzezeit. Damals konnte Sprockhoff noch keine Route im direkten Harzrandgebiet nachweisen. Lediglich nördlich des Harzes zog ein Weg von der Saale in Richtung Minden (Sprockhoff 1930, Taf. 45). Dieses Bild hat sich bis heute verändert: So verlief der „Fastweg" als Teil einer von Mitteldeutschland am Südharzrand entlangführenden Straße auf dem Rotenbergzug über Pöhlde in Richtung Katlenburg. An diesem Höhenweg liegen viele zum Teil große Grabhügel, die ein deutliches Indiz für die Nutzung dieser Route bereits in der Vorgeschichte sind (Abb. 3. Vgl. Denecke 1969, 129–132). Da einige der Grabhügel bei Katlenburg in die ältere Bronzezeit datieren und mehrere bei Pöhlde gelegene entsprechende Grabmonumente chronologisch ähnlich anzusetzen sein dürften, scheint der „Fastweg" bereits während der gesamten Bronze- und der vorrömischen Eisenzeit genutzt worden zu sein (Kühlhorn 1970, 7 f.; 71; 112). Dass diese Wegeverbindung in der Zeit nach Christi Geburt ungenutzt blieb, dürfte eher unwahrscheinlich sein. Während des Mittelalters ist diese Route jedenfalls wieder als Handelsweg nachzuweisen. Zieht man in diesem Zusammenhang die für das Hochmittelalter fassbaren Straßen im Bereich des Oberharzes heran, so verlief eine von Erfurt kommende Verbindung entlang des Westharzrandes in Richtung Braunschweig. Eine weitere Handelsroute kreuzte diesen Weg von Paderborn kommend in der Nähe von Hahausen und folgte dem Harznordrand nach Osten (zusammenfassend: Berger 1992, 16–18 mit Abb. 4). Da sowohl die noch anzusprechenden Fundstellen von Düna und der Pipinsburg bei Osterode am Harz als auch einige Grabhügel bei Seesen im Verlauf des entlang des Westharzrandes führenden mittelalterlichen Weges (Denecke 1969, 138 Abb. 47) liegen, dürfte dieser vermutlich zumindest seit der vorrömischen Eisenzeit genutzt worden sein (Abb. 3). Denn es kann als sicher gelten, dass sowohl der noch zu erörternde Herrschersitz der Pipinsburg als auch der erzverarbeitende Siedlungsplatz von Düna an einer wichtigen und viel genutzten Handelsroute lagen. Ob dieser Weg aber bereits für die Bronzezeit anzunehmen ist, muss die zukünftige Forschung zeigen. Mit dem Ende der Bronzezeit wurde dann allmählich ein neuer Werkstoff, das Eisen, von Bedeutung, das den Zeitabschnitt der vorrömischen Eisenzeit (8./7. Jahrhundert v. Chr. bis um Christi Geburt) prägen sollte.

Erst jüngst hat H.-W. Heine (1999) einen Überblick über die ältereisenzeitlichen Burgen und Befestigungen in Niedersachsen gegeben. Demnach sind im Bereich des Oberharzes die bekannte Pipinsburg bei Osterode am Harz und der Frickenberg bei Langelsheim für die vorrömische Eisenzeit als sicher existent zu nennen (Heine 1999, 112 Abb. 1). Das Gelände beider Anlagen scheint aber nach den dort geborgenen Funden bereits in der späten Bronzezeit und damit in der Phase der ersten Erzgewinnung und –verarbeitung im Harz begangen und vermutlich für offene, unbefestigte Siedlungen genutzt worden zu sein. Eine weitere Befestigung der vorrömischen Eisenzeit ist bei Seesen-Eickmühl sehr wahrscheinlich (freundliche Mitteilung L. Klappauf; vgl. Abb. 3). Die Anlagen Seesen-Eickmühl und Frickenberg bei Langelsheim sind bislang noch nicht ausreichend erforscht. Der Frickenberg bei Langelsheim kann nur als Fluchtburg der vorrömischen Eisenzeit angesprochen werden. Dies verhält sich im Fall der etwa 10,5 ha großen und archäologisch untersuchten Pipinsburg bei Osterode am Harz (zusammenfassend: Schlüter 1975. Ders. 1987) anders: Ihr ist nach dem fortifikatorischen Ausbau – bei den Grabungen zwischen 1953 und 1960 sowie 1973/1974 wurde eine in keltischer Tradition stehende Pfostenschlitzmauer vom Typ „Preist" und sehr wahrscheinlich ein Zangentor nachgewiesen – und den Innenbefunden mit Hinweisen auf eine dauerhafte Bebauung eine langfristige, oppidum-ähnliche Nutzung zuzusprechen. Die überregionale Bedeutung der Pipinsburg ist an ihrem aufwendigen Ausbau und dem reichen Fundaufkommen abzulesen. Diese Befestigung lag an einer – sich im Bereich Seesen/Klein Rhüden wohl durch eine Massierung von Grabhügeln abzeichnenden – alten Straßenverbindung entlang des Westharzrandes und in direkter Nachbarschaft der Erzlagerstätten des Harzes. Das Fundgut der ersten Befestigungs- und Siedlungsphase zeigt in der Späthallstatt-/Frühlatènezeit (etwa 600 bis 350 v. Chr.) augenfällige Beziehungen nach Thüringen und der dortigen, zwischen Harz und Thüringer Wald zu lokalisierenden Unstrutgruppe. Weiterhin sind kulturelle Beziehungen nach Mitteldeutschland – Saalemündungsgruppe zwischen Harz und Thüringer Wald – festzustellen. Vom 4. bis in das 2. Jahrhundert v. Chr. wurde dann der Einfluss aus der keltischen Kultur Süddeutschlands, der über Thüringen vermittelt worden ist, immer deutlicher (Heine 1999, 114). Als ein Beispiel dieses Kontaktes sei eine aus Süddeutschland stammende Goldmünze, ein Regenbogenschüsselchen, aus der ersten Hälfte des 1. Jahrhunderts v. Chr. genannt, die in Förste, Gde. Osterode am Harz, im Winter 1975/1976 entdeckt wurde. Ein gewisser Warenaustausch mit dem späteren elbgermanischen Gebiet ist aber in dem Fundgut von der Pipinsburg ebenfalls zu belegen (Wegner 1999, 3). Es dürfte wohl unbestritten sein, dass der Oberharz im Bereich einer Kontaktzone zwischen keltischer Latènekultur und den seit dem 1. Jahrhundert v. Chr. als germanisch anzusprechenden Gebieten Norddeutschlands lag. Sein doch dichter als bisher angenommen besiedeltes Vorland (Abb. 3) besaß zwischen dem 6. und dem 2. Jahrhundert v. Chr. sein wirtschaftliches und politisches Zentrum auf der Pipinsburg bei Osterode am Harz. Es ist wahrscheinlich, dass der offensichtliche Reichtum dieses Herrensitzes mit dem bereits seit der späten Bronzezeit bekannten Erzreichtum des Harzes in Verbindung steht. Denn sicher ist das Wissen um diese Lagerstätten tradiert worden. Die naturwissenschaftliche Untersuchung von zwei Sedimentprofilen des bei Badenhausen – und damit in der Nähe der Pipinsburg gelegenen – Uferbaches lassen jedenfalls zumindest für das 8. und 7. Jahrhundert v. Chr. eine Verhüttungstätigkeit im Bereich dieses Gewässers als möglich erscheinen (Matschullat / Cramer / Agdemir / Niehoff / Ließmann 1997, 69). Wenn diese Tätigkeit wirklich ausgeübt wurde, so war dieser Verhüttungsbereich sicherlich auch noch in den folgenden Jahrhunderten bekannt. Aus dem Fundgut der zweiten Kulturschicht der Pipinsburg (ca. 350 bis 150 v. Chr.) sind nach Meinung von G. Wegner „besonders steinerne Gussformen, Gusszapfen, Eisen- und Bronzeschlacke sowie Rohbronzestücke als sichere Hinweise auf das Bestehen eines ortsansässigen metallverarbeitenden Handwerks zu nennen" (Wegner 1999, 3). In dem bisherigen Fehlen von archäologisch nachgewiesenen Erzabbauspuren der vorrömischen Eisenzeit im Oberharz dürfte eine Forschungslücke vorliegen, die es in der Zukunft zu schließen gilt. Jedenfalls sind von naturwissenschaftlicher Seite bereits Indizien für die Erzverarbeitung im Oberharz während der letzten Jahrhunderte v. Chr. angesprochen worden (Brockner, Hegerhorst 2000 [im Druck]). Sicher nachgewiesen ist die montanwirtschaftliche Tätigkeit mit Erzbergbau und Hüttenwesen dann wieder seit der Zeitenwende (Klappauf / Linke 1997, 21). Nach Funden aus Düna, Ldkr. Oste-

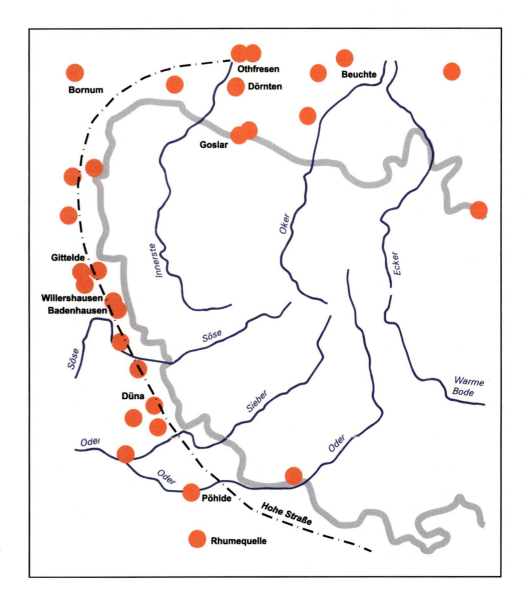

8 Regional für den Oberharz wichtige Fundstellen von der endenden vorrömischen Eisenzeit bis in das 8. Jahrhundert.
–·–·–·– mittelalterlicher Weg, Nutzung vermutet

rode am Harz, wurde dort Eisenerz verarbeitet, das vom Iberg bei Bad Grund und aus dem Bereich des Lerbaches bei Osterode – und damit aus dem Umfeld der Pipinsburg – stammt (Brockner / Heimbruch / Koerfer 1990, 139). Der in Düna in Schnitt 14 angetroffene Befund 670, eine wohl von einem „Ausheizherd" stammende Schlackenkonzentration, ist in diesem Zusammenhang besonders wichtig. Die ^{14}C-Datierung eines Schlackenrestes ergab ein Datum von 350 +/- 180 v. Chr. (Both 1996, 92 mit Anmerkung 53). Wenn man diesem Datum und der Befundinterpretation glauben schenken kann, so scheinen die ältesten Eisenerzverarbeitungsaktivitäten in Düna bereits während der jüngeren vorrömischen Eisenzeit stattgefunden zu haben.

Neben der herrschaftlichen Befestigungsanlage der Pipinsburg sind aber auch bäuerliche Niederlassungen, wie zum Beispiel in der Nähe von Herzberg, Ldkr. Osterode am Harz, und bei Kalefeld, Ldkr. Northeim, bekannt (Anding / Ricken / Reissner 1976. Wulf 1996, 85). Auf die bäuerliche Wirtschaftsweise im Oberharzvorland hatten bereits die großen Mengen pflanzlicher Reste, wie verschiedene Getreidearten, die bei den Grabungen in der Pipinsburg für diese Zeit festgestellt wurden, hingewiesen (Claus 1976, 129). Aus der Kleinen Jettenhöhle, die bei Düna in der Nähe von Osterode am Harz liegt, stammen Funde der Mittellatènezeit und damit aus der Zeit der zweiten Nutzungsphase der Pipinsburg. Die Funde sind sicher von den in der Umgebung wohnenden Menschen dorthin gebracht worden. Hier scheinen sich Hinweise auf kultische Handlungen in der vorrömischen Eisenzeit abzuzeichnen (Both 1987), die auch in der bereits angesprochenen Einhornhöhle bei Scharzfeld vorliegen. Diese wurde zu verschiedenen Zeiten der Jungsteinzeit, während der mittleren Bronzezeit und der vorrömischen Eisenzeit aufgesucht und zumindest in dieser letzten Phase für kultische Handlungen genutzt (Flindt / Leiber 1999, 41–49). In dieser Epoche wurden die Toten verbrannt. Solche Urnenbestattungen werden in seltenen Fällen – wie dies zum Beispiel in der Nähe von Dorste der Fall war – beim Pflügen der Äcker festgestellt (Wulf 1996, 85).

Die archäologischen Siedlungsbelege für den Übergang von der vorrömischen Eisenzeit in die römische Kaiserzeit und damit für die Jahrzehnte um Christi Geburt sind selten. Um so wichtiger sind Entdeckungen dieser Zeitspanne. So konnte bei Willershausen eine Siedlung lokalisiert werden, die nach der geborgenen Keramik von der Spätlatènezeit bis in die frühe römische Kaiserzeit bestanden hat und in der nach den dort entdeckten Metallschlacken Erz verhüttet wurde (Wulf 1996, 85). Die Rhumequelle wurde während der endenden vorrömischen Eisenzeit nach dem dort geborgenen Fundgut nach Meinung von K. Grote wie bereits in der Jungsteinzeit und der gesamten vorrömischen Eisenzeit als Quellheiligtum genutzt (Grote 1999). In Dörnten, Ldkr. Goslar, konnte 1936 in der Nähe der Innerstefurt ein in die frühe römische Kaiserzeit datierendes Brandgrab festgestellt werden (Thielemann 1977, 27). Da die Funde aus diesem Grab in das elbgermanische Gebiet verweisen, scheint der Oberharznordrand zumindest zeitweise mit dieser Region im kulturellen Kontakt gestanden zu haben (Busch 1979, 35 f.). Das aus Düna stammende Material aus dieser Übergangszeit ist aber der rhein-wesergermanischen Fundgruppe zuzuweisen, die sich später dann auch am Südharz und in Zentralthüringen nachweisen lässt (zuletzt: Schmidt 1999, 343–345). Erst in den folgenden Jahrhunderten sind dann Kontakte in das elbgermanische Gebiet, aber auch in das römische Kaiserreich hier zu konstatieren (Both 1996, 107). So liegen aus dem nördlichen Harzvorland – wie zum Beispiel aus Goslar (Thielemann 1977, 28 Abb. 15) – römische Denarfunde aus dem 1. und 2. Jahrhundert n. Chr. vor (Erdrich 1992, 22 Abb. 4). Trotzdem bleibt das sich ergebende Fundbild zum Oberharz arm an Fundstellen (Abb. 8). Wenn sich Objekte nachweisen lassen, sind dies zumeist Einzelfunde, die aus der römischen Kaiserzeit im Oberharzumland bekannt sind. Selten konnten Siedlungen, wie jene der älteren römischen Kaiserzeit in Pöhlde, lokalisiert und untersucht werden (Claus / Fansa 1983). Die relative Fundleere setzt sich auch in der Völkerwanderungszeit fort. Einer Kartierung von F. Laux ist zu entnehmen, dass diese Region in direkter Harzrandlage keine Friedhöfe der Zeit vom späten 3. bis zur ersten Hälfte des 5. Jahrhunderts besitzt (Laux 1999, 145 Abb. 1). Solche Bestattungsplätze sind nach Laux in einem west–ost-orientierten Streifen nördlich des Oberharzes ab der Höhe von Othfresen festzuhalten.

Die Ausgrabungen in Düna, Ldkr. Osterode am Harz, haben aber gezeigt, dass diese Siedlung von der endenden vorrömischen Eisenzeit bis in das Spätmittelalter um 1400 n. Chr. (Both 1996, 107) kontinuierlich bewohnt war und hier „vom 3. bis 13. Jahrhundert n. Chr. Eisen, Kupfer, Blei und Silber erzeugt und teilweise verarbeitet wurden" (Brockner 1991, 29). Für den Zeitraum des 3. und 4. Jahrhunderts n. Chr. muss an dieser Stelle aber auch auf zwei Brandgräber mit Schalenurnen hingewiesen werden, die bei Badenhausen gefunden wurden und kulturell nach Mitteldeutschland verweisen (Reissner 1968, 186; 184 Abb. unten. Claus 1976, 129). In die Völkerwanderungszeit dürfte ein Gefäß aus Bornum datieren (Niquet 1958, 34. Datierung nach: Nowothnig 1964, 81; 97 Karte 3,8). Es muss daher also wohl doch mit einer dauerhaft ansässigen Bevölkerung im Oberharzumfeld gerechnet werden.

9 Silberfibelfragment aus Düna (4./5. Jahrhundert n. Chr.).

Die der Karte von Laux zu entnehmende Fundleere ist daher etwas zu relativieren, in der Kernaussage aber richtig: Das Umland der Harzes war in dieser Zeit nach unserem heutigen Wissen nur sehr spärlich bewohnt. Die Analyse einiger in Düna geborgener Fundstücke hat aber vor diesem Hintergrund ein bemerkenswertes Ergebnis erbracht: In Düna wurden Rammelsbergerze und Oberharzer Gangerze zum Teil in beträchtlichen Mengen verarbeitet (Brockner / Griebel / Koerfer 1997, 55). Ein silbernes Fibelfragment des 4./5. Jahrhunderts n. Chr. (Abb. 9) wurde aus Oberharzer Erz hergestellt (Schätze des Harzes 1994, 64). Der Transport des Erzes vom Nord- zum Westharzrand ist daher nachgewiesen. Zumindest seit dem 3. Jahrhundert n. Chr. (Brockner 1991) wurde nach den Untersuchungen in Düna im Rammelsberg bei Goslar Buntmetall von einer dort ansässigen Bevölkerung abgebaut, vermutlich über den Oberharz transportiert und in Düna weiterverarbeitet. Dieses widerspricht dem archäologischen Wissensstand deutlich, der ja für diese Zeit eher von einer menschenleeren Region ausgeht. Offensichtlich liegt hier eine Forschungslücke vor. Das Oberharzumland kann nicht derart von den Menschen verlassen gewesen sein, wie es den Anschein hat. Die Spuren der ansässigen Bevölkerung müssen von der wissenschaftlichen Forschung in Zukunft stärker gesucht werden.

Aus dem 5./6. und 7. Jahrhundert n. Chr. sind für das Umland des Oberharzes nur wenige Fundstellen festzustellen. Als bekannte Ausnahme ist die Siedlung Düna zu nennen, für die eine Siedlungskontinuität bewiesen ist. Die unwirtliche Region des Oberharzes war sicherlich kein bevorzugter Siedlungsraum. Für die Zeit um 500 n. Chr. kann man bundesweit wohl von 2,4–2,8 Menschen je qkm ausgehen (vgl. Beitrag Witthöft). Diese Zahl dürfte aber für die Oberharzregion viel zu hoch sein. Hier ist vielmehr von einem sehr gering besiedelten und – zumindest teilweise – unter thüringischem Einfluss stehenden Oberharzvorland auszugehen (vgl. Schmidt 1989, 221 f. mit Abb. Ders. 1997, 289). Als deutlicher Beleg ist hier das Gräberfeld von Beuchte zu nennen, das sowohl nach Bestattungsbrauch als auch nach Grabbeigaben auf eine zum Stamm der Thüringer gehörende Bevölkerung schließen läßt. Indizien für eine Anwesenheit des Menschen im Oberharz fehlen für diese Zeit gänzlich.

Sächsische Gräberfelder setzen im Oberharzvorland erst mit der Expansion dieses Stammes nach Süden im Verlauf des 7. Jahrhunderts an dessen Nordrand ein. Trotzdem bleiben in die Zeit vom 7. bis zum 9. Jahrhundert zu datierende sächsische Bestattungsplätze im Umfeld des Oberharzes selten. Im südwestlichen Harzrandgebiet fehlen sie nach F. Laux gänzlich (Laux 1999, 147 Abb. 3. So auch: Weber 1990, 72 Abb. 38). Für das Nordharzvorland ist für das 7./8. Jahrhundert n. Chr. als Beispiel das Gräberfeld von Othfresen zu nennen (Busch 1978, 73 Abb. 2,7. Thielemann 1957). Keramikfunde des 7.–9. Jahrhunderts n. Chr. liegen auch für das südwestliche Harzumland zum Beispiel aus Düna, Gittelde und Badenhausen (Reissner 1987) vor. Diese weisen auf frühe mittelalterliche Ansiedlungen an diesen Stellen hin, können aber nicht generell dem sächsischen Stamm zugewiesen werden. Vielmehr sind in Düna für das 7. und 8. Jahrhundert eindeutige Kontakte nach Hessen festzustellen. „Die Frage nach dem ersten Auftreten sächsischer Kultur- und Sachgüter im südwestlichen Harzvorland muss – daher auch – weiterhin als ungelöst angesehen werden" (Both 1996, 107. Claus 1976, 130). Nach der Ortsnamensforschung sollen die Namen von Gittelde (Gelithi) und Düna (Dunede) bis in das 5./6. Jahrhundert n. Chr. zurückverweisen (Janssen 1963). Während diese Auslegung für Düna zu bestätigen ist, liegt für Gittelde ein solcher Beweis aus archäologischer Sicht noch nicht vor. Mit der Errichtung der ersten befestigten Adelshöfe im Umland des Oberharzes (zusammenfassend: Schulze 1978. Weidemann 1978), wie dies in Gittelde im späten 8. Jahrhundert n. Chr. der Fall war, kristallisierten sich die Machtstrukturen der neuen Zeit heraus, in der dann die Erze des Harzes intensiv ausgebeutet wurden, wie sich an der Verteilung der frühen Schmelzplätze im Oberharz (vgl. Klappauf in diesem Band) ablesen lässt.

Anmerkungen
1 Für die konstruktive Durchsprache der das Paläo- und Mesolithikum betreffenden Textteile sei an dieser Stelle Herrn Dr. H. Thieme, Niedersächsisches Landesamt für Denkmalpflege, herzlich gedankt.

Abbildungsnachweis
1–3, 8 R. Krone / H.-J. Lichtenberg, Abb. 4–7, 9 C. S. Fuchs (Niedersächsisches Landesamt für Denkmalpflege).

Weitere paläo-ethnobotanische Ergebnisse über die Entwicklung der Vegetation im Oberharz seit dem Mittelalter

Ulrich Willerding

Die Funde von Pflanzenresten an den Hüttenplätzen im Oberharz ermöglichten es, Erkenntnisse über die Ernährung der Hüttenleute im Gebirge zu gewinnen (vgl. Beitrag Willerding „Ernährung"). Da außer den Belegen von Nahrungspflanzen auch die zahlreicher anderer Arten geborgen und bestimmt werden konnten, ergibt sich die Frage nach deren Aussagewert. Vermutlich stammen sie von mehreren unterschiedlichen Standorten und gelangten erst bei ihrer Ablagerung in dieselbe Fundschicht. Bei solchen Thanatozönosen empfiehlt es sich, aktuelle geobotanische Bezugsdaten heranzuziehen, wie sie von H. Ellenberg (1996) vorgelegt worden sind. Mit ihrer Hilfe ergeben sich Einsichten in die damaligen Vegetations- und Standortsverhältnisse im engeren bzw. weiteren Umland der Hüttenplätze. Damit verbunden sind Aussagen über die damalige Nutzung und Veränderung der Vegetationsverhältnisse durch den Menschen (vgl. Beitrag Willerding, „Ernährung", Tabelle 1).

Auffällig groß ist der Anteil von Arten (14), die vor allem an oft gestörten Plätzen vorkommen. Dies sind neben sieben Ackerunkräutern auch fünf mehrjährige Arten der Stickstoff-Krautfluren und zwei aus dem Bereich der Trittpflanzen-Gesellschaften. Für die Trittpflanzen geeignete Standorte gab es im Bereich um die Hüttenplätze; dort konnten sich niedrig-wüchsige und trittresistente Arten wie Breit-Wegerich und Vogel-Knöterich behaupten. In ihrer Nachbarschaft hatten sich aus wüchsigen Stauden bestehende Ruderalgesellschaften entwickelt. Bezeichnend für sie sind Pflanzen wie Große Brennnessel, Beifuß und Klette. Infolge der anthropogenen Eutrophierung sind die Böden dieser Gesellschaften reich an Stickstoffverbindungen. Die Lage der Fundplätze im oberen Hangbereich sorgte zugleich für ausreichende Bodenfeuchtigkeit.

Die Ackerunkräuter lassen sich hingegen kaum der näheren Umgebung der Hüttenplätze zuordnen. Vermutlich gelangten ihre Diasporen mit den Feldfrüchten in den Oberharz. Kornrade, Kornblume, Hundskamille und Mohn deuten auf den Anbau von Wintergetreide hin. Das ist ebenso für den Roggen anzunehmen und kann auch für einen Teil der Gerste gelten. Die Wintergetreide-Äcker waren zur Blütezeit ihrer Unkräuter recht bunt gefärbt, blau, rot, violett, weiß und gelb. Mit dem Erntegut der Sommerfrüchte sind wohl die restlichen Ackerunkraut-Diasporen in die Fundstellen gekommen.

Die Standortansprüche der nachgewiesenen Kulturpflanzen und der meisten Ackerunkräuter zeigen, dass sie nicht im Oberharz gewachsen sind. Daher ist anzunehmen, dass die Nahrungspflanzen aus dem Vorland des Harzes stammen und zu den Verbrauchern im Oberharz transportiert wurden. Entsprechende Funde mittelalterlicher Kulturpflanzen-Belege liegen aus den Lößlandschaften, die den Harz umgeben, vor. Im Laufe der Zeit dürfte der kontinuierliche Nahrungsmittel-Export aus den Bördelandschaften zur Verarmung der Böden im Vorland und zur Eutrophierung im Nahbereich der Berg- und Hüttensiedlungen beigetragen haben.

Außer durch Unkraut-, Ruderal- und Trittpflanzengesellschaften wird die Vegetation von Mähwiesen und Weiden ansatzweise fassbar. Dabei handelt es sich ebenso um anthropogene Vegetationsformen. Die durch ihre Diasporen nachgewiesenen Arten gehören allerdings nicht zu denen, die heute kennzeichnend für das montane Grünland im Oberharz sind. Aufgrund der pollenanalytischen Befunde (vgl. Beitrag Willerding, „Die Landschaft Harz", Abb. 4) ist ohnehin anzunehmen, dass diese anthropo-zoogenen Grünlandflächen erst sehr spät entstanden sind. Das geschah im späten Mittelalter und während der frühen Neuzeit, also in einer Zeit, als die Buche endgültig im Rückgang begriffen und die Fichte bereits zur Dominanz gelangt war. Die unterschiedlich schnell verlaufende Entwicklung von Bergbau- und Hüttenindustrie beeinflusste vermutlich auch die Geschwindigkeit dieser Vegetationsänderung.

Der Übergang zur Grünlandwirtschaft im Umkreis der Bergstädte (vgl. Beitrag Willerding, „Die Landschaft Harz", Abb. 5) hing vermutlich damit zusammen, dass die für die Waldweide günstigen Laubwälder durch weniger weidegünstige Fichtenwälder bzw. in jüngerer Zeit auch Fichtenforsten verdrängt worden sind. In diesen waren die Voraussetzungen für Waldweide und Laubheugewinnung kaum noch gegeben. Die kontinuierlich dunklen Fichtenbestände und die in ihnen entstehenden Rohhumusdecken sorgten zudem für einen Wandel der Bodenvegetation. Futterpflanzen kamen nun kaum noch vor.

Demnach war es vermutlich die über längere Zeit hinweg andauernde Hudewirtschaft selbst, die zu einem Vegetationswandel beigetragen hat. Bei der alten Waldhude war es ebenso wie beim Sammeln von Futterheu zur Schonung der Fichte gekommen, da deren Triebe kaum als Futter gesammelt bzw. vom Vieh verbissen wurden. Dies führte zu einer Förderung der Fichte, die zunächst meist nur mit geringen Anteilen beigemischt gewesen war (vgl. Beitrag Willerding, „Zusammenfassung und Ausblick", Abb. 1). In der Folge kam es schließlich zur Ausbreitung der Fichte, bis sie die Dominanz in den Wäldern erreicht hatte. Freilich ist nicht auszuschließen, dass außerdem auch andere Faktoren die Fichte in ihrem Konkurrenzkampf mit der Buche begünstigt haben. Hier ist beispielsweise die im Spätmittelalter beginnende Klimaverschlechterung der sogenannten Kleinen Eiszeit zu nennen.

Dieser allmähliche Vegetationswandel im Bereich der montanen Ahorn-Buchenwälder führte zur Aufgabe der alten und über lange Zeit hinweg bewährten Viehversorgungsstrategie mit Sommerweide im Laubwald und Entnahme von Laubheu für den Winter. Aus dieser Änderung der Viehwirtschaftsweise resultierte offensichtlich eine weitgehende Veränderung des Vegetations- und Landschaftsbildes.

Die nachgewiesenen Grünlandpflanzen (Beitrag Willerding, „Ernährung", Tabelle 1, Gruppe 5) sind heute – wie die hohen F-Werte zeigen – charakteristisch für anthropo-zoogene Grünlandgesellschaften auf feuchten Böden. Kennarten der montanen Weide- und Wiesengesellschaften sind darunter nicht enthalten. Vielmehr handelt es sich um Arten, die vor allem im Bereich von Bachufern gedeihen. Dazu gehören Bach-Nelkenwurz und Mädesüß ebenso wie Blut-Weiderich und Kuckucks-Lichtnelke. Im Einzugsbereich der Hüttenplätze dürfte es daher während des Hohen Mittelalters entsprechende Feuchtstandorte gegeben haben, auf denen die nachgewiesenen Grünlandarten gedeihen konnten. Dazu passt auch der Nachweis von Milzkraut und Sumpf-Miere, die für Quellfluren im Bergland kennzeichnend sind.

Bei diesen, nahe den Hüttenplätzen gelegenen Offenland-Bereichen dürfte es sich nicht um Flächen handeln, die durch Weidegang und Mahd entstanden waren. Dies zeigen auch die nachgewiesenen Arten an, die zum Teil nicht weidefest sind.

Wahrscheinlich hatte die Holzentnahme zur Auflichtung bachnaher Erlenbestände geführt (vgl. Beitrag Frenzel / Kempter). An solchen Standorten der montanen Stufe können die nachgewiesenen Pflanzen durchaus gedeihen. Später breiteten sie sich auch auf feuchten Bergwiesen im Oberharz aus.

Von besonderem Interesse ist, dass im vorliegenden Fundgut neben Arten unterschiedlicher anthropogener Standorte auch einige Arten des Waldes vertreten sind. Im näheren Einzugsbereich der Hüttenplätze dürften somit Wälder vorhanden gewesen sein. Das reichliche Vorkommen von Buchen- und Ahornholz und das spärliche der Fichte weist auf die Zusammensetzung dieser Wälder hin. Es dürfte sich um montane Ahorn-Buchenwälder gehandelt haben, denen wahrscheinlich einige Fichten beigemischt waren. Das war wohl besonders in kleinen, feuchten Senken der Fall. Dort kam es zum Stau von Kaltluft; infolgedessen war die Buche an diesen Standorten spätfrostgefährdet. Die Fichte vertrug jedoch diese Ansammlung von Kaltluft.

Die nachgewiesenen Bodenpflanzen wie Hohler Lerchensporn, Braunwurz und Wald-Ziest zeigen, dass die Böden frisch und recht gut mit Nährsalzen versorgt waren. Wald-Sauerklee und die beiden Farnarten sind ebenfalls Zeugnisse für günstige Bodenverhältnisse. Bei ausreichender Lichtmenge können sie allerdings selbst noch im Fichtenwald gedeihen, speziell in Zufuhrlagen am Hangfuß. Den mächtigen Rohhumusdecken der Fichtenbestände fehlen sie jedoch meistens. Die erstgenannten Arten sind hingegen den Nadelwäldern völlig fremd. Diese Befunde sprechen dafür, dass in den Ahorn-Buchenwäldern, die während des Frühmittelalters noch vorhanden waren, leistungsfähige, montane Braunerden vorkamen. Die inzwischen dort stockenden Fichtenbestände haben diese Böden zerstört. Sie führten zur Entwicklung von Rohhumus auf podsoliger Braunerde oder – bei fortgeschrittener Auswaschung der färbenden Ionen – auch zum Podsolboden. Er ist durch seinen aschefarbenen Bleichhorizont gekennzeichnet. Von der ehedem vorhandenen Braunerde des Ahorn-Buchenwaldes ist dann nichts mehr zu erkennen.

Bei den Ausgrabungen am Hüttenplatz im Kötental wurde interessanterweise eine mehrere Zentimeter mächtige Schicht gut erhaltenen Buchenlaubes angeschnitten. Vermutlich war es in eine kleine Vertiefung geraten und dort infolge der Kontamination mit Schwermetallionen vorzüglich konserviert geblieben. Dies ist ein weiteres Zeugnis dafür, dass im Hochmittelalter in den Höhenlagen um 500–600 m über NN tatsächlich Rotbuchenwälder vorhanden waren und die dort jetzt vorherrschenden Fichtenbestände erst in jüngerer Zeit entstanden sind (vgl. Beitrag Willerding, „Die Landschaft Harz", Abb. 5).

Ernährung

Ulrich Willerding

Über die Ernährung von Menschen in der Vergangenheit lassen sich zum Teil recht konkrete Erkenntnisse gewinnen. Neben schriftlichen Quellen wie zeitgenössischen Kochbüchern sind vor allem Reste von Nahrungspflanzen geeignet, diesbezügliche Einsichten zu vermitteln. Die aus dem Mittelalter bekannt gewordenen Kochbücher waren allerdings vor allem für vermögendere Kreise geschrieben worden, die zudem auch des Lesens mächtig sein mussten. Kochbücher für Bergleute sind aber – auch aus jener Zeit – wohl noch nicht bekannt geworden. Pflanzenreste lassen sich hingegen häufig aus archäologischen Fundkomplexen bergen, so dass auch über die Ernährung des einfachen Menschen Vorstellungen bestehen.

In durchlüfteten Bodenschichten ehemaliger Siedlungen bleiben normalerweise nur verkohlte Pflanzenreste wie Früchte und Samen erhalten. Mikroorganismen des Bodens können derartige, fast nur noch aus Kohlenstoff bestehende Pflanzenteile nicht weiter abbauen. Sofern eine Fundschicht unter Luftabschluss steht, sind jedoch auch die unverkohlten Belege erhalten geblieben. Die Ursache dafür ist der dort vorhandene Mangel an Sauerstoff. Er behindert die Mikroorganismen bei ihrer remineralisierenden Arbeit. Solche günstigen Erhaltungsbedingungen sind vor allem in Feuchtablagerungen von Mooren und Seen, aber auch von Brunnen oder Kloaken vorhanden.

So war es erstaunlich, dass bei den Ausgrabungen in den durchlüfteten Schichten von Hüttenplätzen im Oberharz neben einigen verkohlten Diasporen auch unverkohlte Belege gefunden wurden. Nähere Untersuchungen zeigten, dass diese Pflanzenreste stark mit Schwermetallionen kontaminiert sind, besonders mit Kupferionen (vgl. Beitrag Deicke/Ruppert, Tabelle 1). Diese biozid wirkenden Stoffe haben offenbar die unverkohlten Pflanzenreste vor ihrer Remineralisierung durch Mikroorganismen geschützt. Da es sich weitgehend um Belege von Arten handelt, die heute nicht im Harz vorkommen, ist auch auszuschließen, dass es sich hier um Verunreinigungen aus jüngerer Zeit handelt. Dies gilt vor allem für die nachgewiesenen Kulturpflanzen und Gewürze, aber auch für die Unkrautarten (Tabelle 1, 2). Lediglich einige der nachgewiesenen Grünlandarten kommen auch heute in den entsprechenden Höhenlagen des Oberharzes vor. Angesichts der Fundverhältnisse ist es aber sehr unwahrscheinlich, dass ausgerechnet die Diasporen dieser Arten Gelegenheit hatten, nachträglich in die Schichten der früh- bis hochmittelalterlichen Hüttenplätze zu geraten.

Daher können die Belege der in den Ablagerungen der Hüttenplätze am „Johanneser Kurhaus" (bei Clausthal-Zellerfeld) und am „Schnapsweg" (Lautenthaler Forst) enthaltenen Arten als Zeugnisse der ehemaligen Ernährungs- und Umweltverhältnisse im Bereich der Hüttenplätze angesehen werden. Beide Fundplätze liegen bei etwa 500 m über NN.

Demnach standen den Hüttenleuten für die Versorgung mit Kohlenhydraten mindestens folgende Arten zur Verfügung:

Gerste – *Hordeum vulgare*
Hafer – *Avena sativa*
Roggen – *Secale cereale*.

Ob auch Weizen und Hirse verzehrt wurden, lässt sich derzeit noch nicht aussagen, Belege dafür fehlen jedenfalls bislang. Die Funde der intakten verkohlten Getreidekörner weisen darauf hin, dass sich die Hüttenleute offenbar nicht allein von bereits in zubereiteter Form angelieferten Nahrungsmitteln – wie Brot oder Grütze – ernährt haben. Offensichtlich wurde die Nahrung zumindest teilweise vor Ort zubereitet. Ob es dabei eine berufliche Differenzierung zwischen Hüttenleuten und Versorgungspersonal gegeben hat, ist unklar.

Von den Ölpflanzen wurde der Lein – *Linum usitatissimum* – nachgewiesen. Aus seinen Samen lässt sich Öl gewinnen, das ebenso für Nahrungszwecke wie zur Beleuchtung verwendbar ist. Ob in der Nähe der Hüttenplätze auch die Flachsfasern zur Herstellung von Textilien genutzt worden sind, bleibt noch unklar.

Vermutlich wurde auch pflanzliches Eiweiß genutzt, wie es in den Samen der Leguminosen gebildet wird. Entsprechende Belege fehlen aber noch. Tierische Proteine in Gestalt von Fleisch und Milch lieferten die Haustiere der Berg- und Hüttenleute. Im Sommer weideten diese Tiere im Wald und später auch im offenen Weideland. Während der Wintermonate wurde das Vieh im Stall gehalten und mit Laubheu oder – in etwas jüngerer Zeit – auch mit dem Heu der erst später entstandenen Bergwiesen gefüttert. Auf diese Weise haben auch die Tiere der Montanbevölkerung zum Wandel von Vegetation, Ökosystemstrukturen und Landschaftsbild beigetragen. Dabei wurde zunächst die Ausbreitung der Fichte begünstigt. Später kam es zur Ausweitung der Offenlandflächen im Bereich um die Bergstädte.

Außer dem Kulturobst Apfel *(Malus domestica)* und Pflaume *(Prunus insititia)* standen auch Wildfrüchte wie Heidelbeere *(Vaccinium myrtillus)*, Himbeere *(Rubus idaeus)* und Holunder *(Sambucus nigra)* zur Verfügung. Während erstere wie das Getreide in den Harz importiert werden mussten, konnte das Wildobst auch in der näheren Umgebung der Montanarbeitsplätze gesammelt werden. Auf den dort vorhandenen Lichtungen waren geeignete Standorte für diese lichtliebenden Arten vorhanden, insbesondere an den Rändern von Wäldern und Wegen sowie auch in den Pioniergebüschen. Das gilt in gleicher Weise für den Haselstrauch, dessen Nüsse durch ihren Gehalt an Fetten ein wertvoller Bestandteil der Nahrung waren. Bruchstücke ihrer Schalen lagen gelegentlich nesterweise. Da an ihnen keine Nagespuren feststellbar sind, dürfte es sich auch hier um Reste von Nahrungspflanzen handeln.

Ob es sich bei den Samen der Weinrebe *(Vitis vinifera)* um Reste von Frischobst oder Trockenfrüchten handelt, ist ungewiss. Der Fund von Kardamom-Samen *(Elletaria cardamomum)* lässt allerdings auch daran denken, dass es sich bei den Belegen beider Arten um Überreste von Würzwein oder Medizin handeln könnte. Samen vom Wein haben sich vermutlich häufiger im Bodensatz solcher Flüssigkeiten befunden. Samen vom Kardamom wurden bereits seit der Antike und auch während des Mittelalters häufiger als Gewürz bzw. zur Bereitung von verdauungsfördernden Medikamenten verwendet. Dieser Wirksamkeit verdanken die Samen – neben ihrem durch das Kardamom-Öl hervorgerufenen würzigen Aroma – wohl auch den heute noch verbreiteten Einsatz als Lebkuchengewürz. Kardamom ist wie der Pfeffer in tropischen Gebieten Südasiens beheimatet und gehörte während des Mittelalters zu den besonders wertvollen Gewürzen.

Wie an vielen anderen Fundplätzen des Mittelalters fehlen die Nachweise von Kulturgemüse vollständig. Aus ernährungsphysiologischen Erwägungen ist jedoch anzunehmen, dass auch die vor Ort tätigen Menschen in ihrer Ernährung Pflanzen benötigten, die neben den wertvollen Ballaststoffen und Spurenelementen auch die wichtigen Vitamine und sekundären pflanzlichen Inhaltsstoffe lieferten.

Blätter, Stängel, Blütenstände oder Wurzeln von Gemüse werden in der Regel vor der Frucht- bzw. Samenreife verzehrt. Die

Soz.	Wissenschaftl. Name	Deutscher Name	Johann. Kurhaus	Schnaps-weg	Ökol. Zeigerwerte F	R	N
VEGETATIONSTYPEN							
Quellfluren							
1.611	Chrysosplenium alternifol.	Milzkraut	+		8	4	4
	Stellaria uliginosa	Sumpf-Miere	+		8	4	4
Krautige Vegetation oft gestörter Plätze							
Hackunkraut- und kurzlebige Ruderalgesellschaften							
3.3	Sonchus oleraceus	Kohl-Gänsedistel		+	4	8	8
	Stellaria media	Vogel-Miere	+	+	x	7	8
3.31	Sonchus arvensis	Acker-Gänsedistel		+	5	7	x
Getreideunkraut-Gesellschaften							
3.4	Agrostemma githago	Kornrade	+		x	x	x
	Anthemis arvensis	Acker-Hundskamille		+	4	6	6
3.42	Centaurea cyanus	Kornblume		+	x	x	x
3.421	Papaver argemone	Sand-Mohn		+	4	5	5
Stickstoff-Krautfluren							
3.5	Artemisia vulgaris	Beifuß	+		6	x	8
	Urtica dioica	Große Brennessel		+	6	7	8
3.511	Arctium lappa	Klette		+	5	7	9
3.532	Lapsana communis	Rainkohl		+	5	x	7
3.542	Daucus carota	Wilde Möhre		+	4	x	4
Trittpflanzen-Gesellschaften							
3.711	Plantago maior	Breit-Wegerich	+	+	5	x	6
	Polygonum aviculare	Vogel-Knöterich	+	+	4	x	6
Anthropo-zoogene Rasengesellschaften							
5	Hypochoeris radicata	Ferkelkraut		+	5	7	3
Mähwiesen- und Weidegesellschaften							
5.4	Prunella vulgaris	Braunelle		+	5	7	x
	Rumex acetosa	Sauerampfer		+	x	x	x
5.41	Angelica sylvestris	Wald-Engelwurz	+	+	8	x	x
	Geum rivale	Bach-Nelkenwurz		+	8	x	4
	Lychnis flos-cuculi	Kuckucks-Lichtnelke		+	7	x	x
5.412	Filipendula ulmaria	Mädesüß		+	8	x	4
	Lythrum salicaria	Blut-Weiderich	+		8	6	x
5.415	Scirpus sylvaticus	Wald-Simse	+		8	4	4
Nadelwälder							
7.312	Picea abies	Fichte	+	+	x	x	x
Laubwälder und Gebüsche							
8.211	Alnus glutinosa	Schwarz-Erle		+	9	6	x
8.4	Corylus avellana	Hasel	+	+	x	x	5
8.43	Acer pseudoplatanus	Berg-Ahorn	+		6	x	7
	Corydalis cava	Lerchensporn	+		6	8	8
	Dryopteris filix-mas	Wurmfarn	+		5	5	6
	Scrophularia nodosa	Braunwurz	+		6	6	7
8.431	Fagus sylvatica	Rotbuche	+	+	5	x	x
8.433	Stachys sylvatica	Wald-Ziest	+		7	7	7
Arten ohne charakteristische soziol. Zeigerwerte							
x	Ajuga reptans	Kriechender Günsel		+	6	6	6
	Athyrium filix-femina	Frauenfarn	+		7	x	6
	Oxalis acetosella	Wald-Sauerklee	+		5	4	6
	Rubus idaeus	Himbeere	+	+	x	x	6
	Stellaria graminea	Gras-Miere		+	4	4	3
	Vaccinium myrtillus	Heidelbeere	+		x	3	3

Tabelle 1 Durch Makroreste nachgewiesene Unkräuter und Wildplanzen von Hüttenplätzen des ausgehenden Frühmittelalters am Johanneser Kurhaus bei Clausthal-Zellerfeld und am Schnapsweg, Lautenthaler Forst, ca. 500 m über NN. Vegetationskundliche Zuordnung nach Ellenberg 1996.

Wissenschaftl. Name	Deutscher Name	Johanneser Kurhaus	Schnapsweg
Kulturpflanzen			
Avena sativa	Hafer	+	
Hordeum vulgare	Gerste		+
Secale cereale	Roggen	+	+
Linum usitatissimum	Lein, Flachs	+	+
Malus domestica	Apfel		+
Prunus insititia	Pflaume		+
Vitis vinifera	Wein	+	
Wildobst			
Corylus avellana	Hasel	+	+
Rubus idaeus	Himbeere	+	+
Sambucus nigra	Holunder	+	
Vaccinium myrtillus	Heidelbeere	+	
Importgewürz			
Elletaria cardamom	Kardamom	+	
Mögl. Wildgemüsearten			
Angelica sylvestris	Wald-Engelwurz	+	+
Daucus carota	Wilde Möhre		+
Lapsana communis	Rainkohl		+
Rumex acetosa	Sauerampfer		+
Stellaria media	Vogelmiere	+	+
Urtica dioica	Große Brennessel		+

Tabelle 2 Durch Diasporenfunde nachgewiesene Nahrungspflanzen von Hüttenplätzen des ausgehenden Frühmittelalters am Johanneser Kurhaus bei Clausthal-Zellerfeld und am Schnapsweg, Lautenthaler Forst, ca. 500 m über NN.

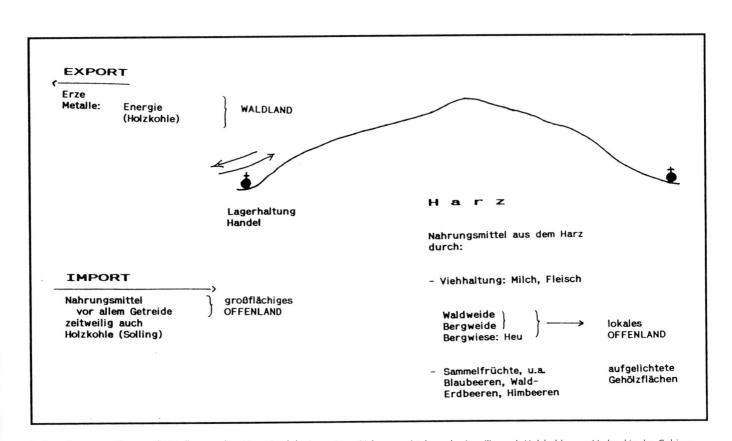

1 Dem Export von Erzen und Metallen aus dem Harz stand der Import von Nahrungsmitteln und zeitweilig auch Holzkohle vom Vorland in das Gebirge gegenüber. Dies führte zu einer gewissen Verarmung der Böden im großflächigen Offenland der Umgebung, während im Harz selbst der Wandel vom Laub- zum Nadelwald stattfand. Auch dies hatte eine grundlegende Veränderung der Böden zur Folge.

als Nachweiseinheiten wichtigen Diasporen sind dann aber noch nicht entwickelt. Daher ist es sehr schwierig, auf paläo-ethnobotanischem Wege den Konsum von Gemüse nachzuweisen. Wahrscheinlich haben die Menschen im Oberharz auch Wildgemüse verzehrt. Dies war in Notzeiten und bei ärmeren Menschen durchaus üblich. So wurden beispielsweise nach dem Zweiten Weltkrieg die noch nicht aufgeblühten Blütenstände der Ährigen Teufelskralle *(Phyteuma spicatum)* auf den Bergwiesen im Oberharz gesammelt und als „Spargel" bzw. „Blumenkohl" zubereitet. Von den an den beiden Hüttenplätzen nachgewiesenen Wildpflanzen kommen als Wildgemüse unter anderem in Betracht:

    Wald-Engelwurz – *Angelica sylvestris*
    Wilde Möhre – *Daucus carota*
    Rainkohl – *Lapsana communis*
    Sauerampfer – *Rumex acetosa*
    Vogelmiere – *Stellaria media*
    Große Brennnessel – *Urtica dioica* .

Ob die Belege tatsächlich von Exemplaren stammen, die zur Zubereitung der Nahrung verwendet worden waren, bleibt ungewiss. Diese Arten konnten jedenfalls im Umkreis der Hüttenplätze gedeihen und waren zur Deckung des Bedarfs an den oben genannten wichtigen Stoffgruppen durchaus in der Lage. Sie dürften vor allem gekocht und musartig („Gemüse") oder roh und salatartig zubereitet worden sein. Manche Arten, wie Wald-Engelwurz und Sauerampfer, enthalten zudem würzende Inhaltsstoffe.

Abbildungsnachweis
Verfasser.

Nahrung und Subsistenz der Goslarer Hüttenleute anhand anthropologischer Untersuchungen

Holger Schutkowski / Alexander Fabig / Bernd Herrmann

Skelette als Quelle historischer Ernährungsbedingungen

Die Frage nach Ernährungsweisen in menschlichen Gemeinschaften berührt gleichermaßen die Ernährungsgrundlage, das heißt die hauptsächlichen Anteile der täglichen Nahrung, und die Möglichkeiten ihrer Herstellung, ihre Verfügbarkeit und Bedeutung. Biologische und kulturelle Aspekte der Nahrungsproduktion sind also untrennbar miteinander verbunden. Daher ist nicht nur die Ernährung das eigentliche Erkenntnisziel, sondern gleichzeitig ihr jeweiliger naturräumlicher und gesellschaftlicher Rahmen, das heißt die Ernährungsbedingungen einer Bevölkerung, ihre Subsistenz. Im Gegensatz zu heute lebenden Bevölkerungen, deren Ernährungsbedingungen über eine Vielzahl von wirtschaftlichen, agronomischen und ernährungswissenschaftlichen Daten abgefragt werden können, ist für alle historischen Zeiträume nur eine Rekonstruktion der Subsistenz möglich.

Für historische Zeitabschnitte ist man, sofern nicht ausführliche schriftliche Quellen vorliegen, überwiegend auf naturwissenschaftliche Methoden für eine Analyse unterschiedlicher Materialien angewiesen (Übersicht in Herrmann 1994. Vgl. auch Pernicka / Wagner 1991). Verbreitet sind Untersuchungen an pflanzlichen Makroresten (zum Beispiel van Zeist et al. 1991. Willerding / Hillebrecht 1994), wie sie auch in diesem Beitrag vorgestellt werden. Daneben liefert die Analyse von Tierknochen (zum Beispiel Davis 1987. Benecke 1994) wichtige Hinweise auf Schlachtvieh, Haustiere und deren Haltung. Derartige Untersuchungen stellen qualitative Grundlagen für eine Rekonstruktion der Ernährungsbedingungen bereit. An menschlichen Knochenfunden lassen sich gelegentlich Anzeichen von ernährungsbedingten Mangelkrankheiten erkennen, die zum Beispiel auf saisonale oder chronische Schwierigkeiten in der Nahrungsversorgung hinweisen (zum Beispiel Schultz 1988. Aufderheide / Rodriguez-Martin 1998). Hiermit wird jedoch nur der negative Aspekt erfasst.

Chemische Analysen an bodengelagerten menschlichen Skelettresten ermöglichen demgegenüber direkte Aussagen, welcher Art die konsumierte Nahrung wahrscheinlich gewesen ist, welche Ernährungsmuster in einer Bevölkerung bestanden haben und schließlich auch, welche Wirtschaftsweise der Herstellung der Nahrung zugrunde gelegen hat. Solche Untersuchungen können zum Beispiel mit Hilfe der Atomabsorptionsspektrometrie durchgeführt werden.

Von der Nahrung in den Knochen

Diese Möglichkeit, aus den Konzentrationen bestimmter Spurenelemente in menschlichen Knochenfunden Ernährungsgewohnheiten historischer Bevölkerungen zu rekonstruieren, beruht auf Zusammenhängen zwischen dem nahrungsbedingten Eintrag chemischer Elemente in einen Organismus und deren Einlagerung in das Knochengewebe zu Lebzeiten. Dabei sind mehrere Faktoren wirksam, die sich auf die Elementzusammensetzung von Knochen auswirken (vgl. im Folgenden zum Beispiel Grupe 1992. Sandford 1993. Schutkowski 1994). Der äußere Rahmen wird durch die naturräumlichen Gegebenheiten eines Lebensraumes gebildet, der sich über Einflüsse des Klimas, über geochemische Zyklen und die Bodenbeschaffenheit in seinem natürlichen Elementangebot unterscheidet. Pflanzen nehmen dieses Elementangebot aus der Bodenlösung auf, reichern es in den Pflanzenteilen in unterschiedlicher Weise an und bilden so die Grundlage tierischer und menschlicher Ernährung. Im Verlaufe solcher Nahrungsketten bzw. Nahrungsnetze werden allerdings bestimmte chemische Elemente von den Organismen bei der Verstoffwechselung bevorzugt aus der Nahrung extrahiert, nämlich solche, die ein Organismus zur Aufrechterhaltung von Lebensfunktionen benötigt. Derartige Mechanismen sind dafür verantwortlich, dass sowohl durch Konzentrationsunterschiede in den Hauptkomponenten der Nahrung als auch durch physiologische Abläufe ein differentieller Eintrag von Spurenelementen in den Organismus stattfindet. Weiterhin kann es zu Unterschieden zum Beispiel in Abhängigkeit von alters- und geschlechtsspezifischen Stoffwechselraten oder auch durch Krankheiten kommen.

Spurenelemente werden in das Skelett eingetragen, weil der Knochen neben seiner Stützfunktion auch als hochwirksames Speicherorgan fungiert, in dem Elemente wie in einem Reservoir bevorratet und bei Bedarf wieder mobilisiert werden können. Voraussetzung hierfür ist ein Einbau chemischer Elemente in die ursprüngliche Kristallstruktur des Knochenminerals. Dies geschieht unter natürlichen Bedingungen ständig und so entsteht in der Folge Bioapatit, der als das Strukturmineral des Knochens bezeichnet werden kann.

Für eine Ernährungsrekonstruktion sind allerdings nur solche Elemente geeignet, die auch in nennenswerten Mengen im Skelett gespeichert werden. Dies trifft zum Beispiel für die Elemente Strontium und Barium zu, die zu deutlich über 90% ihres Gesamtkörpergehaltes im Skelett konzentriert sind und strukturell in den Bioapatit eingebaut werden. Sie gelten als nahrungsanzeigende Spurenelemente, da ihre Konzentrationen im Knochen den nahrungsbedingten Eintrag widerspiegeln. Da Knochengewebe im Vergleich zu anderen Geweben durch eine relativ langsame Umbaurate gekennzeichnet ist (Libby et al. 1964. Stenhouse / Baxter 1979), werden solche Elemente, wenn sie erst einmal in den Knochen gelangt sind, meist viele Jahre im Skelett gespeichert und geben so Auskunft über längerfristige Ernährungsgewohnheiten. Sie sind damit besonders geeignet für Aussagen über die allgemeine Nahrungsgrundlage vergangener Zeiten.

Die Elemente Strontium und Barium sind typischerweise in pflanzlichen Nahrungsbestandteilen angereichert, während tierische Nahrungsprodukte geringere Konzentrationen dieser Elemente aufweisen. Daher sollten in Knochen von herbivoren Organismen (Pflanzenfresser) erhöhte Strontium- und Barium-Konzentrationen vorliegen, in Knochen von Omnivoren (Allesfresser) und Karnivoren (Fleischfresser) dagegen niedrigere Werte. Da Menschen sich typischerweise omnivor ernähren, konsumieren sie eine Nahrung, die aus mehreren Komponenten besteht. Dieser Umstand erfordert nun eine Spezifizierung des gerade genannten Zusammenhanges zwischen Spurenelementkonzentrationen im Knochen und nahrungsbedingter Zufuhr.

Die jeweiligen Elementgehalte aus den unterschiedlichen Nahrungsbestandteilen einer omnivoren, gemischten Kost bilden sich im Skelett nämlich nicht proportional ab. Vielmehr ist es so, dass der relative Anteil, in dem nahrungsanzeigende Elemente tatsächlich in den Knochen eingebaut werden, nicht so sehr von der absoluten Konzentration dieser Spurenelemente in der Nahrung abhängt, sondern vor allem vom Gesamtmineralgehalt der konsumierten Nahrung. Von besonderer Bedeutung ist in diesem Zusammenhang das Element Calcium, das sowohl mengenmäßig wesentlicher Bestandteil der Mineralmatrix Bioapatit ist, als auch in der Grundnahrung größte Wichtigkeit hat. Die Kenntnis solcher Zusammenhänge zwischen Gesamtmineralgehalt der Nahrung und der anteiligen Resorption von Spurenelementen erlaubt, den Einbau von nahrungsanzeigenden Elementen in das Skelett in Bezug auf das Matrixelement Calcium auszudrücken. Solche Werte lassen sich gesichert für das Spurenelement Strontium (Rosenthal 1981) und ebenso für Barium (vgl. Elias et al. 1982. Fabig et al. 2000) erfassen. Sie erlauben so aus dem gemessenen Wert der Knochenprobe eine Umrechnung auf den jeweiligen Elementgehalt der Nahrung. Damit gelingt der Rückschluss von der chemischen Zusammensetzung des Knochens auf die Grundnahrung.

Die Ernährung Goslarer Hüttenleute des 18. Jahrhunderts

Im Rahmen einer umfassenden Untersuchung des Montanstandortes Harz wurden Analysen zur Ernährungssituation der Goslarer Hüttenmänner und ihrer Familien aus dem Frankenbergviertel durchgeführt. In ihren Skeletten, die auf dem Friedhof des Brüdernklosters durch archäologische Ausgrabungen zu Tage kamen (vgl. Beitrag Klappauf/Linke/ Bingener), fanden sich im Durchschnitt Konzentrationen der Elemente Strontium und Barium, die bezogen auf den Calciumgehalt der Knochen relativ hoch waren. Sie sprechen damit für eine Nahrungsgrundlage, die stark durch den Verzehr von pflanzlicher Nahrung, besonders Getreide geprägt war, und die mineralreiche Nahrung, wie zum Beispiel Milchprodukte, in nur geringen Anteilen enthielt. Für eine Überprüfung und Stützung dieser Interpretation wurden die Spurenelementgehalte in verschiedenen pflanzlichen und tierischen Nahrungsmitteln des nördlichen Harzvorlandes aus biologischer Produktion gemessen. Die Konzentrationen, die dabei im Getreide (Roggen) gefunden wurden, stimmen gut mit denjenigen Werten überein, die man erhält, wenn aus den Konzentrationen in den Goslarer Skeletten der Spurenelementgehalt der zugrunde liegenden Nahrung berechnet wird (vgl. Abb. 1). Roggen lässt sich also allein über Elementanalysen aus der Knochensubstanz mit sehr hoher Wahrscheinlichkeit als Hauptnahrungskomponente identifizieren.

Die so gewonnenen Informationen über die Ernährungsgrundlage der Hüttenleute finden darüber hinaus ihre Bestätigung in archivalischen Quellen der Stadt Goslar aus dem 18. Jahrhundert. Danach wird nicht nur von der Einrichtung eines Kornmagazins zur Sicherung der Nahrungsversorgung in der Stadt und der Bevorratung von Roggen berichtet (Achilles 1992). Besonders die Berg- und Hüttenleute erhielten seit der zweiten Hälfte des 17. Jahrhunderts Brotgetreide zu subventionierten Preisen bzw. eine Brotzulage zum eigentlichen Lohn (Bornhardt 1931. Greuer 1975). Damit wird deutlich, wie sehr der Stadt Goslar daran gelegen war, die neben den Bodenschätzen entscheidende Grundlage ihres Wohlstandes, nämlich die Familien der Handwerkerspezialisten, durch Vergünstigungen am Ort zu halten. Die große Bedeutung von Getreide für die Ernährung der Hüttenleute des ausgehenden 18. Jahrhunderts wird zusätzlich dadurch bestätigt, dass die Einführung der Kartoffel im Harz bis Anfang des 19. Jahrhunderts auf sich warten ließ. Kann anhand dieser Quellen der hohe Getreideanteil an der Nahrung erklärt werden, findet auch der durch die Spurenelementdaten als gering einzuschätzende Anteil von Milchprodukten seine Erklärung in der Auswertung historischer Informationen zur ökonomisch-ökologischen Situation im damaligen Harz. Brauchten sich im Harzumland nur zwei Personen die Milchleistung einer Kuh zu teilen, stand im Harz mit mehr als vier Personen pro Kuh nur weniger als die Hälfte der Milchmenge zur Verfügung. Etwaiger Ersatz durch Ziegen- und Schafhaltung ist unwahrscheinlich, da hier die Relationen im Vergleich zum Umland noch ungünstiger waren. Dies nicht zuletzt infolge des herrschenden Forstrechts, welches zwar Waldbeweidung durch Rinder erlaubte, aber Schaf- und Ziegenhaltung unterband (Achilles 1992). Soweit es die Ernährungsgrundlage betraf, bestätigen sich also die archivalischen Quellen und die Spurenelementdaten gegenseitig.

Abbildungsnachweis
Verfasser.

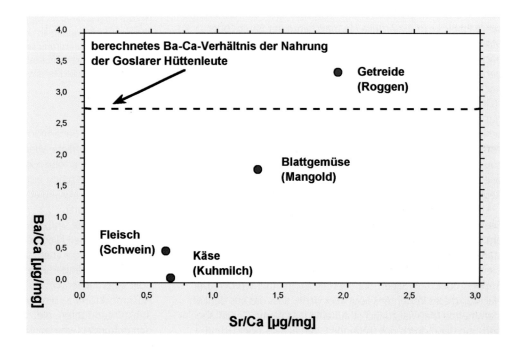

1 Barium-Calcium- und Strontium-Calcium-Konzentrationsverhältnisse in rezenten pflanzlichen und tierischen Nahrungsmitteln des nördlichen Harzvorlandes aus biologischer Produktion. Aus den Skelettkonzentrationen der Goslarer Hüttenleute wurde das durchschnittliche Barium-Calcium-Konzentrationsverhältnis ihrer Nahrung berechnet. In der Abbildung wird dieser Wert durch die gestrichelte Linie markiert.

Der Einfluss von Erzbergbau und Erzverhüttung auf die Umweltbedingungen des Harzes in der Vergangenheit

Burkhard Frenzel / Heike Kempter

Einleitung

Hausbrand, Gewerbe, später auch die industrielle Tätigkeit des Menschen prägten der Umwelt seit langem durch die verschiedensten Emissionen ihren Stempel auf. Dies gilt aber auch für die Brennstoffgewinnung, die über sehr lange Zeiten der menschlichen Geschichte hinweg durch die Beschaffung von Holz, schließlich auch von Holzkohle erfolgt ist, dabei intensiv die Zusammensetzung der Wälder verändernd. Derartige Einflüsse werden besonders stark und vielfältig dort sein, wo Erze in großem Stil abgebaut und verhüttet worden sind. Dies aber gilt vor allem für den Harz.

Methoden

Um die Veränderungen in Zeit und Raum zu analysieren, kann von Seiten der Botanik auf mehrere Verfahren zurückgegriffen werden. Die generellen Züge der Vegetation und ihre Änderungen im Ablauf der Zeit werden am besten durch die Pollenanalyse ermittelt, also durch die mikroskopische Bestimmung und quantitative Auswertung des Gehaltes an Blütenstaub (Pollen) oder Sporen der verschiedenen Pflanzen in geeigneten Ablagerungen (Sedimenten). Beide Typen des pflanzlichen Materials sind gegenüber der Verwitterung sehr widerstandsfähig und erhalten sich daher in manchen Sedimenten außerordentlich lange. Da Pollen und Sporen meist durch Wind und Wasser über große Entfernungen verfrachtet werden, lassen sie in der Regel die generellen Züge der Vegetation zwar sehr gut erkennen, nicht jedoch die lokalen Gegebenheiten. Hier hilft gerade bei der Untersuchung von alten Hüttenplätzen oder Holzkohlenmeilern (Abb. 1) die gewöhnlich mit dem Mikroskop durchzuführende Holzkohlenanalyse weiter. Sie ist zwar beeinträchtigt durch die möglicherweise vom früheren Menschen erfolgte Auswahl von Holzarten, die für die Wärme- oder für die Holzkohlegewinnung besonders geeignet sind. Bei einem hinreichend großen Material wird man aber dennoch interessante Einblicke in die Anteile ehemals genutzter Baum- oder Straucharten gewinnen, bei Kenntnis von deren Heizwert aber auch zu der Frage, ob besonders viel Wärme spendende Holzarten genutzt, oder aber auf das gerade in der Nähe des Arbeitsplatzes noch vorkommende Holz zurückgegriffen worden ist.

Die ehemals an die Luft abgegebenen Emissionen lassen sich gut durch chemische Analysen präzise datierter See- und Moorschichten bestimmen. Hierbei können hinsichtlich der Moore die vom Grundwasser gespeisten Niedermoore (und Seen enger Einzugsgebiete, etwa die Eifelmaare, vgl. Schettler / Romer 1998), wie auch direkt vom atmosphärischen Niederschlag abhängige Regenwassermoore (Hochmoore) genutzt werden.

Das in der Regel wenig saure Milieu der Niedermoore und Seen bedingt, dass die aus der Luft stammenden Substanzen meist am Orte ihrer endgültigen Sedimentation und Bindung an Substanzen des betreffenden Moores oder der Seeablagerung liegen bleiben. Dieser Vorteil ist in dem Beitrag von M. Deicke und H. Ruppert über das "Silberhohl" bei Seesen genutzt worden. Der Nachteil dieses Verfahrens liegt aber darin, dass das aus der Luft stammende Material zunächst auf einem größeren Gebiet abgelagert und dann durch das fließende Oberflächen- oder Grund-

1 Holzkohlemeiler in den Bieszczady, polnische südöstliche Karpaten (1976). Man erkennt im Mittelpunkt den verkohlten Meiler. Holzkohle wird gerade in Säcke gefüllt. In der Umgebung ist viel zu verkohlendes Holz gestapelt. Im Hintergrund sind noch zwei alte Meilerplätze zu erkennen. Der niedrige Buschwald lässt die intensive Nutzung der Bäume und Sträucher durch die Meilerwirtschaft erkennen.

wasser in das Niedermoor oder in den See geschwemmt wird, wobei eine stoffliche Wechselwirkung mit den durchflossenen Ablagerungen erfolgen kann. Immerhin ist es auf diesem Wege gelungen, eine schon eisenzeitliche (etwa 500 bis 50 v. Chr.) Erzverhüttung im Gebiet um Seesen nachzuweisen (vgl. Beitrag Deicke / Ruppert).

Hochmoore sind, soweit nur die in ihrem Wachstum vom atmosphärischen Niederschlag abhängigen Torfmoosarten (Sphagnumarten) für die chemische Analyse genutzt werden, frei von derartigen Veränderungen während des Transportes in Grund- oder Oberflächenwasser. Dafür kann aber der hohe Säuregrad der Hochmoortorfe zu einer Ablösung, also Mobilisierung, derjenigen Substanzen führen, die zunächst an den Oberflächen der Sphagnen gebunden worden waren. Sollen also Regenwassermoore chemisch auf die Veränderungen des ehemaligen Aerosols untersucht werden, dann ist zunächst in umfangreichen Kontrollen zu prüfen, welche chemischen Elemente dieser Umlagerung unterliegen bzw. welche nach ihrer Ablagerung ortsfest bleiben.

In jedem Falle gilt, dass derartige geochemische Untersuchungen an Torfen mit PVC-beschichtetem Bohrgerät durchgeführt werden müssen, um Fälschungen durch den Abrieb des Bohrgerätes selbst zu vermeiden.

Für alle bisher bekannten Verfahren wird aber die Datierung mit der sogenannten ^{14}C-Methode (Radiokohlenstoffmethode) durchgeführt, bei der die Zahl der radioaktiven Zerfälle pro Zeiteinheit als Altersmaßstab dient. Soll dieses Verfahren für historische Fragestellungen angewandt werden, bei denen geologisch-physikalisch gewonnene Altersdaten mit denen der Chroniken und anderer schriftlicher Berichte verglichen werden, dann ist die ^{14}C-Methode über die Jahrringmethode (Dendrochronologie) zu eichen, da der natürliche ^{14}C-Gehalt der Atmosphäre im Ablauf der Zeit nicht konstant ist.

Ergebnisse

Innerste und Oker entspringen im Harz und fließen in das nördliche Harzvorland. Weit außerhalb des Harzes finden sich in ihren Flussablagerungen deutlich erhöhte Schwermetallgehalte, und zwar in Schichten, die aus der Bronze- und Eisenzeit datieren. Dies verweist auf einen schon damals im Gebirge praktizierten Erzbergbau (vgl. auch Beitrag Deicke / Ruppert), dessen Abraum und Schlacken in die erwähnten Flüsse geraten sind (unter anderen Matschullat et al. 1992. Matschullat / Ellminger et al.1997). Demgegenüber betreffen die eigenen Untersuchungen den atmosphärischen Stoffeintrag in Regenwassermoore des Oberharzes, vor

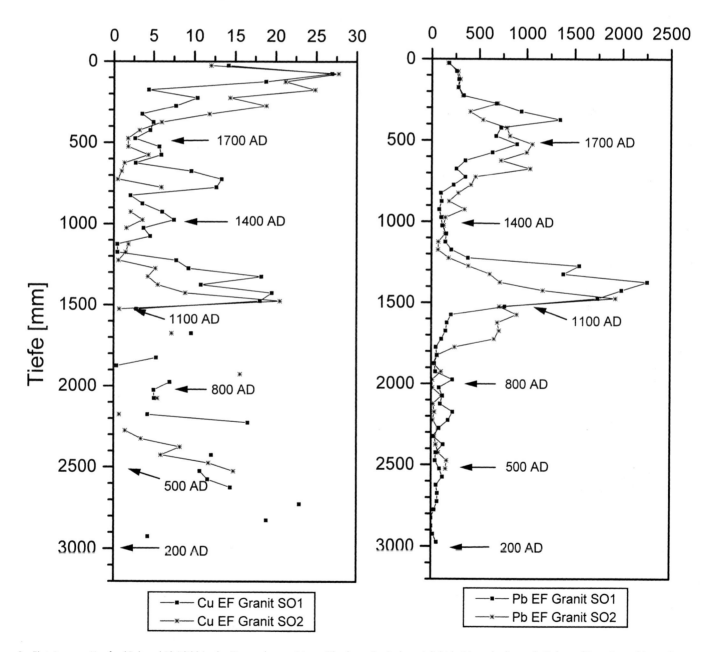

2 Einträge von Kupfer (Cu) und Blei (Pb) in das Sonnenberger Moor, Oberharz. Es sind zwei dicht beieinander liegende Bohrpunkte untersucht worden, SO 1 und SO 2. Die Werte der Kupfer- und Bleigehalte verschiedener Tiefen/unterschiedlichen Alters drücken Anreicherungsfaktoren (enrichment factors, EF) gegenüber den entsprechenden Gehalten im nahegelegenen Buckelgranit aus. Nähere Einzelheiten in Kempter / Frenzel 2000.

allem in das noch heute stellenweise wachsende Sonnenberger Moor, etwa 7 km nordwestlich von Braunlage. Die ältesten untersuchten Schichten datieren an den Probenahmestellen aus der Zeit um 200 n. Chr. Bemerkenswerterweise zeigen sich in diesen Bohrungen bereits von den untersten Schichten an zunehmende Stoffeinträge (Abb. 2). Dies war jedoch kein gleichsinniger, kontinuierlicher Prozess, sondern er erfolgte phasenhaft.

Man erkennt, dass Kupfer zwischen 200 und ca. 600 n. Chr. verstärkt in die Atmosphäre gelangt war, offenbar durch Verhüttungsprozesse, die vermutlich angesichts der vorherrschenden Winde aus dem westlichen Quadranten weiter im Westen gelegen waren. Gleichzeitig war aber der Bleieintrag nur kaum erhöht.

Kupfer scheint dann wieder erneut etwas stärker zwischen ca. 700 und ungefähr 1000 n. Chr. aus der Atmosphäre im Moor abgelagert worden zu sein; der Bleieintrag vergrößerte sich aber schnell ab ungefähr der Mitte des 10. Jahrhunderts. Hierzu passt, dass nach schriftlichen Quellen der Erzbergbau im Harz ab 960 n. Chr. besonders intensiv geworden sein soll. Der Bleieintrag erreichte im Sonnenberger Moor zwischen 1200 und 1300 ein erstes, sehr starkes Maximum, das seine Parallele im Kupfereintrag fand. Die anschließenden minimalen Werte des Stoffeintrages um 1350 bis 1450 n. Chr. fallen in eine Zeit technischer Schwierigkeiten des Bergbaus (siehe Beitrag Bartels, „Der Bergbau – ein Überblick"), aber auch der Pest. Von diesem Zeitpunkt an trennen sich erneut die Kurvenverläufe der Einträge beider betrachteter chemischer Elemente: derjenige des Bleis steigt ab etwa 1550 n. Chr. deutlich an. Das ist historisch sehr wohl bekannt. Er erreichte gegen 1650 bis ca. 1850 n. Chr. ein Maximum; seither gehen die Werte des Bleieintrages deutlich zurück und erreichen zur Gegenwart hin Beträge, die nur wenig über denen der Zeit um 800 n. Chr. liegen.

Die Kupfereinträge erreichten aber schon gegen 1550 bis 1650 n. Chr. ein Maximum und erneut ab etwa 1880 n. Chr. Erst zur jüngsten Gegenwart hin sinken auch diese Werte auf Beträge ab, die denen der Zeit um 1550 bis 1650 n. Chr. ähneln.

Der betrachtete Verlauf der atmosphärischen Einträge des Bleis und des Kupfers lehrt zunächst, dass auf dem geschilderten Wege eine gewerbliche Tätigkeit des Menschen nachgewiesen werden kann, die schon mindestens ab 300 n. Chr. das Aerosol

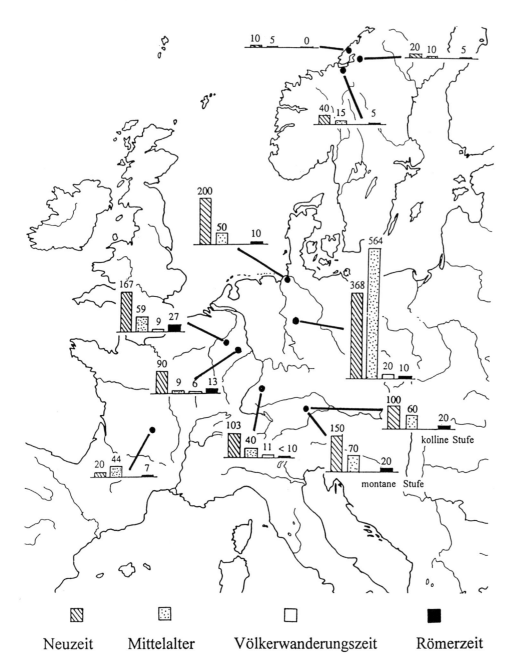

3 Bleigehalte, als Hinweise auf den atmosphärischen Eintrag, in Torfschichten unterschiedlichen Alters mehrerer Moore Europas. Die Werte der Völkerwanderungszeit konnten nicht überall bestimmt werden. Die Depositionswerte sind ausgedrückt in ppm, das heißt millionstel Teilen der eingewogenen Torfmenge. Die Sonderstellung des Harzes während des Mittelalters und der Neuzeit wird sehr deutlich.

eines größeren Gebietes beeinflusst hatte. Hierbei fragt sich, ob die vermutlich vorgermanischen Namen der Flüsse und Bäche Gose, Grane, Dölbe und Innerste (Möller 1979. Kettner 1972. Garke 1959) nicht auch auf eine sehr frühe Begehung einiger Teile des Harzes verweisen, die tatsächlich sehr reich an Erzen sind. Die nachgewiesene frühe Erzgewinnung und –verhüttung brachte aber einerseits weitreichende Stoffeinträge, andererseits hatte das so vom Menschen geschaffene Aerosol sicher auch in die Nebel- und Wolkenbildung verstärkend eingegriffen.

Schließlich zeigen die unterschiedlichen Kurvenverläufe der Einträge von Blei und Kupfer aus der Atmosphäre, dass sich hierin entweder unterschiedliche Verhüttungstechniken, oder aber vielleicht auch verschiedene Herkunftsgebiete der Erze verbergen. Das wird gerade bei dem Maximum der Kupferkurve gegen 1550 bis 1650 n. Chr. deutlich, da aus dieser Zeit bekannt ist, dass damals bevorzugt Oberharzer Gangerze abgebaut und verhüttet worden sind, nicht aber so sehr Kupfererze des Rammelsberges.

Werden diese Vorgänge im europäischen Rahmen betrachtet (Abb. 3), dann kann man leicht erkennen, dass die frühe gewerbliche Tätigkeit des Menschen keineswegs ein europäisches Mischaerosol geschaffen hatte, das mehr oder weniger gleichzeitig und gleichartig Europa beeinflusst hatte, sondern dass große regionale Unterschiede in seiner Zusammensetzung erkennbar sind, bedingt durch erhebliche regionale Unterschiede der gewerblichen Tätigkeit des damaligen Menschen. Es wird außerdem aber auch deutlich, welche Sonderstellung der Harz während des Mittelalters als Gewerbe-, vielleicht sogar schon als Industrieprovinz eingenommen hatte.

Für die den Stoffeinträgen zu Grunde liegende Erzverhüttung war viel Brennstoff nötig, und zwar vor Nutzung der Steinkohle in Form von Brennholz und Holzkohle. In den Beiträgen von U. Willerding und M.-L. Hillebrecht werden die daraus resultierenden generellen Veränderungen deutlich dargestellt. Wie erwähnt, zeigen Holzkohleanalysen an Meilern und Verhüttungsplätzen statt dessen lokale Einzelheiten, deren Gesamtbild jedoch die vom Menschen verursachten Störungen des Waldbildes deutlich werden lässt.

Die Abbildungen 4 und 5 geben die aus den von M.-L. Hillebrecht (1982. Vgl. auch Beitrag Hillebrecht) durchgeführten Holzkohlenanalysen hervorgehenden Änderungen im Waldbild deutlich wider. Hierbei sind als Bäume des Naturwaldes Buche und Ahorn zusammengefasst worden, als Vertreter des Eichenmischwaldes aber Eichen, Ulmen, Linden, Eschen und Hainbuchen. Als Sekundärholzarten, also Pflanzen, die sich nach Rodungen bevor-

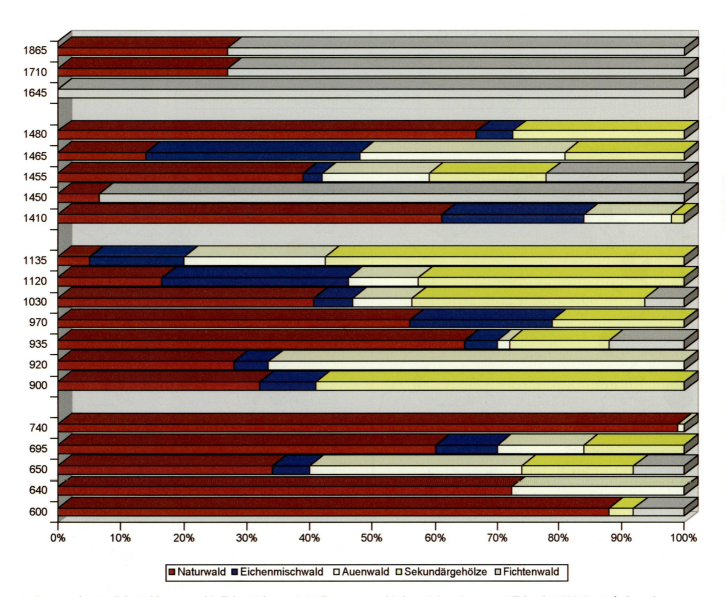

4   Prozentualer Anteil der Kohlen unterschiedlicher Holzarten in Meilerresten verschiedener Zeiten. Daten aus Hillebrecht 1982. Zur Aufteilung der Holzarten auf die Gruppen des Naturwaldes, des Eichenmischwaldes, des Auenwaldes und der Sekundärgehölze vergleiche Text

Mensch und Umwelt

a) Holzkohleanteile, geordnet nach Waldtypen 600 bis 750 n. Chr.

b) Holzkohleanteile, geordnet nach Waldtypen 900 bis 1150 n. Chr.

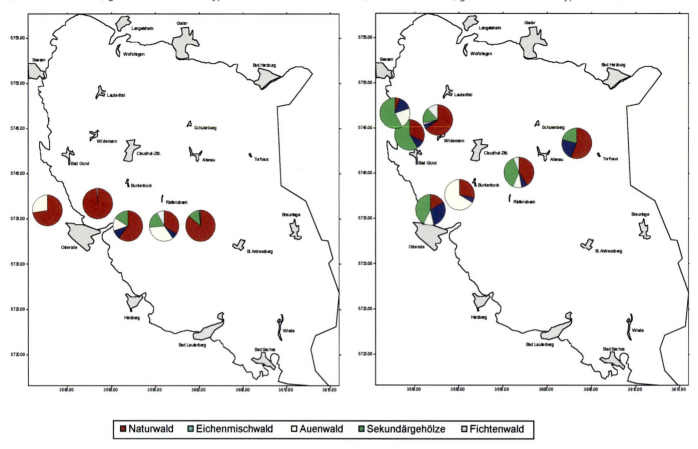

■ Naturwald   ■ Eichenmischwald   □ Auenwald   ■ Sekundärgehölze   □ Fichtenwald

c) Holzkohleanteile, geordnet nach Waldtypen 1400 bis 1500 n. Chr.

d) Holzkohleanteile, geordnet nach Waldtypen seit 1600 n. Chr.

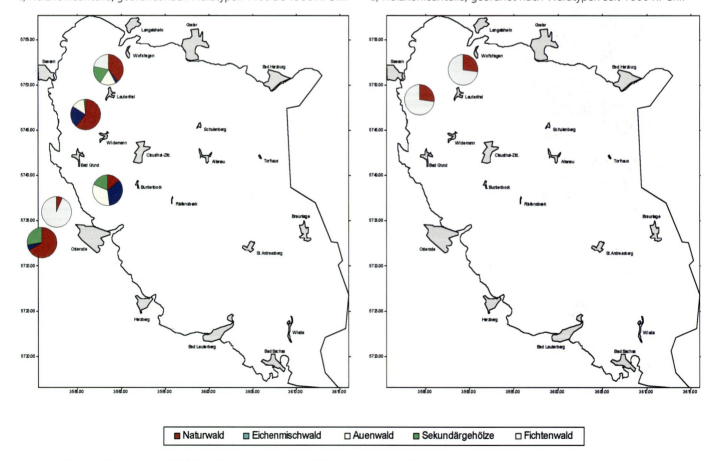

■ Naturwald   ■ Eichenmischwald   □ Auenwald   ■ Sekundärgehölze   □ Fichtenwald

5 Regionale Veränderung der Holzkohleanteile verschiedener Fundplätze zu unterschiedlichen Zeiten.

zugt einstellen, werden Birke, Eberesche, Zitterpappel, Pappel, sowie Haselnuss zusammengefasst. Die Erle als eine Auenwaldpflanze ist besonders hervorgehoben, wie auch die Fichte, die wahrscheinlich im Naturzustand nur auf einigen hohen Bergkuppen vorgekommen sein mag.

Man erkennt, dass der Naturwald in der ältesten, hier unterschiedenen Phase zwar im betrachteten Gebiet noch weitaus vorgeherrscht hatte, dass er aber doch schon stellenweise vom Menschen gestört worden war, wie an den Anteilen der „Sekundärwaldpflanzen" deutlich wird. Sie waren offenbar in der Umgebung der Holzkohlen- oder Verhüttungsplätze verschiedentlich schon so wichtig geworden, dass der Mensch auf sie zurückgreifen hatte müssen. Diese Entwicklung ging bald so weit, dass auch die edlen Laubhölzer, die normalerweise nicht zum Heizen, sondern für den Häuserbau und für die vielen Holzgeräte gebraucht wurden, für das Verhüttungswesen herangezogen werden mussten.

Der wirtschaftliche Zusammenbruch im 14. und 15. Jahrhundert ermöglichte zwar eine Regeneration des Naturwaldes an manchen Stellen, doch das war nur von kurzer Dauer, und ab etwa 1750 n. Chr. breiteten sich die Fichten mit einer derartigen Geschwindigkeit aus, dass man an ein förmliches Umkippen der Waldökosysteme denken muss. Bei Betrachtung dieses Vorganges ist allerdings noch zusätzlich zu bedenken, dass die Menge der gelieferten Holzkohle und der Heizwert der beteiligten Holzarten recht unterschiedlich sind. Pierers „Universallexikon der Vergangenheit und der Gegenwart", Altenburg 1858, gibt dies angesichts der damals noch praktizierten Feuerungstechniken gut wider (Tabelle 1 und 2).

1 Zentner Buchenholz gibt 28 Pfund Kohle	=	100 %
1 Zentner Eichenholz gibt, darauf bezogen		93 %
1 Zentner Birkenholz gibt, auf Buche bezogen		93 %
1 Zentner Lindenholz gibt, auf Buche bezogen		78,5 %
1 Zentner Tannenholz gibt, auf Buche bezogen		78,5 %
1 Zentner Fichtenholz gibt, auf Buche bezogen		78,5 %
1 Zentner Erlenholz gibt, auf Buche bezogen		75 %

Tabelle 1 Holzkohlemengen, bezogen auf die der Buche.

Holzart	Holz	Holzkohle
Hainbuche	107 %	? %
Esche	100,7 %	103 %
Buche	100 %	100 %
Ulme	97 %	97 %
Eiche	? %	91 %
Birke	86 %	? %
Erle	75 %	75 %
Linde	68 %	65,5 %
Fichte	65 %	65 %
Espe, Zitterpappel	63 %	62 %

Tabelle 2 Vergleich der Heizwerte von Holz und Holzkohle verschiedener Baumarten, bezogen auf Buche (= 100 %).

Sollte derselbe Heizwert erzielt werden, dann musste von den „wertloseren" Hölzern deutlich mehr verheizt werden, oder es musste viel mehr Holzkohle hergestellt werden, als von den hinsichtlich des Heizwertes wertvolleren Hölzern. Es entsteht so das Bild einer sich potenzierenden Waldzerstörung, ausgelöst durch den Holzbedarf für Bergbau und Verhüttung, dann aber verstärkt durch den Ersatz der Holzarten höheren Heizwertes durch solche immer geringeren Wertes.

Zusammenfassung

Aus dem Gesagten wird deutlich, wie früh und wie intensiv der Mensch in die natürlichen Bedingungen des Harzes eingegriffen hat. Das erfolgte phasenhaft, mehrfach unterbrochen durch Zeiten der Erholung des Waldes und der Verminderung der Aerosoleinträge in das Gebiet. Hierbei muss aber auch berücksichtigt werden, dass die Anfänge dieser Prozesse bisher noch nicht in den Mooren des Harzes haben erfasst werden können. Es lohnt sich offenbar, derartige Untersuchungen weiter auszudehnen, schon um zu erkennen, was eigentlich noch an mehr oder weniger naturnahen Bedingungen erhalten geblieben ist. Aber man sieht schon jetzt, dass wir dank des Bergbaus und der Erzverhüttung im Harz schon lange sehr weit von einer in sich ruhenden Natur entfernt sind.

Abbildungsnachweis
1-3 Verfasser; 4, 5 Verfasser/R. Krone (Niedersächsisches Landesamt für Denkmalpflege).

Frühe Metallgewinnung und Umweltbelastung im Harz – Umweltgeochemische Aspekte

Matthias Deicke / Hans Ruppert

Bergbau und Verhüttung von Buntmetallerzen beeinträchtigen die Umwelt im Harz in vielerlei Hinsicht. Neben Veränderungen im Umfeld der Gruben durch Tagebaue oder Abraumhalden war es vor allem der hohe Holzbedarf für die Grubenzimmerung und die Energiebereitstellung für die Verhüttung, welcher zu weitflächigen Kahlschlägen führte und damit das Landschaftsbild nachhaltig beeinträchtigte.

Schadstofffreisetzungen (Schwermetalle, Schwefeldioxid, Schwefelsäure) aus Erzhalden, bei der Erzaufbereitung und der Erzverhüttung belasteten massiv sowohl die Vegetation und Böden im Umfeld der Gruben und Verhüttungsplätze als auch die Bachläufe. Immissionen wurden über die Atmosphäre bis weit in das Harzvorland verfrachtet und abgelagert. Die Abholzungen verstärkten die Bodenerosion im Harzgebirge und bewirkten ein häufigeres Auftreten von Hochwässern. Diese Hochwässer erodierten kontaminiertes Material aus den Abraum- und Verhüttungshalden sowie den Böden und transportierten es in das Harzvorland, wo es in Überflutungsbereichen als Auensediment teilweise wieder abgelagert wurde. Von den schwermetallreichen Auenböden geht noch heute eine potentielle Gefährdung aus, insbesondere, wenn sie zur Futter- und Lebensmittelproduktion genutzt werden. Die Folgen der Metallgewinnung blieben also nicht nur auf den Harzraum beschränkt (vgl. Beiträge Willerding, Hillebrecht und Frenzel/Kempter).

Schadstofffreisetzung bei der mittelalterlichen Metallgewinnung

Bereits an der Lagerstätte fand eine Vorsortierung (Klaubearbeit) des geförderten Erzes statt. Nebengestein und Gangart wurden weitgehend entfernt, um keinen unnötigen Ballast zur Schmelzhütte transportieren zu müssen. Bei den meist grobkristallinen Oberharzer Gangerzen wurde auch die im Mittelalter noch wertlose Zinkblende abgetrennt. Bei den "verwachsenen" Rammelsberger Erzen war eine Trennung der Erzmineralphasen nicht möglich. Das gesamte Erz kam zur Verhüttung.

Durch die Erzwäsche (sofern sie durchgeführt wurde) versuchte man nochmals wertlose Bestandteile vom Erz zu trennen. Hierbei gelangten feine Erzpartikel in die Gewässer.

Im Röstprozess, der allerdings nicht immer durchgeführt wurde, wurden die sulfidischen Erze oxidiert. Hierbei wurde das Erz wahrscheinlich mehrfach in einfachen Holzstößen unter Luftzufuhr erhitzt (Abb. 1). Neben Flugaschen (Abb. 2) entwichen große Mengen an Schwefeldioxid, aber auch Cadmium, Arsen und Antimon und andere Schwermetalle. Im Röstprozess konnte der Schwefelgehalt von bis zu 30% in Rammelsberger Erzen auf etwa 1% verringert werden.

Im abschließenden Schmelzprozess wurden die zuvor oxidierten Metalle reduziert. Flüssiges Blei/Silber und Kupfer wurden für die Weiterverarbeitung der Schmelze entzogen. Zuschläge, zum Beispiel aus Bachsand, begünstigten die Verschlackung wertloser Bestandteile. Durch die hohen Temperaturen von mindestens 1050 °C wurden nochmals leicht flüchtige Elemente wie Blei und Cadmium und in geringerem Umfang auch Zink emittiert (Abb.1).

Schwermetallbelastung im Umfeld eines mittelalterlichen Verhüttungsplatzes

Die Böden in unmittelbarer Nähe mittelalterlicher Schmelzöfen sind durch die Freisetzung von Hüttenrauch, aber auch durch Erz- und Schlackenpartikel hochgradig mit Schwermetallen belastet. In der archäologischen Grabung am „Schnapsweg" (Klappauf et al. 1999) konnte neben einem mittelalterlichen Schmelzofen auch eine größere Menge von nicht zersetztem Pflanzenmaterial freigelegt werden. Bei der geochemischen Untersuchung stellte sich heraus, dass sowohl der den Schmelzofen umgebende Boden als

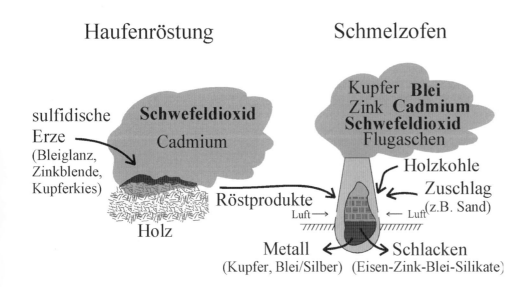

1 Schadstofffreisetzung bei der Verhüttung von Rammelsberger Erzen.

auch das in ihm eingebettete Pflanzenmaterial stark mit Schwermetallen belastet ist (Tabelle 1). Die extremen Anreicherungen von Schwermetallen im Prozentbereich verursachten ein stark biozides Milieu, sodass ein mikrobieller Abbau von organischer Substanz nicht stattfand. Die Bestimmung des auf diese Weise konservierten Pflanzenmaterials ermöglicht Einblicke in die Ernährung der mittelalterlichen Hüttenleute (vgl. Kapitel von Willerding).

Material	Blei	Kupfer	Zink	Cadmium
Rinde	58000	17800	855	2,7
Rinde	73000	37900	1130	3,5
Holz	78600	39000	823	8,5
Holz	48400	38300	1070	2,3
Späne	63800	39900	434	2,0
Haselnussschale	41900	17500	351	0,9
Boden	54700	35500	20300	32,5
zum Vergleich: Natürliche Gehalte im Boden	15–25	15–30	80–90	0,2

Tabelle 1 Elementgehalte (mg/kg) in Pflanzenresten und im Boden aus der Grabung „Schnapsweg" (Daten aus Ruppert 1997).

2 Flugfunken aus der Buntmetallverhüttung.

Bei der mikroskopischen Untersuchung von Bodenproben aus Verhüttungsplätzen können kleine Kügelchen beobachtet werden (Abb. 2), die als Flugfunken oder Flugaschen aus dem mittelalterlichen Schmelzprozess zu deuten sind. Flugfunken entstehen in Hochtemperaturprozessen wie zum Beispiel in Schmelzöfen. Ihre Größe reicht von < 0.01–1.0 mm Durchmesser. Die Oberflächen sind überwiegend glatt, der Innenraum zeigt meist ein blasiges bis schwammiges Gefüge. Die Matrix ist stets glasig. Vereinzelt sind an den Kügelchen fadenartige Anhängsel oder deren Ansätze erhalten, die die Herkunft aus einer Schmelze belegen. Die halbquantitativen Hauptelementanalysen der Kugeloberfläche ergeben eine Zusammensetzung aus überwiegend Silicium, Aluminium und Eisen sowie untergeordnet aus Kalium und Calcium. Gelegentlich sind auch Magnesium, Titan und Mangan nachweisbar. Ähnliche Kügelchen sind auch in allen Bachläufen des Harzes, die in ihren Sedimenten auch Schlackenpartikel führen, auffindbar (Lindorfer 1997).

Weiträumige Schwermetalldispersion durch frühe Buntmetallgewinnung

Die über den Hüttenrauch freigesetzten Schadstoffe wurden mit dem Wind verfrachtet und lassen sich auch abseits der Verhüttungsplätze in geeigneten Speichermedien („Umweltgedächtnissen") nachweisen (vgl. Beitrag Frenzel / Kempter). Solche Umweltgedächtnisse sind zum Beispiel die Sedimente aus vermoorten Erdfallsenken des Harzvorlandes.

Erdfälle entstehen durch Einsturz von Hohlräumen in Karstgebieten. Diese auch als Suberosionssenken bezeichneten Hohlformen prägen das Landschaftsbild im Zechsteingürtel des westlichen und südlichen Harzvorlandes. Nach der Erdfallbildung setzte die Verfüllung mit eingetragenem Material und eine Akkumulation von Pflanzenresten ein. Das lateral in die Erdfallsenken fließende Wasser kam häufig in Kontakt mit Karbonatgesteinen und karbonathaltigen Lössen, so dass sich im Porenwasser der Sedimente pH-Werte bei 7–8 (neutral bis schwach basisch) einstellten. In vielen vermoorten Erdfallsenken können im Gegensatz zu den sauren Hochmoortorfen aufgrund des erhöhten pH-Wertes pH-bedingte Elementverlagerungen weitgehend ausgeschlossen werden. Unter günstigen Bedingungen erfolgte in den Erdfällen eine kontinuierliche Ablagerung von organisch-reichen Mudden und Torfen bei gleichzeitig guter Pollenerhaltung und hoher zeitlicher Auflösung. Des Weiteren liegen in den Sedimenten durch den sehr hohen Anteil an organischem Material extrem niedrige natürliche Hintergrundwerte für Schwermetalle vor, was den Nachweis geringster anthropogener Metalleinträge ermöglicht.

Ein exemplarisches Beispiel für derartige Umweltgedächtnisse ist der am westlichen Harzrand bei Seesen gelegene Erdfall „Silberhohl". Dieser entstand vor ca. 5000 Jahren beim Einsturz eines Hohlraumes. Seitdem verfüllt sich der Silberhohl mit Torfen, die bis heute eine Mächtigkeit von bis zu 13 Metern erreicht haben. Die Schwermetalleinträge erfolgten am Silberhohl ausschließlich atmosphärisch, da oberirdische Zuflüsse fehlen und im Grundwasser wegen des hohen pH-Wertes eine gelöste Anlieferung von Schwermetallen nicht zu erwarten ist. Bohrkerne aus dem Silberhohl wurden sowohl pollenanalytisch als auch geochemisch bearbeitet. Aus der Kombination dieser beiden Untersuchungen lässt sich die Vegetations-, Besiedlungs- und Belastungsgeschichte der Region am Silberhohl rekonstruieren.

Bereits für die jüngere vorrömische Eisenzeit lässt sich eine äußerst geringe, aber eindeutige anthropogene Anreicherung von Blei, Cadmium, Kupfer und Zink nachweisen (580 cm). Diese Anomalie ist ein sicheres geochemisches Indiz für die Schwermetallfreisetzung bei der Verhüttung von Buntmetallerzen in der Harzregion während der Eisenzeit. Zusammen mit den Blei-Isotopen-Untersuchungen an einer Bronzenadel von der Pipinsburg bei Osterode/Harz (Brockner 1992) sind die Befunde aus dem Silberhohl der bisher älteste sichere Hinweis auf die Verhüttung von Buntmetallerzen im Harzraum.

Aluminium repräsentiert den Eintrag von minerogenem Material in die Senke. Die erhöhten Aluminium-Gehalte in 365 cm und 460 cm Tiefe sind auf schluffige Lagen zurückzuführen, die vermutlich bei kurzfristigen Starkregenereignissen eingeschwemmt worden sind.

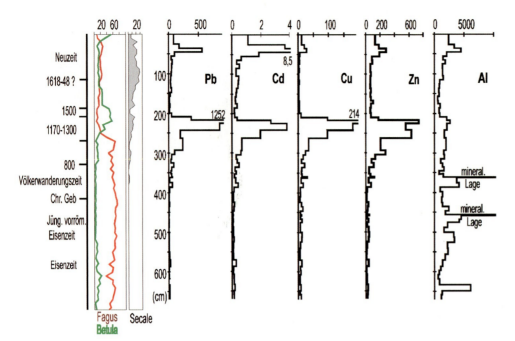

3 Elementgehalte von Blei, Cadmium, Kupfer, Zink, Aluminium (mg/kg) und Pollenanteile für *Fagus*, *Betula* und *Secale* (%) im Profil des „Silberhohls" bei Seesen (Pollenanalysen: Chen 1982. Geochemie: Hettwer 1999).

Ab der Völkerwanderungszeit beginnen die Schwermetallgehalte leicht anzusteigen (380 cm). Stärkere Schwermetalleinträge sind ab dem frühen Mittelalter erkennbar (300 cm). Im späten Mittelalter erreichen die Schwermetallgehalte im Silberhohl ihren Höhepunkt mit einem zeitgleichen Niedergang der Rotbuchenpollen-Kurve (Fagus), was durch den hohen Holzverbrauch in der Verhüttung erklärt werden kann (230 cm). Auf den Kahlschlägen siedelten sich Pioniergehölze wie die Birke (Betula) wieder an. Ein ebenso einschneidendes Ereignis ist die spätmittelalterliche Wüstungsperiode (200 cm) mit einem plötzlichen und starken Rückgang der Schwermetallgehalte sowie der Roggenpollenanteile (Secale). Mit Ausnahme des Cadmiums wurden die mittelalterlichen Schwermetallanreicherungen im Silberhohl auch in der jüngeren Neuzeit nicht mehr übertroffen (90 cm) (Chen 1988. Hettwer 1999).

Rezente Schwermetallbelastung durch frühe und spätere Metallgewinnung

Jahrzehnte, zum Teil sogar Jahrhunderte nach der Stilllegung der letzten Gruben und Hüttenbetriebe führen die Harzflüsse immer noch eine enorme Schwermetallfracht, die bei Hochwässern in die Flußauen des Harzvorlandes getragen wird. Im Frühjahr 1994 wurden an 52 aus dem niedersächsischen Harz austretenden Bachläufen von S. Cramer und anderen Mitarbeitern der Arbeitsstelle Montanarchäologie in Goslar Hochflutsedimente beprobt, die nach einem Hochwasser auf landwirtschaftlichen Flächen direkt am Harzrand abgelagert worden sind (Abb. 4).

In allen untersuchten Proben konnten Schlackenpartikel nachgewiesen werden. Insofern wurden in allen Einzugsgebieten der aus dem Harz austretenden Bachläufe ehemals Erze verhüttet. Die Gehalte der Schwermetalle Blei, Cadmium, Kupfer und Zink sind in sämtlichen Überflutungssedimenten gegenüber den natürlichen Gehalten erhöht. Die höchsten Anreicherungen finden sich am nördlichen Harzvorland im Überflutungsbereich von Innerste und Oker. Aus den Cadmium/Zink-Verhältnissen dieser Proben geht hervor, dass neben Schlacken vor allem Erzpartikel für die hohen Schwermetallbelastungen verantwortlich sind.

Die Zinkblende ist der wichtigste natürliche Cadmiumträger. Zinkblende aus Harzer Erzen weist Cadmium/Zink-Verhältnisse von ca. 1/100 bis 1/700 auf, Schlacken von meist < 1/50000. Die am nördlichen Harzrand untersuchten Proben weisen Cadmium/Zink-Verhältnisse von 1/120 bis zu 1/670 auf und decken sich damit weitgehend mit denen der Erze. Die Erzpartikel können aus der Erzwäsche oder aus Bergbau- und Pochsandhalden stammen, wie sie im Oberlauf von Innerste und Oker zahlreich vorkommen. Im Gebiet östlich von Oker-Harlingerode wurden die höchsten Cadmium/Zink-Verhältnisse von bis zu 1/55 angetroffen. Diese relativ hohen Cadmiumgehalte bei verhältnismäßig niedrigen Zinkkonzentrationen können auf die Cadmium-Immissionen der Zinkhütte Oker zurückzuführen sein (Lindorfer 1997).

Maßnahmen gegen die Schwermetallbelastung

Sowohl der gelöste als auch der partikuläre Schwermetallaustrag aus den Schlacken- und Bergbauhalden ist erheblich. Es gibt verschiedene Möglichkeiten, dieser potentiellen Gefahr entgegenzuwirken. Von der scheinbar naheliegenden Maßnahme, die Schlacken- und Bergbauhalden einfach abzutragen, muss abgeraten werden. Es würden abrupt erhebliche Mengen schwermetallreicher Partikel in die Bäche gelangen, die weit über das heutige Maß hinausgehen. Unabhängig davon, dass mit dem Abtragen eines Verhüttungsplatzes ein einmaliges Kulturdenkmal zerstört wird, dessen systematische Erforschung erst vor wenigen Jahren begonnen hat, wäre der zu erwartende Effekt frühestens nach Jahrzehnten messbar, da viele Halden nicht entdeckt wurden und die Bachbettsedimente durchgehend belastet sind.

Ein anschauliches Beispiel hierfür bietet eine hochgradig belastete Hochflutsedimentprobe, die 1994 bei Langelsheim aus dem Überflutungsbereich der Innerste entnommen wurde (Abb. 4). Die hohen Blei-, Cadmium-, Kupfer- und Zinkgehalte dieser Probe werden vorwiegend von Schlacken und besonders von Erzpartikeln verursacht, deren Halden zum Großteil am Oberlauf der Innerste liegen. Zwischen der Probennahmestelle und den Schlacken-, Bergbau- und Pochsandhalden befindet sich seit der Mitte der 60er Jahre der Innerste-Stausee. Obwohl 30 Jahre zwischen der Inbetriebnahme der „Sedimentfalle" Innerste-Stausee und der Probennahme liegen, ist das Flusssediment der Innerste unterhalb des Stausees immer noch extrem mit Schlacken- und Erzpartikeln belastet. Hieraus wird ersichtlich, dass ein Abtragen der Halden ein Eingriff wäre, der nur sehr langfristig zu einem Rückgang der Schwermetallgehalte in den Fließgewässern führen würde. Eine Reinigung der Bachbetten kommt als Maßnahme ebenfalls nicht in Frage.

Schlacken sind aber nicht die einzigen schwermetallhaltigen Relikte der frühen Metallgewinnung im Harzraum. Zusätzlich sind die Harzer Böden durch den Jahrhunderte währenden atmosphärischen Schadstoffeintrag aus dem Hüttenrauch stark mit Schwermetallen belastet. Diese sind vorwiegend adsorptiv an Tonminerale, Oxidhydroxide und organische Bestandteile gebunden und können bereits bei geringen Veränderungen der vorherrschenden pH-Bedingungen mobilisiert werden und ebenfalls in den Bächen zu Anreicherungen führen. Der Lösungsaustrag würde bei zunehmender Versauerung drastisch ansteigen. Demgegenüber sind die Schwermetalle in den Schlacken mit Ausnahme des Zinks relativ fest, vorwiegend silikatisch gebunden und aus diesen Verbindungen nur schwer zu mobilisieren.

Es ist also wesentlich ratsamer, Maßnahmen gegen die Versauerung zu ergreifen, um die wirkliche Gefahr für die Gewässer abzuwenden, als die Schlackenhalden abzutragen. Kurzfristig können "Waldkalkungen" eine Boden- und Fließgewässerversauerung verhindern. Langfristig kann nur eine Reduzierung des Säureeintrages und eine naturnahe Waldbewirtschaftung ohne Fichtenmonokulturen einer zunehmenden Versauerung entgegenwirken.

Für die Harzregion ist es empfehlenswert, sich mit den bestehenden Belastungen so zu arrangieren, dass die Gefährdung für Umwelt und Mensch möglichst gering bleibt. Neben den bereits empfohlenen Maßnahmen gegen die Versauerung sollte auf den stark belasteten landwirtschaftlichen Flächen im nördlichen Harzvorland die Produktion von Nahrungs- und Futtermitteln eingeschränkt werden. Als Alternative könnten hier Pflanzen zwecks Biomasseproduktion und Energiegewinnung angebaut werden.

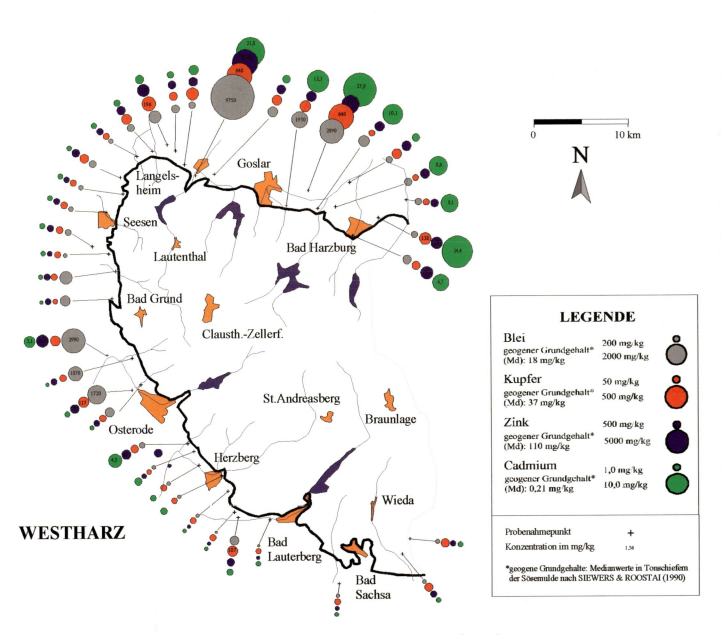

4   Schwermetallgehalte in Überflutungssedimenten des Frühjahrshochwassers von 1994 (aus Lindorfer 1997).

Durch die gezielte Auswahl bestimmter Pflanzen besteht sogar die Möglichkeit, potentiell mobilisierbare Elementanteile langfristig zu verringern.

Im Harz besteht die einmalige Gelegenheit, in einer wahrscheinlich seit Jahrtausenden von der Metallgewinnung geprägten Landschaft, die komplexe Vernetzung von Mensch, Technologien und Umwelt zu studieren, auch in ihrer zeitlichen Abfolge. Dieses Wissen sollte auf vergleichbare Bergbauregionen angewendet werden, um dort frühzeitig konsequente Maßnahmen zur Vermeidung von Schadstoffbelastungen durchzuführen.

Abbildungsnachweis
1, 3 Verfasser; 2 C. S. Fuchs (Niedersächsisches Landesamt für Denkmalpflege); 4 aus Lindorfer 1997.

Der Wald als Energielieferant für das Berg- und Hüttenwesen

Marie-Luise Hillebrecht

Von den Anfängen menschlichen Strebens nach Metallgewinnung bis in das 19. Jahrhundert war Holz als Werkstoff und als Wärmeenergieträger ein unverzichtbares Element für den Bergbau und die damit verbundenen nachfolgenden Gewerke. Daneben spielte die Energie aus Wasser und Wind zumindest bis in das hohe Mittelalter eine untergeordnete Rolle. Dass es neben Interessenten aus dem Umfeld der Bergwerke Konkurrenten um die Nutzung des Waldes geben musste ist offensichtlich, wenn man bedenkt, welch elementare Bedürfnisse des Menschen durch den Wald gedeckt werden mussten: Feuermaterial für Heizung und Essenszubereitung, Bauholz, Holz für Gerätschaften für Haus, Feld und Gewerbe, Baumrinde zum Gerben, Bast und Pech, der Alleskleber unserer Vorfahren, kamen aus dem Wald. Ebenso diente er als Waldweide zu Eichel- und Bucheckernmast (Hude). Man holte Viehstreu aus dem Wald; auch die Wildbienenimkerei spielte eine uns heute nicht mehr bewusste Rolle. Die Früchte des Waldes (Beeren, Pilze, Kräuter) waren wichtig und geschätzt, nicht zu vergessen die Jagd, für die schon in frühesten Zeiten weitgehend besondere Regeln bestanden. Hinzu kamen noch weitere großgewerbliche Interessenten wie Töpfereien, Glashütten und Salinen.

Angesichts dieser Interessenlagen ist es nicht verwunderlich, wenn sich Agricola 1556 gleich zu Anfang seines 1. Buches „Vom Berg- und Hüttenwesen" sehr ausführlich über die Notwendigkeit des Bergbaus verbreitet und nach Diskussion von Für und Wider, Schaden an Umwelt und für manche Berufsgruppen, doch dem Bergbau den Vorrang einräumt. Dieses ist ein Zeichen, dass zu seiner Zeit entsprechende Konflikte nicht neu waren und ernstzunehmende Einwände gegen einen Vorrang der bergbaulichen Belange gemacht wurden.

Sicher ist der Wald in unseren Breiten bis ins frühe Mittelalter auch groß und reproduktionsfähig genug gewesen, um den Bedarf des wirtschaftenden Menschen zu decken. K. Hasel (1995, 43) schreibt dazu: „Der Harz war in seinem Innern 775 noch ganz unberührt. Seine geschlossenen Wälder reichten weit ins Land hinein. Kaiser Heinrich IV, auf der Flucht vor den Sachsen, sei, so wird berichtet, im Jahr 1073 mit seinen Begleitern vier Tage lang auf einem schmalen Pfad durch den Urwald von Harzburg bis Eschwege gezogen. Ähnliches gilt auch von anderen deutschen Waldgebieten. Wie verlassen diese noch lange waren, bekundet der Dichter des Heliand, der im 9. Jahrhundert den biblischen Begriff Wüste einfach mit Wald wiedergab."

Doch schon in dieser Zeit ist es kleinräumig in Gebieten mit wandernden Metallschmelzen (Rennfeuern), Töpfereien, Glashütten und Salinen zu einer Erschöpfung kleinerer Waldbestände (vgl. Hillebrecht 1982) gekommen, und die These von einer gänzlichen Unberührtheit kann nach neueren Forschungen nicht mehr aufrecht erhalten werden (vgl. Beitrag Frenzel/Kempter).

Einschneidende Beschränkungen erfährt der Wald durch den mittelalterlichen Landesausbau des 10. bis 13. Jahrhunderts, in dem die Waldfläche enger begrenzt wird, gleichzeitig aber der Bedarf nach einer Nutzung des Waldes als Folge einer expandierenden Bevölkerung steigt.

Mit der Aufnahme oder – nach neuesten Erkenntnissen über den Harzer Bergbau (Klappauf 1996c. Klappauf/Linke 1997) – mit der Wiederaufnahme und Ausbreitung des Bergbaus im Mittelgebirgsraum meldet gerade in dieser Zeit ein unersättlicher Holzabnehmer seine Ansprüche an: Ungeheure Holz- und Holzkohlemengen wurden für die Bergwerke und die Metallverarbeitung im weitesten Sinn benötigt: Holz für das sogenannte „Feuersetzen" zum Abbau der Gangerze, Grubenhölzer für die Auszimmerung (Stützung gegen den Berg) der Strecken im Untertagebau, Holz für die technischen Anlagen und die Gebäude, Holz und Holzkohle für die thermische Erzaufbereitung, das Schmelzen und die Verarbeitung zu Gerätschaften. Einen kleinen Eindruck von den benötigten Mengen ergeben Hinweise aus der älteren Literatur, in der von ca. 63 Festmetern Holz zum Schmelzen von einem Karren Roherz in handelbares Erz ausgegangen wird, das entspricht 6–8 Karren fertiger Qualitätsholzkohle für einen Karren Erz (Hillebrecht 1982, 67; darin enthalten auch ein ausführliches Literaturverzeichnis).

Aber nicht nur der Bergbau, auch Glashütten, Töpfereizentren und die Salinen in anderen Gebieten gehörten zu den energieintensiven und damit holzfressenden Gewerben.

Archäologische Belege dieser immer wieder aufblühenden Tätigkeiten und der damit verbundenen Eingriffe in die Vegetation sind für den aufmerksamen Betrachter in (ehemals) erzreichen Gebieten ebenso wie im Umfeld von Glashütten und größeren Töpfereistandorten leicht zu finden. Bekannte Beispiele dafür sind der Harz, der Solling, das Siegerland, das Erzgebirge, das Slowakische Erzgebirge[1], der Schwarzwald, der Jura und das Salzkammergut, um nur einige wenige aus eigener Anschauung zu nennen. Besondere Beachtung darf auch der Mittelmeerraum und vor allem Nordafrika beanspruchen.

Da die unsere mittleren Breiten betreffenden Forschungen wesentliche Impulse durch die Beschäftigung mit dem Harz und dem Harzvorland bekommen haben, soll diese Region als Beispiel dienen.

Für Schmelzprozesse wurde hauptsächlich Holzkohle wegen der damit zu erzielenden gleichmäßig hohen Temperaturen benutzt. Relikte dieser ehemals massenhaft produzierten und verbrauchten Holzkohle sind primär an den Herstellungsorten (Meiler) und sekundär an den Verbrauchsstätten (Schlackenhalden, Töpfereischutt, Glashüttenschutt) zu finden. Nicht in Form von Holzkohle als Energieträger verwendetes Holz ist demgegenüber nur unter günstigen Bedingungen nachweisbar, zum Beispiel wenn es ankohlte oder wenn Abfall in günstige Lagerungsbedingungen (Feuchtbereiche oder starke Schwermetallkontaminationen) gelangte (vgl. Beiträge Willerding).

Schwarze Verfärbungen mit leicht verwischten kreisrunden Konturen auf Äckern am Harzrand, entsprechende Verebnungen im hängigen Gebiet unter Wald sowie Wurzellöchern ähnliche Eintiefungen mit Holzkohleauflage oder mit einer von Holzteer durchsetzten Schicht geben im Gelände Hinweise auf frühere Stätten der Holzkohlegewinnung. Dabei ist die Verkohlung in Gruben die ältere, primitivere Form der Verkohlung, die zwischen dem 12. und 16. Jahrhundert regional unterschiedlich, teilweise schon früher, von der Köhlerei auf Plätzen abgelöst wurde (Abb. 1).

Die außerordentliche Vielzahl von Meilern in einem Gebiet, ihre unterschiedliche Konfiguration, vielfache Überlagerungen und die häufige Vergesellschaftung mit frühen Schlackenhalden weisen im Harz und Harzvorland auf langandauernde, äußerst intensive Nutzungen der Waldbestände zur Energiegewinnung hin. Die Nutzungsintensität legt nahe, für den Harz schon früh von einem industriellen Charakter der Holzkohleherstellung zu sprechen.

Analysen der aus den Relikten geborgenen Holzkohlen nach Holzart, Durchmesser, Qualität usw.[2] ergeben für den Harz und sein Vorland klare Abhängigkeiten zwischen den wirtschaftlichen

1 Holzkohleherstellung auf Platzmeilern. Kupferstiche aus der „Encyclopédie" von Diderot und d'Alembert, Paris 1751/1780.

Belangen des Harzer Bergbaus und einer schrittweisen Veränderung des Waldbildes.

Legt man den Betrachtungen einen vom Menschen seit Jahrhunderten unberührten Wald zugrunde, der unter den gegebenen Klima- und Bodenbedingungen seine maximal mögliche Ausprägung erreichen konnte, so darf man von einem Klimaxwald sprechen. Mit ihm liegt die optimal ausgeprägte Form des natürlichen Waldes vor. Holzkohleanalysen aus frühen Schlackestellen des Oberharzes und entsprechenden (Gruben-) Meilern ergaben Hinweise auf den natürlichen (Klimax-)Wald der inneren Harzlagen (Abb. 2). Es handelt sich um einen Buchen-Ahorn-Dunkelwald, der im auffälligen Gegensatz zu den heute im Westharz überwiegenden Fichtenforsten steht. Da der Ahornanteil sich in Pollendiagrammen häufig nicht bestandsgemäß ausprägt, konnte hier auf diesem Wege der hohe Ahornanteil erstmals für die Zeit vor den archivalischen Überlieferungen nachgewiesen werden. Daneben konnten zum Beispiel am ehemaligen Johanneser Kurhaus bei Clausthal-Zellerfeld (11./12. Jahrhundert) auch deutliche Hinweise auf eine Waldzusammensetzung aus Buche, Ahorn, Eiche und eingesprengten Fichten gefunden werden. Ebenso ließ sich in diesem Bereich eine spezifische Zusammensetzung für eine Art Wäldchen um einen Quellsumpf aus Erlen, Weiden, Birken und Pappeln rekonstruieren (Hillebrecht 1989. Dies. 1992).

In der ersten erfassten Phase des mittelalterlichen Bergbaus im Harz bis nach der Jahrtausendwende standen die Wälder in den Randbereichen als natürliche Wälder zur Verfügung. Vorher waren sie der üblichen dörflichen und städtischen Nutzung von den Rändern aus unterworfen gewesen und hatten sich natürlich regeneriert. In den unzugänglicheren Bereichen des Harzes, die bis ins 12./13. Jahrhundert eher kleinflächig vom Bergbau überzogen wurden und in denen die alltäglichen Nutzungen fehlten, darf man vielerorts einen ursprünglichen, vom Menschen weitgehend unberührten Wald annehmen.

So standen zu Beginn des geschichtlichen Bergbaus im Harz den Interessenten noch reiche Holzvorräte zur Verfügung. Das Aussehen dieses Waldes lässt sich aus den Holzkohlen rekonstruieren.

Im Gegensatz zum heutigen Waldbild waren die Fichtenareale im wesentlichen auf die hohen und moorigen Lagen beschränkt. Jedoch gibt es auch mögliche Hinweise auf frühe Fichtenvorkommen in klimatisch ungünstig gelegenen niedrigen Lagen (vgl. Hillebrecht 1982, 80. Beiträge Willerding).

Der Harz dürfte bis in das frühe Mittelalter weitgehend von einem ursprünglichen Laubdunkelwald aus Ahorn und Buche bestanden gewesen sein, dem in Bestandslücken (zum Beispiel nach Windwurf) oder an Moorrändern in lokaler Ausprägung andere Hölzer beigemischt waren. Doch schon für das 11./12. Jahrhundert lassen sich örtlich Destruktionsanzeiger nachweisen (zum Beispiel am Johanneser Kurhaus).

Aufgelockerte bunte Laubmischwälder aus Eiche, Buche, Ahorn, Erle, Birke, Linde, Esche usw. bedeckten die Harzränder. Der radikale Eingriff des Menschen auch in diese Wälder aus Bergwerks- und Hüttenbelangen ohne Schonung bestimmter Arten wird aus der Zusammensetzung der Holzkohlen deutlich.

Standen zu Beginn des von den Rändern zum Harzinneren fortschreitenden Bergbaus noch reiche Waldreserven zur Verfügung, so kam es schon kurz nach der Jahrtausendwende in den Randbereichen zu Energieverknappungen – im Inneren regional unterschiedlich später –, die auf die Übernutzung der Wälder für die Hütten zurückzuführen sind.

Anzeiger der intensiven Nutzung sind die große Meilerdichte in einem Areal, die mehrfache Benutzung derselben Meilerstelle im selben Verkohlungszeitraum und eine gute Verkohlungstechnik. Auf die radikale Nutzung des Waldbestandes weist auch die gemeinsame Verkohlung von holzkohletechnisch unterschiedlich anzusehenden „hartem" (Buche, Ahorn, Eiche) und „weichem" (Birke, Pappel, Weide) Holz hin, die starke Zunahme von Destruktionsanzeigern wie Birke, Hasel, Pappel, Weide und Eberesche sowie die Verwendung geringmächtiger Holzsortimente. Ganz offensichtlich bestand schon früh ein Zwang, alles vorhandene Holz zur Deckung des Energiebedarfs zu verwenden.

Nach den Untersuchungen aus Meilern und Schlackestellen ist daher ein Niedergang des Waldes durch alle diese Anzeiger schon früh nachweisbar (vgl. Beitrag Frenzel/Kempter, Abb. 4). Geradezu vorprogrammierte krisenhafte Situationen werden sichtbar. Das ist besonders für Zeiten interessant, für die Archivalien vorliegen. Während die schriftlichen Nachrichten einen florierenden Bergwerks- und Hüttenbetrieb belegen, kündigen die zeitgleichen Sachhinterlassenschaften in Form der Holzkohlen eine drohende Energieverknappung an. Durch die zu starke Ausnutzung der Ressourcen wird die auf dem Betrieb von Berg- und Hüttenwerken basierende Lebensgrundlage unterhöhlt.

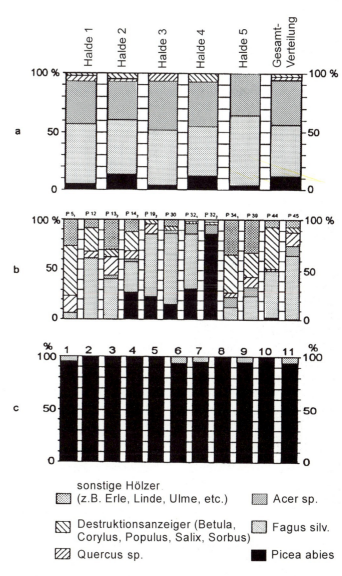

2 Holzkohlespektren aus dem Oberharz gewähren Einblick in die Veränderung der Waldzusammensetzung seit dem Mittelalter (aus Hillebrecht 1982).
a Spektren mit hohen Anteilen von Rotbuche und Ahorn (11. Jahrhundert)
b Spektren mit Destruktionsanzeigern (12.–16. Jahrhundert)
c Uniforme Fichtenholzspektren der Neuzeit

Aus Archivalien ersichtliche Ansätze zur Nachhaltigkeit in Form von Schonung bestimmter Bestände und von Ruhezeiten wurden in der Praxis – auch ersichtlich aus den Holzkohlespektren – immer wieder umgangen. Eine in gewissem Maße vorausschauende Bedarfsdeckungspolitik wurde durch Erwerbungen von Waldungen im und am Harz betrieben, zum Beispiel durch das Kloster Walkenried 1224 und in den folgenden Jahren. Das darf als Hinweis gewertet werden, dass den Walkenrieder Mönchen die betriebswirtschaftlichen Vorteile des gemeinsamen Besitzes von Hütten und Waldungen sehr bewusst waren, und sie drohenden Energieproblemen rechtzeitig begegnen wollten. Ähnlich verfuhren auch die Goslarer Gewerken und andere Bergwerks- und Hütteneigner.

Weiter Verbreitung erfreute sich die Praxis, das zu verhüttende Erz dem Wald hinterher zu fahren. Umgekehrt war der Transport der Holzkohlen zum Erz über weite Strecken unrentabel, da die Holzkohle einerseits auf schlechten Wegen durch Abrieb Qualität einbüßte, andererseits wäre der sechs- bis achtfache Aufwand an Transportfuhren unverhältnismäßig höher gewesen.

Mit dem Niedergang von Wäldern in akzeptabler Nähe der Berg- und Hüttenwerke und den daraus resultierenden längeren Transportwegen zwischen Holz und Erz wurden Aufwand und Kosten für die Herstellung von Metallprodukten höher, was sich als wirtschaftlicher Kostenfaktor negativ auswirken musste.

Die Übernutzung der Wälder aus kurzsichtigen kommerziellen Interessen und eine nicht frühzeitig genug einsetzende Waldpflege sowie die ungenügende Befolgung bestehender Schutzbestimmungen aus mangelnder Einsicht in eine langfristig krisenhafte Entwicklung trugen neben anderen Erschwernissen wie Wassereinbrüchen, Missernten im Vorland, Seuchenzügen usw. ganz wesentlich zum Erliegen des Bergbaus bei. So führte ein überzogenes Gewinnstreben die mittelalterliche Wirtschaft vielerorts in die Rezession (vgl. Beitrag Bartels, „Der Bergbau – Ein Überblick"). Selbst der Begriff Wirtschaft in der Definition als Summe aller Maßnahmen zur langfristigen Bedarfsdeckung muss in Frage gestellt werden. Nach der Untersuchung der Relikte der Holzkohleherstellung sind für diesen Bereich die Ansätze hierzu eher rudimentär. Eine deutliche Diskrepanz zwischen den in der Theorie durchaus vorhanden Vorstellungen von einer Nachhaltigkeit und der Realität zeigen die Holzkohleanalysen, die den Raubbau am Walde im Gegensatz zu den in Archivalien angesprochenen Schutzbestimmungen dokumentieren[3].

Entsprechend dem Schema der durch den mittelalterlichen Bergbau bedingten Ressourcenbehandlung läuft auch der je nach Örtlichkeit nach einer Zwangspause von mehr oder weniger als hundert Jahren wieder aufgenommene frühneuzeitliche Bergbau ab: Zu Beginn der Bergbauphase ist Holz reichlich vorhanden, da der Wald sich regenerieren konnte. Es folgt eine zu starke Nutzung, belegt durch Destruktionsanzeiger. Die nächste Krise ist vorprogrammiert. Neu oder ausgeprägter als im Mittelalter sind vermehrte Waldschutzbestimmungen, ein stärkeres Zurückgreifen auf weiter entfernte Waldungen, Besamungsversuche und Experimente mit Braun- und Steinkohle.

Einen großen Einfluss nahmen „silvani" (Förster, Köhler, Holzfäller, Fuhrleute etc.) und „montani" (Hütten- und Bergleute) im Mittelalter gemeinsam auf die Entwicklung des Waldes, indem durch ihre Tätigkeiten der Altbestand aufgelichtet und abgeholzt wurde. Das bot der Fichte die entscheidenden Möglichkeiten, sich von ihren Höhen-, Moor- und sonstigen Gunstlagen aus auch in die nun waldfreien beziehungsweise aufgelockerten Gebiete durch Einsamung auszubreiten. Über Stadien der Degenerierung und starken Auflichtung der Laubwälder – später auch durch Saaten – kam es zu einer Umwandlung in Fichtendunkelwälder. Die heutige Waldbedeckung entspricht der der Jahrtausendwende nur noch ganz inselhaft. Neuere Ansätze der Fortwirtschaft[4] versuchen im Harz an die ursprünglichen Bestände wieder anzuknüpfen.

Die wirtschaftlichen Belange der Bergwerke und Hütten hatten in der Vergangenheit in der Waldnutzung den absoluten Vorrang. Der Mensch gab der Waldentwicklung im Harz zunächst ungewollt und dann gewollt (Fichtensaaten im 18. Jahrhundert) die Richtung. Dabei bewirtschaftete er den Wald so schlecht – nur das verhüttete Erz war in Münze umzusetzen –, dass es durch den Raubbau an den natürlichen Ressourcen zu Energiekrisen kam. Noch bestehende Waldungen wurden nach Umtriebszeiten von 10 bis maximal 20 Jahren geschlagen.

Diese vom Menschen selbst verursachten Situationen des Energiemangels waren ein entscheidender Faktor beim zeitweisen Rückgang oder Erliegen der Berg- und Hüttenwerke. Damit verloren ganze Bevölkerungsschichten ihre Existenzgrundlage, so dass auch Abwanderungsbewegungen indirekt durch eine vorangegangene Übernutzung der Wälder gefördert wurden[5].

So lässt sich ein Bogen spannen vom gut regenerationsfähigen Wald zur Zeit des Dichters des Heliand und dem „Urwald" der Zeit Kaiser Heinrich IV., der noch allen Interessenten Heizung, Haus, Gerät, Nahrung und Versteck bot, über die Zeiten der scheinbaren Interessenabwägungen (Agricola) bis zu dem bekannten Bericht des zuständigen Forstbeamten aus Wolfenbüttel an seine Regierung, in dem er 1648 berichtete, im ganzen Wald sei kein einziger Oberhälter (großer Baum) mehr, der stark genug wäre, einen Kommunionförster daran aufzuhängen (vgl. Bornhardt 1943. Hasel 1985). Es folgten die Zeiten einer stärkeren Waldpflege, wenn auch vermehrt mit standortfremden Hölzern. So wurden selbst die relativ schneebruchsicheren alten Harzfichten im Laufe der Zeit durch solche anderer Provenienzen ersetzt.

Anmerkungen
1 Zwischen dem Harz und dem Slowakischen Erzgebirge gab es enge Beziehungen, die nicht erst seit der Zeit der Thurzo im 15. Jahrhundert mit ihrer Niederlassung in Leutschau (Levoča) bestanden. Hinweise dazu gibt es auch in Rosenau (Ročnava: zum Beispiel Marienaltarbild mit Bergwerksszenen).
2 Angaben zur Methodik der Analysen und zur Auswertung finden sich bei Hillebrecht 1982.
3 Ausführliche Hinweise zu Schutzbestimmungen und Waldnutzungen sind enthalten in Epperlein 1993.
4 Unveröffentlichtes Fachgutachten „Waldentwicklung Harz" des Niedersächsischen Fortsplanungsamtes Wolfenbüttel 1992.
5 Ähnliches beschreibt W. Ritter (1982) für Entwicklungsländer.

Abbildungsnachweis
1 Kupferstiche aus der „Encyclopédie" von Diderot und d'Alembert, Paris 1751/1780.
2 aus Hillebrecht 1982.

Zur Nutzung der Wasserkraft

Friedrich Balck

Arbeitskraft

Wer schon einmal ohne Maschinen versucht hat, ein Loch in eine Betonwand zu bohren, eine Wiese mit der Sense zu mähen, ein Brett aus einem Kantholz zu sägen oder ein Fahrzeug zu schieben, weiß, wie schnell man als Mensch seine körperlichen Grenzen erreicht. Die menschliche Arbeitskraft ist gering im Vergleich zu den im täglichen Leben gebräuchlichen Maschinen wie beispielsweise Bohrmaschine, Rasenmäher, Kreissäge oder Automotor.

Recht früh - vor unserer Zeitrechnung – haben unsere Vorfahren die Kraft von Tieren (Pferden, Ochsen, Eseln usw.) zu Hilfe genommen, sei es für den Transport, zum Pflügen der Felder, zum Mahlen von Getreide oder zum Pumpen von Wasser.

Später lernten sie, auch Maschinen zu bauen und damit den Wind und die Wasserkraft zu nutzen. Sofern ihre Maschinen erst einmal gebaut waren, konnten sie für lange Zeit eine fast unerschöpfliche Arbeitskraft liefern. Deren Kraft ermüdete kaum und verbrauchte neben Schmierung und ein wenig Wartung kein Futter. Gelegentliche Windstille und Trockenzeiten waren nicht hinderlich, wenn die Arbeitskraft wie bei einer Getreidemühle nicht ständig zur Verfügung stehen musste. Das Mehl ließ sich auch noch am nächsten Tag mahlen. Die Maschinen dienten unter anderem zum Trockenlegen von Küstengebieten oder Bewässern von Äckern. Die Arbeitskraft (Leistung) erreichte mitunter einige Pferdestärken.

In der nächsten Maschinengeneration stehen mit dem Einsatz von Dampfkraft, Verbrennungsmaschinen und Elektrizität sehr viel größere Leistungen zur Verfügung. Hiermit lassen sich nun Aufgaben erledigen, für die die Arbeitskraft eines Menschenlebens nicht gereicht hätte, oder die selbst durch Bündelung der Arbeitskraft von mehreren Menschen nicht auszuführen wären.

Wasserräder

Um die Kraft des Wassers nutzen zu können, baute man zunächst einfache Wasserräder. Häufig hat ein solches Rad (meist aus Holz) eine horizontale Welle und außen einen ringförmigen Kranz mit Schaufeln. Man unterscheidet im Wesentlichen zwei Bauarten:
1. Am Umfang des Rades sind die Schaufelbretter so befestigt, dass sie vom Wasser, beispielsweise eines Flusses, senkrecht zu ihrer Hauptfläche angeströmt werden (unterschlächtiges Wasserrad).
2. Der Kranz trägt nach außen offene Behälter (Wassertaschen aus mehreren Brettern). Wird Wasser am Rad oben eingefüllt, so treibt das Gewicht des Wassers das Rad solange an, bis der Behälter sich bei der Bewegung nach unten gedreht und entleert hat (oberschlächtiges Wasserrad).

Im Gelände mit geringem Gefälle nutzt man unterschlächtige Räder, in gebirgigem Gelände oberschlächtige. Während die erste Bauart größere Wassermengen benötigt und die Geschwindigkeit des anströmenden Wassers ausnutzt, braucht die andere Bauart weniger Wasser und nimmt die Energie überwiegend aus der Fallhöhe des Wassers.

Wasserräder sind schon vor unserer Zeitrechnung aus dem Mittelmeerraum bekannt. Für die nachrömische Zeit im mitteleuropäischen Raum gibt es für oberschlächtige Wasserräder zwei frühe Bilder aus dem 14. Jahrhundert. Während eine Darstellung im „Sachsenspiegel" (Admira 1902) (Abb. 1) kaum Einzelheiten

1 Oberschlächtiges Wasserrad. („Dresdener Bilderhandschrift des Sachsenspiegels", 1350).

2 Ein oberschlächtiges Wasserrad wird mit Wasser aus einem Teich versorgt („Lutrell Psalter", 1340).

der Konstruktion zeigt, präsentiert Abb. 2 aus dem „Luttrell Psalter" (Miller 1932) die Anordnung der Radspeichen, der Wassertaschen und zeigt einen aufgestauten Teich mit Damm. Etwas später, am Anfang des 15. Jahrhunderts, zeichnet Conrad Kyeser (Abb. 3) ein oberschlächtiges Rad in gebirgigem Gelände, das über eine längere Holzrinne mit Antriebswasser versorgt wird. Der Sack am Eingang des Hauses deutet auf eine Mühle hin. Bei allen drei Abbildungen haben die Räder einen Durchmesser von rund 2–3 m, was sich aus dem Vergleich mit den Tür- und Fensterhöhen der Gebäude ergibt.

3   Oberschlächtiges Wasserrad in gebirgigem Gelände (Conrad Kyeser, 1405).

4   Wasserbauten, Fluss mit Wehr, Schütz und Graben (Georg Agricola 1556, 277).

5   Nachbau eines Kunstrades mit 4 Metern Durchmesser.

6   Das Wasser fließt in den Schaufelkranz.

Wie man Wehre und Dämme zur Ableitung von Wasser baut, beschreibt Georg Agricola 1556 in seinem Buch „De re metallica libri XII" (Abb. 4).

Sehr anschaulich lässt sich die Wirkungsweise eines oberschlächtigen Rades aus dem Oberharzer Bergbau an einem Nachbau im Maßstab 1:2 in Clausthal-Zellerfeld am Carler Teich studieren. Dieses funktionsfähige Modell hat einen Durchmesser von vier Metern. Die Abb. 5 und Abb. 6 zeigen den Schaufelkranz, die Radarme und den Wasserzufluss über hölzerne Rinnen. Die Anlage ist für Besichtigungen gut zugänglich, sie liegt neben einer Hauptstraße.

Wasserräder im Bergbau

Beim Erzbergbau benötigt man, sofern nur an der Erdoberfläche gegraben wird, zunächst geringe Arbeitskraft für das Fördern von Gestein und Heben von einsickerndem Grund- und Regenwasser. Je mehr der Bergbau aber den Erzgängen in die Tiefe folgt, um so größer wird dieser Aufwand. Versäumt der Mensch das Abpumpen, so laufen die Gruben mit Wasser voll („der Bergbau säuft ab") und die Gruben bringen keinen Gewinn mehr, da die Arbeitsplätze unerreichbar sind.

Zwei Darstellungen sollen die schon am Ende des Mittelalters genutzten Techniken verdeutlichen. In Abb. 7 beschreibt Agricola ein oberschlächtiges Wasserrad, das eine umlaufende Kette mit Lederbälgen antreibt. Diese Lederbälge werden als elastischer,

Mensch und Umwelt

7 Oberschlächtiges Wasserrad mit Lederbälgen an einer umlaufenden Kette zum Heben von Wasser (Georg Agricola 1556, 162).

8 Kehrrad mit Lederbulge (Georg Agricola 1556, 170).

beweglicher Kolben in einer Holzröhre nach oben gezogen und dienen somit zum Wasserpumpen. Mit diesen „Heinzenkünsten" ließ sich Wasser aus bis zu rund 50 Metern Tiefe heben. Die Maschine konnte ohne zusätzliche Bedienung ununterbrochen laufen. Das Wasserrad mit einer einzelnen Schaufelreihe trägt den Namen „Kunstrad". „Kunst" steht für die Technik, Maschinen zu bauen.

Eine abgewandelte Variante, die sich nicht nur zum Fördern von Wasser, sondern auch beispielsweise von Erz nutzen ließ, war das Wasserrad in Abb. 8. Diese Konstruktion besitzt zwei gegenläufige Schaufelreihen und erlaubt mit den beiden Wasserventilen, („Schütze") über dem Rad eine gesteuerte Bewegung des Rades in zwei Richtungen. Man konnte die Drehrichtung umkehren, daher der Name „Kehrrad". Mit einem um die Trommel auf der Radwelle geschlungenen Seil ließ sich die Last – hier ein lederner Wasserbehälter („Bulge") – heben und senken.

Wie jeweils die seitliche Leiter und der Kübel am Seil zeigen, konnten diese Maschinen auch untertage eingebaut sein, vorausgesetzt, es gab einen Abfluss für das Antriebswasser.

Wasserkraft bei der Aufbereitung der Erze und bei der Verhüttung

Auch für die Weiterverarbeitung (Aufbereitung) der Erze ließ sich die Wasserkraft nutzen. Agricola beschreibt in Abb. 9 ein Hammerwerk („Pochwerk") zum Zerkleinern der Erze. In dem Gestell in der Mitte des Bildes treiben vier Wasserräder, davon zwei hinter dem Holzgestell, jeweils eine Gruppe von schweren Holzstempeln mit eisernen Schuhen an. Kleine Nocken auf den Wasserradwellen heben die Stempel an, die danach – von der Schwerkraft getrieben – nach unten fallen und die am Boden im Kasten liegenden Erzbrocken zerschlagen.

Die weitere Zerkleinerung in Mahlwerken und anschließende Trennung von Erz und wertlosem Gestein zeigt die Abb. 10. Auch für die nachfolgende Gewinnung des Metalls aus den Erzen (Verhüttung) wirkte die Wasserkraft segensreich, beispielsweise beim Antrieb der Blasebälge für die Schmelzfeuer. Ein gleichmäßiger kräftiger Luftstrom sorgte für höhere Temperaturen und bessere Energieausnutzung der Rohstoffe bei der Verbrennung.

9 Pochwerk mit 4 Wasserrädern (Georg Agricola 1556, 278).

10 Wasserrad mit Mühle und Rührwerken zum Zerkleinern und Trennen von Gesteinen (Georg Agricola 1556, 258).

Wasserprobleme im Harzer Bergbau

Der Rammelsberg bei Goslar stellt ein kompaktes Bergbaugebiet dar. Die Lagerstätte mit dem Erz befindet sich in diesem Berg über dem Niveau der Stadt (Abb. 11), so dass nach Schaffung eines gemeinsamen Verbindungsstollens zwischen den Gruben und dem Vorland das in die Gruben sickernde Wasser über den „Ratstiefsten Stollen", einen sogenannten „Wasserlösungsstollen", ohne zusätzlichen Antrieb abfließen konnte. Andere Grubenbaue in größeren Tiefen ließen sich aber nur durch Pumpen trocken halten.

Eine dieser Pumpeinrichtungen hat im „Feuergezäher Gewölbe" gestanden (Abb. 12). In diesem noch erhaltenen untertägigen Hohlraum aus dem Mittelalter, einem ausgemauerten Gewölbe mit rund 5 x 7 m Grundfläche und 7 m Höhe, wird sich ein Kehrrad gedreht haben. Dessen Welle war in einer Nische, die in der oberen Bildmitte zu sehen ist, gelagert. Trotz der starken Beanspruchung durch die Bewegungen im umgebenden Schiefergebirge – starke Risse in der Seitenwand und der nötige Holzstamm zum Abstützen verdeutlichen deren Folgen – ist die Gewölbemauerung bis in unsere Zeit großenteils erhalten geblieben.

11 Gruben und Schächte im Rammelsberg bei Goslar. Über einen künstlichen Wasserlösungsstollen gelangt ein Teil des Wassers aus den Gruben zum Stadtrand (Brückmann 1727).

Sofern das Antriebswasser unmittelbar neben oder innerhalb der Grube zur Verfügung stand, reichten die bei Agricola in Abb. 7 und Abb. 8 beschriebenen Konstruktionen aus. In der Regel lag das Erz aber weit entfernt von einem vorbeifließenden Gewässer. Neben der Möglichkeit, das Wasser durch Verlagerung eines Bach-

12 Panorama-Ansicht der südlichen Seitenwand im Feuergezäher Gewölbe im Rammelsberg. In der oberen viereckigen Nische hat die Welle eines Kehrrades aufgelegen.

13 Kraftübertragung von einem Kunstrad im Tal zur entfernt liegenden Grube am Berg (Löhneyß 1617).

laufes, das heißt durch Schaffung von zusätzlichen Gräben, zur Grube zu führen, verfügten die Maschinenbauer dieser Zeit auch über die Kunst, nur die Kraft des Wassers über hölzerne Gestänge zur Grube zu übertragen (Abb.13). Eine Kurbel auf der Wasserradwelle setzte das "Kunstgestänge" in eine gleichmäßige Hin- und Herbewegung und trieb so die mittlerweile eingeführten Kolbenpumpen im Schacht an.

Abschätzung der zur Verfügung stehenden Leistung

An einem Beispiel aus dem Innerstetal im Oberharz (nahe Hütschental) soll der Effekt der Wasserkraft abgeschätzt werden (Abb. 14). Die Berge erheben sich hier rund 250 m über dem Tal. Bei einer mittleren Niederschlagshöhe von rund 1000 mm im Jahr, fallen auf den hier eingezeichneten Quadratkilometer 1 Million m³ im Jahr, das sind rund 10 Liter pro Sekunde. Dieses Quadrat entspricht etwa der nutzbaren Fläche zwischen der Wasserscheide an den Gipfeln und dem Fluss im Tal. Stellt man nun ein Wasserrad am tiefsten Punkt dieser idealisierten Fläche auf, so bringt ein Rad mit 4 m Durchmesser (Abb. 5) bei 75 % Wirkungsgrad eine mittlere Leistung von etwa 300 Watt (4 m · 0,75 · 9,81 m/s² · 10 kg = 294 Watt).

Da aber wegen der Verdunstung nur ein Teil des Niederschlages die Bäche erreicht und der Niederschlag über das Jahr nicht gleichmäßig fällt, ist die zu erwartende Nutzleistung sehr viel geringer. Ein Großteil der Niederschläge fließt bei starkem Regen nutzlos ab. Es mag sein, das man über längere Zeitabschnitte mit 30 % rechnen kann, so dass unter dem Strich eine Leistung von 100 Watt herauskommen sollte. Diese Zahl ist aber genau gleich der mittleren Leistung einer menschlichen Arbeitskraft. Dieses Wasserrad würde zwei (drei) Arbeitskräfte einsparen können, wenn die Arbeiter in zwei (drei) Schichten tätig sind. Aufgrund der schwankenden Niederschlagsmenge würde dieses Rad aber kaum zum Trockenhalten einer Grube zu verwenden sein, da in Trockenzeiten nicht gepumpt werden kann und in dieser Zeit – paradoxerweise – die Grube absaufen würde. Selbst die Vergrößerung des Durchmessers auf die früher üblichen 12 m würde die Leistung nur verdreifachen und keine permanente Pumpleistung garantieren. Abhilfe zur Sicherstellung eines ausreichenden Wasserzuflusses auch in Trockenzeiten kann nur ein größeres Einzugsgebiet mit Langzeitspeicher liefern. Die Abb. 15 zeigt zwei hintereinander geschaltete Teiche; aus dem Überlauf des unteren fließt das Aufschlagwasser über eine hölzerne Rinne zum Rad.

Eine andere Lösung zeigt Abb. 16. An der gleichen Stelle im Innerstetal wie in Abb. 14 wird das Rad aus der Innerste gespeist, die für dieses eine Rad auch in Trockenzeiten Wasser im Überfluss

14 Im Tal der Innerste im Harz. Die Fläche des Rechtecks entspricht einem Quadratkilometer. Am Zusammenlauf der drei kleinen Bäche könnte ein Wasserrad gestanden haben, siehe Berechnung im Text (Messtischblatt von 1887).

15 Nach dem Anlegen von Speicherteichen steht gleichmäßiger Wasserzufluss über einen längeren Zeitraum zur Verfügung (Homann 1964).

zur Verfügung stellen kann. Um das nötige Gefälle zu erhalten, ist allerdings hier ein längerer Zuflussgraben parallel zum Fluss erforderlich.

Wasserspeicher und Grabensystem

Die von vielen Bächen und Flüssen durchzogene Landschaft des Oberharzes bietet nur an wenigen Stellen größere Wassermengen, wie das vorherige Beispiel zeigt. Das große Gefälle der Berghänge sorgt in der Regel dafür, dass die Niederschläge sehr schnell zu Tal fließen und dort kaum noch für den etwas entfernten Bergbau zu nutzen sind. Abhilfe schafft ein von den Bergleuten ausgeklügeltes System von nahezu horizontalen Gräben auf den Berghängen, in denen nach dem Rezept „halte die Wasser hoch" das Wasser abgeleitet wird, ohne dass die für die Wasserkraftnutzung wichtige Höhe verloren geht.

Das Sammeln des Wassers reicht alleine aber nicht aus. Erforderlich ist zusätzlich ein Transportsystem, das das Wasser über viele Gräben zu den Gruben führt, alternative Wege bei Reparaturen vorsieht und die Speicherung des Wassers bei Überangebot für Trockenzeiten vornimmt.

Im Laufe der Jahrhunderte haben die Bergleute im Oberharz dieses System erschaffen, es ist noch bis heute erhalten. Über lange Zeit konnten viele Wasserräder (fast 200 um 1860) gleichzeitig angetrieben werden. Dieses „Oberharzer Wasserregal" erlaub-

16 Die gleiche Stelle im Innerstetal wie in Abb.14. In dieser schematischen Zeichnung treibt nicht der kleine Bach sondern das Wasser der Innerste das Rad an (Brückmann 1727).

te oft die Mehrfachnutzung des Wassers wie auch in Abb. 9, bei der die Räder in Kaskaden angeordnet waren. Über 60 Teiche und mehr als 600 km Gräben zeugen heute noch von der großartigen Leistung der Bergleute.

Spuren alter Speicherteiche

Mit der Ausrufung von Bergfreiheiten sorgte man unter anderem in den Orten Clausthal und Zellerfeld in der Mitte des 16. Jahrhunderts für starken Zugang von Bergleuten und somit für den Aufschwung des Bergbaus, den es aber auch schon im Mittelalter in dieser Region gegeben hatte. Der Bergchronist Hardanus Hake (1583) beschreibt im 16. Jahrhundert noch erkennbare Spuren, die der frühere Bergbau in dieser Region hinterlassen hatte. Schon im Mittelalter dürften hier erhebliche Mengen an Erzen gefördert worden sein. Allerdings soll nach Meinung Hakes der Bergbau

17 Streitkarte von 1581, obere Hälfte. Sie erläutert ein Gerichtsurteil zum Gebietsstreit zwischen Clausthal und Zellerfeld (linkes Drittel).

etwa ab Mitte des 14. Jahrhundert durch Pestepidemien, möglicherweise auch durch Holzknappheit, zum Erliegen gekommen sein.

Der Inhalt eines Gerichtsurteils über einen Streit zwischen Clausthal und Zellerfeld wurde im Jahre 1581 in einer „Streitkarte" festgelegt (Abb.17). Sie regelt die Besitzverhältnisse der beiden benachbarten Städte. Die Orte gehörten zwar zu unterschiedlichen Herrschaftsgebieten, beuteten aber gemeinsam einen langgestreckten Erzgang (Burgstätter Gangzug – Zellerfelder Gangzug) aus und jeder nutzte das Niederschlagswasser aus dem Tal des heutigen Zellbachs. Die Clausthaler besaßen das bachaufwärts liegende Gebiet (rechts), während die Zellerfelder (etwa linkes Drittel der Karte) die Nachnutzer des Wassers waren.

Die hervorragende Darstellung des unbekannten Zeichners sowie die gute Qualität dieser Karte – sie liegt im Staats-Archiv in Dresden – sind ein wichtiger Schlüssel für die Erforschung vermutlich mittelalterlicher Speicherteiche am:

– Eulenspiegler Teich in Zellerfeld (Abb. 18)
– Unteren Eschenbacher Teich in Clausthal (Abb. 21)
– bei den Pfauenteichen in Clausthal (Abb. 20)
– und auf dem Gelände der ehemaligen Zentralschmiede in Clausthal (in der Mitte von Abb. 17).

Die vorliegende „Kavalier-Perspektive" verbindet einerseits einen fast exakten Grundriss der Landschaft mit Schrägansichten der Häuser und vermittelt bei Stauchung in der Höhe etwa um den Faktor 1:4 eine nahezu fotografische Perspektive wie von einem hohen Turm aus („Kavalier" = höchster Turm einer Burg). Eine derartige Stauchung ist auch ohne technische Hilfsmittel leicht zu erreichen, wenn der Betrachter die Karte flach auf einen Tisch legt, und sie schräg (15 Grad) von der Seite ansieht. Aus diesem Blickwinkel schwächen sich die „Zipfelmützen" der Berge im Hintergrund zu einem üblichen Harzpanorama ab und die Holzbrücken mit den langen Stelzen (rechts) bekommen ein normales Aussehen.

18 Im linken Teil zeigt die Streitkarte einen Teich mit Mühle und den an den Berghang hochgelegten „Zellbach", der beim Einlauf in die Mühle zusätzlich aufgeständert ist (1:4 gestaucht).

19 Der Eulenspiegler Teich in Zellerfeld mit der gleichnamigen Mühle. Bei den hohen Bäumen am Teichrand führt heute ein Weg entlang.

20 Vorläufer der heutigen Pfauenteiche – „Pfagen Deich" (Streitkarte, 1:4 gestaucht).

In Abb. 18 ist der linke Teil der Karte gestaucht wiedergegeben. Er zeigt das Gebiet um den heutigen Eulenspiegler Teich. Durch Vergleich mit dem Gelände (Abb. 19) lässt sich über die Form der oberen hellen Linie (beschriftet mit „Zellbach") im rechten Drittel von Abb. 18 zeigen, dass diese Kontur als Weg noch existiert. Laut Karte war es früher der in einem Graben verlaufende hochgelegte Zellbach. Der weitere Vergleich - Standort der Mühle, Höhe der Holzkonstruktion für den Wasserzulauf - belegt, dass der frühere Teichdamm niedriger als der heutige war und der Teich zunächst weniger Wasser speichern konnte. Bei einer Ortsbesichtigung wird man feststellen, dass auf der Luftseite des heutigen Dammes ein größerer Absatz mit einem Weg quer über das Tal führt, der zum früheren Damm gehören könnte. Foto und Karte zeigen übereinstimmend, dass es hier seit über 400 Jahren einen Teich gegeben hat.

Im Bereich der heutigen Pfauenteiche, die im Einzugsgebiet des Zellbachs liegen, zeigt die Karte drei kleinere Teiche mit einem „Striegelhaus" zum Regulieren der Wasserabgabe wie in Abb. 15. Mögliche Überreste der alten Teichanlagen liegen in den Pfauenteichen und sind in der Regel überflutet und können nur in Trockenzeiten beobachtet werden.

Eine künstliche Trockenzeit (Reparatur des Dammes) am Unteren Eschenbacher Teich in der letzten Zeit brachte die Reste zweier alter Dämme zum Vorschein (Abb. 21–23). Der untere Damm hatte eine Kronenhöhe von rund 2 m. Beide Dämme liegen im westlichen Zipfel des V-förmigen Teiches (Abb. 24). Der Vergleich dieser Abbildung mit der Streitkarte (Abb. 25) ergibt eine nahezu perfekte Übereinstimmung bezüglich des Geländes, so dass laut Streitkarte von der früheren Existenz eines dritten Dammes in der Mitte zwischen beiden auszugehen ist. Nach den Geländedaten hätten die drei Teiche Stauhöhen zwischen 1,5 und 2 Metern gehabt. Nutzer dieser Teiche waren, wie zu lesen ist, die Heinrichsmühle und das Wasserrad der Grube St. Wolfgang.

21 Im westlichen Zipfel des Unteren Eschenbacher Teiches werden Reste eines Teichdammes sichtbar.

22 Wie Abb. 21. Der Teichdamm ist an der tiefsten Stelle durchschnitten.

24 Luftbild vom V-förmigen Unteren Eschenbacher Teich. Im Hintergrund der Damm des Oberen Eschenbacher Teiches; die Reste der alten Teichdämme findet man in dem in Blickrichtung liegenden westlichen Zipfel.

23 Bei etwas höherem Wasserstand ist der Damm aus Abb. 21 überflutet. Etwas oberhalb zeichnen sich die Reste eines anderen Dammes ab.

25 Darstellung aus der Mitte der Streitkarte. Drei kleine Teiche mit je einem Striegelhaus, die Heinrichsmühle und ein Kunstrad mit Feldgestänge (1:4 gestaucht).

An diesen Stellen mögen Anfänge der Oberharzer Wasserwirtschaft zu finden sein. Sie stammen aus einer Zeit, die weit vor dem Datum der Karte von 1581 zu suchen ist, wenn man dem Chronisten Hake glaubt. Archäologische Untersuchungen mit Datierungen von Funden könnten hier Gewissheit schaffen.

Veränderung der Landschaft

Die Wasserwirtschaft im Oberharz nutzte zunächst nur kleinere Anlagen mit geringen Stauhöhen von rund 2 m. Die in den letzten Jahrhunderten gebauten Teichdämme erreichen größere Höhen von über 10 m. Verbesserungen in der Dammabdichtung erlaubten größere Speicherkapazitäten. Die acht kleinen Teiche auf der Streitkarte, von denen sieben zu Clausthal gehörten, prägen die Ansicht dieses kleinen Gebietes. Sie stehen stellvertretend für die vielen großen Speicherteiche mit ihren Sammelgräben, die Jahrhunderte später nahezu jeden Niederschlag aufgesammelt und den Wasserrädern im Bergbau zugeführt haben. Wie hier im Kleinen hat der Bergbau im Großen die Ansicht der Landschaft verändert, nicht nur durch die intensive Holzwirtschaft sondern auch durch die Nutzung der Wasserkraft. Was früher mit viel Mühe für den Bergbau errichtet wurde, kann heute für Freizeit und Erholung der Touristen dienen.

Abbildungsnachweis
1-3 aus Reynolds 1983; 4, 7-10 aus Agricola 1556; 5, 6, 12, 19, 21-23 Verfasser; 11, 16 aus Brückmann 1727; 13 aus Löhneyß 1617; 14 Königlich Preußische Landesaufnahme 1:25000 von 1878; 15 aus Homann 1964; 17, 18, 20, 25 Staats-Archiv Dresden, Schr. F, F.21, Nr. 20 (farbige Kopie im Oberharzer Bergwerksmuseum ausgestellt und auch zum Kauf erhältlich); 24 Archiv der Bergstadt Clausthal-Zellerfeld.

Schwermetallbelastung bei Goslarer Hüttenleuten des 18. Jahrhunderts

Holger Schutkowski / Alexander Fabig / Bernd Herrmann

Das Skelett als Monitororgan für Schadstoffbelastungen

Neben der Vielzahl von innovativen Impulsen, die von der Metallnutzung auf die Entwicklung menschlicher Gemeinschaften ausgehen, führt die Gewinnung und Verarbeitung von Metallen auch zu einem vermehrten Eintrag von Schadstoffen in die Biosphäre. In Form potentiell toxischer Altlasten stellen sie ein gesundheitliches Risiko für zukünftige Generationen dar. Dieses Phänomen betrifft nicht nur die Gegenwart, sondern reicht in erheblichem Maße in die Geschichte zurück. Steigende Schwermetallbelastungen als Folge einer zunehmenden Technisierung und Industrialisierung lassen sich für Europa messbar mit dem Beginn des Landesausbaus im Hochmittelalter erkennen. Punktuell kommt es auch deutlich früher zu lokalen Anreicherungen von Schadstoffen, zum Beispiel in traditionellen Bergbaugebieten, die auch heute noch durch Bodenanalysen nachweisbar sind.

Damit führte die anthropogene Freisetzung von Schwermetallen bereits in historischer Zeit zu einer deutlichen Erhöhung von Schadstoffkonzentrationen in der Umwelt, die das Ausmaß natürlich anstehender Konzentrationen vielfach um Größenordnungen übersteigt. Tatsächlich erhält man jedoch über ein geochemisches Screening zunächst nur Hinweise auf die potentielle Belastung bzw. gesundheitliche Gefahr, der die Menschen durch die intensivierte Nutzung von Metallen in den Bergbauzentren und, durch den Ferntransport von Schadstoffen begünstigt, auch in bergbaufernen Gebieten ausgesetzt waren. Von Bedeutung sind in diesem Zusammenhang etwa die Ergebnisse jüngster Untersuchungen über den großräumigen atmosphärischen und fluvialen Transport von Blei, die anhand von Fluss-, See- und Moorsedimenten gewonnen wurden (Görres / Frenzel 1993. Renberg et al. 1994. Hudson-Edwards / Macklin 1999. Weiss et al. 1999. Vgl. Beitrag Frenzel / Kempter). Dies verdeutlicht die überregionalen Konsequenzen lokaler Schadstoffproduktionen, die auch für historische Bevölkerungen zu messbaren unphysiologischen Einträgen von Spurenelementen und daraus resultierenden Belastungen geführt haben. Derartige Zusammenhänge sind für das nordwestliche Harzvorland beschrieben worden: Noch Ende des 19. Jahrhunderts waren nach Überflutungen der Innerste derart hohe Bleieinträge durch den Harzer Bergbau in die Leineauen bis nach Hildesheim zu verzeichnen, dass Teile des Großviehbestandes an Vergiftungsfolgen zugrunde gingen. Die Haltung von Enten und Gänsen war in diesen Flussniederungen überhaupt nicht möglich (Günther 1888, 556 f. Vgl. Beitrag Deicke / Ruppert).

Ein direkter Zugang zur Erfassung und Bewertung von Schwermetallexpositionen in historischen menschlichen Bevölkerungen wird nur durch die elementanalytische Untersuchung von überdauerungsfähigen biogenen Materialien ermöglicht. Eine Bestimmung von Schwermetallkonzentrationen im historischen Zeitverlauf erhält damit die Funktion eines Monitors, mit dem Änderungen von Umwelt- und Lebensbedingungen festgestellt und beurteilt werden können. Mit Hilfe der Analyse von Spurenelementen aus menschlichen Skelettfunden ist so die Möglichkeit gegeben, Schadstoffeinträge zu Lebzeiten auch lange Zeit nach dem Tod eines Individuums nachzuweisen. Unter den Schwermetallen, die in das Skelettsystem eingelagert werden, sind Blei, Cadmium, Arsen und Antimon gut für derartige Untersuchungen geeignet.

Zunächst kann allerdings nicht zwischen der Belastung durch Berufsausübung und dem Gefährdungsrisiko, dem jeder Bewohner einer großräumig betroffenen Region ausgesetzt war, unterschieden werden. Einzelfälle mit plausibler diagnostischer Zuordnung sind zwar beschrieben worden (Munizaga et al. 1975. Grupe 1988), insgesamt ist jedoch über berufs- oder sozialgruppendifferente Schadstoffbelastung in historischer Zeit wenig bekannt. Derartige Daten sind jedoch zwingend erforderlich, um eine kausale Rückführung gemessener Schadstoffkonzentrationen auf bekannte Ursachen und Quellen der Kontamination zu ermöglichen.

Hüttenleute: eine Berufsgruppe mit lebenslangem Schadstoffrisiko

Mit einer Untersuchung der Skelettfunde vom Friedhof des ehemaligen Goslarer Brüdernklosters, das im 18. Jahrhundert den Bewohnern des Frankenberg-Viertels erlaubte, dort ihre Toten zu bestatten (Klappauf 1996a), wurde dieser Frage nachgegangen. Das Viertel gilt als traditionelles Wohnquartier der „silvani", also jener Leute, die von der Verhüttung, in diesem Fall des Rammelsberger Erzes, lebten und stellt damit einen der sehr seltenen Fälle dar, für den die Sozialtopographie einer Stadt und die Ergebnisse knochenchemischer Analysen direkt miteinander in Verbindung gebracht werden können.

Ordnet man die Messwerte der Schwermetalle nach dem Individualalter, zeigt sich als allgemeiner Trend ein kontinuierlicher Anstieg der Bleikonzentrationen im Knochen mit steigendem Individualalter (Abb. 1). Da Blei natürlicherweise im Zuge eines Entgiftungsmechanismus dem Blutstrom entzogen und in das Skelettsystem eingelagert wird, sind solche Werte die Folge einer kontinuierlichen Exposition zu Lebzeiten. Nur so ist die Akkumulation von zusätzlich in den Organismus eingetragenem Blei auf die bereits vorhandene Konzentration vorheriger Expositionen zu erklären, wobei die Exposition bis ins hohe Alter hinein angehalten hat, und entsprechend auch die Einbindung in den Arbeitsprozess ein Leben lang andauerte.

Der gegenüber jungen Erwachsenen relativ hohe Wert bei den Kindern und Jugendlichen erklärt sich aus der erhöhten Stoffwechselrate des wachsenden Skelettes, mit der Folge, dass vermehrt Blei in das Kristallgitter eingebaut wird. Gleichzeitig wird hierdurch deutlich, dass es offenbar keine Möglichkeit gegeben hat, die Heranwachsenden effektiv vor der Exposition mit Schwermetallen zu schützen, sondern dass sie in einer hochgradig mit Schadstoffen angereicherten Umgebung aufgewachsen sind.

Auch die Gehalte der Elemente Cadmium und Arsen zeigen einen allgemeinen Trend zur Anreicherung im Altersgang, so dass sich parallele Befunde bei drei der hauptsächlich im Zuge der Verhüttung anfallenden toxischen Elemente finden lassen.

Bei einem Vergleich der Schwermetallkonzentrationen zwischen den Geschlechtern ist auffällig, dass sich gegenüber den mittleren Konzentrationen in der Gesamtstichprobe nur unwesentliche Unterschiede ergeben, das heißt es besteht eine gleich starke Exposition. Ist hieraus auf eine Einbindung der Frauen in den Arbeitsprozess der Verhüttung zu schließen? Dies ist insofern unwahrscheinlich, als spätestens seit dem 17./18. Jahrhundert eine familiäre Organisation der Arbeit im Hüttenwesen im Harz weitgehend unbekannt war, da seit dieser Zeit zentrale Hüttenplätze bestanden, die das namengebende Kennzeichen der Tätigkeit von silvani durch einen industriellen Fertigungsprozess ersetzten (Abb. 2). Wenn also Frauen nicht in die Arbeitsgänge der

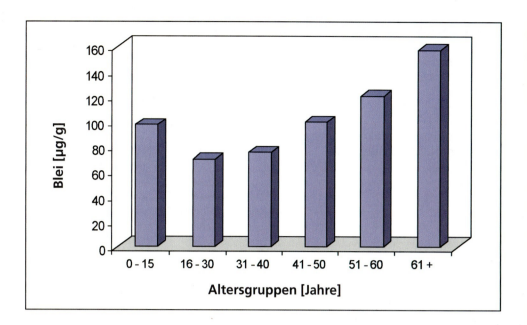

1 Die durchschnittlichen Bleigehalte im Altersgang spiegeln eine Zunahme der Konzentrationen mit steigendem Individualalter wider, die auf kontinuierliche Exposition zurückzuführen sind.

2 Erzschmelze in einer Silberhütte (aus Löhneyß 1617).

Verhüttung, etwa das Klauben, eingebunden waren, kann die hohe durchschnittliche Belastung mit Schwermetallen nur aus dem häuslichen bzw. dem allgemeinen lokalen Umfeld stammen. Aus rezenten umweltepidemiologischen Studien ist bekannt (vgl. Fergusson 1990), dass sowohl Straßen- als auch vor allem Hausstäube in der Nachbarschaft bzw. Nähe von Verhüttungsbetrieben hoch angereichert sind mit Schadstoffen, deren Konzentrationsbereiche in der Größenordnung der Emissionen, die unmittelbar im Zusammenhang mit der Verhüttung in den Betrieben anfallen, liegen. Ohne also an der Verhüttung selber beteiligt zu sein, waren Frauen – und ebenso die Kinder – im häuslichen Bereich, das heißt in geschlossenen Räumen, vergleichbar hohen Kontaminationen ausgesetzt wie die Hüttenmänner. Gleichermaßen ist als Kontaminationsquelle auch der Umgang mit ebenfalls durch die Emissionen belasteten Nahrungsmitteln zu nennen. Damit bleibt festzuhalten, dass die Familien der Goslarer Hüttenleute insgesamt und unabhängig von der eigentlichen Berufsausübung einem hohen Belastungsrisiko mit Schwermetallen ausgesetzt waren und die daraus resultierenden gesundheitlichen Folgen als lokales bzw. regionales Gesamtphänomen zu betrachten sind.

Dennoch lassen sich zum Beispiel äußerlich an den Skeletten Spuren und Folgen der Berufsausübung nachweisen. Vor allem degenerative Veränderungen (Aufbrauchserscheinungen) der Schulter- und Ellenbogengelenke sowie der Wirbelsäule zeigen sich bei Männern im Gegensatz zu Frauen schon im mittleren Erwachsenenleben (zwischen 20 und 40 Jahren). Derartige arthrotische, bzw. durch begleitende immunpathologische Reaktionen langfristig rheumatoide Zustandsbilder (vgl. Aufderheide / Rodriguez-Martin 1998. Herrmann et al. 1990, Ortner / Putschar 1985) lassen sich auf vermehrte und überdurchschnittliche Belastung im Bereich der oberen Extremität im Zusammenhang mit Arbeitsabläufen bei der Verhüttung zurückführen, zum Beispiel durch Hebe- und Stemmbewegungen, wie sie beim Auf- und Abladen von Erz oder der Befeuerung der Hochöfen anfallen. Aber auch die übrigen großen Gelenke sind früher von Schädigungen durch Überbelastung infolge schwerer körperlicher Arbeit betroffen. Frauen zeigen dagegen eine, der Erwartung entsprechende, altersgemäße Zunahme degenerativer Gelenkveränderungen, die durch geringe Häufigkeiten in der adulten und zunehmende Inzidenz in der maturen und senilen Altersgruppe gekennzeichnet sind. Derartige geschlechtsdifferente Verteilungen bzw. typische berufsbedingte Erscheinungen sind auch von anderen Bergbaubevölkerungen bekannt (zum Beispiel Molleson 1987 – für Poundbury Camp, England) und bereits bei Ramazzini (1705) als arbeitsmedizinisches Problem beschrieben.

Die Bedeutung der Skelettanalysen für Leben und Gesundheit in heutiger Zeit

Das Goslarer Kollektiv stellt eine bislang einzigartige historische Querschnitts-Stichprobe für die Ermittlung der Schwermetallkontamination von Menschen dar, die in einem insgesamt stark belasteten Gebiet gelebt haben und Schadstoffemissionen entweder von Berufs wegen oder durch den allgemeinen Eintrag in die Biosphäre ausgesetzt waren. Die durchschnittliche Bleikonzentration im Skelett ist zum Beispiel direkt rezenten Werten von Arbeitern in Bleischmelzen vergleichbar (vgl. Schütz et al. 1987. Fergusson 1990. Vgl. auch Abb. 3). Damit scheinen die Untersuchungen an den Goslarer Hüttenleuten und ihren Familien auf den ersten Blick lediglich zu bestätigen, was ohnehin heute als ein ernstes Anliegen der öffentlichen Gesundheitsfürsorge bekannt ist, nämlich die Notwendigkeit einer Erfassung und Prävention von Schadstoffeinträgen, die durch kontaminierte Arbeits- und Lebensumwelten hervorgerufen werden. Viel wichtiger und entscheidend ist jedoch, dass elementanalytische Untersuchungen, wie sie hier durchgeführt wurden, überhaupt erst die Einordnung derartiger Befunde erlauben, da die Daten rezenter Studien zwingend in einen evolutiven, also biologischen Zusammenhang zu stellen sind. Für eine Bewertung bislang verfügbarer Daten zur Schwermetallexposition menschlicher Bevölkerungen ist nämlich zwischen Konzentrationsangaben aus rezenten, klinisch orientierten Studien und solchen aus Untersuchungen mit historischen oder umweltgeschichtlichen Fragestellungen zu unterscheiden. Rezente Studien geben dabei den Variationsbereich an, der für heute lebende Populationen als „normal", das heißt klinisch unauffällig angesehen wird. Danach sind folgende Elementkonzentrationen im Skelett zugrunde zu legen: Blei: 0.2–71, Cadmium: 0.5–4.2 und Arsen: 0.08–4.1 µg/g (Fergusson 1990. Iyengar et al. 1978).

Im Vergleich zu den heute als normal angesehenen Werten fallen jedoch Konzentrationen vorindustrieller und vormetallzeitlicher Bevölkerungsstichproben deutlich geringer aus. Diese natürlichen, nicht anthropogen angereicherten Werte liegen für Blei gut gesichert bei im Durchschnitt ca. 1.5 µg/g (Drasch 1982. Grupe 1991. Schutkowski 1994), für Cadmium und Arsen nach bislang vorliegenden Daten im Mittel bei ca. 0.25 bzw. 1.0 µg/g (Schutkowski – unpubliziert). Solche Daten werden als „physiologische Nullpunkte" (Drasch 1982) gewertet. Sie bezeichnen diejenige Größenordnung von Schwermetallkonzentrationen, an die sich Menschen im Verlauf ihrer Entwicklungsgeschichte adaptieren konnten, die gleichsam das natürliche Grundrauschen von biogener Exposition darstellen, die ohne gesundheitliche Folgen toleriert werden konnten. Im Vergleich dazu liegen die für Goslar gemessenen Werte um ein Mehr- bis Vielfaches über diesen Nullpunkten. Selbst die bei Fergusson (1990) kompilierten Werte für eine repräsentative unbelastete Person überschreiten die physiologischen Nullpunkte (Tabelle 1).

	Blei	Cadmium	Arsen	Antimon
RP	0,2 – 10,0	0,5 – 2,0	0,08 – 1,6	0,01 – 1,5
PN	0,4 – 3,1	0,01 – 0,65	0,12 – 1,5	*
GS	21,0 – 390,0	0,12 – 4,45	0,1 – 4,98	2,75 – 35,35

* Keine Daten vorhanden

Tabelle 1 Variationsbereich der Schwermetallkonzentrationen im Knochen für eine „repräsentative Person" (RP) und für den „physiologischen Nullpunkt" (PN). Als Vergleich sind die Werte der Goslarer Serie (GS) angegeben. Alle Angaben in µg/g. Zusammengestellt aus den vorstehend genannten Arbeiten.

Stellt man die für die Goslarer Hüttenleute erhobenen Daten zum Beispiel für Blei in einen zeitlichen Zusammenhang, lässt sich von den infolge Verhüttungs- und Bergbautätigkeit erhöhten und

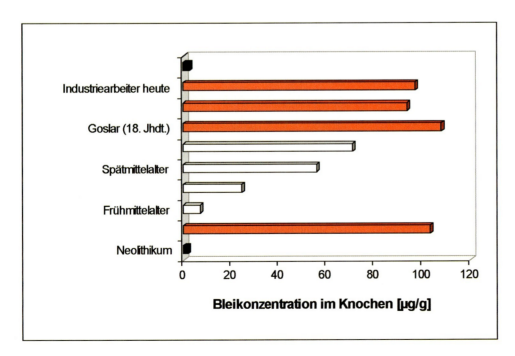

3 Entwicklung der durchschnittlichen Knochenbleikonzentrationen im Zeitverlauf in Mittel- und Nordeuropa. Seit dem Hochmittelalter werden regelhaft Werte von 10 µg/g überschritten und mit zunehmender Industrialisierung nähern sich die Werte denen aus historischen Montanregionen (Poundbury Camp, Goslar) an. In die Kategorie „Kontrolle" gehen Vergleichsergebnisse aus unbelasteten Gebieten ein. Sie sind in ihrer Größenordnung wieder den sogenannten physiologischen Nullpunkten vergleichbar, siehe Text (Daten zusammengestellt und zum Teil umgerechnet auf Aschegehalt der Knochen aus Baranowska et al. 1995. Bergdahl et al. 1998. Drasch 1982. Ericson et al. 1991. Grupe 1991. Jaworowski et al. 1985. Patterson et al. 1987. Patterson et al. 1991. Schütz et al. 1987. Schutkowski 1994 – unpubliziert. Vuorinen et al. 1996. Waldron 1988).

hohen Konzentrationen eindeutig ein allgemeiner Entwicklungstrend abgrenzen (Abb. 3). Während letzte sich im Mittel in der Größenordnung von 100 µg/g bewegen, zeigt sich außerhalb von Montanregionen eine steigende Bleibelastung im Zeitverlauf: Noch im Frühmittelalter werden Schwermetallgehalte gefunden, die nur geringfügig über den physiologischen Nullpunkten (siehe oben) liegen. Mit dem Beginn der Urbanisierung im Zuge des hochmittelalterlichen Landesausbaus, etwa vom 10. Jahrhundert an, werden dagegen erstmals und dauerhaft diese adaptiven Werte überschritten. Deutlich gesteigerte Konzentrationen fanden sich frühzeitig bereits in Stichproben von spätmittelalterlichen Klerikern, vermutlich wegen der Benutzung bleihaltiger Tonwaren und Zinngeschirre. Dies muss in späterer Zeit auch für besser situierte bürgerliche Bevölkerungskreise angenommen werden. Mit zunehmender Industrialisierung steigen die Bleikonzentrationen und nähern sich allmählich den Werten hochbelasteter Bergbau- und Industrierevieren an. Erst Kontrollproben des 20. Jahrhunderts aus unbelasteten, nicht schwermetallexponierten Gegenden liegen wieder auf dem Niveau vorindustrieller Werte.

Derartige Daten, die aus Knochenproben gewonnen wurden, vermitteln einen Eindruck von den realistischen, dauerhaften Bleikonzentrationen zu Lebzeiten, da die Halbwertzeit von Blei im Knochen ca. 20 Jahre beträgt. Das Skelett ist damit das geeignete Monitororgan für Langzeitbelastungen, insbesondere auch für historisches Biomonitoring. Blutbleigehalte, wie sie üblicherweise in klinischen Untersuchungen erhoben werden, spiegeln dagegen nur kurzzeitige Belastungen wider, da die Entgiftung über das Skelett sehr effektiv funktioniert. So beträgt die Halbwertzeit von Blei im Blut nur 21 Tage. Als Folge davon sind Konzentrationen von Blei im Knochen bei akuter bzw. andauernder Exposition etwa 10–15 mal höher als im Blut (vgl. Schütz et al. 1987). Erste ernsthafte Schädigungen werden jedoch bereits bei Blutbleikonzentrationen von > 4 µg/dl festgestellt. Diese Konzentrationen reichen aus, um die Blutbildung negativ zu beeinflussen, ferner lassen sich schon bei diesen Konzentrationen neurotoxische Effekte nachweisen (Fergusson 1990). Einem solchen Bleititer im Blut entspricht immerhin eine Knochenbleikonzentration von etwa 30–45 µg/g. Diese Werte werden in der Goslarer Stichprobe regelhaft überschritten und sind, wie Abb. 3 zeigt, auch als allgemeines Belastungsniveau keine Seltenheit. Da Knochen ein stoffwechselaktives Organ sind, findet zudem eine kontinuierliche Einspeisung von Blei in die Blutbahn statt, so dass zwar einerseits Blei im Zuge der natürlichen Entgiftung in das Skelettsystem sequestriert wird, andererseits eine stetige Zufuhr zurück in den Kreislauf stattfindet und damit ein chronisches Gefährdungsniveau aufrecht erhalten wird. Auch nach Beendigung der Exposition ist daher weiterhin ein erhebliches Risikopotential gegeben, was sich an immer noch deutlich erhöhten Bleigehaltswerten von Bleiarbeitern im Ruhestand zeigen lässt (zum Beispiel Schütz et al. 1987).

Besonders gefährdet sind jedoch Kinder, deren schnellwachsender Organismus eine vier mal so hohe Resorptionsrate für Blei aufweist wie der erwachsener Individuen (vgl. Fergusson 1990). Für einige der Kinder, deren Knochen mehr als 100 µg/g Blei enthielten, dürften diese Konzentrationen sehr wahrscheinlich letal gewesen sein, bei anderen Individuen ist von schweren gesundheitlichen Schäden auszugehen. Jedoch bereits sehr viel geringere Konzentrationen führen zu Beeinträchtigungen der Leistungsfähigkeit. Langjährige Forschungen über mögliche gesundheitliche Auswirkungen lokal erhöhter Bleibelastungen auf die kindliche Entwicklung haben entsprechende Hinweise auf erhebliche Einbußen beim Konzentrationsvermögen, der Leistungsbereitschaft und Aufmerksamkeit erbracht (Chaudhri / Ainsworth 1981. Duhm et al. 1990. Stolley / Lasky 1995).

Die Beispiele verdeutlichen, dass nur Knochenelementgehalte rezenter und historischer Stichproben und ihr Rückbezug auf physiologische Nullpunkte eine biologisch sinnvolle Beurteilung von Belastungen erlauben, an die sich Menschen im Verlauf ihrer Entwicklung anpassen konnten und die damit unterhalb eines potentiell oder tatsächlich toxischen Belastungsniveaus liegen. Solche Daten sind von erheblicher Bedeutung für die Diskussion und Festlegung von Grenzwerten. Damit weisen die hier durchgeführten Untersuchungen über die Rekonstruktion historischer Lebensbedingungen und Gesundheit hinaus, indem sie den Gegenwartsbezug ermöglichen.

Abbildungsnachweis
1, 3 Verfasser; 2 aus Löhneyß, 1617.

Genetische Variabilität und Arbeitstradition im Goslar des 18. Jahrhunderts

Barbara Bramanti / Susanne Hummel

„Worte überdauern wie Knochen" sagt der Dichter. Während es uns die Geschichtswissenschaften erlauben, unsere Vergangenheit durch schriftliche und mündliche Überlieferung zu ergründen, bedient sich die Anthropologie der Knochen. Gerade in den Knochen mit ihren zahlreichen Knochenzellen sind alle genetischen Informationen über den Menschen gespeichert. Wie Worte in einem Buch finden sich die codierten Informationen in den Zellkernen, genauer in der DNA. Diese biochemischen Codes sind durch moderne molekularbiologische Methoden entschlüsselbar.

Handwerkstradition oder „know how"-Import in Goslar?

Eine solche Entschlüsselung der genetischen Codes ist an den Skeletten der Serie „Hinter den Brüdern" aus Goslar vorgenommen worden. Ziel dieser Untersuchungen war es, die Frage zu klären, ob im Goslar des 18. Jahrhunderts die Verhüttungstechnik als traditionelles Wissen in den Handwerkerfamilien weitergegeben wurde, oder ob ein „know how"-Import durch den Zuzug immer wieder neuer Fachleute aus allen Teilen des Landes stattfand. Hierfür sind an 26 der insgesamt 92 Skelette des Brüdernklosterfriedhofes genetische Analysen vorgenommen worden. Auf diesem Friedhof sind – wie man aus einem Dokument des Jahres 1700 entnehmen kann – nur die Hüttenleute, die im Frankenberger Viertel wohnten, bestattet worden. Die genetischen Untersuchungen ergaben, dass alteingesessene Handwerkerfamilien ihr Wissen über die traditionelle Hüttenkunde – genau wie ihr Erbgut – über die Generationen hinweg weitergaben.

Was leistet die genetische Analyse?

An sehr alter DNA können grundsätzlich die gleichen Analysen vorgenommen werden, wie an solcher DNA, die aus dem frischen Blut einer ärztlichen Untersuchung gewonnen worden ist. Es kann zum Beispiel das Geschlecht bestimmt werden, wie dies in Untersuchungen an historischen Kinderskeletten geschehen ist (Faerman et al. 1997. Lassen 1998). Bei diesen Untersuchungen sollte geklärt werden, ob Kindstötungen in Abhängigkeit vom Geschlecht des Neugeborenen stattfanden. Weiterhin ist es auch möglich festzustellen, ob das Individuum unter einer erblichen Krankheit (Filon et al. 1995) oder unter einer Bakterieninfektion (Baron et al. 1996) gelitten hat. Außerdem kann mithilfe der DNA auch der Verwandtschaftsgrad von Personen festgestellt werden, die miteinander bestattet wurden. Solche Untersuchungen haben zur Identifikation der letzten russischen Zarenfamilie geführt (Gill et al. 1994). In einem süddeutschen Fürstengeschlecht des 14. bis 16. Jahrhunderts konnte damit aber auch ein ehebrecherisches Verhältnis enthüllt werden (Gerstenberger et al. 1999). Schon mehrere Male ist es gelungen, menschlichen Resten eine Identität zu geben: so zum Beispiel im Falle von Josef Mengele (Jeffreys et al. 1992), bei den Identifizierungsarbeiten an Opfern von Terrorregimes (Corach et al. 1997), oder nach größeren Massenunglücken (Clayton et al. 1995). Schließlich kann auch der Verwandtschaftsgrad zwischen verschiedenen Bevölkerungen oder Bevölkerungsgruppen bestimmt werden, weil jede Bevölkerung aus zahlreichen Individuen besteht.

Alte DNA

Nach dem Tod eines Organismus finden in den Geweben und ihren Zellen durch Enzyme gesteuerte Prozesse statt, die zu irreversiblen physischen und chemischen Veränderungen führen. Gerade die Knochenzellen werden jedoch vor diesen zerstörenden Prozessen durch den hohen Mineralanteil im Knochengewebe geschützt. Mit Hilfe der histologischen Analyse kann man sehen (Abb. 1), dass sich die Knochenstruktur und die Knochenzellen sogar noch nach mehreren Jahrtausenden in einem guten Zustand befinden können. Trotz des intakten Aussehens der Zellen sind die DNA-Makromoleküle, die darin enthalten sind, bis zu einem gewissen Grad beschädigt. Diese Beschädigungen sind stärker, wenn das Skelett in einem feuchten Milieu gelegen hat. Das Wasser

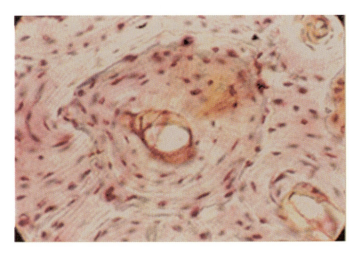

1 Knochenmikrostruktur eines unbeschädigten Knochens im Durchlichtmikroskop (ca. 200fache Vergrößerung). Die Struktur ist gut erhalten und die Knochenzellen (Osteozyten) sind als dunkle Punkte zu sehen.

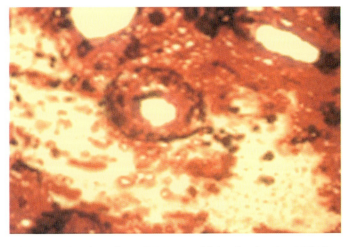

2 Zerstörte Knochenmikrostruktur im Durchlichtmikroskop (ca. 150fache Vergrößerung). Die dunklen Flecken, an denen sich die Struktur auflöst, sind bakterien- und schimmelpilzbedingt. In den hellen Bereichen sind die Knochenstruktur und die Osteozyten noch gut zu erkennen.

ermöglicht nicht nur ein enormes Wachstum von Bakterien und Schimmelpilzen (Abb. 2), sondern es verursacht auch chemische Reaktionen, die die DNA zerstören. Außerdem beeinflussen auch der pH-Wert und die Temperatur den zersetzenden Prozess (Burger et al. 1999).

Aus diesen Gründen ist es nicht immer möglich, analysierbare DNA aus Knochen zu gewinnen. In der Regel werden kleine Mengen an DNA gewonnen und mit hoher Wahrscheinlichkeit sind die Moleküle fragmentiert. Da man also nur Spuren von alter DNA findet, ist es notwendig, Verunreinigungen mit moderner DNA zu vermeiden, da sie zu verfälschten Ergebnissen führen könnten. In spezialisierten Labors sind die entsprechenden Voraussetzungen und Ausstattungen für die Analysen an alter DNA vorhanden.

Techniken zur Untersuchung der alten DNA

Für die Analyse der alten DNA aus Knochen werden nur sehr kleine Stücke von ca. 1 x 1 cm (ausreichend ist auch zum Beispiel die Wurzel eines Zahnes) benötigt. Die Proben werden zunächst fein gemahlen und das Knochenpulver wird dann einer chemischen Behandlung unterzogen, die die DNA aus den Knochenzellen herauslöst und reinigt. Dieser Vorgang wird DNA-Extraktion genannt. Es ist der initiale Schritt bei der genetischen Analyse eines alten Befundes. Die erste Extraktion von DNA aus Knochen wurde 1989 gleichzeitig in zwei Labors erfolgreich ausgeführt (Hagelberg et al. 1989. Horai 1990), obwohl die erste Extraktion alter DNA einem chinesischen Forscherteam bereits 1979 gelang. Damals wurde DNA aus dem Rippenknorpel einer Mumie, der „Alten Dame von Mawangtui", isoliert (Human Medical College 1980), jedoch nicht weiter analysiert. Für die weitere Analyse der DNA war nämlich die Erfindung der Polymerase Kettenreaktion (PCR) essentiell (Saiki et al. 1985). Bei der PCR werden mit Hilfe eines Enzyms spezifische Fragmente der DNA vervielfältigt. Danach werden diese Fragmente mithilfe einer Elektrophorese, einer der gängigsten biologischen Untersuchungstechniken, bewertet.

Der genetische Fingerabdruck

Jedes Individuum weist einzigartige genetische Eigenschaften auf. Diese Eigenschaften lassen sich über verschiedene Orte auf den Chromosomen darstellen, sogenannte genetische Marker. Werden mehrere dieser Marker analysiert, ergibt sich ein Muster, das spezifisch für das Individuum ist. Das Muster wird als genetischer Fingerabdruck bezeichnet (Abb. 3) und ist mit Erfolg auch schon aus sehr alten Knochen dargestellt werden (Hummel et al. 1999).

Der Fingerabdruck jedes Individuums stellt sozusagen ein Gemisch aus den genetischen Fingerabdrücken der Eltern dar, er wird also ererbt. Die Marker, aus denen sich ein genetischer Fingerabdruck zusammensetzt, spielen auch eine besondere Rolle bei populationsgenetischen Untersuchungen. In Bevölkerungen, in denen die einzelnen Individuen immer innerhalb ihrer eigenen Gruppe heiraten, weisen die genetischen Fingerabdrücke der Individuen besonders viele Übereinstimmungen in der Musteraus-

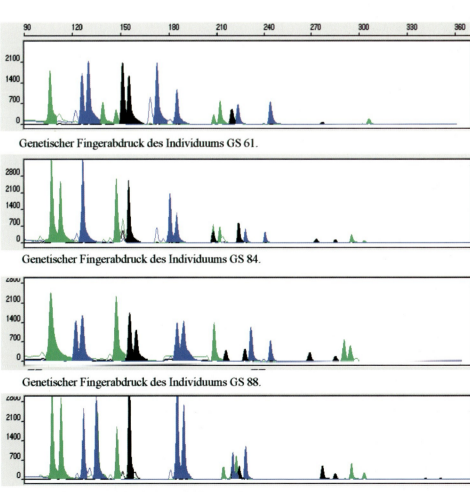

3 Genetische Fingerabdrücke von vier Individuen der Goslarer Skelettserie, wie sie nach einer Elektrophorese zu sehen sind. Die Gesamtheit der genetischen Marker ergibt deutlich erkennbar verschiedene Muster. Die genaue Ausprägung der Muster ist charakteristisch für jedes Individuum.

prägung auf: die Homozygotenrate ist also hoch. Dagegen sind die genetischen Fingerabdrücke in Bevölkerungen, in die immer wieder Individuen aus anderen Bevölkerungen einwandern sehr viel variabler, was dazu führt, dass hier die Heterozygotenrate hoch ist.

Tradition versus „know how"-Import = Homozygote versus Heterozygote

Dieser Unterschied – hohe Homozygotenrate oder hohe Heterozygotenrate – war es, der zur Klärung der Frage nach dem Verhüttungshandwerk in Goslar beigetragen hat. Eine hohe Homozygotenrate sprach dafür, dass das Handwerk über Familientradition in Goslar blieb. Dagegen wäre eine hohe Heterozygotenrate ein Indikator für den „know how"-Import durch permanente Immigration gewesen.

Tatsächlich spricht der hohe Anteil von homozygoten Mustern für die Anwesenheit von vielen blutsverwandten Individuen in der historischen Bevölkerung des Frankenberger Viertels. Ganz offenkundig haben sie nicht nur zusammen gelebt und gearbeitet, sondern auch ihre Partner vorwiegend in der Gruppe gewählt. Nach den genetischen Befunden ist es daher sehr unwahrscheinlich, dass im Goslar der frühen Neuzeit fremde Hüttenspezialisten in großer Zahl einwanderten und sich niederließen, wie es noch im Mittelalter üblich war.

Abbildungsnachweis
Verfasser.

Landschaft – Ernährung – Entwicklung der Vegetation. Zusammenfassung und Ausblick

Ulrich Willerding

Pollenanalysen von Hochmoortorfen und Untersuchungen pflanzlicher Makroreste, die bei den Ausgrabungen einiger hochmittelalterlicher Hüttenplätze im Oberharz geborgen worden sind, haben dazu beigetragen, die Entwicklung der Vegetation vom montanen Ahorn-Buchenwald zum Fichtenforst und von der Braunerde zum Podsol zu verstehen. Offenbar ist dieser Wechsel von Vegetation und Landschaftsbild sowie der ökologischen Infrastruktur weitgehend vom Menschen beeinflusst, ja teilweise auch ausgelöst worden. Der Oberharz kann daher als ein gutes Beispiel dafür betrachtet werden, wie ökonomische Zwänge in der Vergangenheit grundlegende Änderungen im Ökosystem einer Landschaft herbeiführen können. Die technologische Entwicklung der Erzverhüttung machte es erforderlich, Holzkohle – am besten die der Buche – für die Hüttenprozesse zu verwenden. Die im Oberharz zunächst weithin verbreiteten Ahorn-Buchenwälder boten dafür günstige Voraussetzungen. Da die Holzentnahme aber größer war als der jährliche Zuwachs von Buche und Ahorn, kam es allmählich zu dem oben beschriebenen Wandel vom Laub- zum Nadelwald.

Im Laufe der Zeit ist diese Änderung so verlaufen, dass der heutige, letztlich anthropogene Zustand des Ökosystems von vielen Menschen als der natürliche angesehen wird. Angesichts der heute allenthalben verbreiteten massiven Umweltschäden mag das ein gewisser Trost sein: Offenbar kann es dem Menschen gelingen, einen wenigstens dem Aussehen nach naturähnlichen Zustand der Vegetation herbeizuführen. Da heute umfassende Einsichten in zahlreiche ökologische Zusammenhänge zur Verfügung stehen, sind die Aussichten für die erfolgreiche Durchführung begründeter Reparaturmaßnahmen recht vielversprechend.

Bereits in den obenstehenden Ausführungen wird deutlich erkennbar, dass alles auf alles wirkt. Diese ökologische Grundeinsicht bezieht auch ökonomische Strukturen mit ein. Diese haben daher nicht nur Konsequenzen im ökonomischen Bereich. Vielmehr wirken sie auch weit hinein in ökologische Zusammenhänge. Das lässt sich am Beispiel der Montan-Nutzung im Oberharz während des Mittelalters geradezu beispielhaft erkennen: Bergbau und Verhüttung des Erzes wirken auf Zustand und Wandel der Vegetation vom montanen Bergahorn-Buchenwald bis zum Fichtenforst bzw. dem für die Futterversorgung des Viehs erforderlichen Offenland. So greifen ökonomisch begründete Maßnahmen des Menschen in die Ökosysteme des Oberharzes hinein und verändern diese. Die Änderungen der Vegetation führen somit zu weitgehenden Änderungen im ökologischen Reagieren der einzelnen Landschaftsteile.

Wie umfassend und weitgreifend die einzelnen Faktoren des „ökologisch-ökonomischen Wirkgefüges Oberharz" sind, lässt sich aus dem Struktur- und Funktionsschema der Abb. 1 ersehen. Dabei ist zu bedenken, dass hier freilich nur die besonders wichtig erscheinenden Funktionszusammenhänge angedeutet werden konnten. Im einzelnen sind verschiedenartige Verknüpfungen zu erkennen, die sich letztlich aus dem Erzbergbau und der Erzverhüttung ergeben. Daraus resultiert schließlich ein hochkomplexes Bedingungsgefüge, bei dem alle Strukturelemente vom naturräumlichen Potential und dessen jeweiliger Nutzung durch den Menschen bestimmt sind.

Der Naturraum Oberharz war zunächst durch seine Ausstattung mit Erz und ausgedehnten Laubwäldern bestimmt. Die Baumarten dieser Wälder lieferten Holz, das sich zur Herstellung von Holzkohle für die Erzverhüttung sehr gut eignete. In dem Augenblick, als das Ausmaß der jährlichen Holzentnahme über das der nachwachsenden Holzmenge gleicher Qualität stieg, war die ursprünglich gegebene Nachhaltigkeit der Nutzung gefährdet. Eine besondere Rolle spielte dabei der auch früher schon vorhandene Konkurrenzkampf zwischen Buche und Fichte. Letztere

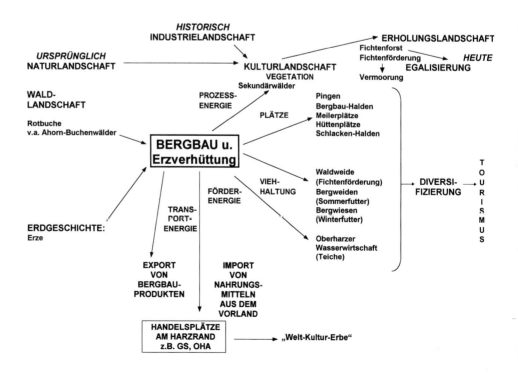

1 Die Nutzung der naturräumlichen Voraussetzungen für Bergbau und Hüttenwirtschaft war die Grundlage für eine weitgehende Veränderung des Landschaftsbildes im Harz. Das Schema macht die Bedeutung der verschiedenen Strukturen und Funktionen sowie ihre Verflechtung deutlich. Das gilt auch für die ökologischen und ökonomischen Zusammenhänge.

wurde jetzt begünstigt, ebenso das energetisch weniger wertvolle Pioniergehölz. Zugleich entwickelte sich im Frühmittelalter aus der ursprünglich vorhandenen Naturlandschaft eine frühe Form der Kulturlandschaft. Sie wurde durch die frühindustrielle Nutzung von Erz bestimmt. Allerdings ist noch unklar, ob es sich zunächst nur um eine saisonale Montan-Nutzung gehandelt hat, oder ob es bereits von Anfang an zur kontinuierlichen Ausbeutung des naturräumlichen Potentials gekommen war. Im ersteren Fall hätte der Sekundärwald noch die Chance gehabt, sich zu Beständen zu entwickeln, die dem Primärwald weitgehend ähnlich waren. Wie aus den Pollendiagrammen zu ersehen ist (Beitrag Willerding, „Die Landschaft Harz", Abb. 4), scheint dies anfangs auch der Fall gewesen zu sein. Dabei ist allerdings noch unklar, ob die mehrfachen Erholungsphasen der Rotbuche nur auf lokalem Geschehen oder nicht auch auf zyklischen Entwicklungen im Oberharzer Bergbau beruhen.

Jedenfalls führte die Montannutzung im Oberharz – längerfristig gesehen – zu einer Reihe von Veränderungen in der Vegetation. Sie bestanden einerseits aus einer Egalisierung, andererseits aus einer erstaunlichen Diversifizierung. Die Rohhumusdecke der sich ausbreitenden Fichtenwälder und schließlich der neuzeitlichen Fichtenforste sorgte für eine Vereinheitlichung der Bodenvegetation in den Fichtenbeständen. Ehedem vorhandene Unterschiede im Kleinrelief verloren dabei ihre standortprägende Bedeutung. Es blieben nur sehr wenige Typen von Bodenvegetation unter Fichte. Andererseits hatten Bergbau und Hüttenprozess zahlreiche Standortsveränderungen zur Folge. Sie betreffen zunächst einzelne Plätze.

Von der Erzförderung zeugen die Pingen. Dabei handelt es sich um unterschiedlich große, meist kreisrunde Eintiefungen, die gelegentlich an Bombentrichter erinnern. Infolge der dort relativ hohen Luftfeuchtigkeit können in ihnen Pflanzen gedeihen, die auf höhere Luftfeuchtigkeit angewiesen sind. Das sind insbesondere Farne. Allerdings muss die Sonneneinstrahlung ausreichend sein; Pingen im dichten Fichtenbestand sind daher nicht durch das Vorkommen von Farnen markiert.

Ähnliche, aber durchweg kleinere Trichter können die Überreste von Grubenmeilern sein. Sie bieten entsprechende luftfeuchte Standorte, auf denen Farne gut gedeihen können. Da die Grubenmeiler relativ alt sind, wurden sie im Laufe der Zeit häufig mit Boden verfüllt und sind daher nur selten zu erkennen.

Bei den meisten Meilerplätzen, die heute noch gut erkennbar sind, handelt es sich um Platzmeiler (vgl. Beitrag Willerding, „Die Landschaft Harz", Abb. 7. Beitrag Hillebrecht, Abb. 1). Diese kreisrunden, mehrere Meter im Durchmesser messenden Plätze sind abgesehen von ihrer Mikromorphologie oftmals auch an ihrer von der Umgebung abweichenden Vegetation zu erkennen.

In der Nähe von Pingen befinden sich häufig Halden, auf denen taubes Gestein abgekippt wurde. Der Boden dieser oft größeren Erhebungen ist meist recht trocken, sein Wasserhaushalt entsprechend unausgeglichen. Dadurch unterscheiden sich diese Halden erheblich von dem ihrer Umgebung. Dies lässt sich auch an den sie bedeckenden Pflanzengesellschaften erkennen. In ihnen dominieren oftmals Flechten der Gattung *Cladonia*. Handelt es sich um ältere Abraumhalden, haben sich auch andere Pflanzen eingestellt, vor allem die Besenheide (*Calluna vulgaris*).

In der Nachbarschaft von Hüttenplätzen sind oftmals auch noch Flächen mit Pochsand erkennbar. Dabei handelt es sich um kleine Trümmer des erzführenden Gesteins. Sie sind bei der mechanischen Zerkleinerung des geförderten, erzhaltigen Gesteines entstanden. Auch diese Standorte zeichnen sich häufig durch Trockenheit und entsprechende Flora aus. Wie bei den Abraumhalden dauert es längere Zeit, bis sich der Wald auf diesen Flächen wieder einstellt.

Sofern in Abraumhalden oder Pochsandflächen Gesteinsstücke mit Schwermetall-Verbindungen enthalten sind, ist es für die meisten Pflanzen nicht möglich, dort zu gedeihen. Angezeigt wird der Schwermetallgehalt durch eine Reihe von Spezialisten, die in der Lage sind, auf solchen Standorten zu wachsen. Zu dieser Galmei-Flora gehören unter anderem die Hallersche Strandnelke (*Armeria halleri*), der Kriechende Taubenkropf (*Silene inflata* ssp. *repens*) und die Harz-Miere (*Minuartia verna* ssp. *hercynica*). Sie blühen über einen großen Teil der Vegetationszeit hinweg und fallen durch ihre leuchtend weißen und rosafarbenen Blüten ebenso auf wie durch ihre geringe Blattmasse. Auf Schlackenhalden mit höherem Schwermetallgehalt ist diese Gesellschaft allerdings meist besser entwickelt und erreicht eine größere Wuchsdichte.

Eine weitere, die Diversifizierung der Vegetation bewirkende Kausalkette ergab sich im Zusammenhang mit der Viehweide. Sie führte von der Waldweide im Ahorn-Buchenwald über die Benachteiligung der Laubbäume durch Verbiss und die so bewirkte relative Begünstigung der Fichte schließlich zur Begründung der Fichtenforsten. Die Versorgung des Viehs erfolgte nun durch die Nutzung von Offenlandflächen, den Weiden und Bergwiesen. Diese hatten zuvor in dem von Natur aus bewaldeten Oberharz – abgesehen von unbewaldeten Flächen der Hochmoore – nahezu vollständig gefehlt. Die anthropo-zoogene Nutzung hat demnach die Entstehung von Vegetationsformen bewirkt, die heute mit ihrer bunten Blütenfülle im Juni kennzeichnend für den Oberharz sind.

Infolge der aktuellen Einschränkung der Oberharzer Viehwirtschaft ist es derzeit allerdings nur durch Maßnahmen des Naturschutzes möglich, diese floristisch und ökologisch wertvollen Grünlandflächen zu erhalten. Dazu ist die Aufrechterhaltung einer möglichst extensiven Nutzung erforderlich.

Langfristig ist vermutlich auch die Existenz der flächendeckenden Fichtenforsten als Massenvegetation nicht gewährleistet. Den oben dargelegten Ergebnissen der historischen Geobotanik und der modernen ökologischen Einsichten folgend gibt es derzeit Bemühungen um eine Förderung der ehedem standortgemäßen Laubwaldbäume. Bei fortgeschrittener Rohhumusbildung und Podsolierung dürften sich dabei allerdings erhebliche Schwierigkeiten einstellen.

Im Zusammenhang mit der Erzförderung und dem dazu erforderlichen Wasser-Management wurden im Oberharz seit dem 18. Jahrhundert Talsperren und Grabensysteme in mühsamer Arbeit angelegt. Nachdem inzwischen auch der letzte Bergbau stillgelegt worden ist, ändert sich jedoch die Funktion der den Wasserhaushalt regulierenden Einrichtungen. Die Oberharzer Teiche sorgen für eine in dieser Höhenlage natürlicherweise nicht vorhandene Vielfalt an Feuchtbiotopen. Sie bleiben heute dank des Naturschutzes weitgehend erhalten und tragen zur standörtlichen Diversifizierung bei. Die größeren, erst im 20. Jahrhundert erbauten Talsperren werden weiterhin ihre Aufgaben erfüllen, Wasser für die Versorgung der Menschen im engeren und weiteren Umland zu speichern und bei Hochwassergefahr den Abfluss zu regeln.

Die ehemals wichtige Bergbau- und Hüttentätigkeit hat offensichtlich zur Entstehung einer Fülle unterschiedlichster Standortstypen mit entsprechender Pflanzen- und Tierwelt geführt. Viele stehen heute unter Naturschutz und haben daher die Chance, trotz Aufgabe ihrer ursprünglichen Rolle erhalten zu bleiben. Zugleich tragen sie zur Vielgestaltigkeit der Landschaft im Oberharz bei und wirken sich so auch förderlich auf den Tourismus aus. Die heutige Erholungslandschaft profitiert demnach von den auf uns überkommenen Zeugnissen der frühen Bergbau- und Industrielandschaft.

Doch auch am Rande des Harzes findet der Besucher zahlreiche Kulturdenkmale und andere Sehenswürdigkeiten. Sie liegen vor allem in einem Kranz von Städten an der Mündung der aus dem Harz kommenden Täler. Diese Siedlungen bildeten seit alters her wichtige Umschlagszentren für die Versorgung der Berg- und Hüttenleute mit Nahrungsmitteln und Gütern ihres täglichen Bedarfs. Der durch Handel und Handwerk entstehende Gewinn bildete eine wichtige Grundlage für den Reichtum dieser Städte. Wunderschöne romanische Kirchen bezeugen dies ebenso wie reich verzierte Fachwerkhäuser und schmucke Rathäuser. Mindestens ebenso wichtig für die Entwicklung des Reichtums in diesen Städten waren aber auch die aus dem Harz exportierten Metalle, insbesondere das Silber. Dieses Edelmetall gehörte zur Zeit der Sachsenkaiser sogar zu den elementaren Grundlagen der weltlichen Herrschaft in Deutschland.

Die Stadt Goslar, die seit geraumer Zeit zum Weltkulturerbe der UNESCO gezählt wird, hat eine lange Geschichte, die letztlich auf der jeweils zeitgemäßen technologischen Nutzung des naturräumlichen Potentials beruht. Insofern hängt auch die Zerstörung der ursprünglichen Ahorn-Buchenwälder und die Begründung der Fichtenforste oder die Rolle des montanen Grünlandes mit der Entwicklung eines Weltkulturerbes zusammen.

Es ist erstrebenswert, dass sich das Wissen von der Verknüpfung ökonomischer Strukturen mit ihren ökologischen Konsequenzen ebenso durchsetzt wie die Erkenntnis von der historischen Bedingtheit des heutigen Lebens. Mögen diese Einsichten immer mehr das verantwortliche Handeln in Gegenwart und Zukunft bestimmen. Der durch die interdisziplinäre Forschung zur Montanwirtschaft im Oberharz bislang erreichte Forschungsstand könnte auch dazu eine gute Grundlage bieten.

Abbildungsnachweis
Verfasser.

Der Bergbau – Ein Überblick

Christoph Bartels

Schon der älteste uns bekannte Bergbau und dessen enge Verknüpfung mit dem kultisch-religiösen Bereich und Jenseitsvorstellungen weisen nachdrücklich darauf hin, dass wir es bei der Beschäftigung mit dem Montanwesen mit mehr zu tun haben als mit einer speziellen Wirtschaftsbranche und einem spezifischen Feld der Technik. Die Rede ist von der bergbaulichen Gewinnung von Rotocker. In bis zu zwei Meter tiefen Gruben wurde das Material schon vor etwa 60000 Jahren am Plattensee beim ungarischen Lovas ergraben. Man verwendete das Material zur Einbettung von Toten bei der Bestattung und es lieferte Farbpigmente für die berühmten Höhlen- und Felsmalereien der Steinzeit, bei denen es sich nach jüngeren Feststellungen der Prähistorie um Zeugnisse von bereits ausdifferenzierten religiösen Vorstellungswelten handelt, nicht um einfachen Jagdzauber, wie man früher annahm. Nach den Interpretationen der Fachleute symbolisierte der rote Ocker die Farbe des Blutes und damit des Lebens. Die Einbettung der Toten in diesen Farbstoff kündet demzufolge von einem Jenseitsglauben, der so alt ist wie der Neandertaler.

Im südlichen Afrika und in Australien sind Rotocker-Gruben der Ur-Einwohner bekannt, deren Anfänge wohl an die 30000 Jahre zurückreichen. Bergbauliche Gewinnung des Materials, unter Tage, hat dort über die Jahrtausende hinweg weite Hohlräume entstehen lassen. Das Betreten der Gruben und der Abbau des roten Farbstoffes war, wie aus Australien bekannt ist, von rituellen Handlungen verschiedener Art begleitet, die wohl der Versöhnung der Erde wegen dieser Eingriffe in ihr Inneres gedient haben mögen. Hier diente der rote Ocker nicht zuletzt für zeremonielle Körperbemalungen.

Auf der Mittelmeerinsel Thasos untersuchte das Deutsche Bergbau-Museum Rotocker-Gruben (Abb. 1), die um 27000 Jahre alt sind und damit während der Zeitperiode entstanden, aus der viele der berühmten steinzeitlichen Höhlenmalereien stammen, so auch in der vor noch nicht langer Zeit entdeckten Grotte Chauvette im südfranzösischen Tal der Ardèche. Auf Thasos wurde unter Tage, in regelrechten Bergwerken, der begehrte Farbstoff gewonnen. Es handelt sich hier um den ältesten europäischen Untertage-Bergbau, der das Bild von der seinerzeitigen Kultur der Jäger und Sammler beträchtlich verändert. Die schwierige, mühsame und gefahrvolle Arbeit der bergbaulichen Gewinnung von Mineralien hat damit von Anfang an eine enge und direkte Verbindung auch zu den Interpretationen des Lebens und der Welt durch die Menschen, zu ihren Jenseitsvorstellungen und -träumen (Slotta/Bartels 1990).

Sehr bald schon wurde das Montanwesen auch in einem anderen wesentlichen Bereich jenseits der rein wirtschaftlichen Funktionen bedeutsam. Die früheste Annäherung der Menschen an die Metalle wird ebenfalls mit dem Bereich des Magischen und Religiösen in Verbindung gebracht. Der berühmte Kulturphilosoph Mircea Eliade stellte magisch-religiöse Beziehungsfelder im Beruf des Schmiedes schon in den 1950er Jahren anhand der Untersuchung alter Überlieferungen fest (Eliade 1992). Bestätigt wurde seine Auffassung durch den Fund von Gräbern bei Varna in Bulgarien aus dem 4. vorchristlichen Jahrtausend, in denen die Werkzeuge des Schmiedes mit Goldverzierung auftreten und damit von besonderer Verehrung des Berufs und hohem sozialem Prestige des Metallkundigen zeugen. Die Gewinnung von Metallen in kleinen Mengen und zunächst wohl für vielfache kultische Zwecke reicht weit in die Steinzeit zurück, wie neuere Forschungen erweisen (Hauptmann 1985).

Noch im ausgehenden 15. Jahrhundert kündet eine Dichtung in lateinischen Versen von einem Verhältnis der Gesellschaft zum Bergbau, das wesentliche Komponenten jenseits wirtschaftlicher Nützlichkeit enthält und eine erhebliche Beunruhigung der Menschen über ihr eigenes Tun erkennen lässt. In der Dichtung des Paulus Niavis aus Schneeberg im Erzgebirge, entstanden um 1485, werden die bergbautreibenden Menschen vor dem höchsten der antiken Götter, Jupiter, des schleichenden Mordes an der Mutter Erde angeklagt. Ihre Tätigkeit zerwühle ihre Eingeweide und zer-

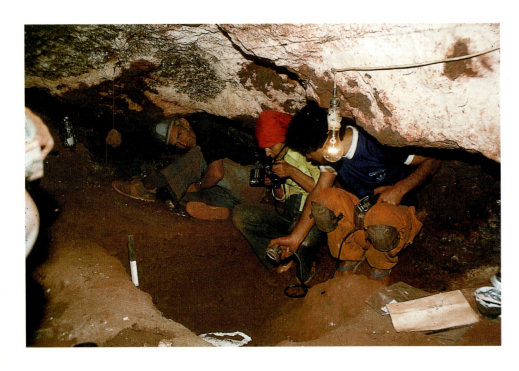

1 Prähistorischer Abbau von Rotocker auf Thasos, Blick in einen Grubenbau.

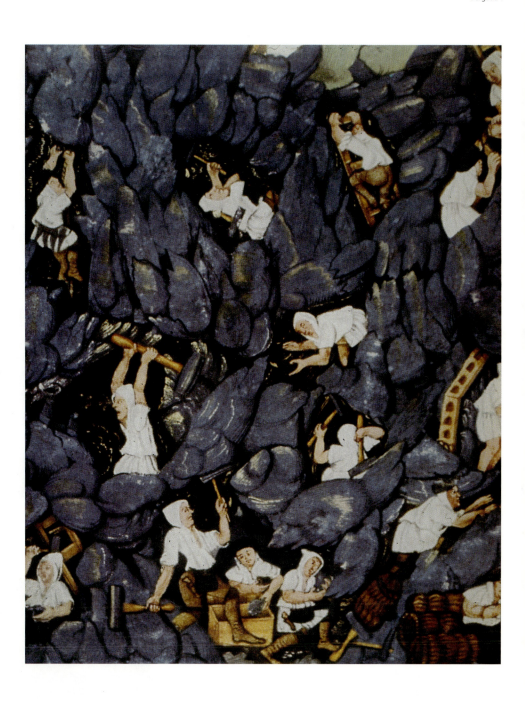

2   Bergarbeit um 1500, Kanzionale von Kuttenberg, ca. 1485 (Original österreichische Nationalbibliothek, Wien).

störe ihren Leib (Abb. 2), die der Erde zugefügten Verletzungen müssten auf die Dauer zu ihrem sichern Tod führen. Die Verteidigung der Bergbautreibenden betont die Notwendigkeit und Nützlichkeit der Metalle und ihres Gebrauchs im Rahmen zahlreicher Lebensverrichtungen. Sie seien verborgen und würden nicht freiwillig herausgegeben, man könne sie nur dem Erdboden unter Mühe und Gefahr entreißen; die Erde verhalte sich hier gar nicht mütterlich, indem sie ihren Geschöpfen die doch unbedingt benötigten Metalle nicht geben wolle. Hinter dem Disput steht die uralte Vorstellung von einer Heiligkeit der Erde und dem lebendigen, leiblichen Charakter des Erdinneren, von der Herkunft der Minerale aus der Matrix (Gebärmutter) der Erde und damit ihrer Heiligkeit als einer Art Mitgeschöpf des Menschen, Gedanken, die auch hinter zentralen alchimistischen Deutungen der Materie erkennbar sind. Noch die Vorstellungswelten des 16. Jahrhunderts knüpften damit an uralte Denkmuster an, die unter dem Eindruck globaler Umweltgefährdung durch menschliche Tätigkeit gegenwärtig teils neue Aktualität erhalten (vgl. Bartels 1996b).

Die zahlreichen, bis ins 16. Jahrhundert und darüber hinaus lebendigen Vorstellungen von allerlei bösen und guten Geisterwesen, die das Unterirdische bevölkerten und den Bergbautreibenden überaus gefährlich aber auch nützlich sein könnten, bewahren magisch-religiöse Vorstellungswelten. Das Erz wird als Geschenk Gottes betrachtet, und die Mahnungen, dass die Gewährung oder Versagung des Gottesgeschenks von der Lebensführung der Nutznießer insgesamt und ganz besonders der Bergleute letztlich abhänge, durchzieht noch im 16. Jahrhundert die Vorstellungswelt auch eines eher technisch ausgerichteten „Montanisten" wie des berühmten Georgius Agricola, dessen Werk „Zwölf Bücher vom Berg- und Hüttenwesen" 1556 veröffentlicht wurde.

Schon vor dem Beginn der Metallzeitalter, während der Jungsteinzeit, wurde Bergbau zu einem unverzichtbaren Zweig der Produktion: Nur bergbaulich konnte man in ausreichender Menge den Feuerstein (Flint), den „Stahl der Steinzeit", als wichtigsten Rohstoff für Werkzeuge gewinnen. Entsprechende Bergwerksanlagen der Epoche haben sich in Belgien und Frankreich, England, Dänemark, Polen und auch Deutschland erhalten. Seit dieser Epoche sind Zivilisation und ihre Errungenschaften ohne Bergbau schlechthin unvorstellbar. Ohne Bergbau gäbe es weder die zunächst steinernen, später metallenen Werkzeuge und Gegenstände, ohne die vom Alltag bis zur religiösen Zeremonie, von der Feldbestellung bis zur kriegerischen Auseinandersetzung keine Existenz menschlicher Gesellschaft mehr denkbar ist. Und wo einmal bergbaugestützte Zivilisation eindrang, hatten menschliche Lebensformen ohne die entsprechenden Hilfsmittel der Zivilisation bald keine dauerhafte Überlebenschance mehr.

Jedes Kind lernt in der Schule Entwicklungsstufen der Menschheitsgeschichte anhand von Bergbauprodukten zu unterscheiden: Steinzeit, Bronzezeit, Eisenzeit. Dennoch ist die außerordentliche Bedeutung des Bergbaus und seiner Produkte kaum im gesellschaftlichen Bewusstsein verankert, die Kenntnis seiner Geschichte ist weit weniger verbreitet als hinsichtlich anderer Tätigkeitsfelder.

Wohl schon sehr früh war der Bergbau eine Tätigkeit von Spezialisten, die nicht etwa gelegentlich einmal, neben anderen Tätigkeiten, auch einige Mineralien gewannen. Man vermutet, dass schon bei der jungsteinzeitlichen Feuersteingewinnung Spezialisten im „Hauptberuf" mindestens mit am Werk waren. Klar wird dies für die Metallgewinnung von den Zeiten des alten Ägypten an. Hier haben wir es sowohl bei den Berg- als auch bei den Hüttenleuten offensichtlich mit professionellen Spezialisten zu tun. Fließende Übergänge gab es aber wohl lange bei der Erzeugung von Eisen. Hier scheint die Tätigkeit von Bergbau- und Hüttenspezialisten in der Erzeugung von zum Beispiel Stählen für die Waffenherstellung neben der Erzeugung von Eisenluppe in kleinen, einfachen Öfen und geringen Mengen gestanden zu haben, die sich auf oberflächennahe Erzanreicherungen (zum Beispiel Raseneisenerze) stützte und durchaus als bäuerlicher Nebenerwerb vorstellbar ist. In der Oberpfalz gab es noch im 15. Jahrhundert Bergbau auf Eisenstein in „Kampagnen" von nur einigen Wochen Dauer mit mehrmonatigen oder auch mehrjährigen Unterbrechungen des Abbaus. Die Gewinnung von Buntmetallen, zumal von Silber oder Gold, war im Bergwerksbetrieb Arbeit von Spezialisten. Die Goldwäscherei aus Flusssedimenten allerdings konnte auch einen Nebenerwerb neben anderer Tätigkeit bilden (vgl. Bartels 1990).

Bergbau in der Harzregion

Wann im Harzraum die bergbauliche Gewinnung von Mineralien begann, ist nicht bekannt. Die bisher ältesten Spuren verweisen, noch unscharf, in die Bronzezeit. Hier könnte die Nutzung der Bunterzlagerstätten des Harzes begonnen und auf die Kupfererze gezielt haben, die Anteile sowohl der Lagerstätte des Rammelsberges bei Goslar als auch der Gangerzlagerstätten des Oberharzes bilden. Am Rammelsberg wie im Oberharz traten die Vererzungszonen an die Erdoberfläche und konnten dort leicht angehauen und von hier ausgehend verfolgt werden. Die Nutzung der Eisenvorkommen des Harzes lässt sich bis etwa zum Beginn des 1. Jahrtausends n. Chr. sicher zurückverfolgen, die der Bunterzvorkommen des Rammelsbergs bis in die späte römische Kaiserzeit. Jüngere Funde im Oberharz sprechen für eine Nutzung der dortigen Erzlagerstätten bereits im 6. bis 8. Jahrhundert, mithin schon vor der fränkischen Eroberung der Region im Rahmen der Sachsenkriege Karls des Großen im letzten Drittel des 8. Jahrhunderts, die mit der Unterwerfung und Taufe des Sachsenherzogs Widukind 785 im wesentlichen beendet waren (vgl. Klappauf / Linke 1997).

Erst nach etwa 950 fällt aus den schriftlichen Überlieferungen ein etwas deutlicheres Licht auf den Bergbau im Harzraum, der zur Zeit Ottos I. (des Großen, 912 bis 973, König 936, Kaiserkrönung 962) einen erheblichen Aufschwung erlebte. Massenhafte Münz-

3   Rammelsberg bei Goslar, „Ratstiefster Stollen", angelegt im 11./12. Jahrhundert, 1271 erstmals erwähnt, mit farbigen Aussinterungen von Metallsalzen.

4   Rammelsberg bei Goslar, „Feuergezäher Gewölbe", Kammer in gotischer Spitzbogen-Ausmauerung zur Aufnahme eines unter Tage installierten Wasserrades, 13./14. Jahrhundert.

prägungen aus dieser Zeit, die sogenannte „Sachsen-" und „Otto-Adelheid-Pfennige", belegen den Aufwärtstrend. Er drückt sich auch in der Dichte der archäologischen Überlieferung aus.

Mit dem 11. Jahrhundert wird ein schon erheblicher Bergwerksbetrieb am Rammelsberg bei Goslar fassbar (Abb. 3), der zum Beispiel im Zeitraum 1047 bis 1050 die Kupferplatten für die

5 Bergbaulandschaft im Harz um 1750, Ausschnitt aus „Prospecte des Hartzwaldes", Homanns Erben, um 1750 (Original Deutsches Bergbau-Museum, Bochum).

Dächer des Goslarer Doms lieferte. Durch seine enge Verbindung mit der Entwicklung der Stadt Goslar ist der Bergbau am Rammelsberg in der schriftlichen Überlieferung etwas besser repräsentiert als die entsprechende Aktivität im Oberharz, für die wir vor 1200 ganz auf die archäologischen Funde und Befunde angewiesen sind (Bartels 1997b).

Die einzelnen Erzgruben bildeten ziemlich kleine, in der Lagerstätte neben- und übereinander gestaffelte Abbaueinheiten, die jeweils von wenigen Personen betrieben wurden. Bald allerdings erhielten sie Verbindungen untereinander; zwecks Abgrenzung der Einzelgruben gegeneinander wurden Vermessungsarbeiten nötig. Durchschläge entstanden; zur Förderung, Abführung der Grubenwässer (Wasserhaltung) und Frischluftzufuhr (Bewetterung) waren gemeinsame Strecken und Schächte zu nutzen. Mit fortschreitendem Abbau wuchs so der Betrieb vieler kleiner Einzelgruben im technischen Sinn immer enger zusammen. Zwecks Regelung eventueller Streitpunkte entwickelte man eine Fülle bergrechtlicher Bestimmungen, die um die Mitte des 14. Jahrhunderts ein nur mehr schwer zu durchschauendes Geflecht bildeten.

Die Überlieferung aus dem Harzraum verdeutlicht, dass hier, wie in anderen bedeutenden Erzrevieren auch, nach einer Blütezeit des Bergbaus im 12./13. Jahrhundert die bis dahin entwickelten Strukturen und Techniken immer weniger zur Weiterführung einer effektiven Erzproduktion ausreichten. Die Gewinnungspunkte rückten technisch immer näher zusammen, waren immer stärker aufeinander angewiesen, blieben jedoch rechtlich vielfach geteilt, zersplittert und damit konkurrierenden Interessen unterworfen.

Was jahrzehntelang einen erfolgreichen Bergbaubetrieb in noch nicht sehr tiefen und verhältnismäßig kleinen Bergwerken ermöglicht und gefördert hatte, begann langsam zu einem Hindernis für eine Weiterentwicklung zu werden, die im Bergbau vor allem größerer Einheiten des Betriebs zur Lösung der Probleme aus fortschreitender Tiefe und Ausdehnung der Abbaue verlangte (Abb. 4). Als dann am Rammelsberg ab etwa 1300 die Kupfererze langsam zur Neige gingen, die die dortige Produktion vor allem getragen hatten, begann sich eine Krise zu entwickeln. Sie verschärfte sich allmählich, bis das Zusammentreffen verschiedener widriger Umstände um 1360 die Probleme so sehr verschärfte, dass die Produktion zusammenbrach (Bartels 1997b). Dies traf für den ganzen westlichen Harzraum zu, für den Gangerzbergbau im Oberharz haben wir aber kaum detaillierte Nachrichten über die Entwicklung vor 1350. Der Bergbau erfuhr eine fast völlige Unterbrechung für etwa ein Jahrhundert, was den Rammelsberg angeht, im Oberharz vergingen über 170 Jahre, ehe sich neue Aktivität von erheblichem Umfang wieder regte.

Die nachmittelalterliche Entwicklung des Bergbaus im Harz stellt aufgrund der Unterbrechung nach 1360 eine ganz neue Entwicklungsepoche des dortigen Montanwesens dar. Sie wird in der Betrachtung zur Rolle und Bedeutung der Metalle nach 1450, am Übergang zwischen Mittelalter und Neuzeit sowie während der Frühneuzeit etwas näher umrissen. Nach einer Epoche der Vorherrschaft der Stadt Goslar eroberten die Landesfürsten die Führungsrolle im Bergbau, den sie einheitlich für ihr ganzes Territorium organisierten und führten. Damit wurde die Zersplitterung

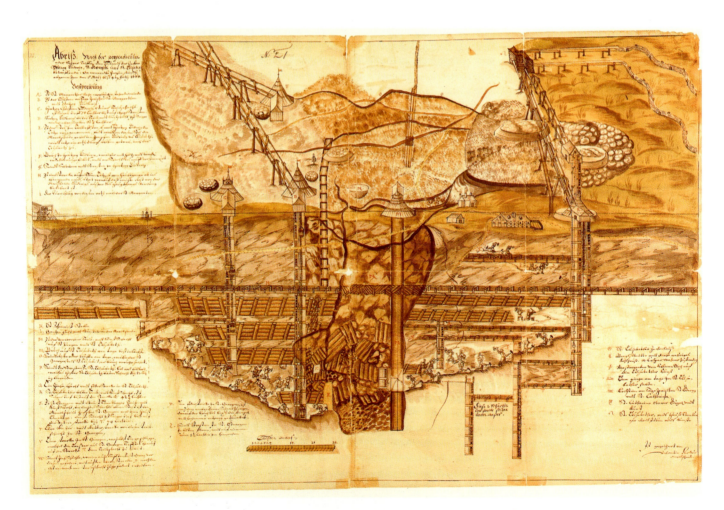

6 Seigerriss der Gruben Herzog Christian Ludwig, St. Georg und St. Elisabeth im Burgstätter Gangzug bei Clausthal, kolorierte Federzeichnung mit Erläuterungstexten, Markscheider Valentin Decker, 1668 (Original Preussag AG Metall, Erzbergwerk Rammelsberg, Goslar).

des Bergbaus gegen Ende der mittelalterlichen Blütezeit beseitigt und der Weg für neue Techniken und Organisationsweisen geöffnet. Schritt für Schritt entfaltete sich ein bergbaulicher Großbetrieb, der dann im 18. Jahrhundert in industrielle Dimensionen überführt wurde (Abb. 5, 6).

Verarbeitung der Erze

Für die hüttentechnische Verarbeitung der Erze sowohl aus dem Rammelsberg als auch aus den Gängen des Oberharzes war man auf die Wälder des Harzgebirges angewiesen, die die Grundlage der Erzeugung des unentbehrlichen Energieträgers Holzkohle darstellten. Archäologische Befunde und Schriftquellen lassen annehmen, dass schon früh der Besitz von Wald ausschlaggebend für die Verarbeitung der Erze war. Verfügung über Waldbesitz war ganz entscheidend für die Möglichkeit, aus dem bergbaulich gewonnenen Rohstoff Gebrauchsmetalle herstellen zu können. Die Besitzer größerer Bergbaubeteiligungen waren daher stets bestrebt, sich auch umfangreichen Waldbesitz zu sichern (Bode 1928. Rosenhainer 1968).

Anfangs schaffte man das Erz aus dem Bergwerk in die Wälder zum Standort der Holzkohlenerzeugung, oftmals über weite Strecken, wie am Beispiel der Erze aus dem Rammelsberg besonders deutlich wird. Die frühe Hüttentechnik bediente sich kleiner Schmelzöfen mit kurzer Lebensdauer, die offenbar stets in möglichster Nähe zum gerade für die Holzkohlenerzeugung genutzten Forstbereich in den Höhenlagen mit günstiger Zuwegung errichtet wurden. Nach 1200 vergrößerte man die Schmelzöfen, und man blies die zum Erreichen der Schmelztemperaturen nötige Luft mit wasserradgetriebenen Blasebälgen (statt wie zuvor mit durch menschliche Kraft bewegten Bälgen) in die Öfen ein. Damit wurde eine Lage der Hütten an den Fließgewässern erforderlich – man transportierte nun Roherz und Holzkohle zu den Verhüttungsanlagen. Die Bergwerke waren jedenfalls von der Frühzeit ihrer Nutzung an untrennbar mit dem Wald und den nur mit Hilfe des Holzes zu betreibenden Hütten verbunden, Bergwerks- und Waldbesitz waren eng aufeinander bezogen. Wie im Abriss der Rolle der Metalle in der Geschichte gezeigt wird, blieb diese gegenseitige Abhängigkeit in wechselnden (politischen) Konstellationen bestehen, solange Holzkohle der hauptsächliche Energieträger blieb, das heißt bis ins Industriezeitalter hinein.

Die Krise des Montanwesens nach 1360 wurde schon von Zeitgenossen des 16. Jahrhunderts auch mit Holzknappheit begründet (Denker 1911). Als nach 1470 bei Goslar am Rammelsberg, ab 1524 im Oberharz der Bergwerksbetrieb wieder auflebte, hatten sich die Wälder erholen können. Aber schon gegen Ende des 16. Jahrhunderts wurden wieder Klagen über Holzmangel laut, der den Bergwerksbetrieb zu beeinträchtigen drohte. Eine rasche Konzentration der Hüttenanlagen an wenigen Standorten und erhebliche Verbesserung ihrer Leistungsfähigkeit Ende des 16. und Anfang des 17. Jahrhunderts erlaubten es, nach etwa 1650 rasch ansteigende Metallmengen zu produzieren (Bartels 1992b).

Als um 1710 die Erschließung bis dahin unbekannter, sehr silberreicher Erzvorkommen bei Clausthal gelang, nachdem man schon etwas zuvor bei Lautenthal reiche Erzreserven in Abbau genommen hatte, entwickelten sich in der ersten Hälfte des 18. Jahrhunderts die „Goldenen Jahre" des Harzbergbaus. Sowohl der Hannoversche Kurstaat als auch private Bergbaubeteiligte zogen beträchtliche Reichtümer aus dem Erzbergbau, der inzwischen ein europäisches Zentrum des Montanwesens bildete. Die reichen Gewinne halfen, eine fortgeschrittene Bergbautechnik zu entwickeln und zu erproben, die von der zweiten Hälfte des 18. Jahrhunderts an zu einem der Fundamente industrieller Bergbauentwicklung wurde. Wirtschaftlicher Erfolg und fortgeschrittene Technik führten zur Begründung des zweiten Elements, auf dem dann industrieller Bergbau sich entfaltete: Der Montanwissenschaften und Geowissenschaften. Die Entwicklung im 18. Jahrhundert verdeutlichte ihren Wert und ihre Notwendigkeit für eine Fortentwicklung des Bergbaus, freilich nicht ohne verschiedene Konflikte, Irrwege und Rückschläge. Aber bis 1775 war der Weg zur Gründung der Bergakademie Clausthal frei, Keimzelle der heutigen Technischen Universität und lebendige Weiterentwicklung aus der langen Tradition des Harzer Montanwesens heraus.

Abbildungsnachweis
1 G. Weisgerber, 2, 4-6 Archiv, 3 C. Bartels (Deutsches Bergbau-Museum, Bochum).

Die Ursprünge des Silber-Bergbaus im Mittelalter: Wirtschaft und Münzgeld

Heiko Steuer

Wirtschaft als Triebkraft: Bergbau als Innovation

Zu jeder Zeit war menschlicher Erfindungsreichtum gefordert und erfolgreich, wenn es galt, wirtschaftliche Engpässe zu überwinden, wenn Grenzen überschritten werden mussten. Die Dynamik gesellschaftlicher Entwicklung führte immer wieder an solche Grenzen, wenn Bevölkerungszunahme einerseits, aber auch wachsender Bedarf an Lebensqualität andererseits die vorhandenen Ressourcen erschöpfte.

Das bedeutet beispielsweise, wenn roter Farbstoff zur kultischen Bemalung des Körpers oder zum Bestreuen der Toten im Grab gebraucht wurde, dann fand man ihn auch. So haben schon die Menschen der Steinzeit vor mehreren 10000 Jahren Bergwerke gegraben, um Hämatit, roten Ocker, zu gewinnen (Goldenberg / Maass 1999, 21 ff. Goldenberg / Steuer 1998, 197–201). In der Jungsteinzeit nahm der Bedarf an qualitätvollem Feuerstein (Flint) zur Herstellung von Werkzeugen aller Art so zu, dass aufgesammelte Knollen nicht mehr ausreichten, sondern Bergwerke gegraben wurden, um im Untergrund Lagerstätten mit bergfrischem Flint zu erschließen. Da der Rohstoff jedoch nicht überall zu gewinnen war, entwickelten sich komplexe Verteilungsmuster, die nicht einfach nur als Handel bezeichnet werden können. Wer über Lagerstätten verfügte, konnte Monopoldenken entwickeln.

Als seit der Bronzezeit (seit 2200 v. Chr.) Kupfer und nach Legierung mit anderen Metallen Bronze als Rohmaterial für verbesserte und funktionsgerechtere Werkzeuge, auch Schmuck, gewünscht war, wurden kupferhaltige Erzlagerstätten gefunden und durch weiter verbesserte Abbaumethoden in tief in das Gebirge reichenden Bergwerken gewonnen.

Ähnlich überall vorhanden, sogar in bedeutend größeren Mengen, sind Eisenerze, einerseits Gangerze, deren Gewinnung wiederum den Ausbau von Bergwerken verlangte, andererseits aber überall im flachen Land vorhandene Raseneisenerze oder ähnliche oberflächennahe Mineralisationen. Seit Beginn der Eisenzeit um 850 v. Chr. im Europa nördlich der Alpen wurde die Bronze als Material für Werkzeug und Gerät, aber auch teilweise für Schmuck, abgelöst. Nachdem die Verhüttungstechnik entwickelt war, Roheisen aus diesen Erzen zu gewinnen, konnte bald jeder sich mit diesem Metall versorgen.

Gold als Material für Schmuck und Rangzeichen war immer sehr viel leichter zu gewinnen, da fast alle Flüsse das Metall – aus den Lagerstätten der Gebirge – mit sich führten und das Gold ausgewaschen werden konnte. Gold steht in der Rangskala der Metalle seit Beginn und bis in die Gegenwart an der obersten Stelle; deshalb wurde Gold auch zuerst zu Münzen geformt. Ein Goldbarren wird zur Münze, wenn eine Obrigkeit den Feingehalt und die Gültigkeit als Zahlungsmittel durch einen Stempel bestätigt und garantiert. Von den Griechen abgeschaut, wo keltische Söldner Goldmünzen als Bezahlung für Kriegsdienste erhielten, haben im Europa nördlich der Alpen erstmals im 3. Jahrhundert v. Chr. Kelten ein Münzwesen eingeführt.

Das Römische Reich und der Bergbau: Silber als Währungsmetall

Silber übernahm dieselbe Funktion als Währungsmetall. In der Natur kommt es kaum – im Gegensatz zum Gold – gediegen, das heißt rein vor, zumeist ist es aus polymetallischen Erzen in komplexen Verhüttungsprozessen erst zu gewinnen. Dieses Metall ist für Werkzeuge nicht geeignet und wurde nur als Schmuck oder in Gestalt von Gefäßen verwendet, wofür sich alte Kulturen und Völker jedoch nicht sehr häufig entschieden haben. Silber wurde aber bald, so bei den Kelten und bei den Römern, zu einem entscheidenden Münzmetall. Die römische Zivilisation schätzte zudem silbernes Tischgeschirr in großen Servicen. Ranghohe Familien zeigten ihren Reichtum Gästen gern durch die Bewirtung mit derartig luxuriösem Tafelgeschirr. Der berühmte Hildesheimer Silberschatz aus der Zeit des Augustus, gefunden 1868, umfasst immerhin 74 kg Silbergeschirr, was mehr Silber ist, als sonst in der gesamten germanischen Welt bisher gefunden wurde. Es könnte sich um das Tischgeschirr des Varus oder eines anderen hohen römischen Offiziers gehandelt haben, das nach der Niederlage der Römer im Jahre 9 n. Chr. in der Schlacht am Teutoburger Wald erbeutet und später versteckt worden ist. In der römischen Stadt Augusta Raurica/Kaiseraugst bei Basel wurde erst 1961/62 ein ähnlich umfangreicher Schatz mit silbernem Tafelgeschirr des 4. Jahrhunderts gefunden. So könnten auch im Mittelalter Schatzsucher derartige Silbermengen aus römischer Zeit entdeckt und umgeschmolzen haben.

Silber war im Römischen Weltreich begehrt und zugleich Währungsgrundlage. Daher wurde das Metall in mehreren Provinzen gewonnen, so vor allem in Griechenland und auf der Iberischen Halbinsel. Aber auch nördlich der Alpen gab es römische Silber- und Bleibergwerke, so im Taunus und im Schwarzwald. Andere Bergwerke versorgten die römische Welt mit Kupfer oder auch Messing (als Galmei). So gab es alles, was damals für den zivilisatorischen Bedarf gewünscht wurde.

Die römischen Silbermünzen, Denare, oder die römischen Goldmünzen, zuerst Aurei und seit Konstantin dem Großen Solidi (was mit unseren Wörtern „solide" und „Sold" zusammenhängt, da germanische Krieger als Söldner mit Solidi bezahlt wurden) waren begehrtes Material in der germanischen Welt zur Weiterverarbeitung für Schmuck und Rangzeichen wie Arm- und Halsringe. Aller Silber- und Goldschmuck wurde aus umgeschmolzenen römischen Münzen oder Tafelgeschirr hergestellt. Während der Völkerwanderungszeit flossen ungeheure Mengen an Goldmünzen als Tribut zu den unruhigen Völkerschaften und Kriegerscharen, zu Germanen, Hunnen oder Awaren. Eigene Erzgewinnung und Verhüttung von Bunt- oder Edelmetallen war diesen Stämmen in der Regel unbekannt; es war auch leichter, das Metall als Beute oder Tribut zu erlangen, als durch mühsamen Abbau in Bergwerken zu fördern.

Während also im Römischen Imperium überall intensiver Bergbau betrieben wurde, um das hochzivilisierte Reich mit allen Rohstoffen zu versorgen, die über ein durchorganisiertes Fernhandelssystem auch alle Gebiete des Reiches erreichten, gab es in Mittel-, Nord- und Osteuropa anscheinend keinen Bergbau. Eisen wurde aus oberflächennahen Erzen zwar überall gewonnen, doch tiefreichenden Bergbau und komplizierte Verhüttungsverfahren sind nicht überliefert. Alle qualitätvollen Gerätschaften, aller Schmuck und viele Waffen hingen während der ersten Jahrhunderte nach Christi Geburt vom römischen Import ab. Gute Schwerter schmiedeten die Germanen nicht selbst, sondern besorgten sie sich aus dem Römischen Reich. Lanzenspitzen, Speerblätter und Hiebmesser jedoch konnte man aus heimischem Eisen herstellen. Gold-, Silber- und Bronzeschmuck erzeugten die germanischen Handwerker aus eingeschmolzenen römischen

Münzen oder Gefäßen; dass diese in ausreichender Zahl tatsächlich ins germanische Gebiet gelangten, zeigt allein schon die Überlieferung von Silber- und Bronzegeschirr vom Tischservice, das als Grabbeigaben in Körpergräbern oder als Urnen in Brandbestattungen überliefert ist. Die intensiven Beziehungen zwischen römischem Reich und germanischer Welt hatten aber auch zur Folge, dass Römer in die germanischen Gebiete vordrangen, wenn sie dort die begehrten Rohstoffe erlangen konnten.

So wurde beispielsweise im heutigen zentralen Polen in Rudki im Heilig-Kreuz-Gebirge (Świętokrzyskie-Gebirge) Eisen bergmännisch in beträchtlicher Tiefe und in ausgebauten Grubengebäuden gewonnen, und zwar in einem Umfang, dass er über den Bedarf der heimischen germanischen Bevölkerung weit hinausging (Bielenin 1978). Die örtliche Kultur, die Oder-Warthe-Kultur oder Przeworsk-Kultur, zeichnet sich dadurch aus, dass sie insgesamt mehr Eisen zu verwenden scheint als alle umliegenden Gruppen; nicht nur gibt es mehr Eisenwaffen als Grabbeigaben (das könnte allein ein anderer Bestattungsbrauch sein) als sonst, sondern auch der Fibelschmuck ist bevorzugt aus Eisen hergestellt. Trotzdem wird vermutet, dass dieser Untertagebau auf Veranlassung römischer Wirtschaftsleute oder unmittelbar unter römischer Regie organisiert wurde. Dafür könnte sprechen, dass im gesamten Umfeld die Zahl der römischen Münzfunde beträchtlich ist und das übliche Maß importierter Münzen überschreitet.

In der gegenwärtigen Forschung verdichten sich auch die Indizien, dass im Harz schon während der ersten nachchristlichen Jahrhunderte Erze gefördert wurden, um Kupfer und Silber zu gewinnen. Ob das völlig unabhängig bei den rund um den Harz siedelnden germanischen Gruppen entwickelt wurde, oder ob hier ebenfalls römisches Wissen eingesetzt wurde, muss weiter erforscht werden (vgl. Klappauf 1996b, 111. Ders. 1996c).

Insgesamt war die germanische Welt jedoch schon so intensiv von der römischen Zivilisation durchdrungen, dass diese Vorstellung viel für sich hat; auch heute organisieren in den sogenannten Entwicklungsländern Techniker und Ingenieure aus den hochentwickelten Staaten die Rohstoffgewinnung.

Die Gesellschaft zwischen Antike und Mittelalter: Autarkie ohne Bergbau

Nach dem Untergang des Weströmischen Reichs – das Oströmische Reich überlebte als Byzantinisches Reich weit bis ins späte Mittelalter – oder anders formuliert, nach der Umwandlung des Weströmischen Reichs in von Germanen bestimmte Königreiche veränderte sich die wirtschaftlichen Struktur vollkommen: Im Europa nördlich der Alpen verschwanden, entvölkerten sich die Städte. Städte als Zentralorte und Konzentrationspunkte für weit gespannten Handel und komplexes Handwerk sowie einer „Freizeitkultur" mit Theater und Zirkusspielen wurden nicht mehr gebraucht. Das Leben wechselte wieder zu einer weitgehend autarken Wirtschaftsweise in großen bäuerlichen Betrieben auf dem Lande. Etwas vereinfacht formuliert heißt das, die Personenverbände in Dörfern und adligen Großgehöften versorgten sich selbst. Die römischen Bergwerke kamen zum Erliegen; und zwar weil man sie nicht mehr benötigte.

Eisen konnte jeder überall gewinnen und verarbeiten; und die anderen Metalle, Gold und Silber, Kupfer, Bronze und auch Messing, waren bei stark geschrumpften Bevölkerungszahlen im Überfluss vorhanden. Es ging nun eher um einen neuen Verteilungsmodus, das heißt alles Metall wanderte je nach Machtfülle oder Bedarf in der damaligen Gesellschaft herum, wurde wiederverwendet und in neue Form gebracht. Neues Metall bergmännisch zu gewinnen, war nach dem Ende der antiken Welt nicht notwendig, da der Bedarf aus dem Vorhandenen gedeckt wurde und genug vorhanden war.

Fast ein halbes Jahrtausend blieben die wirtschaftlichen Strukturen so; doch gab es wie immer eine innere dynamische Weiterentwicklung. Die Bevölkerung wuchs zahlenmäßig wieder, Bedürfnisse nach Luxusgütern entwickelten sich, der Fernhandel nahm ein neues, größeres Volumen an – Märkte wurden gewünscht und installiert.

Auf den Märkten wurde Ware gegen Ware getauscht, aber manchmal auch mit Münzgeld bezahlt. Doch wurde das alte Geld zum Problem. Denn in Fortsetzung der römischen Prägung von Solidi aus Gold gaben die byzantinischen Kaiser Goldmünzen aus, und die germanischen Könige ließen ebenfalls Goldmünzen prägen, wobei einfach die spätrömischen und byzantinischen Vorbilder nachgeahmt wurden. Diese Goldmünzen, Solidi, wogen etwa 4,55 g; es gab auch Drittelstücke, Trienten, mit 1,5 g Gewicht. Die waren einfach zu wertvoll, und man konnte kleinere Sachen, Lebensmittel und Geräte damit nicht bezahlen; denn auch ein Umwechseln in kleinere Münzen war nicht möglich, da es sie nicht gab. Die Goldmünze war ein Prestige-Geld, man bezahlte mit Solidi Söldner für Kriegsdienste oder andere Gefolgschaftsleistungen. Es ist überliefert, dass sich die ranghohen Krieger des Königs Theoderich des Großen (471–526) einmal im Jahr in der Residenz Ravenna einzufinden hatten, um den Jahressold für sich und ihren Familienverband abzuholen, und das waren 3 Solidi.

Wirtschaftlicher Aufbruch in der Karolingerzeit

Der wirtschaftliche Aufbruch im 7. und vor allem im 8. Jahrhundert unter den Karolingerkönigen zog andere Entwicklungen und Veränderungen nach sich; voneinander abhängig, miteinander vernetzt waren Handel, Markt sowie Geld einerseits und Bedarf sowie gesellschaftliche Struktur andererseits. Es ist mehrfach schriftlich überliefert, dass die großen Grundherren im 8. Jahrhundert begannen, von ihren abhängigen Bauern Abgaben nicht nur in Gestalt von Dienstleistungen (Hand- und Spanndienste) oder als Lebensmittel zu fordern, sondern in Münzgeld. Doch woher sollten Bauern Münzgeld bekommen? Das ging nur auf dem Wege, dass weiterer produzierter Überschuss auf nahen Märkten gegen Geld verkauft werden konnte. Doch konnten das keine Goldmünzen sein, da diese einen viel zu hohen Wert besaßen.

Währungsreform im Mittelalter: Silbergeld als Münzen für den Markt

Die Lösung hatte sich schon zuvor ergeben, indem nämlich neues Geld, Silbermünzen oder Denare, eingeführt worden waren (Steuer 1999a). Das geschah unter königlicher Regie und war die Reaktion auf einen „weltweiten" Wandel im Handel. Im arabischen Kalifat hatte der Kalif Abd al Malik 696/697 eine erste Münzreform durchgeführt und für das islamische Weltreich eine neue Währung geschaffen. Sie bestand aus der Goldmünze, dem Dinar von 4,25 g, der Silbermünze, dem Dirhem von 2,97 g, und als Kleingeld aus Kupfermünzen. Im internationalen Handel wurde die Silbermünze, der Dirhem, zur Leitwährung.

In den schweren und damit wertvollen Solidi und Trienten im Merowingerreich der Franken während des 7. Jahrhunderts ersetzte immer mehr Silber das Gold, um durch diese Abwertung die Münzen für den Markt gängig zu machen. Das veranlasste nach dem Dynastiewechsel die Karolinger zu einschneidenden Münzreformen. Zuerst König Pippin (751–768) und dann Karl der

Große ersetzten die bisher – und nur noch scheinbar – gültige Goldwährung durch eine Silberwährung, wie das die Kalifen vorgemacht hatten. In einem Edikt von 755 heißt es, dass jetzt 264 Münzen, genannt Denare, aus einem Pfund Silber zu prägen seien. Das machte bei einem Pfund von 327,45 g für den Denar 1,24 g Silber aus; weitere Reformen unter Karl dem Großen folgten. Das Gewicht der Denare verringerte sich weiter. Die Münzen wogen jetzt durchschnittlich 0,978 g, das heißt 3 karolingische Denare entsprachen eigentlich 1 arabischen Dirhem.

Man diskutierte anscheinend im Abendland in höchsten politischen Kreisen über den Zweck der Münzreformen, Karl der Große schrieb in diesen Sachen an den bedeutenden König Offa (757/58-796) von Mercia in England, der sich der karolingischen Silberwährung anschloss und ebenfalls Silbermünzen prägen ließ, zuerst mit 1,3 g, später mit ca. 1 g Gewicht. Zuvor hatten die Handelsplätze in den verschiedenen englischen Königreichen, aber auch rund um die Nordsee, so im friesischen Dorestad und im dänischen Ribe, selbst Silbermünzen ausgegeben, die sogenannte Sceattas.

Überall hatten die politisch maßgebenden Kräfte also erkannt, dass für einen florierenden Handel und Marktbetrieb eine brauchbare Münzwährung zu etablieren sei, die auf Silber beruhte. Das Wertverhältnis zwischen Gold und Silber betrug damals 12 zu 1. Die Goldmenge eines Solidus von 4,55 g Gewicht entsprach dann (im Mittelwert) 4,55 x 12 = 54,6 g Silber. Wenn aus einem Pfund von 327,45 g Silber 240 Denare geprägt wurden, dann wog der Denar also theoretisch 1,36 g, waren es 264 Denare, dann wog das Stück 1,24 g; das heißt den 54,6 g Silber entsprachen theoretisch 44 Denaren. Somit stand der Marktwert beim Zahlungsverkehr im Verhältnis zwischen Solidus und Denar bei 1:44, in der Realität, da die Silbermünzen zumeist weniger wogen, bei rund 1:50 oder gar 1:60, zwischen Triens und Denar immer noch 1:15 bis 1:20 (vgl. Witthöft 1984. Ders. 1993b. Ders. 1997a). Dieser Werte-Sprung um mehr als eine Zehnerpotenz war die Lösung für die entstandenen Wirtschaftsprobleme. Jetzt gab es Münzgeld, mit dem man auf dem Markt alltägliche Güter und Lebensmittel kaufen und womit man seine Abgaben dem Grundherrn zahlen konnte. War der Preis niedriger, so konnte man einen Denar in der Mitte zerschneiden, halbieren oder auch vierteln.

Die kontinuierliche und rapide Zunahme der Bevölkerung, der Bedürfnisse, überhaupt der wirtschaftlichen Aktivitäten, was Produktion, Markt und Handel betrifft, zeigte bald, dass die Ressourcen begrenzt waren. Das betraf den Bedarf an Buntmetall für Kunstwerke im kirchlichen und königlichen Rahmen, wo Großplastiken, Prunkportale und liturgisches Gerät zur Repräsentation in immer größerer Zahl gebraucht wurden. Vor allem aber ging der Vorrat an Silber, nicht nur für kirchliches Gerät und weltlichen Prunk, sondern in erster Linie für die Münzprägung zu Ende.

Gesteigerter Bedarf an Silber: neue Bergwerke

Zwangsläufig wurde damals wieder der Bergbau eingeführt, alte bekannte Lagerstätten erneut ausgebeutet, neue Erzlager gesucht, um die Münzstätten des Königs und der Bischöfe, auch manch anderer ranghoher Grundherren mit Silber zu versorgen. Das geschah nicht schlagartig, sondern der Bergbau expandierte im gleichen Schritt, wie sich die Wirtschaft von der Karolingerzeit zur Ottonenzeit ausweitete (Steuer 1992) (Abb. 1).

Die Hinweise in den Schriftquellen auf den neu aufblühenden Bergbau sind sehr sporadisch, meist nur indirekt. Bergwerke selbst, Bergrechte, Besitzverhältnisse und Lokalisierungen sind erst aufgezeichnet worden, als die Gruben schon seit längerem ausgebeutet wurden und die Silbergewinnung in Blüte stand.

In der ältesten überlieferten Dichtung in althochdeutscher Sprache, im Evangelienbuch (Liber Evangeliorum) des Otfrid von Weißenburg (er lebte zwischen 800 und 875 im Gebiet der nördlichen Vogesen), berichten einige Verse von der Metallgewinnung (Koch 1977, 67–68).

Es heißt dort:

„Zi núzze grébit man ouh thár ér inti kúphar,
ioh bi thía meina ísina steina,
Ouh thárazua fúagi sílabar ginúagi,
ioh lésent thar in lánte góld in iro sante."

Zu nützlicher Verwertung gräbt man dort auch Erz und Kupfer und tatsächlich auch Kristalle;
man muss hinzufügen,(dass es dort auch) zur Genüge Silber (gibt), auch waschen sie dort Gold aus dem Sand (ihrer Flüsse).

Dieser Bericht bringt nicht etwa einfach nur umgedichtete biblische Texte, sondern er folgt aus dem Umfeld der Mittelgebirge am Oberrhein, wo es ausreichende Lagerstätten mit Kupfer- und Silbererzen gibt, auch schon zur römischen Zeit Bergbau. So würde der Text von den Hörern und Lesern nicht verstanden worden sein, wenn nicht längst in der ihnen bekannten Welt inzwischen wieder Bergwerke geöffnet worden wären. Man kann davon ausgehen, dass hier Silber für die Münzprägung gemeint ist, das es „zur Genüge" gab. Damit ist indirekt Silberbergbau in karolingischer Zeit nachgewiesen.

Aber es gibt noch einen besseren Beweis für karolingerzeitlichen Silberbergbau. Der französische Ort Melle im Poitou (Dép. Deux-Sèvres), früher Metallum, ein Name, der Bergwerk bedeutet, wird in einem Kapitular Karls des Kahlen aus dem Jahr 864 als Münzstätte aufgeführt. Auch in den Annales Bertiniani wird 848 der Ort Melle/Metallum genannt. Einige Münzen, Denare Karls des Großen, tragen die Aufschriften „Ex metallo novo" oder „Metallum Germanicum", was etwa „neues oder germanisches", das heißt ostfränkisches Metall oder Bergwerk bedeutet (Zotz 1993b, 185 ff.).

Einige ältere Überlieferungen können ähnlich gedeutet werden. In der Lebensbeschreibung des Merowingerkönigs Dagobert (gestorben 638/639), in den Gesta Dagoberti, die aber erst im 9. Jahrhundert verfasst worden sind und im Sinne des Klosters Zustände des 9. Jahrhunderts festschreiben wollen, heißt es, der König habe der Abtei St. Denis bei Paris das Privileg erteilt, 8000 Pfund von dem Blei, das dem König „ex metallo" in jedem zweiten Jahr gezinst wird, zum Dachdecken zu verwenden (Zotz 1993b, 185). Wenn man berücksichtigt, dass Bleierze die Hauptträger des Silbers sind, dann waren in der genannten Bleimenge bei 1–2 % Silbergehalt immerhin auch 80 bis 160 Pfund Silber enthalten. Das ist also Münzmetall für 80 x 240 oder 80 x 264 bzw. 160 x 240 oder 160 x 264 Münzen (also 19200 oder 21120 bzw. 38400 oder 42240 Denare). Oder anders: geschätzt 80 bzw. 160 Pfund Silber à 327,45 g machen 26200 g bzw. 52400 g aus, wenn man das Denar-Gewicht mit ca. 1 g ansetzt. Die Bergwerke im Frankenreich sind nicht lokalisiert, aber die Nachricht spricht von der Existenz von Bergbau.

Die nächste entscheidende Nachricht nennt den Harz (Zotz 1993a, 291). Widukind von Corvey schreibt in seiner Sachsengeschichte zum Jahr 968, dass von Otto dem Großen (936–973), „terra Saxonia venas argenti aperuerit" (Buch III, 63), dass Silberadern geöffnet wurden. Das wurde von Thietmar von Merseburg, Chronist des frühen 11. Jahrhunderts aufgegriffen, der Ottos des Großen Zeiten als das „Goldene Zeitalter" ansah und sagt: „Apud nos inventa est primum vena argenti" (Chron. II,13), das heißt

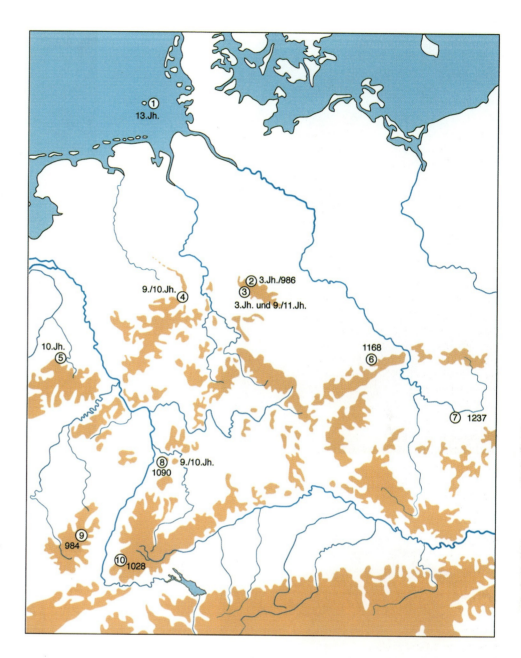

1 Bedeutende mittelalterliche Buntmetalllagerstätten. (1) Helgoland; (2) Goslar/ Rammelsberg; (3) Bad Grund/Oberharz; (4) Marsberg; (5) Stolberg bei Aachen; (6) Freiberg; (7) Kuttenberg; (8) Wiesloch; (9) Sainte-Marie-aux-Mines; (10) Südschwarzwald (nach Steuer/ Zimmermann 1993a, 77).

„bei uns (in Sachsen) ist zum ersten Mal eine Silbermine entdeckt worden". Zumeist hat man diese Mitteilung mit Erzen des Rammelsbergs verbunden. Doch stehen hier hauptsächlich Kupfererze an, und das darin enthaltene Silber ist nur mit komplexen Verhüttungsmethoden aus den polymetallischen Erzen zu gewinnen. Die jüngsten Forschungen haben inzwischen nachgewiesen, dass Erzgänge im Oberharz und im Westharz bei Gittelde schon im 10. Jahrhundert ausgebeutet wurden, so dass sich der Bericht wahrscheinlich auf diese Lagerstätten bezieht. In Gittelde ließ Otto der Große 965 eine „publica moneta" und einen Markt einrichten. Zeitgleiche Verhüttungsanlagen sind archäologisch inzwischen im nahegelegenen Badenhausen nachgewiesen.

Die Ottonen mit ihren Pfalzen rund um den Harz waren Förderer der Wirtschaft und des Handels. Sie ließen in großer Zahl Münzen prägen, die sogenannten Sachsenpfennige und die Otto-Adelheid-Münzen (Kluge 1991. Ders. 1993). Adelheid führte als Mutter des späteren Kaisers Otto III. (984-1002) von 984 bis 994 die Regierungsgeschäfte, als die meisten Denare geprägt wurden. Analysen des Silbers zeigen, dass ein Teil dieser Münzen nicht aus Harzer Silber, sondern aus fremdem Metall geprägt worden ist.

Dabei handelt es sich anscheinend um arabische Dirhem aus Mittelasien, die über Russland und die Ostsee auch in das deutsche Reich gelangten, eingeschmolzen und umgeprägt wurden (Hatz et al. 1991, 76). Dies haben auch neue Analysen-Serien bestätigt, die im Rahmen eines Projekts im Förderungsschwerpunkt „Archäometallurgie" der Volkswagen-Stiftung angefertigt wurden. (Mittelalterliche Münzprägung in Bergbauregionen 1996–1998. In Druckvorbereitung).

Otto III. und seine Berater waren wichtige Förderer des Silberbergbaus. Es ist überliefert, dass König Otto III. im Jahr 993 der Kirche St. Cyriak in Sulzburg im Südschwarzwald seinen dortigen Besitz schenkte. Die Kirche muss damals also schon bestanden haben, das Bauholz im Turm ist dendrochronologisch auf 996 datiert, und der Mörtel des Mauerwerks dieser Kirche und des Turms enthält Pochwerksabgänge, vor allem Fluorit aus benachbarten Waschhalden. Auf diese indirekte Weise ist Silberbergbau im Schwarzwald vor dem Jahr 1000 nachgewiesen (Steuer 1996b, 52).

Für diese Landschaft liegt dann auch eine aufschlussreiche Urkunde aus dem Jahr 1028 vor, mit der Kaiser Konrad II. (1024–

Bergbau

2 Mittelalterliche Strecke im Birkenberg bei St. Ulrich im Südschwarzwald mit Schlägel und Eisen aufgefahren (12./13. Jahrhundert).

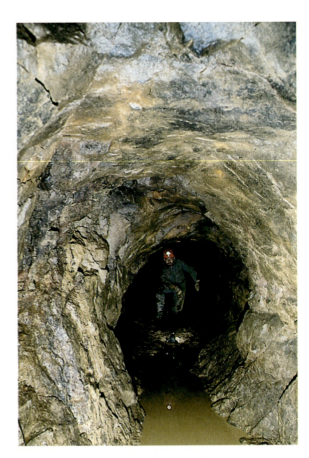

3 Mittelalterliche Strecke im Birkenberg bei St. Ulrich im Südschwarzwald mit Feuersetzen aufgefahren (12./13. Jahrhundert).

4 Mittelalterlicher Abbau mit ehemaliger Haspelstube über Förderschacht im Birkenberg bei St. Ulrich im Südschwarzwald (12./13. Jahrhundert).

5 Befahrung eines mittelalterlichen Abbaus/Förderschachtes im Birkenberg bei St. Ulrich im Südschwarzwald (12./13. Jahrhundert).

1039) dem Bischof von Basel Silberbergwerke im Schwarzwald überlässt (Steuer 1999c, b und Literatur 139 ff.). Hier werden, anders als bei der Nachricht für den Harz, auch Orte genannt, an denen Bergwerke im Betrieb waren und die heute noch existieren, darunter Orte wie Badenweiler und auch Sulzburg (Zettler 1990).

Immer ist der Zusammenhang zwischen Münzprägung und Bergbau unmittelbar greifbar. Für die Vogesen sind 984 Silberbergwerke genannt, im Bereich von Sainte-Marie-aux-Mines in einer Urkunde Ottos III. Auch für den Kraichgau sind Silberbergwerke für die Münzprägung archäologisch für die Karolingerzeit, das 9./10. Jahrhundert nachgewiesen (Hildebrandt 1993, 263). Archäologisch sind immerhin die erstaunlichen Mengen von 300 000 Tonnen Schlacken in den Halden nachgewiesen. In der Überlieferung des Klosters Lorsch werden für die Zeit um 1090 ein Silberbergwerk sowie ein Markt genannt, von denen das Kloster Abgaben in Silber-Mark erhielt. Schon im selben Jahr 965 wie für Gittelde am Harz gestattete Otto der Große dem Lorscher Abt, in Wiesloch einen Markt einzurichten. Hier und anderorts hingen Markt und Münze zusammen, was den expandierenden Handel spiegelt.

Im 11./12. Jahrhundert kamen überall in Mitteleuropa, im westfälischen Marsberg (Kupfer), in Stolberg bei Aachen (Galmei, das bedeutet Messing), im Erzgebirge bei Freiberg (Silber), in Böhmen in Kuttenberg (Silber) und der Slowakei (Silber) und auch in Österreich in Schwaz (Silber) Bergwerke hinzu, so dass für ganz Mitteleuropa reger Bergbau auf Silber und Kupfer überliefert ist (vgl. Abb. 2–5). Wegen der Interessenlage deutscher Könige und Kaiser im Reich spielten im übrigen auch die Silberbergwerke in Italien, in erster Linie die in der Toskana, eine entscheidende Rolle.

Die Krise im 14. Jahrhundert

Den Höhepunkt erreichte der Bergbau im 13./14. Jahrhundert, dann brach auch die erste große wirtschaftliche Krise über Europa herein (Bartels 1996a. Ders. 1996c). Seit dem 13./14. Jahrhundert sind mehrfach ausführliche Bergrechte überliefert, so für Trient von 1208, für Iglau 1249, für Goslar 1271, für Kuttenberg um 1300 oder für Freiberg 1328. In der Mitte des 14. Jahrhunderts veränderte die Pestpandemie mit ihren schrecklichen Folgen das Leben; die Bevölkerungszahlen sanken in manchen Gebieten auf ein Drittel. Wie schon nach dem Ende des Römischen Reichs stand jetzt ausreichend Silber – und andere Metalle – für eine deutlich geringere Anzahl von Menschen zur Verfügung; das Vorhandene wurde recycelt. Damit war der Anreiz für den Betrieb kostenintensiver Bergwerke verschwunden.

Aber nicht nur weil auch die Zahl der erfahrenen Bergleute geringer geworden war, da sie an der Pestpandemie gestorben waren, stagnierte der Bergbau, sondern weil gerade zu jener Zeit die Phase erreicht war, die wesentlich höhere Investitionen im Bergbau erforderlich machte. Die Erzgänge waren bis in das Niveau der Talsohlen ausgebeutet, das heißt die Entwässerung der Gruben konnte nicht mehr einfach durch Ableitung des Wassers nach außen erfolgen, sondern das Wasser musste gehoben werden. Dazu musste man Pumpen und Hebewerke entwickeln, damals Wasserräder, die zu mehreren übereinander gestaffelt, das Wasser aus den immer tiefer in den Berg vordringenden Schächten und Strecken, aus vielgliedrigen Grubengebäuden entfernten. Um auch ausreichend Wasser zum Betreiben der Räder jederzeit und gesichert zur Verfügung zu haben, wurden technisch ausgereifte Kanalsysteme, sogenannte Hangkanäle gebaut. Überliefert ist für den Schwarzwald zum Jahr 1284 eine Urkunde, in der der Graf von Freiburg einer Gruppe von Bergwerksunternehmern, darunter ein bekannter Wasserbautechniker, den Bau eines Wassergrabens gestattete (Haasis-Berner 1999). Dieser immerhin 15 km lange Hangkanal, der sogenannte Urgraben, ist bis heute im Gelände erhalten; er war seinerzeit sorgsam vermessen worden und überbrückte dabei sogar eine Wasserscheide. Diese Infrastrukturmaßnahmen waren teuer; und da Investitionen gerade nicht notwendig waren, stagnierte in weiten Bereichen Mitteleuropas der Bergbau. Tiefreichende Grubengebäude, deren Wasserhaltung Probleme bereitete und die deshalb Wasserhebemaschinen brauchten, mussten ständig entwässert werden. Eine Unterbrechung ließ die Gruben „absaufen" und damit waren sie eigentlich zerstört. Nur mit erheblichem finanziellen Einsatz konnten sie wieder in Betrieb genommen werden; man entschied sich meist lieber zum Ausbau neuer Bergwerke. Mit dem Datum 1284 für den Schwarzwald und dem Datum 1271 für den Ratstiefsten Stollen sowie dem Datum um 1360 für das Feuerzäher Gewölbe im Harz wird umschrieben, dass in diesen Jahrzehnten sich Wasserräder zur Behebung der allgemeinen Wassernot im Bergbau durchgesetzt hatten, immer kostspielige Infrastruktureinrichtungen.

Noch bis in die frühe Neuzeit waren die Kenntnisse über die Entstehung der Erze und Metalle undeutlich und mit manchen alchemistischen Vorstellungen verbunden, die uns heute irreal erscheinen. Aber allgemein bekannt ist, dass man bis weit in die Neuzeit versucht hat, aus unedlen Stoffen Gold zu erzeugen. Dahinter steht die Vorstellung, dass Metalle sich umwandeln und dass dies mit entsprechenden Verfahren, wenn man sie nur findet, beschleunigt werden kann. Denn man stellte sich vor, dass die Metalle in den Erzen der Gebirge „wachsen" und sich wandeln, und zwar vom unedlen zum edlen Metall, das heißt wenn man genügend lange wartete, wird aus Kupfer erst Blei, dann Silber und später Gold (Elliade 1992, 47 ff. Agricola 1544).

Parallel zur Krise im Silberbergbau seit der 2. Hälfte des 14. Jahrhunderts wird das Münzspektrum erweitert. Erstmals seit mehr als einem halben Jahrtausend werden neben den Silbermünzen, bis dahin ausschließlich Grundlage des Münzwesens, wieder Goldmünzen eingeführt. Ausgehend von den norditalienischen Städten, mit dem Florentiner Gulden von 1252, breitet sich dieser Wechsel zur Goldwährung in der ersten Hälfte des 14. Jahrhunderts nach Frankreich (1337) und England (1344), Deutschland (1340/1346) und weiter zügig in ganz Europa aus.

Silber-Mengen

Ehe das Silber aus der Neuen Welt die abendländischen Märkte überschwemmte, dem europäischen Bergbau starke Konkurrenz bereitete und zu einem Preisverfall führte, war Silber der entscheidende Wertmesser. Schon zuvor, parallel zur Hochblüte des europäischen Silberbergbaus im 13./14. Jahrhundert, begann der Marktwert des Silbers zu sinken. Alle Preise und Wertangaben wurden in Pfund (Richtwert 327,45 g) oder Mark (etwa 233,8 g) Silber angegeben, gleich ob tatsächlich Silbermünzen den Besitzer wechselten oder nur Verrechnungseinheiten gemeint waren.

Ohne auf die sehr wechselvollen und manchmal auch noch undurchschaubaren Wechselkurse und Größeneinheiten einzugehen, soll doch versucht werden, eine Vorstellung vom Umfang der im früheren Mittelalter vorhandenen Silbermengen zu bekommen (Steuer 1990. Weisgerber 1999). Wenn ein Denar ungefähr ein Gramm gewogen hat, dann konnten aus einer Tonne Silber 1 Million Münzen geprägt werden.

Der englische König Richard Löwenherz (1157–1199, König seit 1189) musste als Lösegeld an Kaiser Heinrich VI., der ihn bei der Rückkehr vom Kreuzzug gefangengenommen hatte, für seine

Freilassung im Jahr 1194 rund 150000 Mark Silber, das sind etwa 35 Tonnen oder mindestens 35 Millionen Denare, zahlen.

Die Wikinger haben von den englischen Königen in den Jahren zwischen 845 und 884 insgesamt 40000 Pfund Silber als Tribute erpresst, als sogenanntes Danegeld (Dänengeld) zwischen 991 und 1018 sogar 206000 Pfund Silber, das waren mehr als 50 Millionen Pennies in rund 30 Jahren. Im Durchschnitt waren das pro Jahr 5 bis 10 Tonnen, die im 9. bis 11. Jahrhundert dem heimischen Wirtschaftskreislauf entnommen wurden und bergmännisch wieder ergänzt werden mussten. Auch vom Karolingerreich flossen in den Jahren zwischen 845 und 886 mindestens 40000 Pfund Silber als Tribute in den Norden.

Der Norden wurde mit Silber überschüttet – der deshalb keinen Bergbau zu entwickeln brauchte. Denn hinzu kam im 10. Jahrhundert noch ein mächtiger Zustrom an arabischen Silbermünzen, Dirhems von je knapp 3 g Silber, die aus Mittelasien über Russland das Ostseegebiet erreichten. Allein in Schweden sind in Schätzen mehr als 80000 solcher Dirhems gefunden worden, ein Bruchteil einst vorhandener, da die Masse seinerzeit eingeschmolzen und zu kostbaren Hals- und Armringen umgestaltet wurde.

Wie sah es auf staatlicher Seite aus? Es wird berichtet, dass zur Zeit Ottos des Großen vom Hof täglich 30 Pfund Silber ausgegeben worden sein sollen, im Jahr also über 10000 Pfund, ungefähr 3,5 Tonnen. Die Stauferkönige erhielten von den Städten und Reichsgutbezirken etwa 3000 bis 3500 Pfund im Jahr. Insgesamt kann man von 65000 Pfund Silber als Jahreseinnahme der Staufer von den Städten, dem Reichsgut und den italienischen Regalien ausgehen.

Für das 12. Jahrhundert wird die Jahreseinnahme des deutschen Königs in Italien auf 100000 Pfund Silber (20 bis 30 Millionen Denare) geschätzt (was nur galt, wenn er in Italien war); das Jahreseinkommen des französischen Königs wird auf 60000 Pfund, das des englischen auf 90000 Pfund Silber geschätzt.

Von den mittelasiatischen Silberbergwerken brachte allein die Grube von Taschkent (as Sas) im 9. Jahrhundert 30 Tonnen Silber. Der Vizekönig von Khurazan hatte im 9. Jahrhundert pro Jahr 40 bis 50 Millionen Dirhems, also 120 bis 150 Tonnen Silber an Steuern eingezogen. Das Gesamteinkommen im Kalifat soll um 800 die gewaltige Menge von 400 Millionen Dirhem betragen haben, was dem 25-fachen der Welt-Silber-Produktion von 1500 entspräche.

Für die zeitweise größte Münzprägestätte des Reiches, die des Kölner Erzbischofs, ist ein Jahresausstoß von 2 Millionen Pfennigen überliefert, das sind etwa 3 Tonnen Silber.

Die Silbergewinnung in Mitteleuropa als Ganzes ist nur schwer abzuschätzen. Für den Schwarzwald wird im 13./14. Jahrhundert mit jährlich einer Tonne (etwa 4000 bis 5000 Mark Silber) gerechnet, in der zweiten Hälfte des 13. Jahrhunderts für den Rammelsberg ebenfalls 3000 bis 4000 Mark im Jahr, für Freiberg in Sachsen mit 120 kg jährlich, für Kuttenberg in Böhmen mit 300 kg jährlich. Aber es gibt auch andere Nennungen, so 8 Tonnen Metall aus Goslar im Hohen Mittelalter, oder 6 bis 7 Tonnen für Kuttenberg um 1300.

Für den Schwarzwald entspricht die jährliche Ausbeute von einer Tonne Silber etwa 30 Tonnen in einer Generation und 100 Tonnen pro Jahrhundert. Allein für den Rammelsberg im Harz hat man eine Tonne Silber (neben Kupfer) als Jahresproduktion errechnet. All das sind nur vage geschätzte Größenordnungen, die jedoch eine Ahnung von der Bedeutung des Silbers im Mittelalter geben.

In der Gegenwart (1980) beträgt die Weltproduktion etwa 9000 Tonnen im Jahr, in Deutschland vor Schließung der Bergwerke in den vergangenen Jahrzehnten über 500 Tonnen. Der Silberverbrauch ist aber größer, so wird der Bedarf aus vorhandenem Altsilber gedeckt.

Heute (Anfang des Jahres 2000) kostet 1 kg Feinsilber für industrielle Verbraucher etwa 330 DM, 1 kg Gold aber 18000 DM. Das ist ein Verhältnis von 1:55, im Mittelalter war das 1:12.

Und 1 kg Silber waren im Mittelalter etwas mehr als 4 Mark. Soviel kostete im Norden im 11. Jahrhundert eine schöne Sklavin, in unseren Städten ein Haus.

Abbildungsnachweis
Institut für Ur- und Frühgeschichte der Universität Freiburg.

1000 Jahre Bergbau?

Lothar Klappauf

1000 Jahre Bergbau im Harz, speziell am Rammelsberg – solche Aussagen gehören zu den werbewirksamen Aussagen, die dazu helfen sollen, den Besucher der Region auf die Vergangenheit gespannt zu machen. Diese Werbung steht in der guten Tradition dessen, was jedes Kind im Harz in der Schule lernt: Bis in die jüngste Vergangenheit sei der Harz vom Menschen als öde und siedlungsfeindliche Landschaft gemieden worden. Erst die Entdeckung der Rammelsberg-Lagerstätte um 968 sowie der im 12. Jahrhundert eröffnete Bergbau auf den Oberharzer Gängen hätten eine Besiedlung des Gebirges eingeleitet. Unbestritten wird auch vertreten, dass die Stadt Goslar ihren Reichtum dem Silber aus dem Rammelsberg verdanke und dass dieses Silbervorkommen der Grund für die Verlagerung der Pfalz Werla bei Schladen nach Goslar sei.

Im Gegensatz zu den Geologen und Lagerstättenkundlern fand die Geschichtsforschung bei diesen scheinbar eindeutigen historischen Verhältnissen nur wenig Interesse an der Untersuchung der Bodenurkunden, den zumeist recht versteckt liegenden archäologischen Denkmälern. Diese in der Regel wenig attraktiven Hinterlassenschaften, zumeist die Abfälle der Bergbaubetriebe aus taubem Gestein oder die Schlackenhalden längst untergegangener Schmelzhütten waren allenfalls in Zeiten der Rohstoffverknappung als mögliche Lieferanten der begehrten Metalle beachtenswert. Bereits um 1572 wird ein Verzeichnis der Schlackenhalden nicht betriebener Schmelzhütten erstellt, in dem genaue Angaben zu den Mengen noch verwertbaren Materials enthalten sind. In dieser Tradition steht auch ein 1928 publiziertes Verzeichnis alter Schlackenhalden (Bode 1928), wiederum mit genauen Angaben zu den vorhandenen Mengen und sogar mit chemischen Analysen der Schlacken. Eine Komplettierung dieser Verzeichnisse fand um 1980 statt, allerdings unter umgekehrten Vorzeichen: die Halden waren zur Altlast geworden, von denen eine starke Gefährdung der Umwelt hervorgeht. Diese Sichtweise hat sich bis heute halten können.

Dagegen war es nach dem 2. Weltkrieg der Archäologe Walter Nowothnig (Nowothnig 1965) vom Niedersächsischen Landesmuseum Hannover, später tätig bei der Bodendenkmalpflege, der im Kontakt mit österreichischen Montanforschern die Spuren menschlicher Hinterlassenschaften im Harz intensiver erforschte (Abb. 1) und Hinweise auf die frühe Bergbau- und Hüttentätigkeit entdeckte. Durch seinen frühen Tod im Jahre 1971 konnte er die „Spuren des Alten Mannes" bis in die Zeit vor der urkundlichen Überlieferung nicht mehr verfolgen. Seine Erkenntnis, dass sich diese Spuren „nur auf den Knien suchend" finden lassen, leitet heute noch den Archäologen im Gelände. Nowothnigs Kartierung der Schmelzplätze, kombiniert mit den bekannten Burgen und Siedlungen, ist der Ansatz einer modernen siedlungsarchäologischen Sichtweise der Relikte im Harz (Brachmann 1992).

Die Ergebnisse Nowothnigs wirkten auch noch nach seinem Tode fort (Böhme 1978). Sie wurden vor allem von dem Siedlungsgeographen Dietrich Denecke (1978) von der Universität Göttingen aufgegriffen, der mit ehemaligen ehrenamtlichen Mitarbeitern Nowothnigs Kartierungen und Archivarbeiten initiierte. Diese ehrenamtlichen Forscher (Abb. 2) blieben in der Folgezeit die einzigen, die sich noch mit den archäologischen Relikten im Harz auseinandersetzten und für die heutige Arbeit ein nicht wegzudenkendes Potential an interessierten, freiwilligen Mitarbeitern darstellten.

2 Die Ortskenntnis der einheimischen ehrenamtlichen Mitarbeitern ist für den Archäologen eine unersetzliche Hilfe bei der Geländearbeit.

Als im Jahre 1981 am Rand des kleinen Dorfes Düna bei Osterode eine Sondierungsgrabung zur Klärung des Denkmalcharakters einer in einer Weide hinter der ehemaligen Domäne gelegenen hufeisenförmigen Erhebung notwendig wurde, ahnte kaum jemand, dass sich daraus nicht nur eine der größten Siedlungsgrabungen im Harzgebiet entwickeln würde, sondern die Erforschung des Lagerstättengebietes selbst zur Folge haben würde. Neben der Freilegung eines repräsentativen Steingebäudes (Abb. 3) des 10. Jahrhunderts konnten in datierten Befunden Erze und Schlacken gefunden werden, deren Herkunft durch Analysen an der TU Clausthal bestimmt werden konnte: Eisenerze vom Iberg bei Bad Grund und aus dem Lerbacher Revier bei Osterode wurden in den Jahren vor Christi Geburt in Düna verhüttet. Oberharzer Gangerze lieferten spätestens seit dem 3. Jahrhundert n. Chr. das wertvolle Silber und nur wenig später ist der Einsatz von Rammelsberger Erz zur Gewinnung von Kupfer nachzuweisen.

1 In engem Kontakt mit österreichischen Montanforschern und durch mehrere Studienaufenthalte im Gebiet des Mitterberges in Österreich geübt, widmete sich W. Nowothnig als erster Archäologe intensiv den Hinterlassenschaften des frühen Berg- und Hüttenwesens im Harz.

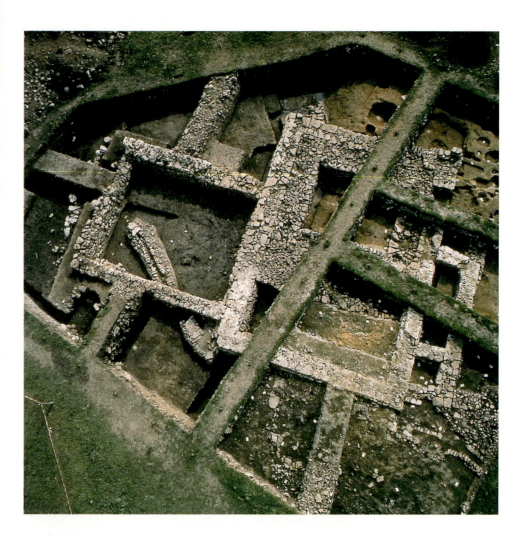

3   Die Grabungen in Düna bei Osterode gaben mit ihren ersten abgesicherten Frühdatierungen Rammelsberger und Oberharzer Erze die Initialzündung für eine systematische montanarchäologische Erforschung des Harzes.

Selbstverständlich dauerte es einige Zeit, bis diese, nach verschiedensten Seiten abgesicherten, sensationellen Ergebnisse die ihnen zustehende Beachtung fanden, bedeuteten sie doch, dass die Geschichte des Harzes und der Nutzung seiner Bodenschätze neu geschrieben werden müsste. Für die Archäologen waren sie der Anlass, im Lagerstättenrevier selbst nach den Spuren des vor die ersten schriftlichen Quellen reichenden Montanwesens zu suchen. Ausgrabungen am Johanneser Kurhaus bei Clausthal-Zellerfeld brachten etwas Licht in die Verhüttung Oberharzer Gangerze auf Silber in der Zeit vom 10.–13. Jahrhundert n. Chr., ebenso Ausgrabungen am Hunderücken und an der Lasfelder Tränke, beide zwischen Osterode und Clausthal-Zellerfeld gelegen. Die Ausgrabung am Riefenbach bei Bad Harzburg deckte einen Schmelzplatz des 11./12. Jahrhunderts auf, an dem aus Rammelsberger Erz Kupfer geschmolzen wurde. Gleichzeitig brachte die Ausgrabung am Kunzenloch bei Osterode sowie die Grabung der Jahre 1997/1998 am Schnapsweg im Innerstetal Licht in das Rätsel um die vieldiskutierten Plattenschlacken, die nun eindeutig als Abfälle der Verhüttung von Rammelsberger Erz auf Kupfer im 10./11. Jahrhundert identifiziert werden können.

Neben diesen intensiven punktuellen Forschungen wurde seit 1990 die flächendeckende Prospektion des Oberharzes begonnen (Klappauf / Linke / Brockner 1990). Eine intensive Förderung dieser siedlungsarchäologischen Arbeit seit 1992 durch die Volkswagen-Stiftung führte 1992 zur Gründung des Stützpunktes Harzarchäologie des Instituts für Denkmalpflege, Hannover, der heutigen Arbeitsstelle Montanarchäologie des Niedersächsischen Landesamts für Denkmalpflege, Hannover, in Goslar. Dort werden, in direktem Kontakt zu den Bodendenkmalen, die Arbeiten einer seit den Grabungen in Düna zusammengewachsenen interdisziplinären Forschergruppe koordiniert und neue Forschungsansätze verfolgt, mit denen die Geschichte des Harzes letztendlich neu geschrieben wird.

Abbildungsnachweis
1, 2 L. Klappauf, C. S. Fuchs (Niedersächsisches Landesamt für Denkmalpflege).

Die Rolle der Metalle in der Geschichte des frühen und hohen Mittelalters

Harald Witthöft

Die Natur und die Wurzeln der europäischen Kultur des Mittelalters

Der Mensch hat es bis in die Neuzeit nicht vermocht, die Tiefen der Erde systematisch zu erkunden. Religion, Mythologie und Aberglauben führten alle denkbaren Welten zusammen. Dem Gold gab man als Zeichen die Sonne und dem Silber den Mond. Gold wurde das Symbol von Herrschaft und Imperium. Die Natur aber war das Ganze, die Einheit, eins mit Gott und durch die Götter. Als der Mensch der Antike sein Verhältnis zur Natur zu reflektieren und diese beschreibend zu verstehen begann, nahm er ihre Erscheinungen als Zeichen wahr, fand er Denkweisen, Begriffe, Zahlen und numerische Systeme zu ihrer Erklärung. Er fertigte Geräte zu seinem Nutzen und baute Maschinen nach Regeln seiner Erkenntnis. Dennoch, er beherrschte die Natur nicht – er begann sie nachzubilden.

Augustin und die frühchristlichen Kirchenschriftsteller verstanden „das Messen, Wiegen und Zählen" als „unabdingbare Elemente der Erkenntnis" (Petri 1983, 20). Nach Isidor von Sevilla (um 560-636) waren die Zahlen vor den Dingen, und in der Denkart Karls des Großen hing die „gute Ordnung" der Dinge „davon ab, ob die ihnen zugrunde gelegten Zahlen ‚richtig' gewählt waren. Wer umsichtig plante, hatte also dafür Sorge zu tragen, dass seine Maßnahmen sich dem Gefüge der ‚guten' Zahlen

1 Die Hand Gottes mit Zirkel und Waage. Gott als Schöpfer der Welt nach Zahl, Maß und Gewicht. Kanontafel in einem um 1000 in England entstandenen Evangeliar (Hannover, Kestner-Museum).

einpassten" (Schramm 1968, 311). Die Kultur des Mittelalters wurzelte fraglos in der Antike und war durch das Ethos des Christentums geprägt. Noch von Roswitha von Gandersheim wird aus der zweiten Hälfte des 10. Jahrhunderts überliefert: „Je deutlicher der Mensch erkennt, wie wunderbar des Herrn Gesetze in Zahl, Gewicht und Maß das All regieren, je größere Liebe wird er zu Gott verspüren" (Beseler / Roggenkamp 1954, 121. Binding 1970, 30) (Abb. 1, 2).

2 Der Kosmos-Mensch. Aus: Hildegard von Bingen, Welt und Mensch. Das Buch „De operatione Dei" aus dem Genter Kodex übersetzt und erläutert von Heinrich Schnipperges, Salzburg 1965.

Jedoch erst in der Zusammenschau mit der materiellen Überlieferung des Nordens[1], mit dem markanten Wachstum der Bevölkerung seit dem 7. Jahrhundert und dem dynamischen Wandel der Mentalitäten seit dem 11.–13. Jahrhundert (siehe unter anderem Fried 1994. Haverkamp 1984. Le Goff 1970. Miethke / Schreiner 1994) – geläufig umschrieben mit dem Entstehen von Stadt und Bürgertum, Stadtkultur und Geldwirtschaft – erklärt sich der besondere, komplexe Charakter der mittelalterlichen Kultur(en) Europas. Die Handarbeit und die „artes mechanicae" erhielten neben den sieben „artes liberales", – Grammatik, Rhetorik, Dialektik und den vier mathematischen Wissenschaften (Arithmetik, Geometrie, Astronomie, Harmonik), also den „Studien, die nicht dem Gelderwerb dienen" – ihren kulturellen und sozialen Rang[2].

Werkstoffe, nutzbare Kräfte und metallene Produkte

Steine und Knochen, Holz und Erden, Fasern, Wolle, Haut und Fell waren die elementaren Werkstoffe, die der Mensch seit Urzeiten zu verarbeiten verstand. Dieses Spektrum hatten seit der Bronzezeit die Metalle grundstürzend erweitert. Dem trägt unsere Epocheneinteilung Rechnung. Auf die Bronzezeit folgt die Eisenzeit. Als das Mittelalter begann, war die Entdeckung der Metalle als Zäsur in der Entwicklung der Kulturen bereits Geschichte; ebenso die Nutzung der Wasserkraft als eine Quelle von Energie, die Verbesserungen in der Technik nach sich zog und den Zeitraum von Christi Geburt bis ins 18. Jahrhundert prägte (Hägermann / Schneider 1991, 321). Nicht die Entdeckung, sondern die Nutzung der Ressourcen und Kräfte und die technologische Entwicklung des Montanwesens auch nördlich der Alpen und außerhalb der ehemals römischen Provinzen wurden bedeutsam für das frühe und hohe Mittelalter im Deutschen Reich.

Die Metalle waren Leitprodukte der mittelalterlichen Wirtschaft (Abb. 3), vor allem Gold und Silber, Blei und Kupfer, Zinn und Eisen[3]. Ihren Wert gewannen sie durch ihre Eigenschaften: Härte und Haltbarkeit – Bearbeitbarkeit und Formbarkeit – Seltenheit, Glanz und Farbe[4]. Auf Gold und Silber ruhten die Währung und die Wirtschaftsordnung; sie waren zugleich Schmuck, Geschenk und Geld (Steuer 1987. Witthöft 2000a). Stahl und Eisen lieferten den Herren Waffen und Schutzgewalt, den Bauern die Sichel und die Sense, das Beil und den Pflug. Kupfer, Blei, Zinn und Eisen dienten der Fertigung von Gerätschaften. Mit reinen oder legierten Metallen deckte man Kirchendächer, fasste Glasfenster, goss Becken und Glocken, Grapen und erste Maßgefäße; aus ihnen schmiedete und formte man Nägel, Pfannen und Rohre; mit ihnen arbeitete der Spengler und der Hufschmied. Jeder Hof und jeder Haushalt besaß metallene Geräte, jedes Gewerbe metallene Werkzeuge. Dabei war die Nutzung der Metalle nach Menge und Funktion im frühen Mittelalter noch wesentlich eingeschränkter als seit dem hohen und im späten Mittelalter.

Das Montanwesen und die Gesellschaft

Man bedenke, dass Macht im Reich des frühen Mittelalters primär auf der Herrschaft über Menschen basierte, nicht auf monetärem Reichtum. Dazu trugen der Besitz an Grund und Boden und die Rechte an Berg- und Bodenschätzen – zumal an Gold und Silber, Blei und Kupfer – jedoch insofern bei, als sie die Ausübung von Herrschaft und die feudale Lebensführung materiell ermöglichten.

Bergbau und Hüttenwesen sicherten, ebenso wie das Agrarwesen, Herrschaft und verschafften Freiheit. Weltliche Herren wie die Liudolfinger bzw. Ottonen im Stammesgebiet der Sachsen, geistliche wie die Zisterzienser zogen seit dem frühen bzw. hohen Mittelalter aus den Erzvorkommen ihren Nutzen[5]. Harz und Harzvorland sind überzogen mit Spuren herrschaftlicher und königlicher fester Plätze[6]. Die Nassauer errichteten ihre Burgen, wo immer sich Erze fanden – zum Beispiel in Laurenburg an der unteren Lahn, in Dillenburg und im Siegerland[7]. Die innere Organisation des Ordens der Zisterzienser und vor allem die Einrichtung neuer Zisterzen sorgten für einen Austausch auch von technischen Informationen.

Zwischen dem 9. und 12. Jahrhundert vollzog sich die Entwicklung von Stadt und Bürgertum, von städtischer Kaufmannschaft. Dann hatten sie ihre Form und ihr besonderes Recht gefunden. In den Jahrhunderten des mentalen Umbruchs im hohen Mittelalter wuchsen und differenzierten sich Bergbau und Hüttenwesen, Gewerbe und Handel, gewann das Montanwesen eine wachsende Bedeutung für Wirtschaft und Gesellschaft. Innerhalb

3 Arbeitsgeräte, Waffen und Gebrauchsgegenstände eines Gold- und Eisenschmiedes. Grabungsfund aus der Mitte des 6. Jahrhunderts auf dem Friedhof von Hérouvillette in der Normandie (Caen, Musée de Normandie).

der feudalen Ordnung erwarben Einzelne, Gruppen und flächenbezogene Siedlungen eigene Rechte – Schutz und Immunität durch Privilegien und Berg- oder Stadtrechte. Im Rahmen der Grundherrschaft und der Villikationen qualifizierten sich die herrschaftlichen „Montanarbeiter", erlangten sie ihren besonderen Status. Das 12./13. Jahrhundert war in wirtschaftlicher und technologischer Sicht eine qualitative Zäsur mit quantitativen Folgen. Bergbau, Hütten- und Hammerwesen, Weiterverarbeitung und Vertrieb lösten sich vielerorts aus der unmittelbaren herrschaftlichen Bindung – bevor sie in späteren Jahrhunderten wieder in diese zurückfielen.

Entwicklung und Wandel finden in der wachsenden Zahl und den sich ändernden Anlagen von Stätten des Bergbaus, der Hütten und Hämmer, der Meiler und Schmieden ihren Ausdruck. Im Jahre 1168 begann der Bergbau in Freiberg (Sachsen). 1271 wird im Rammelsberg bei Goslar ein Stollen „als schon vollendetes Bauwerk erwähnt"; bis zum Jahre 1300 erreichte dort der Grubenbetrieb „eine Tiefe von 160 m unter der Erdoberfläche" (Bartels 1996c, 239f.). Der Erzbergbau südöstlich Dresdens um Berggießhübel im Amte Pirna nahm zum Beispiel „spätestens im 13. Jahrhundert" seinen Anfang. Er erlebte seine Blütezeit im 15. Jahrhundert mit 35 Eisenhämmern, davon mindestens 13 bereits vor 1445". Schwarzenberg im Westen lag im wichtigsten Eisenerzgebiet des Erzgebirges und wurde 1282 erstmals eine „civitas" genannt. In der Stadt Lößnitz, im gleichen Amt, „sind bereits 1396 Zünfte der Messerer und Nagelschmiede erwähnt, die ihre Produkte nicht mehr nur in unmittelbarer Umgebung absetzten". Hammerbesitzer waren „einheimische Adlige und auch Bauern, die erst im 15. Jahrhundert durch Bürger verdrängt wurden". In der Grafschaft Henneberg, um Schmalkalden, Schleusingen und Suhl, war die Gewinnung und Verarbeitung von Eisen bereits im 13. Jahrhundert weit verbreitet. Eisen wurde „frühzeitig für den überregionalen Markt produziert", und es „wurde schließlich zum bestimmenden Wirtschaftsfaktor im gesamten hennebergischen Gebiet". In Schmalkalden existierten 1408 „die vier Zünfte der Stahl- und Schwertschmiede, der Klingenschmiede, der Messerer und der Sichelschmiede" (Straube 1992, 261; 264f.).

Die Montanerzeugnisse einerseits, die zünftischen Metallgewerbe andererseits wurden seit dem hohen Mittelalter zahlreicher und differenzierter. Die Erzvorkommen, die Erzeugung bzw. Bearbeitung von Metallen sowie die Märkte und Messen bildeten ein sich verdichtendes Netz der wirtschaftlichen Kommunikation in Mitteleuropa. Köln und Frankfurt, Nürnberg und Breslau waren derartige Plätze. Die Eisenwaage in Köln oder die Bleiwaage in Breslau bieten Hinweise (Kisch 1960, 30. Witthöft 1979, 140f.).

Eine Produktions- und Gewerbelandschaft von eigener Art waren die Küstengebiete und das norddeutsche Flachland. Raseneisenstein wurde hier seit „den Jahrhunderten um Christi Geburt" verhüttet und genutzt (Hayen, 1968, 137; 141. Bantelmann 1984. Schietzel 1984), im Mittelalter auch schwedisches Osemund oder Blei und Kupfer aus Berg-Regionen durch das grundherrliche oder städtische Handwerk verarbeitet [8]. Diese Überlieferung schränkt die Zentralität der ertragreicheren Bergwerke des Binnenlandes in gewissem Maße ein. Je später desto zahlreicher finden sich sekundäre Metall-Gewerbe auch in entfernteren Gegenden entlang der Handels- und Transportwege oder in der Nähe der wachsenden Verbrauchszentren – im Norden zum Beispiel in Braunschweig oder in den Städten des Wendischen Viertels der Hanse[9].

Seit dem frühen Mittelalter waren die bäuerlich genutzten Flächen durch Roden, Entwässern und Urbarmachen stetig erweitert worden. Ein dichter werdendes Netz von Wegen und Straßen durchzog die Wälder und verband die Siedlungsräume. Vom 9. bis zum Ende des 11. Jahrhunderts stieg die Bevölkerung im ehemals Ostfränkischen Reich von 2,5–3 Millionen auf 3–3,5 Millionen, im nunmehr um die östlichen Territorien größeren Reichsgebiet auf etwa 8–10 Millionen. Die Zahl wuchs bis um 1300 auf etwa 12 Millionen, bis um 1350 auf etwa 15 Millionen an. Nach den Verlusten durch die Umzüge der Pest im 14. Jahrhundert rechnet man für das Spätmittelalter mit 12–13 Millionen, um 1600 wieder mit etwa 16 Millionen Menschen (Kirsten / Buchholz / Köllmann 1967, 46. Dies. 1968, 351. Mackenroth 1952, 112ff. Rössler / Franz 1958, 105 f. Abel 1967, 13).

Aufschlussreich sind die Zahlen für die Bevölkerungsdichte und die Siedlungsgrößen. Für die Zeit um 500 n. Chr., nach der Völkerwanderungszeit, rechnet Abel mit 2,4–2,8 Menschen je km^2. In der Leineniederung um Northeim, im westlichen Vorland des Harzes, haben im frühen Mittelalter etwa 3000 Personen oder 4 je km^2 gelebt. Für die Zeit zwischen 1250 und 1340 schwanken

4 Max Siken, Stadtansicht von Goslar, 1574 (Ausschnitt). Die romanische Kaiserpfalz, die Marktkirche, der „Dom", das Kloster Neuwerk sowie die Bergwerke auf dem Rammelsberg und die Schmelzhütten vor der Stadt sind hervorragend wiedergegeben.

die Angaben für einzelne Landschaften zwischen 8,6/km² (Oberschlesien) und 20–25/km² (Sachsen). Dörfer waren in der Karolingerzeit „sehr kleine Gebilde" von 4–10 Höfen mit etwa 30–80 Bewohnern. Für die Zeit um 1300 schätzt Abel die Bevölkerung der Städte und Märkte des Reiches (Abb. 4), die seit dem 11. Jahrhundert in größerer Zahl herangewachsen waren, auf etwa 3 Millionen (20 %) und in den weiterhin kleinen ländlichen Siedlungen auf durchschnittlich etwa 72 Bewohner oder 11–12 Haushalte (Abel 1967, 13ff.; 25ff.; 69). Erst nach der Wüstungsperiode des 14. Jahrhunderts erfolgte das Zusammensiedeln in den nunmehr größeren Haufendörfern auf dem Lande.

Die Bedeutung von Erzen und Metallen

Die Bedeutung der Metalle war abhängig von der Entwicklung der Kultur, von der irrationalen oder rationalen Wertschätzung eines Metalles, auch von dem Begriff des Schönen, Wertvollen und Begehrenswerten. Der gesellschaftliche oder kultische Rang (Abb. 5) der Edelmetalle ging ein in ihren Tauschwert. Die Rolle der Metalle in der Geschichte des Mittelalters ist nicht allein zu verstehen als eine Funktion der Kapazitäten und gehandelten Mengen. Die Produktionsfaktoren wuchsen markant, aber entscheidend war die qualitative Veränderung im Umgang mit den Erzen und Metallen im Handel.

Der Wert eines Dinges war eine konstante und natürliche, keine dynamische, kursabhängige Größe – mochten Idee und Realität auch im Laufe der mittelalterlichen Jahrhunderte mehr und mehr in Konflikt geraten. Das Problem des Wuchers spiegelt diese Entwicklung. Es war im frühen Mittelalter nicht lösbar und führte im hohen Mittelalter zu gelehrten scholastischen Disputen, die dem wirtschaftenden Menschen auf seine Fragen im Alltag keine Antworten gaben. Erst im späten Mittelalter zeichnen sich Ansätze zu einer modernen rationalen Bewältigung des irrationalen Widerspruches ab [10].

Die ältere statische, aus den Zahlen der Dinge resultierende absolute Wertsetzung wurde allmählich durch eine subjektive und dynamische des Marktes abgelöst. Die Sachwährung und die älte-

5 Buchdeckel des Goslarer Evangeliars. Mit vergoldetem Silberblech beschlagener Holzkern. Das Mittelfeld zeigt die Kreuzigung Christi, den Rahmen bilden Bänder von Filigran mit Stein- und Perlenschmuck, der zum Teil verloren ist. Um 1240 im Auftrag des Klosters Neuwerk hergestellt (Stadtmuseum Goslar).

re Wirtschaftsordnung waren im Begriff, in eine reine Edelmetallwährung und eine Wirtschaft des Marktes überzugehen. Seit dem 11./12. Jahrhundert haben wir es vor allem, und dann ausschließlich, mit dem Handelswert eines Metalles nach Qualität und Menge zu tun. Angebot und Nachfrage auf dem Markt bestimmten seinen Preis (Witthöft 2000a).

Nicht die Landwirtschaft, nicht der Bergbau, nicht die Technik machten im Mittelalter tiefgreifende, umstürzende Veränderungen durch, sondern das Denken, das Verknüpfen von Erfahrungen und die Kommunikation mit ihren Folgen für Arbeit und Wertvorstellungen, Währung und Kapital. Der Wandel hatte seine Träger und seine Ordnung – Bürgertum, Handel und Geldwirtschaft. Ihr Wirken berührte Herrschaft und Recht, Kultur und Religion, Wirtschaft und Technik. Die größere Teufe der Schächte, der Wandel in den Prozessen der Verhüttung, die Gewältigung der Wasser waren die Ergebnisse, nicht die Ursachen. Die ersten Bergrechte stammen aus Zeiten des Umbruchs, bestätigen auch jüngere Errungenschaften, führten diese aber nicht herbei – zum Beispiel „die älteste erhalten gebliebene Kodifizierung von Bergrechtsgebräuchen" von 1208/1214 für das Bergbaugebiet nordöstlich von Trient (Hägermann / Ludwig 1986, 10ff.; 53ff.), das Bergbuch von Massa Marittima in der Toskana aus den Jahren 1225–1335 oder auch „die Bergordnung der Herzöge von Braunschweig, erlassen für die Forsten des Oberharzes unter Einschluss des Rammelsberges" von 1271 (Ziegenbalg 1984, 44).

Den Anstieg der Bevölkerung darf man als Auslöser des Wandels nehmen, aber die Instrumentalisierung dynamischer Prozesse auf allen kulturellen Ebenen war mehr als nur dessen Begleitung. Wir konstatieren seit dem 11.–13. Jahrhundert den unumkehrbaren Übergang von einer dominant materiellen, naturgebundenen Kultur in eine dominant geistige, abstrakte Kultur (Witthöft 1997a, 220ff.; 234ff.). In diesem Lichte werden Bergbau, Verhüttung und Metallbearbeitung des 7. bis 10. Jahrhunderts zur Vorgeschichte des ersten tiefreichenden Umbruchs im neuen Jahrtausend. Die Archäologie hat im vergangenen Jahrzehnt die Quellen zur Erforschung dieser frühen Phase des Montanwesens um erhellende Bodenfunde zum Beispiel aus dem Harz und dem Harzvorland wesentlich bereichert (siehe dazu Klappauf 1996c, 433ff.). Im Harz war Bergbau betrieben worden lange bevor Widukind von Corvey (968) und Thietmar von Merseburg (970) davon berichteten, dass Silberadern geöffnet bzw. entdeckt worden waren.

Ein Leitfossil besonderer Art für den sich abzeichnenden Kulturwandel sind Gold und Silber als Währungsmetalle. Sie dokumentieren den Übergang von der Zahlung „in auro et argento" bzw. der (Um-)Rechnung „inter aurum et argentum" – in bzw. zwischen Gold und Silber – zu einer kursabhängigen Währung im hohen und späten Mittelalter (siehe Witthöft 1984, 25ff. Ders. 1997a, 238ff.). Während Gold und Silber als Währungsmetalle zuvor in einer festen Relation zueinander gestanden hatten (12:1), begannen sie seit dem 12./13. Jahrhundert als Münzmetalle im Wert zu schwanken (Witthöft 1993a, 49ff.). Die beiden Metalle spielten vor allen anderen die Rolle des bestimmenden, ordnenden Elements in der Ökonomie und auch in der Verfassung des Montanwesens.

Der Wandel im 11. bis 13. Jahrhundert

Markante Zäsuren bietet der Zeitraum des 11. bis 13. Jahrhunderts in Fülle – eine Revolution des Handels, der Kommunikation und als deren Voraussetzung und Folge zugleich eine Blüte des bürgerlichen Handwerks, technische Innovationen und Verbesserungen, neue Begriffe von Gott und der Natur, eine neue Rolle von Gold und Geld, von Rechenhaftigkeit und Schriftlichkeit.

Für den Wandel im Montanwesen stehen die Entwicklungen des Schachtbaus und der Öfen, der Hüttenprozesse, der Übergang von den Kuppelprozessen Silber-Blei, Silber-Kupfer etc. zum Einzelprozess, die allmähliche Trennung von Bergbau und Hütte, Hammer und Schmiede unter dem Einfluss neuer und schließlich knapper werdender Energie, der Weg vom herrschaftlichen Eigenmann zum freien Gewerken oder Bürger, die wachsende Differenzierung und Spezialisierung der Roh- und Halbprodukte, die sich verändernden Bindungen zwischen Produktion, Transport und Handel auf den Märkten.

Erst im hohen Mittelalter begannen Münzgeld, Edelmetalle und geldwerte Ressourcen in einer sich entfaltenden Geldwirtschaft auch die Grundlage und Organisation von Herrschaft bleibend zu verändern. Allmählich wurde das Wirtschaften, zumal unter fiskalischen Aspekten, auch der Politik rational zugänglich. Damit veränderte sich die Rolle der Urproduktion. Das Bergregal, Anteile an der Förderung und Verhüttung wurde zu kapitalisierbaren Rechten und Ansprüchen. Die Rechts- und Arbeitsformen einer Geldwirtschaft entwickelten sich hinter den Palisaden der frühen kaufmännischen Siedlungen und den Mauern der späteren Städte. Von dort aus erfassten sie auch das Montanwesen und gelangten an die Höfe und in die Kanzleien der feudalen Verwaltungen. Der bürgerliche Kaufmann, der Montanunternehmer und der Bankier erlangten Einfluss und Macht mit ihrer Hände Arbeit. Die Epoche des Merkantilismus kündigte sich an[11].

Der Handel mit Metallen – Zahl, Maß, Gewicht und Verpackungen als Zeugen

Die zunehmende Bedeutung des Handels mit Nicht-Edelmetallen zeigt sich auch im Wandel der Maß-, Gewichts-, Transport- und Verpackungseinheiten im hohen und späteren Mittelalter (unter anderem Witthöft 1979, 327ff.). Berg-, Kaufmanns- und Handlungsbücher, Zoll- und Kaufhausrollen geben davon Kunde[12]. Produktionsmaße wie „massa" und „bloma" traten zurück gegen Förder- und Transportmaße wie „Karre", „Wagen" oder „Last", und diese machten im Nah- und Fernhandel Platz für Wareneinheiten wie „schiene" und „stab" oder systematische Gewichtseinheiten wie „Zentner" und „Schiffpfund". Der Absatz von Rohmetallen und Halbprodukten ab Hütte und Hammer erfolgte seit dem hohen Mittelalter fraglos nach Pfunden und deren Vielfachen wie „Zentner" und „Waage" (siehe Witthöft 2000b).

Der Umgang mit Edelmetallen am Berg und in den Münzstätten hatte ebenso wie der Handel mit Bernstein, Gewürz oder Heilmitteln die Handhabung von Feinwaagen und Kleingewichten zur Voraussetzung – mit „Mark/Pfund" und deren Teilungen bis herab zum „Pfennig" und „Halbpfennig" respektive deren Vielfachen bis hinauf zum „Stein" und „Liespfund" in der Größenordnung von 240 Unzen (1/16 Pfund). Mit dem Münzwesen war die Probierkunst auf das Engste verbunden. Das Silbergewicht galt im Siegerland noch im 18. Jahrhundert als das allgemeine Metallgewicht.

Die Metalle gehörten seit dem frühen Mittelalter zu dem vergleichsweise kleinen Kreis der nach Gewicht gehandelten Güter. Sie spielten eine wesentliche Rolle bei der Herausbildung eines regelhaften Maß- und Gewichtswesens. „Stein", „Zentner", „Wog" ($1/2$ Schiffpfund) und „Schiffpfund" ($2 1/2$–3 Zentner) markieren die gestaffelten Grenzen, bis zu denen Rohstoffe und Produkte verschiedener Art und zu verschiedenen Zwecken realiter gewogen wurden. Alle größeren Einheiten wie „Karre" oder „Last" waren gemessene oder Recheneinheiten.

Hinterfragt man diese Erkenntnis und stellt das Argument quasi vom Kopf auf die Füße, dann spiegeln die miteinander verbundenen Teilsysteme der Maße und Gewichte auf ihre Weise eine elementare Ordnung des Montanwesens mit Hilfe der Zahlen. Dieses numerische Netzwerk leitete sich her aus der Natur der physikalischen und technischen Zusammenhänge von Förderung, Verhüttung, Bearbeitung, Transport und Handel (Witthöft 2000b. Zur Praxis siehe auch Witthöft 1979, 86ff.).

Grenzen der Erkenntnis – Desiderata der Forschung

Unsere Möglichkeiten des historischen Verstehens sind begrenzt. Mit welcher Art Markt haben wir es im Mittelalter zu tun – dominierte die Nachfrage oder das Angebot? Wie groß war ggf. die Nachfrage nach oder die Produktion von Metallen und metallenen Gütern? Vom markanten Wachstum der Montan-Produktion zeugen zum Beispiel die einsetzende Prägung der Simon und Juda-Pfennige um 1040 in der 1069 erstmals genannten Goslarer Münze (Buck / Büttner / Kluge 1994, 11. Brachmann 1992, 13) und der wirtschaftliche Aufschwung dieser Stadt im 11./12. Jahrhundert, dann im 13. Jahrhundert zum Beispiel ein Anstieg der Produktion der Lüneburger Saline auf das Dreifache – von ca. 5000 auf ca. 15000 t Salz (Witthöft 1976, 74ff.). Für die Metalle fehlen noch immer vergleichbar aussagekräftige quantitative serielle, den Produktionsverlauf abbildende Daten[13]. Von den Versuchen, metallurgische Strukturen zu entschlüsseln, berichten frühe alchemistische Überlieferungen. Probierkunst und Alchemie standen miteinander in Verbindung.

Wir dürfen aus den frühen Jahrhunderten einer statischen Wirtschaftsordnung zu eben dieser Verfassung keine schriftlichen Zeugnisse in einer modernen Sprache und Begrifflichkeit erwarten. Wir müssen Spuren suchen, numerische und alphabetische, Bild- und Sachüberlieferungen übersetzen und interpretieren, quantitative Zeugnisse zu Schätzungen verdichten. Es öffnen sich methodische Nebenwege. Wir stoßen auf Plausibilitäten, die umso stärkeres Gewicht haben, je mehr sie helfen, unverstandene, rätselhafte Texte und Funde zu erklären.

6 Silberbergbau im Erzgebirge. Gemälde von H. Hesse für den Altar der Bergknappschaft, nach 1521 (Annaberg-Buchholz, St. Annenkirche).

Die Rolle der Metalle im frühen und hohen Mittelalter – ein Fazit

Materiell und geistig kulturelle Leistungen einer Epoche konnten von verschiedenen Gruppen einer Gesellschaft erbracht werden und ihre Überlieferung unterschiedliche Wege nehmen. Die Bedeutung der Metalle seit dem frühen Mittelalter wird historisch fassbar im Rahmen des Feudalismus und der sich entwickelnden Geldwirtschaft. Herrschafts- und wirtschaftsprägend waren vor allem die Waffenfähigkeit von Metallen und ihr Geldwert. Dementsprechend nachgefragt und wertvoll waren qualitativ hochwertige Stahle einerseits, Gold und Silber andererseits. Die damit verbundenen Handwerke, Gewerbe und Tätigkeiten standen hoch im Ansehen (Abb. 6). Kennzeichnend ist die Entwicklung von Sonderrechten – des königlichen Bergregals auf der einen, der montanen Freiheitsrechte der Arbeiter und Gewerken auf der anderer Seite. Seit der Goldenen Bulle von 1356 nahmen die Kurfürsten die Regalherrschaft für sich in Anspruch, die zuvor der König beansprucht hatte.

Um 1500 unterschied man nach ihren Währungsinteressen unter den deutschen Territorien eine bergwerksbesitzende „Silberpartei" (Tirol, Böhmen, Sachsen, auch Braunschweig), eine zwar nicht über Bergwerke, aber über einen starken Handel verfügende „Goldpartei" (die rheinischen Kurfürstentümer) und eine dritte, nur zahlenmäßig starke Gruppe der Habenichtse (Witthöft 1993a, 50f.). Dabei gingen in den Bergsiedlungen persönliche Freiheit und kollektive Privilegien mit Reichtum nicht immer Hand in Hand – wie sich im Siegerland wohl zeigen ließe. Bergbau und Hüttenwesen erweisen sich nicht an jedem Orte als unerschöpflich sprudelnde fiskalische Quelle. Jedoch gehörten die herrschaftlichen Einkünfte stets unmittelbar zum Kammergut. An ihrer Bedeutung für die Entwicklung hochmittelalterlicher Territorialwirtschaft ist nicht zu zweifeln – wie es die sächsischen Überlieferungen seit dem 12. Jahrhundert belegen (siehe unter anderem Wagenbreth/ Wächtler 1990. Dies. 1986).

Anmerkungen
1. Zur Auseinandersetzung um den Übergang von der Antike zum Mittelalter und in diesem Zusammenhang zu frühgeschichtlichen nordeuropäischen Traditionen siehe unter anderem Havighurst 1958, IX–XVI. Dopsch 1968. Pirenne 1987. – Zum Problem der materiellen Kultur des frühen Mittelalters siehe auch Witthöft 1984. Ders. 1997a, 219ff.
2. Knobloch 1989, 13. Binding 1996, 161–214. Flachenecker 1996. – Das damit in späteren Jahrhunderten verbundene Problem eines besonderen Ethos der (Hand-) Arbeit sei angedeutet, aber hier nicht weiter ausgeführt. Im Aufbau der Propyläen-Technikgeschichte, herausgegeben von W. König, spielt dieser Aspekt eine gedankenführende Rolle (vgl. Hägermann / Schneider 1991. Ludwig/Schmidtchen 1992), so zu Beispiel in einem Kapitel über „Ökonomisch-technische Impulse aus der Neubewertung der Arbeit in christlicher Spätantike und frühem Mittelalter" (Hägermann / Schneider 1991, 317ff.).
3. Zum Silber (und Gold) siehe zum Beispiel Ludwig / Schmidtchen 1992, 211ff.; 356ff. Bartels 1996c. – Für Eisen und Kupfer siehe unter anderem Sprandel 1968. Kellenbenz 1974b. Ders. 1977a. Blanchard 1988. Suhling 1996.
4. Siehe diese Kriterien in einem System der Naturbeschreibung noch bei Agricola 1544. Ders. 1546a. Ders. 1546b. Ders. 1556. Dazu für das Salzwesen Witthöft 1994b, 31ff.
5. Siehe unter anderem Brachmann 1992; zu den Zisterziensern unter anderem Haverkamp 1984, 60–62. Sprandel 1968, 43ff.
6. Zu den Ergebnissen der jüngeren Forschung siehe vor allem Kroker / Westermann 1984. Steuer / Zimmermann 1993a. Dies. 1993b. Jockenhövel 1996. Klappauf 1996c.
7. Zur älteren Wirtschaftsgeschichte des Siegerlandes siehe Kellenbenz 1974a; zur Geschichte des Bergbaus unter anderem Plaum / Witthöft 1993.
8. Siehe unter anderem Schietzel 1984, 239–241; für das Hohe und Späte Mittelalter siehe unter anderem die Warenlisten der Kaufhaus-, Träger- und Zollrollen bei Witthöft 1962, 242ff.
9. Siehe zum Beispiel Hucker 1981; zur Entwicklung der Metallhandwerke in Lüneburg siehe zum Beispiel Bodemann 1883.
10. Siehe Langholm 1992; auch Wolff 1994. – Zum Wucher siehe zum Beispiel Siems 1992, und zuletzt – in traditioneller Sichtweise – Fuhrmann 1996. Das wachsende rationale ökonomische Verständnis wird in aller Regel den Epochen des frühen Kapitalismus und des Merkantilismus zugeschrieben (siehe unten).
11. Der deutsche Merkantilismus bedarf im Lichte des Kultur- und Wirtschaftswandels im Mittelalter einer erneuten Diskussion; siehe dazu unter anderem Witthöft 1996. Ders. 1994a.
12. Zu den Kaufmannsbüchern und kaufmännischen Rechenbüchern siehe Hoock / Jeannin 1991. Dies. 1993. Witthöft 1989a.
13. Siehe zum Eisen immer noch Sprandel 1968, zu Eisen und Kupfer auch Kellenbenz 1974b. Ders. 1977a.

Abbildungsnachweis
1 Propyläen Technikgeschichte 1, Berlin 1991, Tafel 22; 2 Mensura. Maß Zahl, Zahlensymbolik im Mittelalter. Hrsg. von A. Zimmermann. Berlin, New York, Tafel 1; 3 Propyläen Technikgeschichte 1, Berlin 1991, Tafel 25; 4 Der Silberne Boden. Kunst und Bergbau in Sachsen. Hrsg. von M. Bachmann / H. Marx / E. Wächtler. Leipzig 1990, Kat.-Nr. 431; 5 Stadt – Kultur – Geschichte. Die Stiftskirche St. Simon und Judas, die Domvorhalle und die Kirchenkunstabteilung im Goslaer Museum. Hrsg. vom Kulturamt Goslar; 6 H.-G. Bachmann.

Zur Metallerzeugung im Harz während des Früh- und Hochmittelalters

Hans-Gert Bachmann

Einleitung

Der Wanderer, der auf seinen Wegen durch die Täler des Harzes in Flussgeröllen, in Bachbetten oder an Böschungen schwarze, schwere „Steine" findet, ist ebenso Relikten der Metallerzeugung in diesem Gebirge auf der Spur, wie die systematisch nach Verhüttungsplätzen suchenden Archäologen, Geophysiker und Historiker. Auch für den Harz gilt: Schlacken sind Abfälle der Metallerzeugung, die der Verwitterung widerstehen. Sie sind oft die einzigen Zeugen, die uns helfen, frühe Methoden der Metallgewinnung zu erkennen und zu verstehen. Dies gilt besonders für Zeiten, aus denen uns kaum schriftliche Nachrichten überliefert wurden. Aus den spärlichen Oberflächenfunden und den Grabungsergebnissen einzelner freigelegter Schmelzplätze die Prozesse zu rekonstruieren, auf denen einst eine blühende und vielseitige Metallindustrie basierte, verlangt Spürsinn und Vorstellungsvermögen. Weil aber die Naturgesetze in der Vergangenheit so gültig waren wie heute, besteht Hoffnung, den langen Weg bis zu den Anfängen zurückverfolgen zu können, denn auch einst mussten bestimmte Temperaturen, Gasgleichgewichte und Reaktionszeiten erreicht und eingehalten werden. Sonst wäre der Weg vom Erz zum Metall nicht gangbar gewesen.

Ausgehend vom gut dokumentierten Kenntnisstand der Gegenwart, soll versucht werden über die frühe Neuzeit bis ins Mittelalter vorzudringen. Bei dieser Zeitreise müssen die regionalen Unterschiede und Gegebenheiten der Harzer Bergbauregion berücksichtigt werden (vgl. Beitrag Deicke): Der Rammelsberg mit Altem und Neuem Lager hat eine besondere Genese und führt charakteristische Erztypen. Die Oberharzer Ganglagerstätten mit einer eigenen spezifischen Mineralführung sind dagegen anders entstanden. Es geht folglich um Antworten auf die Fragen: Wann und wo sind Erze welcher Lagerstätte(n) verhüttet worden und welche Metalle wurden daraus erzeugt?

Geschichte mit ihren wechselnden Herrschaftsverhältnissen und den damit verbundenen nur zu häufigen kriegerischen Auseinandersetzungen, dazu Naturereignisse und Seuchen, ferner Verarmen oder gar Vertauben der Erzlager und Wassereinbrüche in den Gruben haben die Montanindustrie ebenso beeinflusst wie technischer Fortschritt. Zeitabhängige Veränderungen im Harzer Hüttenwesen sind im Schrifttum nach unterschiedlichen Gesichtspunkten beschrieben worden: So hat zum Beispiel Laub (Laub 1980, 55-65) folgende Einteilung getroffen: Phase I: 968 bis ~1300, Phase II: ~1300 bis 1360 und Phase III: 1460 bis 1525 (von 1360 bis 1460 brachte eine verheerende Pest alle Tätigkeiten zum Erliegen). Rosenhainer (Rosenhainer 1968, 7–8) unterschied in seiner Übersicht: I. Die Anfänge der Metallerzeugung bis zum Jahr 1525, II. vom Jahr 1526 bis 1635 (Gründung der Communionverwaltung) und III. von 1635 bis zur Neuzeit. In diesem Beitrag wird nur der Anfang der Metallerzeugung im Früh- und Hochmittelalter behandelt. Mangels überlieferter Dokumente basieren die Ausführungen und Folgerungen auf neuen Forschungsergebnissen zur Harzer Montanarchäologie; dazu gehören archäologische Befunde ebenso wie Materialanalysen und Datierungen.

Die Phasen II und III nach Laub (Laub 1980, 55-65) sind dank der historischen Darstellungen von Löhneyß (Löhneyß 1617), Ercker (Ercker 1565), Cancrin (Cancrin 1767, 86-234) und Schlüter (Schlüter 1738) gut dokumentiert (Abb. 1). Die Zusammenfassungen von Kerl (Kerl 1852/1860. Ders. 1854), Rosenhainer (Rosenhainer 1968) und Grothe (Grothe / Feiser 1975), sowie Beiträge in Lehrbüchern zum Metallhüttenwesen, zum Beispiel von Rammelsberg (Rammelsberg 1850, 174-185), Schnabel (Schnabel 1894), Tafel (Tafel / Wagenmann 1951) und der Aufsatz von Feiser (Grothe / Feiser 1975) setzen die Verfahrensbeschreibungen vom Beginn der Neuzeit bis in die Gegenwart fort. Die letzte Betriebsperiode der PREUSSAG-Blei- und Silberhütten in Clausthal und Lautenthal bis zu ihrer Schließung im Jahr 1967 ist in einer Monographie von Lehne und Weinberg (Lehne / Weinberg 1968) für die Nachwelt festgehalten worden.

Alle Versuche Hüttenprozesse zu rekonstruieren, für die schriftliche Zeugnisse fehlen, leiden unter den Einschränkungen der zufälligen Fund-Hinterlassenschaften. Was der Geophysiker als Anomalie im Gelände erfasst, der Archäologe ausgräbt und der Analytiker untersucht, ist eine nicht unbedingt repräsentative Auswahl. Mangelhafte Erhaltung von technischen Einrichtungen und spärliche Auswahl an Artefakten sind eher Regel als Ausnahme. Öfen und andere Installationen wurden oft nur für einmalige Verwendung errichtet. Die hinterlassenen Funde können sowohl unbrauchbare Abfälle (zum Beispiel metallarme Schlacken) oder verloren gegangene Wertstoffe (Metallfragmente, Sulfid-Zwischenprodukte, Erze in frischem, angeröstetem oder angeschmolzenem Zustand) sein. Es kommt hinzu, dass Überreste aus verlassenen älteren Verhüttungsanlagen häufig in späteren Zeiten abgetragen wurden, um sie wegen ihrer oft erheblichen Metallgehalte aufzuarbeiten. Manche alten Schlackenhalden verschwanden, weil sich ihr „Abbau" lohnte, oder weil sie als „Retourschlacken" für die Hüttenbetriebe nützliche Flussmittel waren (vgl. Schlüter 1738. Kerl 1854)[1].

Schlackenanalysen ohne begleitende Erzfunde sind für die Primärerz-Zuordnung von Harzer Schmelzplätzen meist irrelevant. Die Wiederverwendung der Schlacken von Schmelzplätzen, auf denen Rammelsberg- und/oder Oberharz-Erze verhüttet worden sind, verzerrt das Verteilungsbild erztypischer Elemente, die sonst als Bewertungskriterien herangezogen werden können. Dazu ein Beispiel: Für Schlacken der Rammelsberg-Erzverhüttung sind hohe bis mittlere Zinkgehalte typisch. Werden solche Schlacken als Zuschläge beim Schmelzen von Gangerzen eingesetzt, bleibt der Zinkgehalt auch in den Schlacken der Gangerzverhüttung weitgehend erhalten. Eine Analyse könnte Anlass zu dem Fehlschluss geben, dass hier keine Gang-, sondern Rammelsberg-Erze geschmolzen wurden.

Hüttenplätze können kurzzeitig oder über längere Zeiträume – manchmal mit Unterbrechungen – betrieben worden sein. Das erschwert die Datierung, weil stratigraphische Horizonte „verwischt" oder gänzlich verloren gegangen sein können.

Verhüttung von Rammelsberg-Erzen

Datierung

Nach L. Klappauf und F.-A. Linke sind bis jetzt allein im niedersächsischen Harz 800 Schmelzplätze entdeckt worden (vgl. hierzu auch die Beiträge von L. Klappauf und F.-A. Linke). Hochgerechnet auf den Gesamtharz könnte sich eine Zahl von 2500 ergeben. Im Westharz lassen sich mittels ^{14}C-Methoden, Keramikfunden oder historischen Nachrichten 150 Verhüttungsanlagen zeitlich einordnen. Radiokohlenstoffdatierte Holzkohlefunde von 17 Schmelzplätzen reichen vom 9. bis ins 14. Jahrhundert.

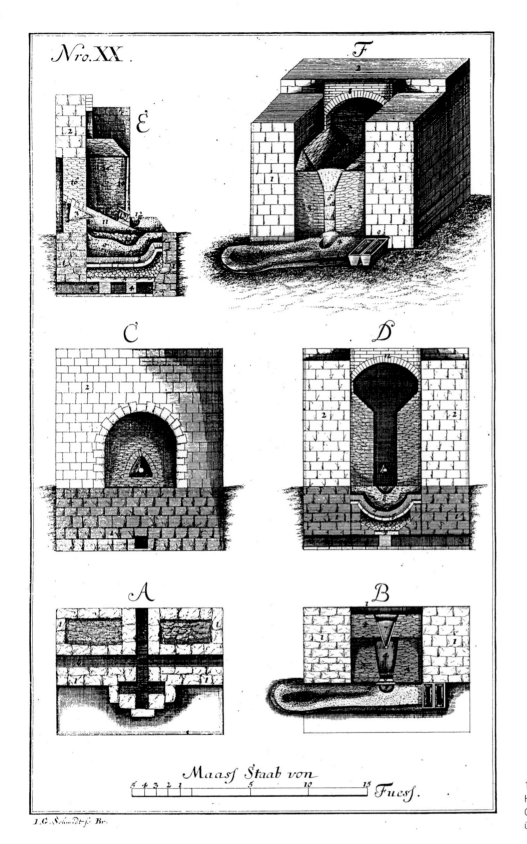

1 „Ein Rammelsbergscher oder Unter-Harzischer Silber- und Bley-Ertz-Schmeltz-Ofe, wird auch genannt Schmelz-Ofe überm Tiegel" (nach Schlüter 1738).

In jüngster Zeit wurde mit archäologischen Methoden eine im 11. Jahrhundert betriebene Hüttenanlage am Schnapsweg (Forstamt Lautenthal) ausgegraben (Linke 1998. Klappauf et al. 1998). Von vergleichbarer Bedeutung für die Harzforschung sind der von F.-A. Linke freigelegte Schmelzplatz am Kunzenloch bei Lerbach (10. Jahrhundert) (Linke 1994), das ca. 150 m² große Hüttenareal am Riefenbach bei Bad Harzburg (11./12. Jahrhundert) (Brockner 1994b. Linke / Klappauf 1994) und der schon 1965 von W. Nowothnig ausgegrabene Schmelzplatz am Sommerberg zwischen Wolfshagen und Hahnenklee (Nowothnig 1965. Ders. 1968). Damals ließen die wenigen Keramikfunde den Ausgräber das Alter dieser Verhüttungsstelle in das 13./14. Jahrhundert bzw. in das 10./11. Jahrhundert legen. Hier sind zwei zeitlich unterschiedliche Betriebsphasen nicht auszuschließen. Eine Radiokohlenstoff-Datierung ist bislang nicht erfolgt, wäre aber wünschenswert. Nach Rosenhainer waren die mittelalterlichen Hütten des Harzes und seines Vorlandes kleine Betriebe, die nur wenige Leute beschäftigten (Rosenhainer 1968, 54–55). Die meisten Hütten besaßen einen oder zwei niedrige Öfen. Am Schnapsweg standen vier und auf der Renoldeshütte vor Wernigerode, sowie in der Hütte Bornemehusen (Bornhausen) sollen je vier Schmelzöfen betrieben worden sein. Für die nachfolgenden Betrachtungen wurden die Schmelzplätze vom Schnapsweg und vom Sommerberg als exemplarisch ausgewählt.

Erze und Zuschläge

Die Lesefunde auf beiden Grabungsplätzen umfassen auch Erze. Eine Zusammenstellung der Analysen der Erzfunde gibt Tabelle 1. Zum Vergleich sind in diese Tabelle die von Laub (Laub 1980, 67) ermittelten Durchschnittsgehalte von zwei Erztypen aus dem Alten Lager des Rammelsberges aufgenommen worden. Ähnlichkeiten sind unverkennbar, wenn sich auch die Erze vom Sommerberg in ihren Kupfer- und Eisengehalten von denen des Schnapswegs unterscheiden. Aus den wenigen Funden lässt sich keine statistisch gesicherte Aussage über die wirklichen Gehalte der hier einst verhütteten Erze machen. Die Kupfergehalte der Sommerberg-Erze sind hoch und liegen nicht weit vom theoretischen Wert für reinen Kupferkies (35 %). Sie sind eher typisch für frühe Verhüttung im Vergleich zu den geringhaltigeren (wenn auch nicht armen) Schnapsweg-Erzen. Vielleicht hat der Zufall hier nur verworfene oder ausgesonderte Stücke überliefert.

An beiden Schmelzplätzen dürfte die Gewinnung von Kupfer die einzige oder vorrangige Tätigkeit gewesen sein. Die Erze vom Sommerberg wurden nicht mineralogisch untersucht. Die vom Schnapsweg bestehen hauptsächlich aus Kupferkies und Pyrit. Untergeordnet sind Bleiglanz und Zinkblende in der für Rammelsberg-Erze charakteristischen innigen Verwachsung nachweisbar. Aus der chemischen Pauschalzusammensetzung lässt sich folgen-

	Som.Bg. Nr.1	Som.Bg. Nr.2	Schn.Wg. MW von 5 Analysen	Schn.Wg. StA von 5 Analysen	Erzanalysen MW von 8 Analysen	Erzanalysen MW von 3 Analysen
Fe	26,66	24,25	38,6	3,2	34,5	23,0
Cu	21,16	17,20	6,1	3,5	10,2	4,0
Zn	5,55	14,28	5,3	3,0	2,9	24,4
Pb	1,98	7,08	3,0	1,2	1,1	3,8
S	18,9	13,73	28,3	2,7	41,1	38,9
As_2O_3	n.b.	n.b.	0,2	0,1	n.b.	n.b.
SiO_2	0,31	0,10	2,7	1,8	2,6	1,1
Al_2O_3	n.b.	n.b.	0,5	0,3	1,5	0,5
$BaSO_4$	0,20	0,42	<0,1	---	0,3	0,1
CaO+MgO	0,34	0,30	<0,1	---	0,7	0,4

Tabelle 1: Analysen von Rammelsbergerzen
(Som.Bg. = Schmelzplatz Sommerberg, Schn.Wg. = Schmelzplatz Schnapsweg, MW = Mittelwert, StA = Standardabweichung, n.b. = nicht bestimmt)

Erläuterungen: Spalten 1+2: Laub (1988), S. 324, Zahlentafel 2; Spalten 3+4: Hegerhorst (1998), S. 22, Tab. 4.1, FeO, CuO, ZnO und PbO umgerechnet auf die Elemente, BaO auf $BaSO_4$; Spalte 5+6: Laub (1980), S. 67, Anhang 1, Mittelwerte von 8 Erzen mit geringen Pb- und Zn-Gehalten und von 3 Erzen mit erhöhten Pb- und Zn-Gehalten. Die MW der 8 Analysen von Rammelsberg-Erzen des Alten Lagers in der vorletzten Tabellenspalte stammen von Kraume, Sanders & Laub; die 3 Analysen der letzten Spalte von Kraume; vgl. Laub (1988).

2 Haufenröstung von Rammelsberger Bleizinkerz. Der Haufen (A) ist in vollem Brand. Ein Arbeiter (C) schöpft Schwefel aus den napfförmigen Vertiefungen. Vorn rechts wird das bereits einmal geröstete Erz zu einer Röste für das zweite Feuer aufgebaut. Nach Löhneyß (1617).

der Mineralgehalt abschätzen: ca. 70 % Eisen-Schwefelverbindungen, 18 % Kupferkies, 2 % Bleiglanz, 10 % Zinkblende und 5 % Kieselsäure (Hegerhorst 1998, 81). Eine Trennung der Erzminerale durch Aussortieren oder Schweretrennung des Stückerzes kann ausgeschlossen werden. Die innige Verwachsung der Erz- und Gangminerale hat die Verhüttung außerordentlich erschwert.

Die Erze sind wegen ihrer sehr geringen Kieselsäureanteile im hüttentechnischen Sinn nicht „selbstfließend". Um beim Schmelzvorgang unerwünschte Komponenten (hier im Wesentlichen Eisenverbindungen) als Schlacken zu entfernen, mussten Flussmittel zugesetzt werden. Selbstfließende Erze sind so beschaffen, dass sie bereits aufgrund ihrer Pauschalzusammensetzung alle zur Schlackenbildung erforderlichen Verbindungen enthalten.

Das Grundprinzip aller Verfahren, die vom Erz zum Metall führen, ist die schrittweise Anreicherung der gewünschten Endprodukte. Das beginnt bei der Erzaufbereitung. Gangmaterial wird vom Erz getrennt. Durch Rösten sulfidischer Erze wird Schwefel verbrannt (Abb. 4) und dadurch der Metallgehalt im Erz weiter erhöht. Beim Schmelzen führt die gezielt herbeigeführte Schlackenbildung zur entscheidenden Konzentration der Einsatzstoffe bis zu metallischen Endprodukten. Schlacken sind in der Pyrometallurgie deshalb der ideale Sammler für alle Bestandteile der Erze oder Zwischenerzeugnisse (Steinphasen), die es zu entfernen gilt. Dazu ein Beispiel: Um aus Kupferkies, $CuFeS_2$, das Kupfer zu isolieren, müssen Schwefel und Eisen entfernt werden. Schwefel kann verbrannt werden. In der Regel gelingt dies erst nach mehreren Prozessschritten über eine Reihe von Zwischenprodukten. Eisen lässt sich nur als Schlackenbestandteil entfernen.

Die eisenhaltigen, aber quarzarmen Rammelsberg-Erze verlangten kieselsäurehaltige Zuschlagsstoffe, damit sich Schlackensilikate bilden konnten. Bei optimalem Verhältnis der basischen Komponenten (FeO, MnO, CaO, MgO, BaO, und ZnO) zu SiO_2 ($+Al_2O_3$) entstehen bei den im mittelalterlichen Schmelzofen herrschenden Temperaturen (ca. 1100 bis 1300 °C) leichtschmelzende Silikate. Als Zuschlag bei der Verhüttung von Rammelsberg-Erzen hat Laub den in dieser Lagerstätte vorkommenden „Kniest" mit einem SiO_2-Gehalt von ungefähr 67 % vorgeschlagen (Laub 1980, 55). Auch andere kieselsäurereiche Gesteine aus der Region – wie Tonschiefer, Granitgrus und Gangquarz – sind von ihm in Betracht gezogen worden. Weil „Kniest" kaum Al_2O_3 enthält, die Schlacken beider Schmelzplätze jedoch Al_2O_3-Gehalte zwischen 4 und 14 % aufweisen, kann auch der lokal vorkommende Tonschiefer ein geeigneter Zuschlag gewesen sein. Die Analyse einer Tonschieferprobe aus dem St. Andreasberger Revier hat nach Hegerhorst (Hegerhorst 1998, 62, Tabelle 4.21) einen Al_2O_3-Gehalt von 18,4 % und einen SiO_2-Gehalt von 61,4 %[2].

Öfen

Sowohl bei den Untersuchungen am Sommerberg als auch am Schnapsweg konnten Ofenreste freigelegt und dokumentiert werden. Der Befund vom Schnapsweg wurde zudem geborgen und konserviert (jetziger Standort: Museum der Stadt Goslar). Die Grabungsbefunde lassen sich als Überreste (im Wesentlichen Herd- oder Sohlsteine) von Fundamenten kleiner Schachtöfen deuten. Ihre Höhe kann mit ca. 150 cm und ihr Innendurchmesser (bei zylindrischem Querschnitt) mit ca. 30 bis 40 cm angenommen werden. Von W. Nowothnig wurde ein unter dem Sohlstein des Sommerberg-Herdes liegender, hangabwärts verlaufender, schmaler Graben als „Windfang" oder „Fuchs" gedeutet (Nowothnig 1965, 242–243). Grothe sah darin eher eine „Abzucht" zur Ableitung der Bodenfeuchtigkeit (Grothe / Feiser 1975, 335). Unter den Herdsteinen des Ofens am Schnapsweg lag eine vermutlich ältere Steinlage und darunter ein Schotterbett aus Tonschieferbröckchen (zur Isolation?)[3].

An keinem der beiden Fundorte wurden Düsen oder deren Fragmente gefunden. Das schließt einen Blasebalgbetrieb, eventuell unterstützt durch natürliche (jahreszeitlich wechselnde) Windpressung nicht aus. Andere, direkt mit der Verhüttungsarbeit zusammenhängende bauliche Überreste (Herde, Röstbetten oder -stadel, Gruben oder Lagerplätze für Ausgangs- oder Zwischenprodukte) ließen sich zwar erfassen, aber in ihrer Funktion nicht sicher zuordnen.

Schlacken

Schlackensilikate sind ein wichtiges Glied in der Nachweiskette bei der Ermittlung der an einem Schmelzplatz praktizierten Verfahren („Prozess-Indikatoren"). Analysen von Schlacken der beiden Verhüttungsorte Sommerberg und Schnapsweg sind in Tabelle 2 zusammengefasst. Die am Schnapsweg gefundenen Schlacken lassen sich nach äußeren Merkmalen in Fließ-, Platten- und Ofenschlacken einteilen. Fließschlacken sind leicht an Runzeln und Wülsten auf ihren sonst fast glatten Oberflächen zu erkennen. Sie ähneln erstarrter Lava. Die Verwandtschaft zwischen vulkanogenen Silikaten und pyrometallurgischen, „anthropogenen" Schlacke-Silikaten ist durchaus gegeben. Plattenschlacken sind Fließschlacken-Varianten, die extrem dünnflüssig den Reaktor (= Schmelzofen) verlassen haben. Auch sie zeigen „Falten" auf ihren sonst glatten Oberseiten, ähnlich wie die Haut auf gekochter Milch. In die Unterseiten von Fließ- und Plattenschlacken sind nicht selten Sandkörner, Gesteinsbröckchen und Holzkohlestückchen eingebettet. Sie entstammen der Grube oder Mulde, in der die flüssige Schlacke erstarrt ist. Spröde, nur wenige Millimeter dünne Plattenschlacken-Scherben lassen sich manchmal – wenn genügend Fragmente erhalten geblieben sind – zu einer Scheibe zusammensetzen, welche den Durchmesser der Grube oder Mulde abschätzen lässt, in der die Schlacke erstarrt ist.

Fließ- und Plattenschlacken haben vergleichbare chemische Zusammensetzungen. Am Schnapsweg bestehen sie aus Fayalit, Fe_2SiO_4, und verwandten Silikaten. Oxidische, sulfidische und metallische Einschlüsse sind selten. Fayalitschlacken haben, je nach Auswahl der Kationen, die zusätzlich zu zweiwertigen Eisenionen mit SiO_2 verbunden sind, Schmelzpunkte bzw. Erweichungsintervalle zwischen ca. 1050 und 1200 °C. Das sind Temperaturen, die durchaus in kleinen Schachtöfen erreicht werden können. Höhere Temperaturen verlangen stärkere Gebläse und/oder vorgewärmte Luft. Dünne Plattenschlacken sind bei höherer Temperatur aus dem Schmelzofen geflossen als „gewöhnliche" Fließschlacken. Bei annähernd gleichem Chemismus ist nämlich die Temperatur der entscheidende zweite Parameter, welcher das Fließverhalten (das heißt die Viskosität) einer Schlacke beeinflusst. An einem Verhüttungsplatz können Fließ- und Plattenschlacken sowohl gemeinsam wie getrennt vorkommen. Dies hängt allein von den Temperaturen ab, bei denen der Abstich erfolgte. Gelegentlich können aus dem noch glutflüssigen Inneren größerer, oberflächlich bereits erkalteter Schlackenblöcke dünnflüssige Schlackenreste ausfließen, die zu Plattenschlackenfladen erstarren. Die nach einem Näherungsverfahren ermittelten Schlackenviskositäten für Beispiele vom Sommerberg und Schnapsweg sind Tabelle 3 zu entnehmen. Für gut- bis leichtflüssige Schlacken gibt Laub für den Temperaturbereich von 1150 bis 1300 °C Werte von 1,60 bis 5,15 Poise an (Laub 1980, 30). Die von uns berechneten Werte liegen für die Schnapsweg-Schlacken exakt in diesem Bereich; für Sommerberg-Schlacken nur bedingt. Grundsätzlich lassen sich Viskositätsbestimmungen nur auf homogene Schlacken anwenden. Bei Fließ-

	Schn.Wg. Fließschl. MW	Schn.Wg. Fließschl. StA	Schn.Wg. Plat.Schl. MW	Schn.Wg. Plat.Schl. StA	Schn.Wg. Ofenschl. MA	Schn.Wg. Ofenschl. StA	Som.Bg. Schl. MW	Som.Bg. Schl. StA
SiO_2	23,2	2,7	20,2	6,2	17,6	10,8	22,23	1,43
FeO	53,1	6,4	61,6	6,9	57,3	12,1	42,38	4,36
MnO	1,0	0,7	0,5	0,2	0,4	0,3	n.b.	
CuO	1,2	0,2	2,0	0,5	8,1	3,1	2,89	0,67
Co_3O_4	0,2	0,2	0,2	0,1	0,2	0,2	n.b.	
ZnO	7,9	4,7	3,2	1,4	5,0	2,0	12,21	2,60
PbO	1,3	0,8	0,6	0,2	1,5	0,6	2,34	1,33
BaO	0,2	0,0	0,2	0,1	0,1	0,1	0,34	0,20
S	1,4	0,9	2,0	1,1	2,7	1,2	1,13	0,59
MgO	0,5	0,1	0,4	0,3	0,3	0,1	0,75	0,11
CaO	2,2	0,9	1,9	0,5	1,1	0,4	1,85	0,39
K_2O	1,6	0,4	1,7	0,3	1,3	0,7	n.b.	
Al_2O_3	5,3	1,1	5,1	1,2	3,9	2,4	13,98	0,65
TiO_2	0,2	0,1	0,2	0,1	0,2	0,1	n.b.	

Tabelle 2: Schlackenanalysen
(Schn.Wg. = Schmelzplatz Schnapsweg, Som.Bg. = Schmelzplatz Sommerberg, MW = Mittelwert, StA = Standardabweichung, n.b. = nicht bestimmt)

Erläuterungen: Spalten 1+2: Fließschlacken, Nr. 8, 19, 407; Spalten 3+4: Plattenschlacken, Nr.13, 34, 400R, 400M; Spalten 5+6 Ofenschlacken Nr. 284, 346, 361, 498;. Hegerhorst (1998) S. 26, Tab.4.4;
Spalten 7+8: 3 Sommerbergschlacken; Nowothnig (1965), S. 245.

Schlackentyp	Poise bei 1200°C	Poise bei 1250°C	Poise bei 1300°C
Schn.Wg.;Fließschl.	4,2	2,1	1,2
Schn.Wg.;Plattenschl.	3,1	1,9	1,0
Sommerberg-Schl.	~9	~7	~4

Tabelle 3: Schlackenviskositäten in Poise bei verschiedenen Temperaturen
Erläuterungen: Zeile 1: Schnapsweg, Fließschlacken, Analysen-Mittelwerte vgl.Tabelle 2, Spalte 1;
Zeile 2: Schnapsweg, Plattenschlacken, Analysen-Mittelwerte vgl. Tabelle 2, Spalte 3;
Zeile 3: Sommerberg-Schlacken, Analysen-Mittelwerte vgl. Tabelle 2, Spalte 7
Viskositätsberechnungen nach Bachmann (1980).

und Plattenschlacken wird diese Bedingung erfüllt, nicht so bei Ofenschlacken. Dieser Typ enthält – außer Silikaten – zahlreiche Einschlüsse, besonders von Spinellen. Ofenschlacken sind wegen dieser Einschlüsse zähflüssig. Der Name besagt, dass sie im Schmelzofen erstarrt sind und nicht abgestochen werden konnten. Ihr Metallgehalt ist oft beträchtlich, weil die Zähigkeit dieser Schlacken das Absinken (Seigern) von Metall- oder Metall-sulfid(Stein)-Tröpfchen be- oder verhindert. Unter den Spinellen in Ofenschlacken ist besonders der Magnetit, Fe_3O_4, verbreitet. Das Vorhandensein dieses Schlackenminerals ist ein Hinweis auf zeitweise unzureichende Reduktionswirkung der Ofenatmosphäre. Während FeO schnell und leicht mit SiO_2 zu Fayalit, Fe_2SiO_4, oder anderen Silikaten reagiert, wird Magnetit erst bei Temperaturen um oder über 1500 °C zum niederwertigen, reaktionsfreudigen FeO reduziert. Diese hohen Temperaturen wurden jedoch in frühen Schachtöfen nicht erreicht.

Kupfer- und Kupferbleisteine (Matte)

An beiden Fundorten wurden einige Metallsulfid-Reste aufgesammelt. Ihre Zusammensetzung gibt Tabelle 4 wieder. Diese Produkte sind typische Erzeugnisse der Sulfiderzverhüttung. Die Steinphasen bestehen überwiegend aus Kupfer-Eisen- und Kupfer-Eisen-Blei-Sulfiden, mit metallischen Anteilen. Seit dem 14. Jahrhundert existieren schriftliche Zeugnisse über die Vorgehensweise beim Verhütten sulfidischer Erze. Ihnen ist zu entnehmen, dass diese Erze – meist nach vorausgegangener Röstung – reduzierend geschmolzen wurden. Als Produkte entstanden dabei „Rohstein" und Schlacke. Der „Rohstein" wurde geröstet und erneut reduzierend im Schachtofen geschmolzen. Es fiel ein „Mittelstein" an, der deutlich kupferreicher als der „Rohstein" war. Das „Durchstechen" (Schmelzen und Rösten im Wechsel) der Steine konnte, je nach Erztyp und Erfahrung des Hüttenmeisters viele Male

	Schnapsweg Nr. 412-254	Schnapsweg Nr. 412-368	Sommerberg Nowothnig; Nr. 4	Sommerberg Nowothnig; Nr. 5
Cu	56,3	62,8	28,26	66,08
Pb	5,6	2,7	8,97	1,50
Fe	10,4	21,2	19,31	5,37
Zn	0,5	0,7	10,09	0,65
Co+Ni	0,3	0,04	n.b.	n.b.
Sb	---	0,1	n.b.	n.b.
Ag	---	0,03	n.b.	n.b.
S	26,5	11,7	22,13	24,72

Tabelle 4: Analysen von Kupfersteinproben
(n.b. = nicht bestimmt)

Erläuterungen: Schnapsweg-Proben: Hegerhorst (1998), S. 24, Tab. 4.2; Sommerberg-Proben; Nowothnig (1965), S. 245.

wiederholt werden. Neunmaliges, stufenweises Anreichern bis zum hochwertigen „Spurstein" war durchaus keine Ausnahme. Das Enderzeugnis der Steinarbeit war Schwarzkupfer. Das noch unreine Metall musste bis zum Erreichen einer Handelsqualität noch gereinigt werden. Diese Raffination wurde nicht unbedingt am Verhüttungsplatz vorgenommen. Theophilus Presbyter beschrieb in seinem um 1100 erschienenen Handbuch für Künstler und Metallhandwerker „Schedula diversarum artium" (oder „De diversis artibus") das Reinigen von Schwarzkupfer in Werkstätten, in denen auch Legierungen erschmolzen und Gusserzeugnisse hergestellt wurden (Theophilus Presbyter 1979, 144–145).

Die Kupferbleisteine der Schmelzplätze am Sommerberg und Schnapsweg sind in ihrem Kupferanreicherungsgrad noch weit von der Zusammensetzung des angestrebten Schwarzkupfers entfernt. Die Sommerbergprobe Nr. 4 hat einen Kupfergehalt, der nur wenig über dem des Primärerzes liegt. Ob dieses Muster ein Hinweis auf Verhüttung der Erze in ungeröstetem Zustand ist, wird im Kapitel Prozessrekonstruktion erörtert. Alle anderen Proben entsprechen in ihren Zusammensetzungen Rohsteinen mit den üblichen Kupfergehalten um 60 %.

Metall-(Schwarzkupfer)-Funde

In Tabelle 5 sind die Zusammensetzungen von einer Sommerberg- und fünf Schnapsweg-Proben aufgeführt. Alle untersuchten Schwarzkupferstückchen sind bleireich. Dies passt zum Chemismus der Ausgangserze. Beim schrittweisen Metallanreichern im Verlauf der Steinarbeit ist das Blei kaum oder nicht verschlackt, sondern in der Sulfidphase zusammen mit dem Kupfer angereichert worden. Zu diesen frühen Beispielen gibt es eine moderne Parallele. Schwarzkupfer, wie es am Ende des 19. Jahrhunderts in der Clausthaler Hütte erzeugt wurde, unterschied sich in seiner Zusammensetzung nicht von den tausend Jahre älteren Metallresten der beiden Grabungsplätze.

Prozessrekonstruktion

Die Sommerberg-Grabung wurde zehn Jahre nach der Erstveröffentlichung von Grothe (Grothe / Feiser 1975, 333-335) kommentiert. Der erfahrene und kritische Clausthaler Metallurge hat angenommen, dass hier nur ziemlich reine kupferreiche Oxiderze

	Som.Bg. Laub; 1988	Schn.Wg. 412-139	Schn.Wg. 412-147	Schn.Wg. 412-241	Schn.Wg. 412-362	Schn.Wg. 412-420	Clausthal. Hütte
Cu	53,0	70,2	59,2	75,4	82,2	78,3	69,37
Pb	27,4	22,5	19,9	14,4	7,2	11,5	24,45
Zn	n.b.	0,1	2,5	0,3	1,9	0,3	0,41
As	1,4	---	0,9	---	0,3	<0,3	0,16
Sb	4,1	0,4	1,2	0,3	0,3	0,3	0,39
Fe	1,6	2,2	8,0	2,1	4,2	1,8	1,15
Ni+Co	0,3	0,1	0,1	0,1	<0,1	0,1	1,64
S	0,8	1,1	2,2	0,8	0,9	0,7	1,60
Ag	n.b.	0,1	0,2	0,1	0,1	0,1	0,28

Tabelle 5: Analysen von Metall-(Schwarzkupfer)-Funden
(Som.Bg. = Sommerberg; Schn.Wg. = Schnapsweg)

Erläuterungen: Sommerberg-Probe: Laub (1988), S. 323, Zahlentafel 1, Nr.4 (als Kupferschlicker bezeichnet); Schnapsweg-Proben: Hegerhorst (1998), S. 131, Tab.7.3a; Clausthaler Hütte: Schnabel (1894), S 412.

aus einer ersten (nicht nachgewiesenen!) Abbauphase des Rammelsberges verhüttet worden seien. Die schon von W. Nowothnig publizierten Analysen von Kupfersteinrelikten (Nowothnig 1965, 245) hat Grothe jedoch ebenso außer acht gelassen, wie die Schwefel-, Blei- und Zinkgehalte der Schlacken. Analysen von Metall- und Erzmustern vom Sommerberg wurden erst 1988 von G. Laub veröffentlicht (Laub 1988, 323); Grothe konnte sie deshalb nicht in Betracht ziehen.

Für den Betrieb und den Wirkungsgrad eines kleinen Gebläseschachtofens am Sommerberg war nach Grothe die Leistung der Balgtreter ausschlaggebend. Für baulich ähnliche Rennfeuer-Schachtöfen zur Eisenluppen-Erzeugung hat Schuster (Schuster 1969, 30–31, 111–112) folgende Berechnung angestellt, die Grothe für das Kupferschmelzen modifiziert hat: Die Leistung eines Balgtreters bei halbstündiger Ablösung beträgt rund 1/8 PS. In einem niedrigen Schachtofen konnten in fünfstündiger Blasezeit 160 kg Holzkohle verbrannt und dabei 80 kg Erz mit einem Kupfergehalt von ca. 25 % verschmolzen werden. Nimmt man ferner an, dass nur eine Ofenreise pro Tag durchgeführt wurde, belief sich die Tageserzeugung auf etwa 20 kg Schwarzkupfer mit einem Kupfergehalt von 90 %. Das Umschmelzen und Reinigen des Schwarzkupfers könnte, laut Grothe, in einem Tiegel oder Garherd vorgenommen worden sein. Auch wenn hier ein bestimmt zu optimistischer Ansatz rekonstruiert worden ist, so gibt die Überschlagsrechnung immerhin eine Vorstellung über die Größenordnung der Produktion in den kleinen Harzer Hüttenbetrieben jener Zeit. Grothe geht in seinen Überlegungen noch einen Schritt weiter. Die Jahresproduktion einer vielleicht nur saisonal betriebenen Hütte mit einer Belegschaft von 6 Hüttenleuten und Köhlern könnte sich auf ungefähr 3000 kg Garkupfer belaufen haben, zu dessen Herstellung – einschließlich der Verluste bei der Meiler-Verkohlung – ungefähr 130 m³ Buchenholz erforderlich gewesen sein müssten.

Diese Überlegungen sagen nichts über die Prozessführung aus, die bei oxidischen Erzen anders verläuft als bei sulfidischen, polymetallischen Kupfer-Erzen vom Rammelsberg. G. Laub hat für den Sommerberg und andere Schmelzplätze, an denen Mischerze mit hohem Pyritanteil verhüttet wurden, ein „pyritisches Schmelzen" angenommen (Laub 1980, 50-62). Er bezieht sich dabei auf ein Verfahren, das Ende des 19. Jahrhunderts eine gewisse lokale Bedeutung für pyrithaltige Kupfererze gehabt hat. Beim pyritischen Schmelzen wird ein Teil des Pyritschwefels direkt im Schachtofen verbrannt und als Brennstoff genutzt. Das spart Holzkohle, obwohl daran im Harz kein Mangel bestand (vgl. hierzu auch den Beitrag von B. Frenzel / H. Kempter). Erzröstung und -schmelzen verlaufen beim pyritischen Schmelzen in den unterschiedlichen Temperatur-Zonen des Schachtofens nacheinander ab. Voraussetzungen und Grundlagen, wie sie auf den Hüttenplätzen am Sommerberg und mehr noch am Schnapsweg gegeben sind, machen eine frühe Variante dieses Prozesses durchaus diskutabel. Zwischen dem modernen pyritischen Schmelzen, wie es zum Beispiel von Tafel ausführlich beschrieben worden ist (Tafel / Wagenmann 1951, 347–355), und der mittelalterlichen Prozessführung bestehen allerdings Unterschiede (zum Beispiel Koks statt Holzkohle als Brennstoff, spezielle Zuschläge, definierte Stückgröße der Erzcharge), aber auch Gemeinsamkeiten: Das Erz wird ungeröstet in den (vorgeheizten?) Schachtofen eingebracht; im oberen Teil des Ofenschachtes (Gicht) verdampft und verbrennt ein Teil des Schwefels aus dem Pyrit und gleichzeitig wird Kupferkies geröstet; in der tiefer gelegenen Reaktionszone laufen vergleichbare Vorgänge wie bei der reduzierenden Schachtofenarbeit ab. Es bilden sich Steinphasen, je nach Reduktionsbedingungen auch Schwarzkupfer und Schlacke. Die Verhüttung von Rammelsberg-Erzen ohne vorausgehende Röstung war auf Harzer Hütten noch bis zum Anfang des 15. Jahrhunderts gebräuchlich. Schematische Reaktionsabläufe und -wärmeberechnungen für frühes pyritisches Schmelzen finden sich bei Goldenberg (Goldenberg 1996, 26–30) und Hauptmann (Hauptmann 1985, 101–103).

Spätestens in der Renaissance wurden Verfahren eingeführt, die vorgeröstete Erze verlangten[4]. Die Einsatzmöglichkeit des pyritischen Schmelzens hängt letztlich vom Pyritgehalt der Primärerze ab. Mit sinkenden Eisensulfidgehalten im Fördererz wurde dieser Prozess obsolet.

Verhüttung von Oberharzer Gangerzen

Datierung

Schon Cancrin (Cancrin 1767, 140-141) hat den Beginn des Bergbaus im Oberharz in das 11. Jahrhundert gelegt: „In dem Jahr 1045 entdekte man den Wildenmann, nachher und 1070 aber das Bergwerk zu Zellerfeld … . In dem Jahr 1348 entstunde an dem Oberhaarz eine grose Pestilenz, worauf die sämtliche Bergwerke auflässig wurden. Man nahm sie aber 1524 nach und nach wieder auf, und da wurden auch die Bergwerke zu Klausthal und St. Andreasberg fündig." Durch ^{14}C-Bestimmungen im Verlauf der rezenten Harzforschungen sind neue Datierungen für die Anfänge des Oberharzer Hüttenwesens festgelegt worden. Am Johanneser Kurhaus, in unmittelbarer Nähe zum Zellerfelder Gangzug, lässt sich die Blei-Silbergewinnung in das 9./10. Jahrhundert datieren. Eine Siedlung nahe bei diesem vermutlich über längere Zeit betriebenen Schmelzplatz liefert ein Datum im 12. Jahrhundert. Gittelde und die Treibhütte Badenhausen sind ebenfalls bereits im 10. Jahrhundert als Stätten der Blei-Silber-Erzeugung in Erscheinung getreten (vgl. auch den Abschnitt Prozessrekonstruktion). Gittelde ist neben Goslar eine bedeutende mittelalterliche Münzstätte und bereits 965 urkundlich erwähnt worden (vgl. auch Brockner et al. 1989. Cunz 1994. Klappauf 1995). Ein Zusammenhang von Silberproduktion und Münzprägung ist hier mehr als wahrscheinlich. Die Annahme, dass Erze aus den nahen Ganglagerstätten um das heutige Bad Grund verhüttet wurden, ist wahrscheinlich, wenn auch noch nicht bewiesen.

Erze und Zuschläge

Die Oberharzer Gangerze lieferten sowohl silberreiche Blei- wie auch hochwertige Kupfererze[5]. Im Vergleich zum Rammelsberg-Erz waren die Silbergehalte der Oberharzer Gänge 10 bis 100 mal höher, das heißt von ca. 0,1 % bis zu mehreren Prozenten. Die Art der Vererzung ließ eine Trennung der Erztypen durch Handscheidung oder Pochen zu. Die Verhüttung konnte folglich zielgerechter als bei Rammelsberg-Erzen erfolgen. Die Reicherze von St. Andreasberg mit Rotgültigerzen, gediegenem Silber usw. spielen für den hier behandelten Zeitraum keine Rolle. Sie wurden – wie erwähnt – erst im 15. Jahrhundert entdeckt und abgebaut.

Für die untersuchten und datierten Schmelzplätze: Johanneser Kurhaus und Gittelde mit der Treibhütte Badenhausen wird silberhaltiger Bleiglanz das verhüttete Erz gewesen sein. Als Gangminerale sind sowohl Quarz, wie Kalkspat zu berücksichtigen.

Verhüttungsplatz Johanneser Kurhaus

Archäologisch und archäometrisch ist der Schmelzplatz am ehemaligen Johanneser Kurhaus in direkter Nachbarschaft zum Zellerfelder Gangzug besonders gut erforscht (vgl. Klappauf / Linke

	1722 - 1337 SS	1735 - 1334B SS	2546 - 1532 SS	2549 - 1542 SS	2559 - 1588 SS	2650 - 2019 SS	2668 - 2160 SS	25 - 31 TS	MW	StA
SiO_2	63,3	61,4	64,2	64,5	64,1	60,4	56,2	61,4	62,0	3,0
FeO	7,6	10,2	6,3	14,2	10,9	16,9	8,8	9,3	10,7	3,7
CuO	0,04	0,02	3,1	1,0	1,2	5,0	0,1	1,1	1,5	1,9
ZnO	0,01	0,1	0,3	0,5	0,5	1,6	0,3	0,2	0,5	0,5
PbO	6,4	5,4	2,6	0,7	0,3	0,7	8,1	0,8	3,5	3,2
BaO	3,8	2,8	0,3	0,3	0,2	0,1	7,3	0,1	2,1	2,7
S	0,04	0,2	0,03	0,01	0,1	0,5	0,4	0,1	0,2	0,2
Al_2O_3	7,9	11,5	9,8	10,5	15,1	9,6	12,4	18,4	11,0	2,3
K_2O	4,2	3,5	3,0	2,8	2,9	2,4	2,6	3,4	3,1	0,6
CaO	3,3	1,7	6,0	2,2	1,1	0,6	0,7	0,2	2,2	1,9
MnO	1,0	0,7	0,2	0,1	0,3	0,3	0,4	0,1	0,4	0,3
Na_2O	0,3	0,5	0,5	1,0	0,8	0,5	0,5	1,2	0,6	0,2
MgO	0,7	0,7	1,4	1,0	1,6	0,6	0,75	2,2	1,0	0,4
TiO_2	0,7	1,0	0,5	0,5	0,7	0,8	0,7	1,2	0,7	0,2

Tabelle 6: Analysen von "Sinterschlacken" und Tonschiefer
(SS = „Sinterschlacke", TS = Tonschiefer, MW = Mittelwert, StA = Standardabweichung)

Fundorte:
	1722 - 1337	Pandelbach	Hegerhorst (1998), S.44-45, Tab. 4.12a + b
	1735 - 1334B	Kl. Ochsengraben	", S.46-47, Tab. 4.13a + b
	2546 - 1532	Rosentalsweg	", S.48-49, Tab. 4.14a + b
	2549 - 1542	Luchskappe	", S.50-51, Tab. 4.15a + b
	2559 - 1588	Gr. Schlackental	", S.54-55, Tab. 4.17a + b
	2650 - 2019	Gr. Sandersloch	", S.56-57, Tab. 4.18a + b
	2668 - 2160	Hütschental	", ", "
	25 - 31	Kl. Ufer	", S.62, Tab. 4.21

1989. Brockner 1992a. Ders. 1994a. Ders. 1994c. Brockner et al. 1989. Heimbruch et al. 1992. Willerding 1992. Rehren / Klappauf 1995. Alper 1998). Die Bearbeiter deuten ein freigelegtes Ofenfundament und die metallurgischen Überreste als Indizien für das Schmelzen silberhaltiger Bleierze zu Reichblei mit anschließender Silbergewinnung durch Kupellation auf dem Treibherd. Der Gewinnung des Münzmetalls Silber galt das hüttenmännische Bemühen. Das anfallende Blei fand Verwendung zum Beispiel als Bedachungsmaterial oder als Handelsprodukt, sofern es nicht als Bleiglätte (Nebenerzeugnis des Treibprozesses) wieder der reduzierenden Schmelzarbeit zugeführt wurde.

Schlacken

Die Schlacken von Harzer Verhüttungsplätzen lassen nur dann mit einiger Gewissheit auf die eingesetzten Erze schließen, wenn Primärerze direkt am Schmelzort gefunden wurden. Weil aber die gemeinsame Chargierung von Rammelsberg- und Gang-Erzen zusammen mit Schlacken vermutlich eine schon früh geübte Praxis war (Laub 1980, 37. Ders. 1988, 323), wurde bereits eingangs auf die Probleme von Lagerstätten-Zuweisungen anhand von Schlackenanalysen hingewiesen. Erschwerend kommt hinzu, dass sowohl Rammelsberg- wie Gang-Erze polymetallischer Natur sind, auch wenn bei Abbau und Aufbereitung eine Trennung nach bestimmten Erztypen angestrebt wurde.

Bis auf erztypische Metallrestgehalte sind Buntmetallschlacken chemisch gleichartig. Eine fayalitische Kupferverhüttungsschlacke ist nicht von einer Schlacke der Bleigewinnung zu unterscheiden, wenn die Voraussetzung eines bestimmten Molverhältnisses zwischen basischen Metalloxiden (MeO = FeO, MnO, ZnO, CaO, BaO, MgO etc.) und SiO_2 (+ Al_2O_3) erfüllt ist. Diese Relation liegt bei 2:1 für Fayalitschlacken (2 MeO·SiO_2 bzw. Me_2SiO_4) und 1:1 für Pyroxenschlacken (MeO·SiO_2 bzw. $MeSiO_3$). Das entspricht MeO-Gewichtsprozenten von ca. 70 bis 55 % und ca. 30 bis 45 % (SiO_2+Al_2O_3). Die Mehrzahl der analysierten Harzer Schlacken erfüllen diese Voraussetzung.

An vielen Harzer Schmelzplätzen, wurde eine Schlackenart gefunden, der die Ausgräber die Bezeichnung „Sinterschlacke" gegeben haben. Eine Zusammenstellung der Analysenwerte einiger Vertreter dieses Typs finden sich in Tabelle 6; zusammen mit der Analyse einer Tonschieferprobe. „Sinterschlacken" mit (SiO_2+Al_2O_3)-Gehalten von über 70 % und MeO-Gehalten unter 20 % können nur mittelbar mit Verhüttungsvorgängen in Verbindung gebracht werden. Ihr SiO_2-Gehalt ist so hoch, dass ihre Schmelzpunkte weit über den üblichen Betriebstemperaturen früher Schachtofen-Prozesse liegen. Hegerhorst (Hegerhorst 1998, 14) charakterisiert „Sinterschlacken" wie folgt: „Kleine Schlackestücke, die dunkelgraue, glasige Bereiche mit weißen Einsprengingen und graue bimssteinähnliche Bereiche nebeneinander aufzeigen. Das Material ist blasig und die Bruchflächen sind sehr heterogen. Kleinstückiges, verglastes Ofenmaterial kann ein ähnliches Erscheinungsbild aufweisen. Die Dichte liegt bei ca. 2 g/cm^3". „Sinterschlacken" könnten demnach angeschmolzene oder gesinterte Tonschieferfragmente sein, die bei der Konstruktion der Schachtöfen verwendet wurden, zum Beispiel als Ofenauskleidung, Isolationsschicht unter der Herdsohle[6], als Füllmasse zwischen Rauhgemäuer und eigentlichem Ofenschacht oder als Unterlage von Röstbetten. Die Mittelwerte der Kupfer- und Bleigehalte in den analysierten „Sinterschlacken" schwanken stark, wie aus den Standardabweichungen ersichtlich ist (vgl. Tabelle 6). Die „Schlacken" dieses Typs lassen sich mit der Blei- oder Kupfergewinnung, aber auch der kombinierten Buntmetallerzeugung in Verbindung bringen. Sie sind jedoch keine Produkte der eigentlichen Schachtofenarbeit und weder mit „echten" Verhüttungsschlacken zu vergleichen noch zu verwechseln.

Prozessrekonstruktion

Für die Bleierzverhüttung am Johanneser Kurhaus wird aufgrund von freigelegten Ofen- bzw. Herdfundament-Resten das sogenannte Röstreaktionsverfahren angenommen. Bei diesem, besonders für hochwertige Bleierze geeigneten Prozess wird das Rösten des Bleiglanzes, PbS, und die Reduktion der beim Abrösten entstandenen Oxide und Sulfate zu Metall in einem Herd durchgeführt. Dieses Herdschmelzen erfordert Temperaturen, die zwar über dem Schmelzpunkt des Bleis (328 °C) liegen müssen, aber nicht so hoch zu sein brauchen, um flüssige Silikatschlacken entstehen zu lassen. Als Brennstoff genügt deshalb Holz oder Torf, eventuell in Verbindung mit Holzkohle. Blasebälge sind nicht erforderlich; der natürliche Luftzug reicht aus, um den Prozess in Gang zu setzen und zu Ende zu bringen. Das Verfahren war besonders in England und Schottland verbreitet und wurde dort noch bis zum Anfang des 20. Jahrhunderts ausgeübt. Agricola, dessen „Re metallica" den technischen Stand des 16. Jahrhunderts wiedergibt, erwähnt ausdrücklich auch das Herdschmelzen und zeigt auf einem Holzschnitt einen windbetriebenen Ofen, „…wie er von den Sachsen, die in Gittelde wohnen …" (Abb. 3) verwendet wurde (Agricola 1556, 346). Weil die Prozesstemperaturen nicht zur Bildung von Schlackensilikaten ausreichen, fehlen an solchen Schmelzplätzen die für Buntmetallverhüttung typischen Eisensilikatschlacken. Was beim Ausschmelzen des Bleis von der Erzbeschickung im Herd verbleibt, hängt von der Menge und Art der Nebenbestandteile ab. Üblicherweise bildet sich ein gesintertes, verbackenes, heterogenes Ofenkonglomerat mit meist sehr hohen Bleirestgehalten[7]. An vielen Verhüttungsplätzen, an denen Blei nach dem Röstreaktionsverfahren in Herden erzeugt wurde, sind diese metallreichen Reste des Erstschmelzens in einem bei höherer Temperatur betriebenen Schlackenherd auf- und ausgeschmolzen worden. Je nach Betriebstemperatur und Verweilzeit der Charge im Ofen konnten hierbei typische Silikatschlacken entstehen, wie sie bei der Reduktion vorher gerösteter Bleierze in Schachtöfen anfallen. Solche Schlacken wurden jedoch am Johanneser Kurhaus nicht gefunden.

Das alternative zweistufige Röstreduktionsverfahren ist ebenfalls ein altes und schon in der Antike beherrschtes Verfahren. In Laurion bei Athen datiert die Reichblei-Gewinnung mittels Röstreduktion bis in das 5. vorchristliche Jahrhundert. Es wurde das Verfahren der Wahl in vielen Bleiverhüttungszentren weltweit. Noch während der letzten Betriebsperiode wurde auf der Clausthaler Bleihütte danach gearbeitet (Lehne/Weinberg 1968, 13–15).

Für die Charakterisierung des hüttentechnischen Geschehens am Johanneser Kurhaus ist zu beachten, dass die Ofenfunde aus der Zeit des 10. Jahrhunderts auf ein Herdschmelzen ohne Schlackenanfall hinweisen. Das bleireiche Gekrätz der Röstreaktions-Verhüttung ist vermutlich deshalb nicht mehr vorhanden, weil es spätestens nach Einführung des Röstreduktionsprozesses wiederverwendet und in Schachtöfen aufgeschmolzen wurde.

Aufgrund der Schlackenanalysen von zahlreichen anderen Harzer Schmelzplätzen, die der Bleierzverhüttung zuzuordnen sind, scheint das Röstreduktionsverfahren allmählich auch im Harz den anfänglichen Röstreaktionsprozess abgelöst zu haben. Windöfen wurden hier allerdings noch bis zur Mitte des 17. Jahrhunderts betrieben. Ebenso ist die Verhüttung Oberharzer Gangerze ohne vorausgehende Röstung bis zum Anfang des 19. Jahrhunderts praktiziert worden.

Eindeutig sind die Zeugnisse des Treibprozesses, wie sie ebenfalls am Johanneser Kurhaus gefunden wurden, vor allem Bleiglättereste. Seit dem 2. vorchristlichen Jahrtausend ist dieses Verfahren der Edelmetallanreicherung unverändert beibehalten worden (Abb. 4). Es hat erst im 19. Jahrhundert zeit- und arbeitsparende Modifikationen erfahren.

Bereits für die Harzer Hütten des Mittelalters gilt, was seit je hüttenmännische Praxis war und noch heute ist: Schmelzprodukte aller Art, Ofenbrüche, Fehlchargen usw. wurden zu Weiterverarbeitung deponiert, um sie bei Gelegenheit den Primärerzen und Zuschlägen neuer Ofenchargen zuzusetzen. Die Pyrometallurgie hat schon immer großen Nutzen und Gewinn aus dem „Recycling" gezogen. Nur „armgeschmolzene" Reste/Schlacken kamen auf Halde. Rammelsberg schrieb 1850, dass in den auf Gangerze des Clausthal-Zellerfelder Reviers spezialisierten Hütten 21 Monate vergingen, ehe aus einer Erzanlieferung alle darin enthaltenen Blei- und Silbergehalte „zugute gemacht" (= gewonnen) worden seien (Rammelsberg 1850, 174–185). Hieraus ist die Lehre zu ziehen, dass auch für die Zeiten, aus denen uns Berichte und Protokolle fehlen, die Rekonstruktion von Verfahrensweisen nur bedingt gültig sein kann, weil möglicherweise wichtige Glieder der Indizienkette fehlen.

Zusammenfassung

An den Schmelzplätzen Schnapsweg und Sommerberg wurden im 11. Jahrhundert Rammelsberg-Erze auf Kupfer verhüttet. Die Gewinnung anderer Metalle oder metallischer Produkte dürfte

3 Der Kärntner Ofen (A). Die eine niedrige Mauer (B). Holz (C). Das Erz mit dem heraustropfenden Blei (D). Der große Tiegel (E). Der kleine Tiegel (F). Die Kelle (G). Bleikuchen (H). Die rechteckige Öffnung in der Rückwand des Ofens (I). Der sächsische Ofen (K). Die Öffnung in der Rückwand des Ofens (L). Holz (M). Der obere Tiegel (N). Der untere Tiegel (O). Nach Agricola (1556).

Metalle, Metallerzeugung, Handel und Gewerbe

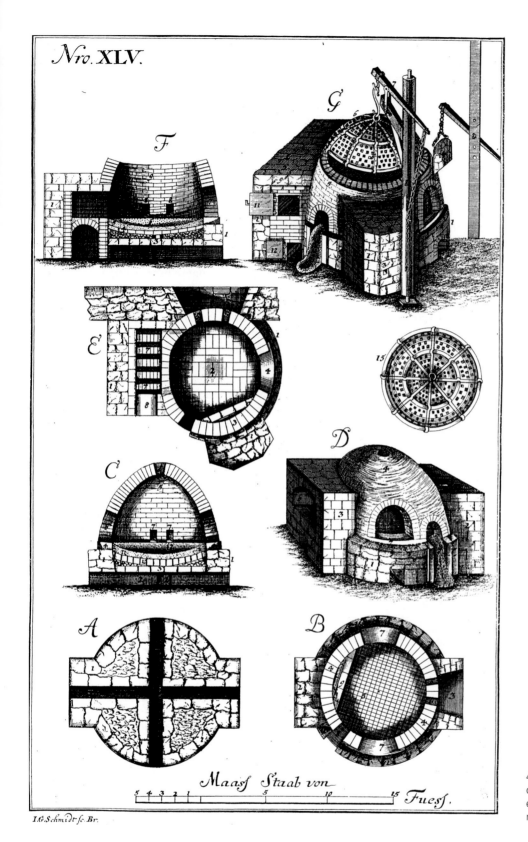

4   Ein Ober-Hartzischer Treib-Ofe nach der alten ordinairen Art (A, B, C, D) und ein Ober-Hartzischer Treib-Ofe nach der neuen Art (E, F, G). Nach Schlüter (1738).

auszuschließen sein. Die Erze mit Pyrit, Kupferkies, Bleiglanz und Zinkblende als Haupterzmineralen könnten ohne Rösten in kleinen Schachtöfen mit handbetriebenen Blasebälgen unter eventueller Ausnutzung natürlicher Winde in einem, dem pyritischen Schmelzen entsprechenden Prozess verhüttet worden sein. Außer Schlacken fielen dabei Kupfer-Bleistein und Schwarzkupfer an. Es lässt sich nicht ermitteln, ob das bleihaltige Schwarzkupfer zusammen mit dem Stein bereits beim ersten Durchschmelzen anfiel, oder das Schwarzkupfer das Folgeprodukt weiterer reduzierender Schmelzvorgänge (nach vorausgegangener Röstarbeit der Steinphasen) war. Die Weiterverarbeitung der Zwischenprodukte (Steine) und des Rohkupfers ist vermutlich an anderen Orten vorgenommen worden, eventuell in Vorläufern der späteren, sogenannten „Schlackenhütten". Fließ- und Plattenschlacken mit niedrigen Metallrestgehalten belegen die gute Beherrschung der entscheidenden Prozessparameter (Chargenzusammensetzung, Temperatur, Gasgleichgewichte, Verweilzeiten usw.).

Am Johanneser Kurhaus wurde im gleichen Jahrhundert silberhaltiger Bleiglanz aus dem Zellerfelder Gangrevier nach dem Röstreaktionsverfahren bei vergleichsweise niedrigen Temperaturen zu Werkblei verhüttet. Dieser Rückschluss ergibt sich aus den freigelegten Überresten eines Schmelzherdes, der in seiner Bauart mit Herdöfen in England und Schottland vergleichbar ist. Das Silber wurde dem Werkblei durch Kupellation im Treibherd entzogen.

Die Verhüttung der polymetallischen Rammelsberg-Erze – zunächst vorwiegend oder ausschließlich (?) auf Kupfer und wahrscheinlich erst im Spätmittelalter auf Silber, Blei und Kupfer – hat den Hüttenleuten jener Zeit höchstes Können abverlangt (Abb. 5). Es ist der im 15. Jahrhundert beschriebenen, aber vermutlich schon weit früher entwickelten Prozessvariante des „Schmelzens auf leichtem Gestübbe über dem Tiegel" zuzuschreiben, dass die Silbergewinnung aus den relativ silberarmen Rammelsberg-Erzen überhaupt wirtschaftlich zu bewerkstelligen war[8]. Diese Art der Schachtofen-Zustellung ist nur für Harzer Hütten überliefert.

Eine weitere harzspezifische Besonderheit ist der „Zinkstuhl", eine in Schachtöfen eingebaute Vorrichtung, um Zinkdämpfe zu Zinkmetall zu kondensieren. Auf diese Weise ließ sich bereits im 18. Jahrhundert aus Rammelsberg-Erzen metallisches Zink gewinnen. Die aus Erzen des Rammelsberges gewonnenen Bunt- und Edelmetalle sowie sonstige Produkte (Alaune, Schwefel, seltene Metalle) machen die Geschichte des Harzer Hüttenwesens zu einem spannenden Kapitel der Technikgeschichte.

Im Zusammenhang mit der Gangerzverhüttung muss die bereits im Mittelalter gebräuchliche Beschickung der Schmelzöfen mit Mischerzen in Betracht gezogen werden. Das Verhütten polymetallischer Erze unterschiedlicher Provenienz hat schon früh die Voraussetzungen für Verfahrensvarianten geliefert, die den Harzer Hütten bis in die Gegenwart eine herausragende Stellung in der Pyrometallurgie eingeräumt haben.

Anmerkungen
1 Ch. A. Schlüter (1738, 243 und 253): „… werden von den alten Schlacken, so hin und wieder von gar alten Zeiten her im Hartze herumliegen, und auf denen Hütten Hartz-Schlacken genennet werden, mit vorgeschlagen…". B. Kerl (1854, 30) schreibt im Kapitel über das Schmelzen von Rammelsberg-Erzen: „Sie [das heißt die Schlacken] werden entweder auf der Axe von den Oberharzer Hütten geholt oder unter dem Namen Leseschlacken aus dem Okerflusse und der Innerste ausgesucht, welche dieselben von Altenauer und Lautenthaler Hütte mit weggeführt haben."
2 K. Hegerhorst (1998, 62, Tab. 4.21). Vgl. auch Ch. A. Schlüter der in seiner Erörterung der je nach Erzart einzusetzenden Zuschlagsstoffe auch auf „Schiefer oder ander Gestein" hinweist (Schlüter 1738, 253).
3 Nach L. Klappauf (pers. Mitteilung vom 7.12.1999) ist ein Ofenfundament vom Riefenbach-Schmelzplatz eher mit den Sommerberg-Funden vergleichbar als die Schnapsweg-Anlage.
4 Für Kupfererze aus dem seit 1283 urkundlich erwähnten Vorkommen von Lauterberg schreibt Grothe (Grothe / Feiser 1975, 336) unter Bezug auf W. A. Lampadius: „Noch 1803 verschmolz man die aus etwa 150 m Teufe geförderten und durch Handscheidung ausgelesenen Erze mit 8–20 % Kupfer ohne vorherige Röstung in Schachtöfen und erhielt etwa ein Drittel des Kupfers als Schwarzkupfer, den Rest in einem Kupferstein mit mehr als 50 % Kupfer…" (vgl. Lampadius 1805, 213–224).
5 Vgl. Anmerkung 4.
6 Vgl. die Beschreibung des Ofens vom Schnapsweg bei F.-A. Linke (1998).
7 Gekrätz vom Herdschmelzen eines Erzes aus Bleiberg in Kärnten mit einem Ausgangsgehalt von 70–73 % Pb hat (Analyse von Plattner) folgende Zusammensetzung (Percy 1870, 292):

SiO_2	5,3 %
SO_3	5,0 %
PbO	37,7 %
FeO	19,5 %
ZnO	19,2 %
CaO	8,9 %
etc.	

8 Bei einem mittleren Silbergehalt des Rammelsberg-Erzes im Alten Lager von ca. 100 g/t und einer Anreicherung um den Faktor 10 auf 1000 g/t (oder 0,1 %) im Werkblei musste eine Tonne Blei auf dem Herd abgetrieben werden, um 1 kg Feinsilber zu gewinnen. Aus dieser Edelmetallmenge ließen sich ca. 800 Otto-Adelheid-Pfennige prägen.

Abbildungsnachweis
1, 4 nach Ch. A. Schlüter 1738; 2, 5 nach H. Grothe / J. Feiser 1975; 3 nach G. Agricola 1556.

5 Das Goslarer Bleischmelzen. (A) und (B) sind die Wände des Ofens. (C) ist das Gestübbe. (H) die Schieferplatte, mit der der Ofen verschlossen wird. (E) ist der Herd, in den das geschmolzene Blei aus dem Ofen hineingegossen wird. (D) Der Hüttenmann stößt den Galmei ab, der sich im Ofen angesetzt hat. Nach Ercker (1580).

Die Metalle an der Wende zur Neuzeit

Christoph Bartels

Neue Welten - neue Geschäfte

Um 1450 begannen die europäischen Mächte neue Welten zu entdecken und zu erschließen. In wenigen Jahrzehnten veränderte sich nicht nur das Bild der Erde von der Vorstellung einer vom Ozean umschlossenen Scheibe mit dem mythischen Jerusalem als Mittelpunkt zur Erkenntnis der Globusgestalt unserer Welt mit ihren Kontinenten und Weltmeeren. Handel und Austausch von Material und Menschen erreichten nie gekannte Dimensionen. In Europa selbst verschoben sich die Machtverhältnisse, von wüsten Kriegen begleitet, die rasch auch in die neuen Welten getragen werden sollten. Die Ausrüstung von Flotten und Heeren, die Errichtung von Hafenanlagen, Warenspeichern und Befestigungen, die Verteilung von Gütern über Land, all dies erzeugte einen enormen Bedarf an Metallen. Die Kaufleute benötigten die Edelmetalle Silber und Gold als Zahlungsmittel, ohne die – besonders im Handel mit dem Fernen Osten oder Indien mit ihren begehrten Waren wie Seidenstoffen und Gewürzen – gar nichts ging. Die Heere und Flotten benötigten ihre Ausrüstungen, nicht zuletzt Kanonen, Wagen, Schiffe und Hafenanlagen. Überall benötigte man Eisen und Stahl, Kupfer, Bronze und Messing; Blei verlangte bald der aufkommende Buchdruck für seine Lettern ebenso wie die Töpfer für ihre Glasuren.

Der lockende Glanz des Goldes

Ein Boom der Metallerzeugung begann mit den Edelmetallen Silber und Gold, deren Lockruf nicht wenig zu den großen Seereise-Abenteuern, etwa des Kolumbus, beigetragen hatte. Schon der legendäre portugiesische Infant Heinrich (1394–1460), genannt „Der Seefahrer", hatte das Gold des „Schwarzen Kontinents" vor Augen, als er seine Kapitäne immer weiter entlang der westafrikanischen Küste nach Süden sandte. Die Entdeckung und bald folgende Eroberung des amerikanischen Doppelkontinents in der Folge von Kolumbus' Unternehmungen nach 1492 führt vor Augen, wie groß die Gier nach Edelmetallen war, garantierten sie doch keineswegs nur symbolisch die Macht: Gold und Silber waren es, die die Flotten und Heere, die Kais und Warenspeicher erst bezahlbar machten, von den Hofhaltungen gar nicht zu sprechen. Aber die Schiffe verdeutlichen besonders, dass es mit den Edelmetallen nicht getan war. Gebaut und ausgerüstet zur Eroberung und Unterwerfung neuer Sphären durch untereinander erbittert konkurrierende Mächte und Herren, handelte es sich um schwimmende Festungen (vgl. Ludwig / Schmidtchen 1992). Bronzekanonen, Handfeuerwaffen und Rüstungen gehörten ebenso zu ihrer Ausstattung, wie alles Gerät, welches in der Neuen Welt benötigt wurde. Vom Nagel über den Pflug bis zu den komplizierten Instrumenten des Vermessers musste alles aus Europa zunächst herangeschafft werden. Kein Schiffsanker, Spaten oder Hammer wurde bei den Bewohnern der beiden Amerika vorgefunden, dafür Gold – Gold genug, um quasi über Nacht die Legende vom „El Dorado" hervorzubringen und zu den grausamsten Untaten anzustiften.

So wurden im oft sogenannten „Zeitalter der Entdeckungen" die Metalle der alten (wie bald auch der neuen) Welten zu entscheidenden Grundlagen des Aufbruches in das Zeitalter der europäischen Weltherrschaft in politischer und wirtschaftlicher Hinsicht. Die Gewinnung von Silber und Gold, von Kupfer, Blei und Eisen entwickelten sich in Europa selbst zu einem erstrangigen Motor der Wirtschaft. Es ist daher nicht verwunderlich, dass wir die großen Handels- und Finanzhäuser der Renaissance, wie zum Beispiel die Welser und Fugger, in der Sphäre der Metallerzeugung, als Bergwerks- und Hüttenbetreiber, Inhaber von Hammerwerken und Geschützgießereien, wie als international operierende Organisatoren des Handels mit Rohmetallen, Halbzeugen oder Fertigprodukten engagiert finden.

In dieser Zeit schaltete sich eine zweite Gruppe, oft konkurrierend mit der bürgerlich-patrizischen Unternehmerschicht, in die Sphäre der Metallproduktion ein: die Fürsten. Zu Beginn der neuen Boomphase hatten sie häufig die städtischen Handels- und Finanzhäuser als Kreditgeber herangezogen und ihnen zur Deckung von Anleihen Rechte an Bergwerken und Hütten übertragen. Aber schon mit dem erwähnten Heinrich dem Seefahrer in Portugal trat ein Typ des „ökonomischen Fürsten" auf den Plan, der zur Sicherung seiner politischen Macht selbst als Unternehmer tätig wurde, oft bei der Ausbeutung von Bodenschätzen in seinem Land.

Der Eroberung neuer Welten jenseits der Ozeane und ihrer Organisation zu Kolonien ging der Auf- und Ausbau zentral geleiteter Territorialstaaten unterschiedlicher Größe und Bedeutung in Europa parallel. Sie traten bald in Konkurrenz zu den durch Handel mächtig gewordenen Städten oder Stadtstaaten, die sich im 14. und 15. Jahrhundert entwickelt hatten (Abb. 1). Der Harzraum bildet hier ein gutes Beispiel.

Metalle im Harzraum

Eine Blüte des Bergbaus und Hüttenwesens im Harz vom 11. bis 13. Jahrhundert wurde nach 1300 von Stagnation abgelöst, die um 1350/60 in einem Zusammenbruch der Aktivitäten mündete. Die Ursachen waren vielfältig: Klimaverschlechterungen ab etwa 1320 spielten ebenso eine Rolle, wie der verheerende Zug des „Schwarzen Todes" 1347 bis 1352 quer durch Europa. Rat und Bürgerschaft der Reichsstadt Goslar am nördlichen Harzrand, die im 11./12. Jahrhundert eines der Zentren der römisch-deutschen Königs- und Kaisermacht gewesen war, unternahmen schon um 1360 erhebliche Anstrengungen, um Bergwerke und Hütten vor den Toren der Stadt, am Rammelsberg, wieder in Betrieb zu setzen. Aber Erfolge stellten sich erst nach 1400 langsam ein. Bis um 1470 blieben Bergbau und Hüttenwesen nur bescheidene wirtschaftliche Faktoren für die Region. Als von der Mitte des 15. Jahrhunderts an die Nachfrage nach Metallen langsam, nach 1460 dann sprunghaft anstieg und auch die Preise rasch anziehen ließ, regte sich neue Aktivität. Am Rande der Stadt Goslar und ihr seinerzeit pfandweise von den Braunschweiger Herzögen übereignet, befindet sich der Rammelsberg mit seiner komplexen Kupfer-Blei-Zink-Lagerstätte mit gewissen Silbergehalten (Bornhardt 1931. Ders. 1943. Bartels 1988. Bartels 1997b). Er vermochte unter den damaligen technischen Verhältnissen vor allem Blei und Silber zu liefern. Seine Reserven an Kupfer hatten sich schon in der hochmittelalterlichen Betriebsperiode weitgehend erschöpft – ein Grund für die Krise nach 1300. Im Thüringer Raum um Mansfeld und Eisleben war seit der Mitte des 15. Jahrhunderts ein Zentrum der Kupfererzeugung auf der Basis der dort vorkommenden Kupferschiefer entstanden. Deren Kupfererze waren silberhaltig, und aus der Kombination von Kupfer und Silber resultierte der hohe Wert der Lagerstätten. Bis ca. 1460 hatte sich ein Verfahren zur Abtrennung des Silbers aus dem Kupfer zur groß-

Metalle, Metallerzeugung, Handel und Gewerbe

maßstäblichen Anwendungsreife entwickelt. Zu diesem Zweck mussten dem Kupfer im Schmelzprozess große Mengen von Blei zugesetzt werden. Dies band zunächst das Silber an sich, so dass man reines Kupfer erzielen konnte. Aus dem Blei konnte man anschließend im sogenannten Treibprozess das Silber relativ leicht abtrennen. Dabei gingen etwa 25–30 % des Hilfsstoffes Blei verloren. Auch andere Zentren der Metallerzeugung, etwa in den Tiroler Alpen, in Böhmen oder im Sächsischen Erzgebirge, benötigten große Bleimengen für ähnliche Prozesse, womit europaweit eine enorme Nachfrage nach Blei entstand (Suhling 1976).

Bis etwa 1470 hatten sich die Nachfrage nach Blei einerseits und die Verhüttungsprozesse für die Erze des Rammelsbergs andererseits so weit entwickelt, dass sich der dortige Bergbau rasch zum bedeutendsten Bleilieferanten in Deutschland entwickelte. Er stand in Konkurrenz zu Blei aus England und Polen. Aus beiden Ländern gelangten im 16. Jahrhundert zeitweilig Mengen von bis zu 30000 Zentnern jährlich nach Mitteleuropa. Da das Blei des Goslarer Rammelsbergs eine gewisse Menge an Silber enthielt, konnte dies entweder gegen einen gewissen Aufpreis mit dem Blei verkauft oder zur Vermünzung vor Ort abgetrennt werden (Kraschewski 1990).

Es dauerte nur wenige Jahre, bis sich die erwähnten, europaweit tätigen Metallhändler und Montanunternehmer auch in die Goslarer Produktion einschalteten. Von 1478 an engagierte sich der Krakauer Johann Thurzo von Betlehemsvalva zusammen mit Partnern aus Leipzig (einem der zentralen Metallmärkte der Zeit neben Köln, Frankfurt und Nürnberg) in Goslar. Er unterhielt zeitweilig zusammen mit den Fuggern eine Firma „Thurzo-Fuggersche Handelsgesellschaft" die den europäischen Kupfermarkt monopolartig beherrschte.

Die Stadt Goslar war allerdings nicht wirklich Besitzerin des Rammelsbergs und der Rechte am dortigen Bergbau. Sondern dieser Berg, wie auch große Teile des Harz-Waldes mit seinen ausgedehnten Blei-, Silber-, Kupfer- und Eisenlagerstätten, waren der Reichsstadt als Pfänder für gewährte Kredite an die welfischen Landesherren im umliegenden Territorium, zur Nutzung überlassen. Vom Ende des 15. Jahrhunderts an werden bei diesen Fürsten Tendenzen deutlich, sich aktiv in die Wirtschaft ihres Landes einzuschalten, um auf diese Weise – anstatt auf dem Kreditwege – die nötigen Gelder für ihre Hofhaltung usw. zu erlangen.

Reichsstadt und Herzog im Streit

Besonders energisch verfolgte Herzog Heinrich der Jüngere (1485 bis 1568, Regent ab 1514) diesen Kurs. Von 1520 an unternahm er energische Anstrengungen zur Wiedereinlösung der von seinen Vorfahren veräußerten Pfänder, wobei er sich zur Erlangung von ihm beanspruchter Rechte auch durchaus rauer Methoden bediente. Zunächst brachte er die Harz-Wälder wieder unter seine Kontrolle, indem er entsprechende Pfandsummen zurückzahlte; strittig waren die Grenzen der fürstlichen Forsten gegen den Goslarer Stadtwald. Faktisch wurden die von der Stadt bzw. den Stadtbürgern betriebenen Schmelzhütten des Rammelsbergs nun von Holz- und Holzkohle-Lieferungen aus fürstlichem Waldbesitz abhängig. Nachdem die Eisenerzeugung schon Ende des 15. Jahrhunderts wieder in Gang gekommen war, begann der Herzog zusammen mit Teilhabern von 1524 an, den Bergbau auf Silber, Blei und Kupfer in seinen Harz-Waldungen wiederzubeleben (Abb. 3). Damit entstand dem Rammelsberg bald erhebliche Konkurrenz, die ihn rasch überflügeln sollte. In den Jahren 1526/27 suchte der Herzog, auch den Rammelsberg wieder an sich zu ziehen, was erbitterte, 1527 auch zu Militäraktionen eskalierende, Auseinandersetzungen mit der Stadt Goslar zur Folge hatte (Bornhardt 1931).

1 Bergkanne aus dem Ratssilber von Goslar, um 1480, auf dem Deckel umlaufend Kleinplastiken, die verschiedene bergbauliche Verrichtungen zeigen (Original Städtisches Museum Goslar).

2 Blick von Westen über die historische Altstadt von Goslar (aufgenommen 1998).

3 Karte der Bergwerke und Teichanlagen im Communion – Oberharz mit den Bergstädten Zellerfeld, Wildemann, Grund und Lautenthal, Markscheider J. C. Buchholtz, 1664 (Original im Oberbergamt Clausthal).

Die Vorgänge waren gravierend genug, dass das Montanwesen des Rammelsbergs 1530 durch den inzwischen von beiden Parteien angerufenen Reichstag von Augsburg unter Zwangsverwaltung gestellt wurde, bis ein höchstrichterliches Urteil des Reichskammergerichts die Streitfragen entschieden hätte. Ehe dies aber in einem der üblichen – eher auf Jahrzehnte, denn auf Jahre angelegten – langwierigen Prozess entschieden war, gerieten Herzog und Stadt von 1542 an in die kriegerischen Wirren zwischen protestantischen und katholischen Mächten im Reich, die, etwa im Schmalkaldischen Krieg (1546/47), mit großer Grausamkeit ausgetragen wurden. Zunächst schien die Stadt in diesem Zusammenhang wieder die Oberhand zu gewinnen, als Herzog Heinrich zeitweilig aus seinem Territorium fliehen musste. Aber die Ereignisse wendeten sich letztlich zugunsten des Territorialherren. Er löste seine Pfänder ab, und die politischen Umstände nötigten die Stadt Goslar, in einem Vertrag von 1552 bedingungslos die fürstlichen Rechte anzuerkennen, auch ohne zuvor ergangenes Urteil des Reichsgerichts. Der Stadt verblieb nur eine Beteiligung am Bergbau als Anteilseignerin (Gewerke), woraus ihr aber auf lange Dauer nicht Einnahmen, sondern Zuschüsse zum Bergwerksbetrieb erwuchsen (Schmidt 1970).

Wie nahezu überall im Europa der Frühneuzeit zogen die Landesfürsten die Verfügung über das Montanwesen an sich und machten Bergbau, Hüttenwesen und Metallhandel ihrem Staatsbudget nutzbar. Sie bildeten leistungsfähige Verwaltungen in Gestalt landesherrlicher Bergbehörden, die den Bergbau und das Hüttenwesen in organisatorischer, technischer und wirtschaftlicher Hinsicht im System der landesherrlichen „Direktion" einheitlich leiteten. Die Durchsetzung von Reformen führte hier vielfach zu einer neuen Blütephase des Montanwesens, besonders bekannt ist dies für Kursachsen mit dem sächsischen Erzgebirge (Slotta/Bartels 1990).

Bergwerke und Hütten des Harzes unter fürstlicher Direktion

Unter Leitung der landesfürstlichen Verwaltung verschob sich das Zentrum des Harzer Montanwesens zu Ungunsten des Rammelsbergs rasch in den Oberharz. Grundlage waren die umfangreichen Gangerz-Lagerstätten (Abb. 4) um die hier rasch aufblühenden Bergstädte Clausthal, Zellerfeld, Wildemann, Lautenthal, Altenau, Grund und Andreasberg. Diese Siedlungen wurden von den Welfen-Herzögen gezielt gegründet und zwecks Förderung des Berg- und Hüttenwesens mit Freiheiten für die Städte als Gemeinwesen insgesamt bzw. ihre Einwohner ausgestattet. Steuerbefreiung, persönliche Freizügigkeit, Gewährung von Bauland und Bauholz und Freiheit vom Militärdienst zählten zu den Privilegien. Es gelang dem Landesherren so, einerseits die nötigen Geldgeber heranzuziehen – unter denen sich Kaufleute aus den Städten der Welfen-Territorien ebenso finden wie Fürsten anderer Staaten (zum Beispiel die sächsischen Kurfürsten) oder niederländische Investoren – andererseits gewann er die nötigen Fachkräfte.

Eine besonders glückliche Hand hinsichtlich der allgemeinen Landesverwaltung und Förderung der Wirtschaft in seinem Land, besonders der Entwicklung des Bergbaus und Hüttenwesens, hatte der Sohn und Nachfolger Heinrichs des Jüngeren, Herzog Julius von Braunschweig-Wolfenbüttel (1528–1589, reg. seit 1568). Persönlich hinsichtlich des Montanwesens sehr kundig und interessiert, auf Prosperität seines Landes und Wohlfahrt seiner Untertanen bedacht, unternahm dieser Herzog große Anstrengungen zur Förderung der Bergwerke und Hütten und konnte sie zu beträchtlichen Erfolgen führen. Mit dem Ende seiner Regierungszeit war anstelle drückender Schulden ein ansehnlicher Staatsschatz angehäuft (Bartels 1988. Bornhardt 1931).

Aber gegen Ende des 16. Jahrhunderts gerieten die Staaten, die seit dem 15. Jahrhundert die Eroberung der neuen Welten vorangetrieben hatten, zum Teil in schwere wirtschaftliche Turbulenzen, wie etwa ein Staatsbankrott Spaniens (1575) zeigt. Insgesamt ging die Epoche der revolutionären Veränderungen und Neuordnung der Weltwirtschaft in Gestalt der großen Entdeckungen in den neuen Kontinenten und der ersten Kolonialisierungsphase ihrem Ende entgegen. Die Ausplünderung der Kolonien entfaltete Wirkung, die Wirtschaftskreisläufe begannen zu stocken. Abermals verschoben sich international die Schwerpunkte der Wirtschaft, beispielhaft ablesbar an der Entwicklung des Handels, der Seefahrt und des Finanzwesens der Niederlande zur Weltgeltung im 17. Jahrhundert.

Eine Phase des Niedergangs

Der Montankonjunktur des 15/16. Jahrhunderts folgte von etwa 1570 an ein bald rasch fortschreitender Abschwung. In der Konjunkturphase hatte man viele Lagerstätten bis zu einer Grenze ausgebeutet, jenseits derer mit den herkömmlichen Techniken und Methoden ein gewinnbringender Betrieb nicht mehr zu organisieren war. Viele reiche Erzlagerstätten waren ausgehauen. Die Auf-

4 Darstellung von Erzgängen in einer Gebirgslandschaft, kolorierter Holzschnitt aus dem Bergbüchlein des Ulrich von Calw, Augsburg 1505 (Original École National Supérieure des Mines, Paris).

gabe vieler Bergwerke und Hütten und ein drastischer Rückgang der Produktion in vordem blühenden Zentren waren die Folgen. In Europa bauten sich zunehmende politische und gesellschaftliche Spannungen auf, neue Mächte traten in den Vordergrund, wie etwa Schweden im Ostseeraum, und stellten die wirtschaftlichen und politischen Gefüge in Frage. Die zunehmenden Spannungen entluden sich schließlich im Dreißigjährigen Krieg (1618–1648), der eine Spur der Verwüstung durch Europa zog.

Die Erholung von diesem Ereignis dauerte Jahrzehnte. Spätestens der große Krieg beendete die Rolle der Gewinnung und Verwertung der Metalle als ein Motor der wirtschaftlichen Gesamtentwicklung in Europa, die dem Montanwesen in der Renaissance-Epoche zugefallen war. Erst mit dem Industriezeitalter, dessen Umwälzungen sich seit der zweiten Hälfte des 18. Jahrhunderts ankündigten, sollte die Erzeugung der Metalle zusammen mit dem neuen Energieträger Steinkohle erneut Leitfunktion erhalten und einen Prozess tief beeinflussen, an dessen Ende eine völlig veränderte Welt mit neuen Machtverhältnissen und wirtschaftlichen wie sozialen Strukturen stand. Diese Entwicklungen sind nicht mehr Gegenstand unserer Betrachtung. Aber einige wichtige Schritte, die den Weg zur Industrie maßgeblich vorbereitet haben, wurden im Montangebiet des Harzes getan (Bartels 1997b mit ausführlichen Quellenbelegen).

5 Hauer bei der Arbeit, Miniatur „Lehenschaft" aus dem „Schwazer Bergbuch", Schwaz Tirol 1554 (Original Deutsches Bergbau-Museum, Bochum).

6 Der Rammelsberg um 1900 (Original im Deutschen Bergbau-Museum, Bochum).

Sprengpulver und Wasserkraft: Ein neuer Aufschwung im 17. und 18. Jahrhundert

Im Kampf gegen die Folgen von wirtschaftlicher Krise und Kriegsfolgen gelang es den Technikern des Harzbergbaus aufgrund günstiger Umstände, in wenigen Jahren ein neues Abbauverfahren zu entwickeln, das den Bergbau grundlegend verändern sollte: Die Gewinnung der Mineralien unter Einsatz des Sprengens mit Schwarzpulver. Erweislich schon seit 1617 (vermutlich aber noch früher) andernorts erprobt, jedoch ohne durchgreifende Erfolge, gelangte die Kenntnis des Verfahrens 1632 in den Harz, wo es innerhalb weniger Jahre die Erzgewinnung mit Schlägeln, meißelartigen Bergeisen, Keilen und Brechstangen (Abb. 5) ablöste. Die Lagerstätten der Region boten neben kleinräumig ausgebildeten Anreicherungszonen von Edelmetallen massige Vorkommen von Bleiglanz mit viel geringerem, aber immer noch recht hohem Silbergehalt. Diese Erze waren relativ leicht auf Silber und Blei zu verarbeiten, sofern ihre massenhafte Gewinnung und Förderung kostengünstig gelang. Und eben dies erlaubte die neu eingeführte Sprengtechnik.

Sie ließ die Mengen zu transportierenden Materials und das Tempo des Abbaus und damit auch des Vorstoßes in die Tiefe allerdings rasch anwachsen, womit zwei weitere Probleme zu lösen waren: Die Förderung von Erz und taubem Gestein einerseits und des in die Gruben fließenden Grundwassers andererseits zur Tagesoberfläche. Schon im 16. Jahrhundert hatte man Hebezeuge und Pumpenanlagen mit Wasserradantrieb erfolgreich eingesetzt. Diese Maschinen wurden nun vervollkommnet und vor allem zu eng verbundenen Netzwerken verknüpft, die den stetigen Betrieb der lebenswichtigen Pumpen und die Förderung großer Materialmassen verlässlich und mehr oder weniger störungsfrei gewährleisteten. Um dies möglich zu machen, waren gigantische Wasserbauaktivitäten nötig. Das zu lösende Problem bestand vor allem darin, allen Anlagen stets das nötige Wasser für den Antrieb zur Verfügung zu stellen, und sie von den natürlichen Schwankungen in der Wasserführung der Bäche und Flüsse durch Frost und Hitze unabhängig zu machen. Außerdem musste man das Wasser zum Antrieb der Räder über weite Strecken zu den oft ungünstig im Gelände gelegenen Schächten der Bergwerke leiten. Diese Schritte gelangen mit bemerkenswerten Erfolgen. Schon in den Jahren nach 1630 ist ein steiler Wiederaufschwung des Bergbaus im Harz zu verzeichnen, der um 1725 seine höchsten wirtschaftlichen Erfolge vor dem Industriezeitalter erreichte. Er war Grundlage des Lebens in der Region. Von etwa 1750 an begann die allmähliche Umwandlung in eine Industrie, die, auch unter den Bedingungen globaler Konkurrenz, noch bis um 1990 Bestand haben sollte.

Vom Montanwesen gestaltete Landschaft

Die entsprechenden Anstrengungen, die sich vor allem zwischen ca. 1650 und 1700 konzentrierten, führten zu einer bis heute prägenden, tiefgreifenden Umgestaltung der Harzlandschaft. Weit über 100 Teiche bis kleine Stauseen entstanden, verbunden untereinander und mit den ehemaligen Standorten von Schächten, Pochwerken und Hüttenanlagen durch Zu- und Ableitungsgräben von zusammen vielen 100 km Länge. Unsichtbar korrespondierte dem ein System von Schächten und Stollen unter der Erdoberfläche, das die Antriebswässer zusammen mit dem zufließenden Grundwasser auf unterirdische, kaskadenförmig angeordnete Antriebsräder für Pumpen und Fördermaschinen leitete, ehe es über den tiefsten Stollen abfloss. Noch weit bis in unser Jahrhundert hinein dienten die Anlagen nach dem Ende des Bergwerksbetriebs zur Erzeugung elektrischer Energie.

Haben auch die Metalle des Harzes ihre Rolle mit der Schließung der letzten Bergwerke in den Jahren 1988 (Rammelsberg bei Goslar) und 1992 (Erzbergwerk Grund bei Bad Grund) verloren, die sie jahrhundertelang spielten, so ist doch die Geschichte ihrer Nutzung unverwechselbar in die Landschaft eingeprägt (Abb. 6) und wird noch über lange Zeiträume die Erinnerung an die Bergwerke und Hütten des Harzes bewahren.

Abbildungsnachweis
1 Städtisches Museum, Goslar; 2 G. Schlicksbier (Niedersächsisches Landesamt für Denkmalpflege) 3-5 Deutsches Bergbau-Museum, Bochum; 6 P. Sandberg, Clausthal-Zellerfeld.

Silber-, Kupfer-, Blei- und Vitriol-Handel in der Harzregion – Käufer, Märkte und Verkehrswege des Mittelalters

Andreas Bingener

Die Harzregion im 10. und 11. Jahrhundert

Seine wirtschaftliche und politische Bedeutung verdankt der Harzraum bereits im frühen Mittelalter dem Reichtum an Bodenschätzen. In Düna bei Osterode konnte bei Ausgrabungen in den 1980er Jahren die Verhüttung lokaler Metall-Erze seit dem 1. Jahrhundert v. Chr. bis ins Spätmittelalter hinein nachgewiesen werden. Das Geschlecht der Liudolfinger zeigte seit dem 9. Jahrhundert erhebliches Interesse an dieser Region. Unter der Herrschaft der Sachsenkönige entwickelte sich das Umland des Harzes zu einem der Machtzentren im Reich. König Heinrich I. (919–936) schenkte 927 seiner Frau Mathilde die Höfe und Burgen zu Quedlinburg, Pöhlde, Nordhausen sowie Duderstadt und ferner den Zehnten der Höfe zu Gudersleben und Wolffleben. Diese beiden Höfe lagen unmittelbar südlich von Ort und Burg Ellrich. Sie gehörten seit liudolfingischer Zeit zum königlichen Hausgut. Im Jahre 929 zog Heinrich I. diese Besitzübertragung an seine Gattin teilweise zurück. Welche Gründe den Herrscher bewogen, die beiden Zehnten zu Gudersleben und Wolffleben wieder dem königlichen Hausgut anzugliedern und stattdessen seiner Frau die Pfalz Grone zur Verfügung zu stellen, lässt sich nicht mit Sicherheit sagen. Fest steht aber, dass zu dieser Zeit im südlichen Harzraum bereits kupfer- und silberhaltige Erze verarbeitet wurden. Am westlich Zellerfeld gelegenen Johanneser Kurhaus förderten archäologische Untersuchungen Verhüttungsplätze zutage. Die dort geborgene Keramik deutet auf eine Nutzung der Hüttenanlagen bereits im 10. Jahrhundert hin (Schubert 1997. Vgl. Beitrag Klappauf, „Spuren deuten – Frühe Montanwirtschaft im Harz").

Schriftliches Quellenmaterial zum Montanwesen im Harz und seinem Umland liegt für das frühe Mittelalter nur recht spärlich vor. Goslar verdankte seine Bedeutung vorwiegend der Kupfer- und Bleierzlagerstätte des Rammelsberges. Nach Angaben des Annalisten Saxo wurde die Ansiedlung bereits unter König Heinrich I. im Jahre 922 gegründet. Nach wie vor wird die Frage kontrovers diskutiert, wo sich die frühestgenutzten Silbererz-Lagerstätten in Sachsen befanden. Am Ende seiner Sachsenchronik weist der Corveyer Mönch Widukind auf Silberadern in Sachsen („in terra Saxonia") hin, die unter Kaiser Otto I. (um 968/970) aufgefunden worden sein sollen. Thietmar, der Bischof von Merseburg, erwähnt in seiner 1018 beendeten Chronik gleichfalls die Entdeckung einer Silberader zur Zeit Kaiser Ottos I. Den Beginn bergbaulicher Tätigkeit in Sachsen hat man wiederholt mit dem Einsetzen der Ausbeutung des Alten Lagers am Rammelsberg bei Goslar gleichgesetzt. Es kommen aber auch andere sächsische Silbererz-Lagerstätten in Frage. Im Jahre 965 ließ der Kaiser in Gittelde am Westrand des Harzes eine Münze einrichten und gestattete dort die Abhaltung eines Marktes. Die Einkünfte aus beiden Einrichtungen waren an das Moritzkloster in Magdeburg zu überweisen. In der Nähe von Gittelde, im Oberharz, ist ebenfalls Silberbergbau nachgewiesen worden. Die ältere Forschung, vor allem Wilhelm Bornhardt (1931), Friedrich Bitter (1940), Werner Hillebrandt (1969), Franz Irsigler (1985), Gerhard Laub (1986), trug bereits die wichtigsten Informationen zum Goslarer Metallhandel im Mittelalter zusammen. Unsere Ausführungen können sich in weiten Teilen auf ihre Arbeiten stützen.

Belege für den Handel mit Metallen aus dem Harz lassen sich in den Quellen des frühen Mittelalters freilich nicht finden. Dennoch darf man davon ausgehen, dass es die gestiegene Nachfrage nach Metallen war, die zur Ausweitung des Montanwesens in der Harzregion seit dem 10. Jahrhundert führte. Es gibt Hinweise darauf, dass friesische Kaufleute im 9. und 10. Jahrhundert ihre Geschäfte nicht nur am Rhein abwickelten, sondern dass sie auch in dem im nordwestlichen Harzvorland gelegenen Gandersheim Handel trieben (Preidel 1965) (Abb. 1). Das Reichsstift Gandersheim, eine liudolfingische Gründung, wurde in der 2. Hälfte des 10. Jahrhunderts zu einem beliebten Aufenthaltsort der deutschen Kaiser aus liudolfingischem Hause. Der Ort lag an der Kreuzung zweier wichtiger Fernstraßen, der Straße von Köln nach Magdeburg (Hellweg) und dem Fernweg von Frankfurt in den Norden (Hohe Straße). Noch um 1200 wird die Gandersheimer Pfarrkirche St. Georg als „Kirche der wandernden Kaufleute von altersher" bezeichnet. Im Jahr 877 wurde dem Reichsstift Gandersheim das königliche Privileg verliehen, Zoll von den vom Rhein zur Elbe und Saale ziehenden Kaufleuten zu erheben. 990 erhielt der Konvent für den Ort Gandersheim neben Zoll- und Münzprivilegien auch das Recht einen Markt abzuhalten. Die Nähe zu den Plätzen der Metallgewinnung am westlichen Harzrand (Gittelde/Bad Grund/Düna) legt eine Handelsbeziehung nahe.

Münzprägung und Silberhandel

Ein ausgesprochenes Handelsgut ist Silber aus dem Harzraum im frühen und hohen Mittelalter nicht gewesen. Die Gruben des Rammelsberges kommen wegen ihrer Lagerstättenbeschaffenheit als alleinige Produzenten von silberhaltigen Roherzen für die Prägestätten der Sachsenkönige nicht in Frage. Das sogenannte „Alte Lager" des Rammelsberges ist ausgesprochen silberarm, aber verhältnismäßig reich an bleihaltigen Erzen. Als Zusatz zur Entsilberung von Erzen anderer Lagerstätten (zum Beispiel aus dem Sächsischen Erzgebirge und dem Mansfeldischen) wurde das Blei des Rammelsberges jedoch noch im 15. und 16. Jahrhundert verwendet. Dennoch ist es ein Faktum, dass sich zunächst in Gittelde (ab 965) und später auch in Goslar (um 980) eine umfangreiche Münzprägung nachweisen lässt. Die zur Herstellung der sächsischen Münzen benötigten Mengen Silber bezog man wahrscheinlich aus den Gruben um Gittelde am Westharz sowie aus den Zechen des Oberharzes.

Unter den Ottonen kam es im 10. und 11. Jahrhundert zur Einrichtung einer Reihe neuer Münzstätten. Neben den Münzorten Gittelde und Goslar waren dies unter anderen Halberstadt sowie Quedlinburg. In Niedersachsen gab es im 10. Jahrhundert sieben Prägeeinrichtungen. Deren Anzahl stieg bis zum 13. Jahrhundert auf etwa 35 an.

Ob die königlichen Münzen in Gittelde und Goslar an der Herstellung der im letzten Viertel des 10. Jahrhunderts emittierten und nach ihrem Münzbild so bezeichneten Otto-Adelheid-Pfennige beteiligt waren, lässt sich noch nicht mit Sicherheit sagen. Inzwischen geht man jedoch davon aus, dass die etwa 1,4 Gramm schweren Pfennigstücke „mit großer Wahrscheinlichkeit" auch in Goslar geschlagen wurden. Größere Bedeutung erlangte Goslar als Münzstätte ab 1046/48 unter Kaiser Heinrich III. (1039–1056). Dieser führte eine reichsweite Münzreform durch. Die Goslarer Prägestätte selbst wird urkundlich erst um 1069 erwähnt. Nur

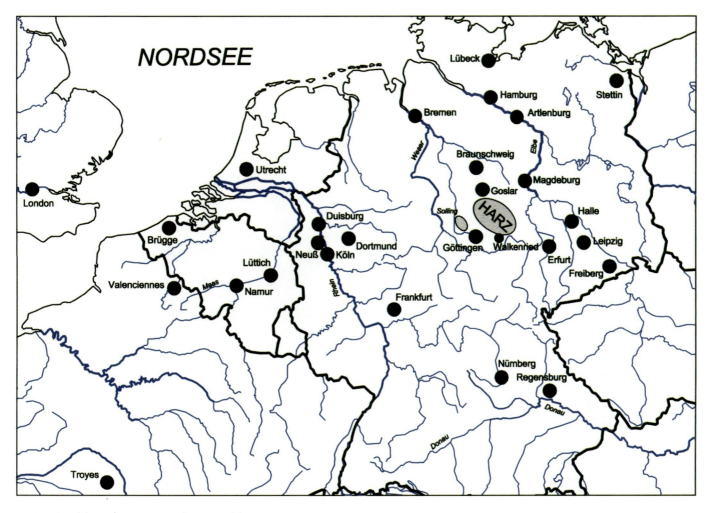

1 Haupthandelsorte für Harzer Metalle im Mittelalter.

wenige Jahre zuvor (1064) schenkte König Heinrich IV. dem Marienaltar zu Hildesheim, Bischof Hezilo und dessen Nachfolgern aus den Einnahmen des Goslarer Marktes einen Betrag von vier Pfund Pfennigen jährlicher Einkünfte. Der städtische Markt in Goslar muss demzufolge in der zweiten Hälfte des 11. Jahrhunderts bereits einige Bedeutung erlangt haben.

Die unter anderen im Harzvorland geprägten Otto-Adelheid-Pfennige gelangten über den Fernhandel in größeren Stückzahlen nach Skandinavien, nach Russland und ins Baltikum. Direkte Handelsbeziehungen Goslars mit diesen Regionen lassen sich bislang aber nicht nachweisen. Die Otto-Adelheid-Pfennige waren im 11. Jahrhundert ein überaus beliebtes Zahlungsmittel. In Schweden fand man bislang über 12300 Exemplare dieser Münzsorte. In Köln stellten Archäologen an 266 Fundstellen über 9250 Münzen diesen Typs sicher; in Mainz waren es 4169 Exemplare und in Worms noch 2740 Stück. Um das Jahr 1040 wurde die Prägung der Otto-Adelheid-Pfennige eingestellt und die Prägung der Goslarer Simon-Juda-Pfennige setzte ein. Das Münzbild mit der Darstellung der beiden Heiligen Simon und Judas, der Schutzpatrone des Goslarer Pfalzstiftes, geht vermutlich auf das salische Kaiserhaus unter Heinrich III. (1039–1056) zurück. Auch diese Münzen fanden als Zahlungsmittel eine weite Verbreitung (Buck et al. 1994).

Die verstärkte Nachfrage nach Münzen war sicherlich eine Folge des sich seit dem 10. Jahrhundert ausweitenden Nah- und Fernhandels. Für die Geschäfte des täglichen Bedarfs, für Käufe von Land und Gebäuden, für Rentenkäufe und Schuldverschreibungen benötigte man größere Summen Geldes. Neben den ausgemünzten Pfennigen erledigte man größere Transaktionen mit Goslarer Silberbarren (vgl. Abb. 2). Selbst die Kölner Schreinsurkunden des 12. Jahrhunderts kennen bei geschäftlichen Transaktionen neben der Zahlung mit Kölner Münzen die Zahlung mit Barrensilber aus Goslarer Produktion (Hoeninger 1884–1888). Man bezeichnete es als reines Barrensilber, welches auch Ram-

2 Goslarer Silberbarren aus dem 14. Jahrhundert (vor 1382?). Halbstück eines Barrens mit dem Zeichen des Adlerschildes (53 x 33 x 12 mm, 101,53 g) (Münzkabinett der Staatlichen Museen zu Berlin).

melsberger (Silber) genannt wurde: „examinati argenti, quod Ramisberch appellatur" (Bingener 1998). Der Eintrag in den Schreinsurkunden belegt überdies: der Handel mit Goslarer Barrensilber muss im Köln des 12. Jahrhunderts durchaus üblich gewesen sein. Eine einmalige Transaktion hätte man nicht festzuhalten brauchen.

Ein wichtiger Absatzmarkt für das in der Harzregion produzierte Silber könnte England gewesen sein. Es kam jedoch nicht zu einer direkten Fernhandelsbeziehung zwischen Goslar bzw. dem Harz und England. Vielmehr fungierten flämische, Brabanter und Kölner Kaufleute als Zwischenhändler für den englischen Markt. Zur Hebung des heimischen Bergbaus und Münzwesens holten die englischen Könige im 13. Jahrhundert auch sächsische Fachleute ins Land. Im Jahr 1264 waren unter anderen Johann von Goslar und Godik von Braunschweig als Bergleute in England tätig. Ein gewisser Jordan von Braunschweig fungierte als Fachmann für das Münzwesen. Im 13. Jahrhundert war das Gewicht der Kölner Pfennige identisch mit dem der englischen Pennies.

Im 13. Jahrhundert belieferten Produzenten aus Ungarn, Polen und Böhmen den bedeutenden Brügger Markt mit Silber. Goslar und der Harz werden in den betreffenden Quellen nicht mehr aufgeführt. Albertus Magnus nennt in seinem Werk „Mineralium libri quinque" mehrfach die Stadt Goslar in Verbindung mit der Herstellung von Silber. Beste Silberqualitäten kamen aber aus dem sächsischen Freiberg. In der Goslarer Waaghaus- und Zollordnung von 1400 ist kein Silber verzeichnet. Ob die Angehörigen der Goslarer Münzergilde im 14. und zu Beginn des 15. Jahrhunderts ein Vorkaufsrecht auf die Silberproduktion besaßen, wie in der älteren Literatur zu lesen, lässt sich nicht eindeutig beantworten.

Fest steht, dass infolge Kapitalmangels, schlechter Aufschlüsse, widriger klimatischer Bedingungen, Holzknappheit und Arbeitskräftemangel nach der Pestpandemie von 1347/49 der Abbau von polymetallischen Erzen am Rammelsberg ab etwa 1360 für mehr als 100 Jahre zum Erliegen kam. Durch großen Kapitaleinsatz und mit Hilfe moderner Wasserhebemaschinen gelang es schließlich, den Betrieb wieder aufzunehmen. In Goslar setzt die Prägetätigkeit von Münzen um 1471 erneut ein. Man schlug nun größere Sechspfenniggroschen, die sogenannten Matthiasgroschen, ferner Vierpfenniggroschen, die Kleinen Matthiasgroschen. Anfang der 1480er Jahre prägte man in großen Stückzahlen sogenannte Bauerngroschen im Wert von 12 Goslarer Pfennigen.

Kupferhandel seit dem 12. Jahrhundert

Wann der Handel mit Kupfer aus dem Goslarer Rammelsberg einsetzt, lässt sich nicht mit Bestimmtheit sagen. Größere Mengen Kupfer benötigte man bereits um 1050 für die Eindeckung des Goslarer Domes. Die unter Bischof Bernward von Hildesheim um das Jahr 1000 entstandenen Bronzekunstwerke wurden nicht aus Rammelsberger Kupfererzen hergestellt. Bleiisotopen-Analysen von Metallproben, die man an den Bernwardtüren des Hildesheimer Domes genommen hatte, erbrachten für die Verwendung Rammelsberger Erze keine stichhaltigen Belege (Brockner et al. 1996).

In Goslar wurde das Kupfer nur in geringen Mengen weiterverarbeitet. Auf dem städtischen Markt versorgten sich zwar einige ortsansässige Handwerker (zum Beispiel Beckenschläger) mit Kupfer, doch den überwiegenden Teil des im Harzraum erzeugten Metalls – von ca. 968 bis um 1360 lieferte der Rammelsberg Roherze mit einem Kupferanteil von geschätzten 140000 Tonnen – setzte man in weit entfernten Regionen ab. Bereits zu Beginn des 12. Jahrhunderts wurde Harzer Kupfer erkennbar nachgefragt. Eintragungen in einer Koblenzer Zollrolle von 1103/1104 belegen

3 Der sogenannte „Krodo-Altar". Teilweise vergoldeter Bronzealtar aus der Stiftskirche St. Simon und Judas, 1100–1150 (Städtisches Museum Goslar).

den Einkauf von Kupfer aus Sachsen durch Händler, die aus den Ardennen und vom Maasgebiet an den Rhein zogen und das Metall dort erwarben. Auf dem Kölner Markt boten Kaufleute aus Dinant, Namur, Huy und Lüttich die in ihrer heimischen Region erzeugten kupfernen Kessel, Becken und Glocken an, ebenso Gerätschaften für Küche und Haus, ferner Kunstgegenstände aus Kupfer bzw. Bronze der Messing (Beddies 1996) (Abb. 3, 4).

Zu Beginn des 12. Jahrhunderts beschwerten sich die Städte Lüttich und Huy beim Kölner Erzbischof über die ihrer Ansicht nach zu hohen Wegezölle, mit denen sie durch die Stadt Köln belastet wurden. Erzbischof Friedrich (1099–1131) sicherte den Vertretern der beiden Städte die älteren, günstigeren Zollsätze verbindlich zu. Im Jahre 1171 ließen sich Kaufleute aus Dinant ihre alten Privilegien bestätigen, die ihnen eine zollfreie Fahrt durch Köln und weiter nach Sachsen garantierte. Die beiden Kölner Erzbischöfe Adolf I. Graf zu Altena (1193–1205) und Dietrich I. Herr zu Heinsberg (1208–1212) bestätigten noch in den Jahren 1203 und 1211 die Rechte der französischen Kaufleute weitgehend. Doch dem Kölner Rat gelang es schließlich, trotz der Hinweise der Dinanter Kaufleute auf ihre alten Privilegien aus der Zeit Karls des Großen, ab 1203 einen geringen Wegezoll einzuführen.

Die Reiseroute der Kaufleute aus dem Maasgebiet nach Sachsen lässt sich erstmals anhand der Urkunde von 1203 nachvollziehen. Goslar wird ausdrücklich als Endziel der Reise genannt. Die Händler überqueren zunächst bei Köln den Rhein. Anschließend zog man über Duisburg oder Werden ostwärts nach

Dortmund. Die Fuhrwerke der Kaufleute machten Station in Höxter, bevor sie am nördlichen Rand des Solling entlang zogen und die Leine bei Einbeck erreichten. Über den alten Marktort Gandersheim gelangte man schließlich nach Goslar (Bächtold 1910). Auf der Heimfahrt nahmen die Kaufleute nicht selten Quartier in Köln, um bereits hier einen Teil ihrer Ladung loszuschlagen. Andere Händler setzten in Neuß über den Rhein und zogen von dort maasaufwärts in ihre Heimat. Das bedeutende Kölner Metallgewerbe (unter anderen Glockengießer und Pferdegeschirrmacher) war, da es keine eigene Rohstoffbasis besaß, auf den Zustrom von auswärtigem Kupfer angewiesen. Neben Sachsen wurde der Kölner Markt auch mit Metallen aus dem Alpenraum versorgt.

Um 1184–1203 kaufte ein Quedlinburger Bürger einen Zentner Kupfer sowie 6 Zentner Kupfererz für den Guss einer Glocke. Die nicht genau datierte Urkunde gibt keine Auskunft über die Herkunft der Materialien, doch darf man vermuten, dass das Metall und das Roherz auf dem Goslarer Markt erworben wurden. Interessant ist die Tatsache, dass man in der damaligen Zeit neben dem Vertrieb von kleinen brotförmigen Kupferplatten von tiefroter Farbe auch Kupferroherz zum Verkauf anbot (Bitter 1940).

Für die erste Hälfte des 12. Jahrhunderts ist der Handel mit sächsischem, das heißt mit großer Wahrscheinlichkeit Goslarer Kupfer nach Oberdeutschland belegt: 1128 beauftragte Bischof Otto von Bamberg (1102–1139) den Abt Wignand 700 Zentner Kupfer für die Bedachung des Bamberger Domes und seiner beiden Türme zu besorgen. Der Abt schaffte unter großen Mühen zunächst 300 Zentner Kupfer nach Schmalkalden. Da der Abt in seinem Reisebericht erwähnt, dass er im September 1128 in Sachsen gewesen sei und Schmalkalden als Zwischenstation für den Metalltransport genannt wird, darf man auf den Harz als Herkunftsregion des Kupfers schließen. Mansfelder oder obersächsisches Kupfer wurden damals noch nicht verhüttet und stellten somit keine Konkurrenz für die Kupferherstellung in Goslar dar.

Die Stadt Goslar am Nordrand des Harzes lag etwas abseits der großen Handelsrouten. Während sich Händler aus dem Maasgebiet direkt auf dem Goslarer Markt mit Metallen eindeckten, könnten Goslarer Kaufleute ihre Produkte entweder auf dem nur wenige Wegstunden entfernten Braunschweiger Markt abgesetzt oder aber den Landweg in Richtung Norden eingeschlagen haben. Einen Hinweis darauf bietet eine im November 1188 ausgestellte Urkunde Kaiser Friedrich I., in der er den sächsischen Herzog Bernhard III. (1180–1212) anweist, die Goslarer Bürger vom Zoll zu Artlenburg an der Elbe zu befreien. Artlenburg war von Goslar aus über die Lüneburger Heide zu erreichen. Der Weg über Artlenburg eröffnete nach Überquerung der Elbe die Möglichkeit, die Märkte in Lübeck oder Hamburg aufsuchen können. Direkte Handelsbeziehungen zwischen Goslar und den Seestädten Lübeck bzw. Hamburg lassen sich anhand dieser Quelle nicht nachweisen (Bächtold 1910. Hillebrand 1969).

Aus der 1. Hälfte des 14. Jahrhunderts stammt ein Beleg für die Ausfuhr Goslarer Kupfers nach Hameln. In einer Verordnung des dortigen Stadtrechtes wird festgehalten, welche Mischung die heimischen Kupfergießer zu verwenden hatten. Neben Goslarer Kupfer verarbeitete man bereits Metalle aus Eisleben und Ungarn. Immerhin deutet die Fixierung dieser Vorschrift im Stadtrecht von Hameln darauf hin, dass es regelmäßige Handelskontakte mit der Stadt Goslar gegeben haben muss. Über das Handelsvolumen sagt die Verordnung jedoch nichts aus.

Kaufleute aus den Nordseegebieten, vor allen friesische Händler, befuhren auch Binnengewässer, um Warenaustausch zu treiben. Die Flussboote des frühen Mittelalters waren klein und verfügten über einen geringen Tiefgang. Mit diesen Booten gelang es auch, seichtere Gewässer sicher zu befahren. Das in der Utrechter Zollrolle von 1122 aufgeführte Erz („[a]es venale") kam aus Sachsen und könnte von friesischen Kaufleuten auf dem damals üblichen Wasserweg transportiert worden sein. Einer in der Pfalz Pöhlde ausgestellten Urkunde Kaiser Ottos II. ist zu entnehmen, dass man bereits im 10. Jahrhundert Schifffahrt auf der Hörsel, einem Nebenfluss der Werra, betrieb.

Es ist ebenfalls denkbar, dass man Harzer Metalle zunächst nach Braunschweig schaffte, einem wichtigen norddeutschen Flusshafen und Handelszentrum. Hier könnten friesische Kaufleute die Metalle erworben und über Oker, Aller und Weser seewärts verfrachtet haben. Herzog Heinrich der Löwe ließ im Jahr 1227 eine Urkunde für den Braunschweiger Stadtteil Hagen ausstellen. Erstmals wird hierin die Schifffahrt von Bremen bis Braunschweig erwähnt. Niemand durfte die Schiffe bei ihrer Reise behindern und im Falle eines Schiffbruchs war die Anwendung des Grundruhrrechtes nicht gestattet; das heißt, es konnten bei Schiffsunfällen keine Ansprüche an der Ladung geltend gemacht werden. Über die Oker erreichten flache Kähne noch im 15. Jahrhundert die Höhenzüge des nördlichen Harzvorlandes. Sie transportierten von dort Kalk und Steine die Oker abwärts nach Braunschweig. Die Aller war ebenfalls noch oberhalb der Okermündung schiffbar, und auf der Leine konnte man mit den damaligen Schiffstypen bis nach Hannover und weiter flussaufwärts gelangen (Ellmers 1985. Peters 1913).

Der Niedergang des Bergbaus und des Hüttenwesens im Harz setzte bereits gegen Ende des 13. Jahrhunderts ein. Dennoch fand das Goslarer Kupfer bis zum völligen Zusammenbruch der Förderung am Rammelsberg um 1360 weiterhin seine Abnehmer. Am 20. November 1309 verlieh die Stadt Brügge zahlreichen Städten, unter anderen auch Goslar und dem Land Sachsen, Handels-

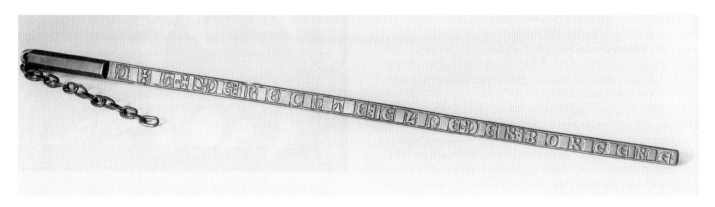

4   Goslarer Elle. Bronze, frühes 14. Jahrhundert.

privilegien für den bedeutenden Stapel der Hanse in Flandern. Dieser Freiheitsbrief der Stadt Brügge steht vermutlich im Zusammenhang mit der Verlegung des Stapels nach Aardenburg. Die Rechte der Goslarer Bürger wurden durch die Grafen von Flandern auch in Aardenburg bestätigt. Die beiden Urkunden belegen, dass die Stadt Goslar ihre Waren, vor allem Tuche (vgl. Abb. 4) und Kupfer, nach Flandern schaffen ließ. Dies geschah über den Seeweg, wie einige Quellen aus der ersten Hälfte des 14. Jahrhunderts belegen. Im August 1314 schrieb der Rat der Stadt Goslar an den Hamburger Rat mit der Bitte, sich für einige Goslarer Bürger zu verwenden, denen man ihr Eigentum, größere Mengen Kupfer, aus der Ladung eines vor Hamburg bei Sturm gestrandeten Schiffes entwendet hatte (Kunze 1983).

Am 7. Januar 1333 bat der Goslarer Rat den Stadtrat zu Staveren um die Herausgabe des Eigentums einiger Goslarer Bürger. Es handelte sich hierbei um etliche Tuchballen und acht Last Kupfer (ca. 400 Zentner) aus zwei gekaperten Schiffen. Die Stadt Staveren hatte die beiden Schiffe während einer Auseinandersetzung mit der Stadt Lübeck aufgebracht und die Waren beschlagnahmt. Der Goslarer Rat schaltete am 2. Februar 1333 in der gleichen Sache auch Graf Ludwig II. von Flandern ein. Dieser wurde gebeten, mit der Stadt Staveren über die Freigabe der Waren zu verhandeln.

Im Sommer 1345 verunglückte vor der Maasmündung ein Schiff, das größere Mengen Kupfer geladen hatte. Die Ladung konnte offenbar geborgen werden, denn ein angelegtes Inventar verzeichnet unter anderen drei Partien mit insgesamt 38 „mesas" Kupfer, die Goslarer Kaufleuten gehörten. Neben dem Goslarer Kupfer transportierte das Schiff aber auch eine Charge schwedischen Kupfers: 23 „mesas cupri Suevici". Dies ist ein deutlicher Hinweis darauf, dass der Harzer Kupferhandel zunehmend Konkurrenz aus Schweden und Ungarn bekam. Noch im Jahre 1396 erhielt Gerwin von Hameln in Braunschweig eine Nachricht über den Verlust von Schiffsgütern, die in einer militärischen Auseinandersetzung von den Holländern beschlagnahmt worden waren. Der Goslarer Bürger Hans von Kissenbrugge verlor dabei 2 Tonnen Kupfer. Die Angelegenheit war zwei Jahre später noch nicht bereinigt. Anlässlich einer Tagung der Hansestädte teilte der Rat der Stadt Goslar der Stadt Göttingen mit, dass man keinen Vertreter entsenden könne. Man bat aber darum, die Interessen ihrer Mitbürger Hans von Kissenbrugge und Hinrik von dem Hympteken wahrzunehmen, die ihr Eigentum auf See verloren hatten. Neben den bereits 1396 erwähnten zwei Tonnen Kupfer verlangte man die Rückgabe von zwei Stücken feinen Silbers, die einen Wert von 25 Pfund Gr[oschen] hatten. Die Forderungen der beiden Kaufleute waren durch einen Angestellten der Goslarer Händler in ein Brügger Kaufmannsbuch eingetragen worden.

Im Jahr 1358, also kurz vor dem völligen Erliegen des Erzabbaus am Rammelsberg, hatte der Rat von Valenciennes, einer Stadt in Ostfrankreich (Hennegau), eine größere Menge Kupfer für Glocken bestellt, die man in einem großen Stadtturm, dem Belfried, aufhängen wollte. Die Aufzeichnungen sind in einer städtischen Abrechnung überliefert, so dass man auch von einer Lieferung des Kupfers ausgehen darf. Noch 1381 verwendete man für die Glocken der Stadt Mons im Hennegau Goslarer Kupfer (Beddies 1996. Bingener 1998).

Die Bemühungen des Goslarer Rates, dem Kupfer- und Silberbergbau aufzuhelfen, waren bis zur zweiten Hälfte des 15. Jahrhunderts nicht von Erfolg gekrönt. Selbst die Versuche des bekannten Metallhändlers und Gewerken Johann Thurzo ab 1478, die Gruben des Rammelsberges zu sümpfen und besseres Kupfer zu produzieren, blieben hinter den hochgesteckten Erwartungen zurück. Die Produktion von Goslarer Kupfer erreichte in den ersten Jahrzehnten des 16. Jahrhunderts etwa 2000 Zentner jährlich, während man im Mansfelder Revier im gleichen Zeitraum wahrscheinlich mehr als die zehnfache Menge erzeugte. Ab 1534 lag der Rammelsberger Kupferbergbau erneut für vier Jahrzehnte danieder.

Der Handel mit Blei

Die Erzeugung von Silber ohne die gleichzeitige Ausbringung von Blei ist wegen der polymetallischen Zusammensetzung der Harzer Lagerstätten nicht möglich. Blei dürfte zunächst in den lokalen Handel gelangt sein. Es wurde von Zinngießern, Fenstermachern, Dachdeckern und bei der Herstellung von Keramik (Glasuren) verwendet. Größere Mengen benötigte man für Gewichte, Senkblei, Plomben, Siegel, Särge, Wasserrohre oder Dachrinnen. Erstmals taucht Blei als Baumaterial im Jahre 1275 anlässlich der Neueindeckung des Goslarer Domes auf. Die Nähe zum Rammels-

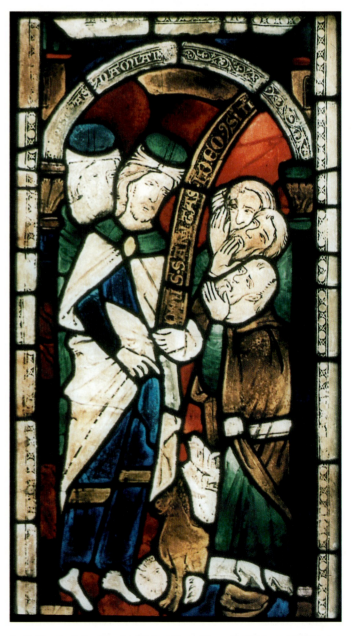

5 Spätromanisches Fenster (Bleiverglasung!) aus der Goslarer Marktkirche (erste Hälfte 13. Jahrhundert). St. Cosmas und Damian heilen Menschen und Tiere.

berg legt die Vermutung nahe, dass man die benötigten Mengen Blei auf dem Goslarer Markt kaufte. Man hat errechnet, dass gegen Ende des 15. Jahrhunderts bei einer Produktion von jährlich etwa 1000 kg Silber rund 70 t Blei anfielen. In dieser Zeit wurden in Goslar Groschenmünzen in großen Stückzahlen geprägt.

Hinweise auf die Verwendung von Blei durch das Handwerk der Fenstermacher gibt es bereits aus dem hohen Mittelalter. In der ersten Hälfte des 13. Jahrhunderts entstand der spätromanische Fensterzyklus in der Goslarer Marktkirche St. Cosmas und Damian (Abb. 5). Die neun bleiverglasten Fenster mit Motiven aus dem Leben und Leiden der beiden Heiligen waren lange Jahre in einer Fensternische der Chorwand eingemauert und konnten unversehrt geborgen werden. Die heute im nördlichen Querarm der Marktkirche ausgestellten Fenster weisen zwar Reparaturstellen an der Bleiverglasung auf, doch blieben vermutlich noch einige originale Bleiteile erhalten. Die Herkunft des Bleis wäre durch eine Bleiisotopen-Analyse exakt zu bestimmen.

Im Kramerrecht von 1281 werden erstmals Bestimmungen für den Handel mit Blei auf dem Goslarer Markt getroffen. Neben Messing, Zinn und Eisen musste auch Blei zentnerweise veräußert werden. Außerdem bestand die Verpflichtung, das beim Schmelzprozess anfallende Blei auf dem Markt anzubieten und nicht bei den Hütten zu lagern, um es dort direkt an potentielle Käufer zu veräußern: „Bli scal me vercopen bi ganzen cinteneren, et ne si, dat et en borghere selve to siner hutten werke late." Nach dem Kramerrecht von 1335 besaßen diese Vorschriften im 14. Jahrhundert noch immer ihre Gültigkeit. In einer Freiberger Zollrolle, die um 1336 entstand, werden als Bleilieferanten für die Silbertreibhütten des Erzgebirges neben Polen, Magdeburg und Böhmen auch Goslar genannt. Die Ausfuhr von Blei aus Goslar nahm im Verlauf des 15. Jahrhundert weiter zu, denn auch die Seigerhütten im Thüringer Wald, besonders des Mansfelder Reviers, benötigten zur Herstellung von Silber und Garkupfer als Zusatzstoff Blei. Das Goslarer Blei wurde auch deshalb nachgefragt, weil es nach dem Abscheiden noch bis zu 8 Lot (etwa 116,8 g) Silber auf den Zentner enthielt. Im Handel erzielte das Goslarer Blei deshalb höhere Preise. Die sächsischen Hüttenleute nahmen dies gerne in Kauf, war man doch auf den Seigerhütten offenbar eher in der Lage das Restsilber auszuschmelzen (Kraschewski 1990).

Der Handel mit Kupferrauch bzw. Vitriol

Kupferrauch entstand durch die Lösung von Metallsalzen aus Resterzen durch Sickerwässer in den alten Grubenbauen des Rammelsberges. Die beim Feuersetzen in tiefer gelegenen Grubenbauen entstandene Hitze bewirkte eine Kristallisierung der Vitriole an Schieferbruchstücken. Es bildeten sich zapfen- oder nierenförmige Beläge bzw. Krusten in den Hohlräumen unter Tage. Der auf natürliche Weise entstandene Kupferrauch wurde abgebaut, anschließend zerkleinert und in den Vitriolhütten einem Laug- und Siedeprozess unterzogen. Das erzeugte Vitriol fand in Färbereien und Gerbereien Verwendung.

Bereits in der Mitte des 13. Jahrhunderts importierte man in Flandern größere Mengen Kupferrauch bzw. Vitriol, das im dortigen Tuchgewerbe dringend benötigt wurde. Die flandrischen Zollrollen geben jedoch keine Auskunft über die Herkunft des verzeichneten Vitriols. Einen direkten Nachweis für den Export von Goslarer Kupferrauch in den flandrischen Raum lässt sich für diese frühe Zeit nicht finden.

Erst aus dem Jahre 1352 liegt eine urkundliche Nachricht über den Rammelsberger Kupferrauch vor. Die Sechsmannen des Rammelsberges und die gemeinen Bergleute schlossen mit Hans von Bilstein, dessen Erben und zu deren Hand mit Wedego Schap ein Rentengeschäft in Höhe von 20 Mark lötigen Silbers ab. Die Sechsmannen verpflichteten sich zur Zahlung von 2 Mark lötigen Silbers, die an vier Terminen im Jahr fällig wurden. Die Rente von 2 Mark (Zinssatz von 10 %) wurde auf das Sechsmannenhaus sowie die Kupferrauchgewinnung im Rammelsberg, „des berghes copperrok", angewiesen. Acht Jahre später, am 28. März 1360, setzten die Sechsmannen des Rammelsberges für einen Kredit in Höhe von 200 Mark lötigen Silbers unter anderen neben dem Sechsmannenhaus und den in ihrem Besitz befindlichen Treib- und Frischhütten auch erneut die Kupferrauchförderung aus dem Rammelsberg als Pfand ein.

1385 kann Kupferrauch erstmals als Handelsware in Goslar nachgewiesen werden. Pferde, Wagen und Ladung zweier Osteroder Bürger waren durch die Stadt Goslar beschlagnahmt worden. Einer der Händler hatte dem Goslarer Bürger Thilen Mandelbeke sechs Tonnen Kupferrauch abgekauft und diese nach eigenen Aussagen auch bezahlt. Hierüber war es aber offenbar zu Unstimmigkeiten gekommen. Der Osteroder Rat bat nun die Goslarer Bürgermeister und Ratsherren, zugunsten ihrer Mitbürger zu intervenieren. Es ist bezeichnend, dass einige der auf uns gekommenen Nachrichten zum Goslarer Metallhandel nur über solche Rechtsstreitigkeiten erhalten geblieben sind!

In der Waaghaus- und Zollordnung der Stadt Goslar von 1400 verzeichnete man weißes (Zinkvitriol) und grünes Vitriol (Eisenvitriol) als Handelsgut. In den ältesten erhaltenen Rechnungen aus dem Stadtarchiv Goslar von 1409 und 1410 finden sich Löhne über den Transport von Kupferrauch aus dem Rammelsberg in die Siedereien. Die Stadt Goslar legte im 15. Jahrhundert großen Wert darauf, die Vitriolsiederei zu kontrollieren. In den zahlreichen Verträgen, die der Rat zur Entwässerung des Rammelsberges abschloss, behielt man sich die Rechte zum Abbau des Kupferrauches vor. In den städtischen Haushaltsrechnungen, den Tafelamtsrechnungen, die in Goslar seit 1447 vorliegen, sind regelmäßig Einnahmen aus der Vitriolherstellung verzeichnet. Der Stellenwert der Kupferraucheinkünfte wird noch dadurch unterstrichen, dass die Stadt zwei Ratsherren, sogenannte „copperrokesherren", mit der Verwaltung des Kupferrauchamtes beauftragte. Mit einigen Unterbrechungen betrieb die Stadt die Vitriolsiederei auf eigene Rechnung und in eigener Regie bis zum Jahr 1820 (Laub 1986).

Zusammenfassung

Nicht alle Wege der Harzer Metalle lassen sich nachvollziehen. Vor allem beim Vertrieb der von den Konversen und Arbeitern des Klosters Walkenried produzierten Metalle sind wir noch immer auf Vermutungen angewiesen. Eine Urkunde Kaiser Friedrich I. belegt erstmals für das Jahr 1188 den Besitz von Schmelzhütten für das am westlichen Harzrand gelegene Kloster Walkenried. Der Walkenrieder Konvent erweiterte im 13. und 14. Jahrhundert sukzessive seine Anteile an Bergwerken, Hüttenbetrieben und Wäldern im Harz. 1287 kaufte man zusammen mit dem Goslarer Bürger Johann Copmann den gesamten Besitz des Niederadeligen Hugo von Dörrefeld auf, den dieser an Bergwerken und Stollen im Gebiet von Oder und Söse, zwei kleinen Flüssen im Harz, besaß.

Die auf den Schmelzhütten des Walkenrieder Klosters hergestellten Metalle, Kupfer, Blei und Silber, dienten sicherlich nicht nur der Eigenversorgung der Mönche und Laienbrüder. Wie die landwirtschaftlichen Überschüsse, dürften auch die Metalle auf öffentlichen Märkten veräußert worden sein. Belegt ist aber lediglich, dass der Walkenrieder Konvent in einigen Städten, so zum Beispiel in Nordhausen, Goslar, Würzburg (Wein!), Göttingen oder Osterwieck eigene Stadthöfe besaß, die mit besonderen Privilegien

(Befreiung von Zöllen und Marktabgaben) ausgestattet waren. Ob und wie von dort die Metalle auf die städtischen Märkte gelangten, konnte von der historischen Forschung bislang noch nicht nachvollzogen werden (Bingener 1998).

Zu einem Zentrum des Handels konnten sich Goslar und die Harzregion im Verlauf des Mittelalters nicht entwickeln. Die Lage der Stadt abseits der großen Fernhandelsstraßen war sehr ungünstig. Goslar profitierte aber ab dem 11. Jahrhundert zunehmend von der allgemeinen Entwicklung im Reich. Das beschleunigte Bevölkerungswachstum in der hochmittelalterlichen Aufbruchphase, die Intensivierung des Landesausbaus, die Zunahme des Geldwesens, die Ausweitung des Handels und die Ausbildung der Stadtgemeinde als der neuen, tragenden Form des Gemeinwesens führte zu einer vermehrten Nachfrage nach Metallen. Es ist bezeichnend, dass wir Nachrichten über den Handel mit Harzmetallen im 12. und 13. Jahrhundert in erster Linie dann erhalten, wenn auswärtige Kaufleute und Händler sich mit Metallen und Erzen eindeckten.

Es mag Zufall sein, dass wir über den Handel mit Goslarer Kupfer und Tuchen (!) im 14. Jahrhundert mehrmals anlässlich von Schiffskatastrophen und kriegerischen Auseinandersetzungen erfahren, bei denen Goslarer Bürger ihr Eigentum einbüßten. Möglicherweise ist dies aber auch ein Fingerzeig dafür, dass man infolge der Verschlechterung der Kupferqualität nun selbst aktiv werden und einer abnehmenden Nachfrage nach Goslarer Kupfer nun seinerseits mit dem Verkauf der eigenen Produkte auf weiter entfernten Märkten begegnen musste.

In der Herstellung, in der Verbreitung und im Handel mit Goslarer Metallen lassen sich während des Mittelalters mehrere Perioden feststellen:
1) Im 10. und 11. Jahrhundert erfolgte die Prägung von Otto-Adelheid- bzw. Simon-Juda-Pfennigen.
2) Im 12. Jahrhundert handelte und bezahlte man auch mit Silberbarren aus Goslarer Produktion.
3) Vom 12. bis zum 14. Jahrhundert wird die Harzregion führend in der Herstellung von Kupfer, das unter anderem im Hennegau und in Köln Absatz findet.
4) Ab der Mitte des 14. Jahrhunderts gewinnt der Handel mit Blei und Kupferrauch immer größere Bedeutung.

Abbildungsnachweis
1 R. Krone / H. J. Lichtenberg (Niedersächsisches Landesamt für Denkmalpflege); 2 Buck / Büttner / Kluge 1984, 26 Abb. 2; 3 V. Schadach, Goslar; 4 Stadtarchiv Goslar, Photosammlung; 5 Harzfoto Brake.

Zusammenfassung

Lothar Klappauf

Die vorangehenden Beiträge haben einen Einblick in die Forschungsergebnisse einer interdisziplinären Forschergruppe zur Geschichte des Harzes gegeben, die sich in den letzten zehn Jahren um die Arbeitsstelle Montanarchäologie des Niedersächsischen Landesamts für Denkmalpflege gebildet hat. Dadurch ist es erstmals möglich, den Harz nicht nur aus Sicht einheimischer Forscher zu sehen sondern es ist eine Reihe auswärtiger Autoren verschiedener Wissenschaftszweige hinzugekommen, die sich intensiv mit den Problemen des Harzes gemeinsam auseinandergesetzt haben und aus ihrer Sicht auf den Harz blicken. Ebenso ist es neu, dass sich eine dermaßen vielschichtige Wissenschaftlergruppe gemeinsam und koordiniert um die Geschichte einer Landschaft kümmert. Schon aus diesen Gründen ist das Projekt Harz modern und richtungsweisend für eine zukünftige forschungsorientierte Denkmalpflege.

Dennoch können die Ergebnisse nur relativ sein, nur in wenigen Abschnitten waren systematische Untersuchungen möglich. Sie weisen den Weg für weitere Forschungsansätze, die eine beispielhafte Stellung der Montanarchäologie im Harz sichern.

Waren es ursprünglich rein denkmalpflegerische Ansätze, die dazu führten, sich mit der Siedlungsgeschichte des Harzgebirges zu beschäftigen und die bis dahin vernachlässigten Aussagen der Bodendenkmale für die Geschichte der Landschaft zu berücksichtigen, so zeigt die Zusammenfassung und Aktualisierung der Siedlungsgeschichte des Harzes und seines Vorlandes nun verstärkt konkrete Hinweise auf eine vermutete frühe Begehung, die im Zusammenhang mit Bergbau und Verhüttung gesehen werden muss. Aus der einfach scheinenden, hauptsächlich chronologisch ausgerichteten Fragestellung hat sich ein komplexer Ansatz ergeben, der auf Grundlage der chronologischen Ergebnisse dazu angetan ist, die uns heute entgegentretende Kulturlandschaft Harz zu ihren Ursprüngen zu verfolgen und ihre Entwicklung zu verstehen. In diesem Sinne führen uns diese Studien auf den Spuren des Alten Mannes zu den Wurzeln des heutigen Harzes.

Dieses Gebirge, untrennbar mit seinem Vorland verbunden, muss darüber hinaus im überregionalen Zusammenhang gesehen werden, um seine Funktion zu verstehen. Ansätze dazu sind in der Ur- und Frühgeschichte bereits die Frage nach dem ethnischen Einflussbereich. Die Einflussbereiche für die Bronzezeit sind entsprechend der Forschungslage noch völlig ungeklärt. Wie weit die reichen bronzezeitlichen Kulturen der Lüneburger Bronzezeit oder aber die aus dem Südosten nördlich um den Harz greifende Aunjetitzer Kultur von den Schätzen des Harzes beeinflusst wurden, bleibt vorerst der Spekulation überlassen. Aber bereits die eisenzeitliche Befestigungsanlage der Pipinsburg bei Osterode und ebenso eine Reihe der wenig jüngeren Funde aus Düna zeigen schon um die Zeitenwende eine eher südliche Orientierung, vermutlich in den hessisch/thüringischen Raum. Ebenso überraschen die vielen, von römischem Einfluss zeugenden Einzelfunde. Allerdings muss diese Überraschung relativiert werden. Bereits im Rahmen älterer Forschungsprogramme wurde zum Beispiel bei Gielde im nördlichen Harzvorland eine Reihe Funde römischen Ursprungs geborgen. In der jüngeren Zeit ist die Herstellung von Keramik nach römischer Art sowohl in Thüringen als auch im Leinetal mehrfach nachgewiesen. Die Funde römischer Münzen zeigen einen weiten Einflussbereich der römischen Wirtschaft.

Dennoch bleibt die Tatsache unerklärlich, dass die Erze des Harzes weithin verbracht wurden entsprechend dem neuzeitlichen Grundsatz, dass das Erz zur Kohle geht. Dies setzt bereits vor 2000 Jahren ein komplexes Wirtschaftssystem voraus, das in der Germania Libera nicht als selbstverständlich vorauszusetzen ist. Der Transport der Erze – selbst in kleinen Mengen – erfordert Wegeverbindungen um oder über das Harzgebirge. Dass die Erze nicht, wie zu erwarten, am Ort des Abbaus verhüttet wurden, erscheint auf den ersten Blick unlogisch. Doch wird man sich von der Vorstellung lösen müssen, dass zu dieser Zeit immer noch ein einfacher Abbau der Erze im Tagebau geschah, von dem die typischen Geländespuren fehlen. Wie in anderen Bergbaurevieren sollte ein Abbau in Schächten in Erwägung gezogen werden, von dem eine Reihe der unzähligen, historisch nicht genannten Schachtpingen stammen könnte. In diesem Fall stände das Holz im Abbaurevier nicht für die energiefressende Verhüttung zur Verfügung. Holz, selbst das auf Grund seines hohen Brennwertes besonders geeignete Buchenholz war jedoch, wie die verschiedenen botanischen Untersuchungen zeigen, im Harzvorland, also bei den Siedlungen, in ausreichender Menge vorhanden. Somit war es günstig, die Gewinnung des begehrten Metalls im Bereich einer kontrollierbaren Siedlung durchzuführen, von der aus der Weg zum Markt möglich war. Jedoch sind diese Vorstellungen noch als Modelle zu verstehen, die der Verifizierung durch die Denkmale bedürfen ebenso wie die Suche nach den Absatzmärkten, bei denen vielleicht der Helweg eine wichtige Rolle spielt. Auch wird eine Forderung an künftige Untersuchungen deutlich, nämlich die stärkere Einbeziehung der Bergbauspuren, bis hin zur archäologischen Untersuchung früher Schächte.

Diese Unsicherheit setzt sich im Grunde fort bis in das 9. Jahrhundert n. Chr., bis in die Zeit der nun aus liudolfingischen Geschlecht stammenden ottonischen Kaiser, deren Stammsitz bei Gandersheim nicht ohne Einfluss auf den Harz geblieben sein kann. Für diese „geschichtslose" Zeit wurde bisher gerne die sogenannte „Völkerwanderung" verantwortlich gemacht, eine Zeit, in der weite nördliche Landstriche als entvölkert angesehen wurden. Diese Vorstellung ist, wie nicht nur pollenanalytische Befunde immer wieder zeigen, nicht mehr vertretbar. Vielmehr muss von einem sicherlich reduzierten, aber dennoch kontinuierlichen Fortgang der Besiedlung ausgegangen werden, lokale Besiedlungsunterbrechungen sind nicht zu verallgemeinern. Pollenanalytische Untersuchungen in den Harzer Mooren lehren uns ebenso wie die geochemischen Untersuchungen an verlandeten Seen im Harzvorland, dass in dieser Region die Zeit nicht still stand. Sie bestätigen die in Düna gewonnenen Eindrücke einer gewissen Siedlungskontinuität und müssen zukünftig in größeren Programmen verstärkt eingebunden werden. Die Zerstörung der lokalen Vegetation kann in den Pollenprofilen ebenso wie bei den Makroresten nachgewiesen werden und ist nicht nur auf die Nutzung der Wälder für Hausbau zurückzuführen, sondern vor allem auf die Ausbeutung der Wälder für die Verhüttung der Harzer Erze. Diese muss so intensiv gewesen sein, dass seit karolingischer Zeit nur noch die Ressourcen im Gebirge übrig blieben und diese sogar schon eine gewisse Schädigung aufweisen.

Hierin fügt sich, dass bis in das 8. Jahrhundert Funde vor allem im Vorland des Harzes dokumentiert werden können. Auch die Relikte der Verhüttung konzentrieren sich bis dahin im Wesentlichen im Vorland und sind mit Siedlungen gekoppelt. Mit der Verlagerung der Schmelzhütten in das Gebirge geht eine Ausweitung der Ackerflächen im Vorland einher, verursacht durch eine Vermehrung der Bevölkerung.

Seit dieser Zeit beginnen die schriftlichen Quellen vor allem für das Harzvorland ergiebiger zu werden. Allerdings schweigen sie sich über das Montanwesen aus, das den archäologischen Zeugnissen nach einen Aufschwung erfuhr. Möglicherweise wurde dieser durch den vermehrten Bedarf an Münzsilber bewirkt, denn seit der karolingischen Münzreform wurde anstelle des Goldes Silber zum hauptsächlichen Münzmetall.

Bei den nun im Harz nachweisbaren Schmelzhütten handelt es sich um kleine Betriebe, die wohl nur saisonal betrieben wurden und den Holzvorräten folgten. Sie liegen zunächst am Oberlauf kleiner Bäche, bevorzugt auch an deren Quellmulden. Ausgehend von Wegen, die den Höhen folgen, ist diese Lage erklärbar als sowohl verkehrsgünstig als auch nahe zum Wasser gelegen. Deutlich unterscheiden sich die Hütten, an denen aus Rammelsbergerz Kupfer gewonnen wurde von denen, die aus Oberharzer Gangerz Blei und Silber produzierten, nicht nur in ihrem Schlackenabfall sondern auch in ihrer räumlichen Verbreitung. Dies legt die Vermutung nahe, dass die Verhüttung nicht willkürlich und ungeregelt verlief, sondern dass dahinter eine Organisation zu suchen ist, die letztlich in der Hand des Königs oder Kaisers gelegen haben muss. Inwieweit sich bereits in dieser Zeit Strukturen nachweisen lassen, wie sie für das Hochmittelalter durch historische Studien greifbar werden, bleibt abzuwarten. Deutlich werden technische Änderungen in den Schmelzprozessen, wobei davon auszugehen ist, dass an den Hütten die jeweils modernste Technik angewandt wurde.

Während sich im Harz durch die Bergbau- und vor allem die Hüttentätigkeit eine wahre Destruktion der Wälder abzeichnet, gleichzeitig aber auch durch die Kontamination der Umwelt organische Funde bis hin zu den Speiseresten der Hüttenleute oder die originalen Waldschichten einmalig konserviert werden, entwickeln sich im Vorland die für die Montanwirtschaft notwendigen Infrastrukturen (Abb. 1). Von hier nimmt der Hüttenmann seine nicht im hochgelegenen Wald wachsenden Vorräte mit oder er wird damit versorgt. Hierher bringt er sein Produkt, Kupfer und Blei/Silber zur weiteren Raffination oder als unraffiniertes Handelsprodukt. Für Handel und Absatzmärkte haben sich durch die neuen historischen Untersuchungen wichtige Aspekte ergeben, die es zu untermauern gilt. Besonders auch die Rolle der Händler und damit zusammenhängend die Verkehrsverbindungen zu Wasser und zu Land verspricht noch weitere Überraschungen. Sicherlich darf man von dem gewonnenen Silber annehmen, dass es zum Teil in die nahen Münzstätten – Goslar im Norden oder Gittelde im Süden – verbracht wurde und dort geprägt wurde, jedoch steht die akribische Untersuchung der Funde und auch der Münzen, vor allem auch in den weiter östlich sich fortsetzenden Fundzentren noch aus (Abb. 2).

Änderungen im Fundgut, einhergehend mit im Gelände erkennbaren Veränderungen vor allem in der Lage der Schmelzhütten, weisen auf tiefgreifende Änderungen in der Schmelztechnik hin. Immer noch fehlen die Urkunden, aber die Verlagerung der Hütten an größere, wassersichere Bäche lässt darauf schließen, dass Wasser eine wichtigere Rolle im Schmelzprozess spielt, vielleicht bereits zum Antrieb von Blasebälgen. In den Hütten wird Kupfer aus Rammelsberger Erz und Blei/Silber aus Oberharzer Gangerzen gewonnen. Dabei scheinen die Hütten nicht mehr auf einen Prozess spezialisiert zu sein. Den Schlackenmengen zu Folge ist der Erzdurchsatz größer als früher, aber die Hütten existieren nun auch länger an einem Ort. Die ersten festen Siedlungen entstehen seit dem 12. Jahrhundert im Harzgebirge. Es lassen sich, wie am Johanneser Kurhaus, Frauen und Kinder in diesen Siedlungen nachweisen. Dies bedingt eine recht ausgereifte Infrastruktur,

1 Bei der Notgrabung der von der Eisenzeit bis ins Hochmittelalter bewohnten Siedlung Baßgeige nördlich von Goslar, von der mit Hilfe von Großmaschinen ca. 10000 m² freigelegt werden konnten, fanden sich nur auffallend wenige Spuren metallurgischer Tätigkeiten.

2 Silbernes Löffelchen mit menschlichen Darstellungen, 2. Hälfte 12. Jahrhundert n. Chr., gefunden in Düna/Osterode. Das Silber stammt nach den Bleiisotopenuntersuchungen sehr wahrscheinlich aus dem Oberharz.

die auf der einen Seite den Absatz der gewonnenen Metalle, zum andern die Versorgung mit Material und Nahrungsmitteln sichert. Das Kloster Cella in Zellerfeld ist kurz nach 1200 gegründet worden, sicherlich nicht nur, um sich um das Seelenheil der Berg- und Hüttenleute zu kümmern, sondern, wie regional auftretende Geschlechter auch, um geordnete Strukturen für das Montanwesen aufzubauen. Diese Zersplitterung wird möglich und gefördert durch die in dieser Zeit immer mehr an direktem Einfluss ein-

Zusammenfassung

3 Idealisierte Darstellung der frühen Industrielandschaft Harz. Zeichnung von C. Kaubisch (Zentrum für Geowissenschaften der Universität Göttingen), nach einem Entwurf von L. Klappauf, F.-A. Linke und M. Deicke (Niedersächsisches Landesamt für Denkmalpflege, Arbeitsstelle Montanarchäologie).

büßende zentrale Reichsgewalt, die das regionale Unternehmertum erstarken lässt. Diese Entwicklung lässt sich vor allem an der Entwicklung der Lagerstätte am Rammelsberg historisch ablesen. Sie ist nach einer Zeit der Konstanz nun dem Wechselspiel der regionalen Kräfte unterworfen, die sinkende Qualität des Kupfererzes führt letztlich zu einer ernsten Krise im späten 14. Jahrhundert. Zeitgleich ist ein Niedergang des gesamten Harzer Bergbaus zu beobachten. Dafür sind jedoch andere Faktoren ausschlaggebend.

Von dem im 12. Jahrhundert gegründeten Kloster Walkenried ausgehend, brachten die Zisterziensermönche zielgerichtet sowohl die entscheidenden Anteile an den Lagerstätten als auch an den Forsten des Harzes an sich und bauten moderne Hüttenzentren auf. Diese, vor allem im westlichen Harz und bei Braunlage überlieferten Zentren sind archäologisch identifizierbar, bisher sind sie jedoch archäologisch nur oberflächlich untersucht. Den Zisterziensermönchen wird allgemein die Einführung der Nutzung der Wasserkraft zugeschrieben, jedoch bedürfen diese Vermutungen der Bestätigung durch intensive archäologische Untersuchungen.

Deutlicher werden in diesen Zeiten die wirtschaftlichen Strukturen, die die Geschichte der Region bestimmen. Urkunden über den Erwerb von Gruben, Hütten und Forsten lassen die Identifizierung von Relikten im Gelände mit historisch überlieferten Örtlichkeiten zu. Dies erfordert jedoch die genaue und vollständige Kenntnis der Relikte und ihrer Situation im Gelände. Auch für die Zeit, in der die schriftliche Überlieferung nun scheinbar Auskunft über die komplexen Verhältnisse gibt, ist die Archäologie unverzichtbarer Quellenlieferant. Ob letztlich die Schmelzöfen wirklich so gebaut wurden, wie sie beschrieben oder bildlich dargestellt wurden, lässt sich nur durch die akribische Ausgrabung klären. Die Zuordnung zu Grundherrschaften, das Verhältnis zu Verkehrswegen und die Analyse der angewandten Techniken geben zusammen mit den archäologischen und botanischen Befunden ein mosaikartiges Bild einer sich stetig wandelnden, beinahe modern anmutenden Landschaft, die vom Berg- und Hüttenwesen bestimmt wird und die Wurzeln der heute den Besucher des Harzes so beeindruckenden Landschaft mit ihren dunklen Fichtenforsten und den hochaufragenden Fördergerüsten aber auch den in ihrem Bewuchs gestörten Halden der Berg- und Hüttenwerke bildet.

Abbildungsnachweis
1, 2 C. S. Fuchs (Niedersächsisches Landesamt für Denkmalpflege);
3 C. Kaubisch (Zentrum für Geowissenschaften der Universität Göttingen).

Daten zur Geschichte der Harzregion

zusammengestellt von
H.-G. Bachmann / Chr. Bartels / A. Bingener / L. Klappauf

Seit 1000 v. Chr.	Erste Hinweise auf die Nutzung von Rammelsberger (RB) Kupfer (Funde von Müllingen)	**Jüngere Bronzezeit**
	Erste Hinweise auf die Nutzung von Oberharzer (OH) Silber (Funde von Müllingen)	**Eisenzeit**
1. Jh. v. Chr.	Eisengewinnung aus Erzen vom Iberg bei Bad Grund (Funde von Düna)	
3. Jh. n. Chr.	Blei-Silber-Gewinnung aus OH Gangerzen im Harzvorland und wenig später Kupfergewinnung aus RB-Erz aufgrund archäologischer Funde in Düna/Osterode	**Röm. Kaiserzeit Völkerwanderungszeit**
um 400	Fragment einer Bügelfibel aus OH Silber in Düna/Osterode	
um 700	Beginn der Verhüttung in den Harzbergen	**Merowinger Liudolfinger**
8./9. Jh.	Archäologisch nachgewiesen sind kleine Verhüttungsplätze im UH (Unterharz) und OH, z. B. Rabental; Schmelzplätze mit glasig kristallinen Schlacken	**Karolinger**
877	Reichsstift Gandersheim erhält ein Zollprivileg für Kaufleute, die vom Rhein zur Elbe oder Saale ziehen, um 990 Marktrecht; im 9. und 10. Jh. suchen friesische Kaufleute den Markt auf	
9./10. Jh.	OH: Blei-Silbergewinnung am Johanneser Kurhaus aus Zellerfelder Gangerz; Schmelzplätze u.a. Hunderücken, Lasfelder Tränke, Brautsteinweg – Sinter- und Grusschlackenplätze	**Ottonen**
965	Münzstätte Gittelde	
um 968	Erwähnung des Fundes von Silberadern (venas argenti) im Sachsenland (in terra saxonia) zur Regierungszeit Ottos I. in einer Chronik meint vermutlich Gangerzlagerstätten des Harzes	
980	In Goslar einsetzende Münzprägung	
10./11. Jh.	Verhüttung von RB-Erzen am Schnapsweg/Innerstetal, am Kunzenloch, im Kötental - Plattenschlackenplätze Treibhütte in Badenhausen nachweisbar	
seit 11. Jh.	Goslar bedeutendes Zentrum für Kupferbergbau und -handel; Kupfer aus Goslar für die Messingindustrie im Maastal	**Salier**
1040	Prägung der Otto-Adelheid-Pfennige eingestellt, danach Simon-Juda-Pfennige	
um 1050	Deckung des Goslarer Domes mit rund 640 Ztr. Kupfer aus der Rammelsberglagerstätte	
Mitte 11. Jh.	Erster Beleg für den Einkauf von sächsischem Kupfer durch Händler aus den Ardennen	
um 1100	Am Riefenbach bei Bad Harzburg wird aus Rammelsberger Erz Kupfer und Blei gewonnen, am Sommerberg bei Wolfshagen Kupfer An den Schmelzplätzen Hunderücken und Lasfelder Tränke werden ältere Blei-/Silberschlacken wieder aufgearbeitet + Grusschlackenplätze	**Staufer**
1103/1104	Erster Beleg für den Einkauf von sächsischem Kupfer durch Händler aus den Ardennen und dem Maasgebiet (Koblenzer Zollrolle)	
1129/1131	Gründung des Klosters Walkenried	
1178	Nach einer Urkunde, deren Echtheit umstritten ist, ist der Rammelsberg bei Goslar kurz zuvor vom Kaiser zu je einem Viertel dem Kloster Walkenried, dem Stift St. Simon und Juda, dem Kloster Matthias und der Stadt Goslar überlassen worden	**Hochmittelalter**
1180	Zerstörung der Hütten bei Goslar im Zuge des Streites zwischen Kaiser Friedrich Barbarossa und Herzog Heinrich dem Löwen	
1188	Kaiser Friedrich Barbarossa bestätigt dem Walkenrieder Konvent den Besitz von	

1199	Hütten im Harz; erste urkundliche Nennung einer Erzgrube am Rammelsberg (To dem Waleswerke)
	Der Papst bestätigt Besitztitel des Klosters Neuwerk/Goslar an Schmelzhütten, Waldungen und Erzgruben am Rammelsberg
vor 1200	Nennung von 5 weiteren Namen von Erzgruben am Rammelsberg
um 1200	Nachweis eines Zwischenlagers für Rammelsberger Kupfererze Am Stoben in der Stadt Goslar
	Verhüttung im Bereich des späteren Brüdernklosters in Goslar
	Einsetzen einer ständigen Besiedlung am Johanneser Kurhaus bei Clausthal-Zellerfeld
1203	Nennung Goslars in einem Zollprivileg für französische Kaufleute in Köln als Handelsort
1205/09	Päpstliche und kaiserliche Bestätigungen des Klosters Walkenried für seine Schmelzhütten im Harzwald, Beteiligung am Bergbau im Rammelsberg und Haus und Hof in Goslar sowie zahlreiche andere Güter
1219	Erste schriftliche Fixierung von Berg- und Hüttenrechten: Kaiser Friedrich II. bestätigt alle Rechte und Freiheiten der Stadt Goslar und ihrer Bürger, darunter auch die Rechte der Berg- und Hüttenleute im Harzwald. Die Hüttenleute müssen wöchentlich 1 Lot Silber für 1 paar Blasebälge (das heißt einen Schmelzofen) als Abgabe an die kaiserliche Verwaltung zahlen
ab 1224	Urkunden über die Errichtung von Hütten an größeren Wasserläufen, durch Kloster Walkenried: Die Hütten sind nunmehr dauerhafte Anlagen in den Tallagen, die Blasebälge der Schmelzöfen werden durch Wasserräder getrieben
um 1230	Urkundliche Ersterwähnung von Bergwerksarealen im Oberharz: Die Herren von Dörrefeld, Burgherren bei Clausthal/Oberharz, verkaufen dem Kloster Neuwerk ausgedehnte Waldungen mit Bergwerksarealen im Bereich der Clausthaler Hochfläche/Sösetal
vor 1232	Gründung des Brüdernklosters in Goslar
1235	Übergang des Regalrechtes (Königsrechtes) an den Metallen des Rammelsberges und des Oberharzes auf die Herzöge von Braunschweig und Lüneburg: Der Welfenherzog Otto (das Kind) wird vom Kaiser mit den Reichsgefällen aus dem Goslarer Montanwesen (decimae Goslariae imperio pertinentes) belehnt, darunter Zehnt und Gericht des Rammelsberges
um 1250	Am Johanneser Kurhaus bei Clausthal-Zellerfeld wird kurzzeitig Rammelsberger Erz auf Kupfer verschmolzen, der Hüttenplatz wird aufgegeben
1271	Schriftlicher Vertrag mit 30 Abschnitten zwischen den Welfenherzögen, dem Hildesheimer Bischof, dem Grafen von Wernigerode, 4 Rittern, 4 im Harz begüterten Vertretern des niederen Adels und 6 Vertretern der Goslarer Bürgerschaft: Alle Beteiligten verpflichten sich auf die dort fixierten Bergbau- und Hüttenrechte. Als Hüttenabgaben sind genannt: Lotpfennige für die Wasserkraft-Nutzung, „Kupferzoll" sowie „Schlagschatz" als Abgaben an das Reich
1275	Blei wird als Baumaterial für die Deckung des Goslarer Doms verwendet
1282–1290	Zunahme der Grubenwässer im Rammelsberg
1287	Walkenried kauft zusammen mit dem Goslarer Bürger Johannes Copmann zwischen Oder und Söse gelegene umfangreiche Bergwerksteile und Waldungen von Hugo von Dörrefeld
1290	Die Berg- und Hüttenleute, der Goslarer Rat, die Kaufleute und Gilden einigen sich über Grundsätze beim Kupferhandel und Silberbrennen und weitere Streitpunkte
1295	Verpfändung der herzoglichen Rechte am Rammelsberg an die Ritter von der Gowische, später an den Rat der Stadt
nach 1300	Zunehmende Probleme mit dem Grundwasser in den immer tiefer werdenden Gruben des Rammelsberges; Probleme bei der Erzeugung hochwertigen Kupfers
Anfang 14. Jh.	Trotzdem zahlreiche Belege für Handel mit Goslarer Kupfer – große Schlackenhalden mit Fließschlacken
1311	Rund 50 Hütten im Harzraum sind „Schlagschatz" als Reichsabgabe (bezifferte Zahlungen in Silber zuzüglich Ablieferungen von Kupfer) schuldig und werden aufgelistet
ab 1320	Häufiger Besitzwechsel bei den Hütten und beim Bergwerkseigentum signalisiert wachsende Probleme in der Montanproduktion
1336	Lieferung von Blei nach Freiberg/Sachsen
1345	Vor der Mündung der Maas verunglückt ein Schiff; dessen Ladung ist u. a. Kupfer im Besitz dreier Goslarer Händler
1359/60	Stillstand des Bergbaus am Rammelsberg bei Goslar; um dieselbe Zeit auch Einstellung der Gruben im Oberharz. Damit hört die Rohstoffversorgung der Hütten auf

1360–1470	Weitgehender Stillstand der Produktion am Rammelsberg und im Oberharz	
1360	Niederschrift des mittelalterlichen Goslarer Berg- und Hüttenrechts. Dort sind Bestimmungen für die Blei- und Silberverhüttung, aber nicht mehr für die Kupferverhüttung enthalten	
	Erfolgloser Versuch zur erneuten Inbetriebnahme des Bergbaus am Rammelsberg	
bis 1400	Die Stadt Goslar bzw. ihr Rat sichert sich die Verfügungsgewalt über Bergwerke und Hütten auf Grundlage der herzoglichen Verpfändungen	
1406/1407	Neugründung einer Gesellschaft und Verträge zwecks Wiederaufnahme der Produktion von Bergwerken und Hütten des Rammelsberges. Es wird unter anderem bestimmt, dass die Erzröstung wegen des entstehenden Rauchs in Stadtnähe nicht erlaubt sein soll – die Bemühungen bleiben erfolglos	
bis 1470	Geringfügige Bergbauaktivität und Hüttenproduktion am Rammelsberg und im Oberharz	
1471	Neuverleihung von Bleihütten an Goslarer Betreiber; Neuverleihung und Wiederaufnahme der Gruben am Rammelsberg, von nun an steiler Anstieg der Produktion; Prägetätigkeit von Münzen in Goslar setzt wieder ein	
1478	Die europaweit agierenden Metallhändler/Montantechniker Thurzo und Kohler schließen Verträge mit dem Goslarer Rat zwecks Wiederaufnahme der Kupferproduktion	
1479	Betrieb von Gruben bei St. Andreasberg/Oberharz	
um 1500	Verhüttung der Rammelsbergerze in relativ großen Öfen mit langer Betriebszeit; Blasebälge mit Wasserradantrieb; Erzröstung in großen Stadeln; "Schmelzen auf leichtem Gestübbe über dem Tiegel" als Verfahren für die Rammelsbergerze	*Neuzeit*
ab 1524	Wiederaufnahme des Bergbaus und der Hütten im Oberharz durch den Braunschweiger Herzog	
1526/27	Wiedereinlösung an die Stadt Goslar verpfändeter Rechte an Bergbau, Waldungen und Hütten durch den Braunschweiger Herzog; nachfolgend schwere Konflikte zwischen Stadt und Herzog mit militärischer Auseinandersetzung	
1530–1542	Zwangsverwaltung der Hütten und Bergwerke des Rammelsbergs aufgrund eines Reichstagsbeschlusses; zugleich Aufschwung der Bergwerke und Hütten im Oberharz unter landesherrlicher Regie. Diese Montanregion ist zweigeteilt in den Braunschweigischen und Grubenhagener Herrschaftsbereich	
1531–1534	Produktion der Rammelsberg-Hütten 600–700 t Blei und zwischen ca. 230 und 1310 kg Silber pro Jahr. Die Kupfererzeugung kommt fast ganz zum Erliegen.	
1542–1552	Kriegswirren und schwere Konflikte bringen zeitweilig den Betrieb am Rammelsberg zum Erliegen	
1552	Herzog Heinrich d. J. von Braunschweig setzt alle seine Ansprüche am Bergbau und Hüttenwesen gegenüber der Stadt Goslar durch und etabliert das System der fürstlichen Direktion von Bergbau und Hüttenwesen	
1554	Die Grubenhagener Herzöge etablieren auch in ihrem Bereich das fürstliche Direktionsprinzip; Übernahme der Frankenscharrn-Hütte bei Clausthal durch den Herzog	
1558–1566	Gewinnung von um 200 Ztr. Schwefel jährlich für die Schießpulverherstellung bei der Röstung der Erze des Rammelsbergs	
1569	Gesamtbelegschaft der Hütten 69 Mann	
ab 1573	Alle 8 Hütten, die zwischen Langelsheim und Harlingerode sowie in den Tälern von Innerste, Grane und Oker Erz aus dem Rammelsberg verarbeiten, sind in landesherrlicher Hand. Sie erreichen hinsichtlich Effektivität, Vergleichmäßigung der Produktion und Prozeßsteuerung höchste Standards ihrer Zeit	
1574	Aus Erzen des Oberharzes werden etwa 1600 kg Brandsilber gewonnen	
1575	Erstmals seit ca. 1535 wieder Kupfererzeugung aus Rammelsbergerzen. Der Hüttenmeister Georg Nessler aus Joachimsthal in Böhmen bemüht sich darum, das Seigerverfahren in Goslar einzuführen	
1580	Abbildung des Goslarer Bleischmelzofens bei Lazarus Ercker; Gewinnung von Ofengalmei und Zink	
1580–1625	Fortschreitende Krise des Montanwesens, Erschöpfung an Edelmetall-reichen Mineralvorkommen; hüttentechnische Probleme; Knappheit an Holzkohle	
1617	G. E. Löhneyß beschreibt das Montanwesen des Harzes und gibt zahlreiche Abbildungen	
ab 1618	Verschärfung der Krise durch den Dreißigjährigen Krieg (1618–1648)	
um 1630	Hüttenproduktion des Oberharzes um 2500 kg Silber und 8000–9000 Ztr. Blei	
1633/1634	Die Einführung des Sprengens mit Schwarzpulver im Bergbau des Oberharzes erlaubt die Gewinnung von großen Mengen an Bleiglanz mit relativ niedrigem Silbergehalt. Die hüttentechnische Erfahrung aus der Verarbeitung der Erze des	

1635	Rammelsbergs wird zur Basis erfolgreicher Verwertung dieser Armerze in den Hütten des Oberharzes. Die technische Entwicklung des Hüttenwesens zwischen 1630 und 1800 ist noch unzureichend erforscht
	Vertrag zwischen den verschiedenen Linien des Welfenhauses begründet die Oberharzer und Unterharzer Communion zur gemeinsamen Verwaltung der Hütten und Bergwerke.
	Der ehemals Grubenhagener Anteil des Oberharzes mit Clausthal, Altenau und St. Andreasberg fällt als „einseitiger Harz" Hannover zu
ab 1635	Während im Allgemeinen in Mitteleuropa eine lang anhaltende Krise des Montanwesens einsetzt und die führende Rolle im Montanwesen und der Hüttentechnik auf vielen Feldern an England übergeht, kommt es im Oberharz zu einer neuen Blüte der Metallwirtschaft und enormer Ausweitung der Produktion
um 1650	Hüttenproduktion im Oberharz um 6000 kg Silber und 16000–18000 Ztr. Blei jährlich; Einsatz von Krummöfen und Treibherden in der Produktion von Blei und Silber
bis 1680	Enormer Ausbau der Anlagen zum Betrieb der Schmelzöfen; Pochwerke zur Erzaufbereitung und Bergwerke unter Einsatz von Wasserrädern
um 1680	Hüttenproduktion im Oberharz 8000 kg Silber und 25000 Ztr. Blei jährlich
um 1695	Hüttenproduktion im Oberharz um 14000 kg Silber und 33000 Ztr. Blei
1709	Heinrich Bonhorst scheidet das Gold aus dem Silber des Rammelsberges ab, der Goldgehalt ist schon lange bekannt, aber nicht gewinnbringend verwertbar. Dennoch lassen die Landesherren ab 1712 immer wieder Goldmünzen in Auflagen von 100–150 Stück als Prestigeobjekte bis um 1860 prägen
1709–1715	Fund und Aufschluß sehr reicher Erzvorkommen im Oberharz
um 1725	Höchststand der Hüttenproduktion im Oberharz vor dem Industriezeitalter: Jahreserzeugung um 15500 kg Silber, 48000–50000 Ztr. Blei und 3000 Ztr. Kupfer. Danach langsam rückläufige Produktion
seit 1712	Zinkgewinnung als Nebenprodukt; 1712–1721 um 7,5 t jährlich
1738	Georg Andreas Schlüter beschreibt den „Zinkstuhl" der Unterharzer Schmelzöfen
um 1750	Hüttenproduktion im Oberharz jährlich um 12000 kg Silber und 30000 Ztr. Blei
1757–1763	Siebenjähriger Krieg, erhebliche Beeinträchtigung des Montanwesens, das durch Kriegskontributionen schwer belastet wird
um 1770	Tiefpunkt der Produktionsentwicklung mit um 7500 kg Silber und 15000 Ztr. Blei
1773/1774	Berghauptmann von Reden veranlaßt in Clausthal im Oberharz den Bau neuer Hochöfen mit 3 t Erzdurchsatz pro Tag gegenüber 1,3 t in den alten Öfen. Fortan reduziert sich der Bleiverlust in der Schlacke auf 3–5 % gegenüber 25–30 % zuvor
1775	Eine Konferenz zur Weiterentwicklung des Montanwesens im Oberharz und folgende Bergresolution König Georgs bereiten große Investitionen und den Übergang zu frühindustriellem Betrieb vor. Die Produktion wird wieder ausgeweitet, dabei gewinnt zunehmend Blei an Bedeutung
16.–18. Jh.	Bestattungen auf dem Friedhof des Brüdernklosters in Goslar
um 1779	Zinkgewinnung erreicht ±200 Zentner pro Jahr
bis Ende 18. Jh.	Abrösten von RB-Primärerzen
1788	Einführung des PFANNENSCHMIED-Prozesses zur Gold/Silber-Scheidung
1789	OH: Verzicht von Braunschweig-Wolfenbüttel auf 3/7 der landeshoheitlichen Rechte zugunsten von Hannover; im UH Weiterbestand der Communion-Verwaltung
ab 1793	Bleihütte Clausthal/OH arbeitet mit ungarischen Röstöfen
1800	Bleiraffination nach LAMPADIUS
um 1800	UH-Jahresproduktion: Blei 500 t, Silber 800 kg
	OH-Jahresproduktion: Blei 2500 t, Silber 8500 kg
bis 1803	Am UH erste Versuche, Holzkohle durch Steinkohlenkoks zu ersetzen
bis 1816	Am OH Verhüttung ausschließlich mit Holzkohle
1833	Einführung des PATTINSON-Prozesses auf den Hütten Lautenthal/OH, Oker/UH und Altenau/OH; nur noch 20 % des Werkbleis musste fortan abgetrieben werden
1835–1845	Neubau der Frau-Marien-Seigerhütte zu Oker mit 12 Gebläseschachtöfen, 14 Flammöfen, 5 wasserradangetriebenen Zylindergebläsen etc.
1838–1930	Oker-Hütte: Gold/Silber-Scheidung mittels Schwefelsäure (Affination)
1844	OH-Hütten erzeugen Schlackensteine (Straßenpflaster in Goslar)
1849/1850	Röstöfen („Kilns") nach englischem Vorbild ersetzen ältere Röstverfahren
1857	Frau-Marien-Seigerhütte zu Oker stellt Kupfererzverhüttung auf englisches Flammofen-Verfahren um
1858	Bei der Verhüttung (neben Kupferstein) anfallendes Königskupfer wird in neuerbauter Vitriolhütte zu Kupfervitriol verarbeitet; Silberschlamm geht in den Treibprozess

1859		Einstellung der Seigerarbeit, wird fortan durch die „Spurarbeit" ersetzt; das heißt Gewinnung der Edelmetalle aus dem Schlamm der Vitriolherstellung
1859		RB: Entdeckung des Neuen Lagers
1860		Steinkohlenkoks ersetzt Holzkohle
ab 19. Jh.		Grundlagen der Werkbleiraffination: Entkupferung (Kupferschlicker), oxidische Raffination zur Entfernung von Antimon, Arsen und Zinn; Entsilberung und Ent-Goldung mit Zink (PARKES-Verfahren); Entzinkung durch Oxidation, Entwismutung
Mitte 19. Jh.		Einführung des Niederschlagsverfahrens (direkte Ausscheidung von Werkblei aus den Sulfiderzen durch met. Eisen) bei der Verhüttung von OH-Bleierzen
1865		UH-Jahresproduktion: 141 t Kupfer, 406 t Vitriol, 1285 t Schwefelsäure
1866		Ende des Einbaus von Zinkstühlen zur Zinkerzeugung; effektivere Methoden setzen sich durch; Zink wird 4,5 x besser bezahlt als Frischblei
1866		Bahnlinie erreicht Goslar, dadurch kostengünstiger Koksbezug;
1872–1888		Oker-Hütte: Abröstung kupferärmerer Schwefelkiese des Alten Lagers wird durch chlorierende Röstung abgelöst; Ausfällung des gelösten Kupfers mit Eisenschrott als Zementkupfer
1877		Elektrolytische Kupfer-Raffinationsanlage in Oker
1878		Jahresproduktion der Oker-Hütte: 491 t Kupfer, 1955 t Vitriol, 8290 t Schwefelsäure; Güldischsilber aus Schlämmen der Kupfer-Elektrolyse
1883		Einführung der kostengünstigen Zinkentsilberung von Reichblei nach PARKES auf der Hütte Lautenthal/OH; PARKES-Verfahren auch in Oker eingeführt
1886		Hütte in Clausthal/OH nur noch Rohhütte für die Werkblei-Ereugung; Blei-Raffination und Silbergewinnung zur Hütte Lautenthal verlagert
Ende 19. Jahrh.		Auf der Herzog-Julius- und der Frau-Sophien-Hütte Gewinnung von Zink als Nebenprodukt
seit Anfang 20. Jahrh.		Oker-Hütte: Neue Standardverfahren zur Kupfergewinnung aus sulfidischen Konzentraten
1900		Bleiraffination nach SCHNABEL
um 1900		UH-Jahresproduktion: Blei 5000 t; Silber 10000 kg (eigene Erze 7800 kg) OH-Jahresproduktion: Blei 9000 t; Silber 37000 kg (eigene Erze 19000 kg)
1900		Jahresproduktion 1400 t Elektrolytkupfer
seit 1900		Nur wenige Änderungen des Schachtofenprinzips: Tiegelofenzustellung mit kontinuierlichem Werkbleiabstich
1902		Aufgabe des Niederschlagsverfahrens auf der Clausthaler Hütte/OH
ab 1905		Bleihütte Clausthal/OH arbeitet mit Sintertöpfen nach HUNTINGTON-HEBERLEIN
20. Jh.		Röstreduktionsverfahren auf allen Harzer Bleihütten; nur für bleireiche Konzentrate mit 65 % Blei und mehr auf wenigen Hütten noch das Röstreaktions-Verfahren, tiefgreifende Veränderungen in der Zinkmetallurgie
1903		Elektrolytische Raffination von wismutreichem Blei in Oker
1906		Bau der Zinkoxidhütte Oker zur Aufarbeitung von Schlacken und Räumaschen zur Zink-Gewinnung
1910–1967		Silberhütte Lautenthal/OH ist Raffinierhütte für Clausthaler Werkblei
1912		Stillegung der Bleihütten in Altenau/OH und St. Andreasberg/OH
1915–1942		Handbetriebene Fortschaufelungsöfen zur Vorröstung von feinem Meliererz werden durch mechanische Etagenöfen ersetzt
1916		Oker-Hütte: Ende der RB-Kupfererz-Lieferungen; danach nur noch Meliererz
1919–1923		Hütten und Gruben leiden unter den Folgen des 1. Weltkriegs
1925		Ende der Nachröstung von Meliererzen auf der Oker-Hütte
1925		Oker-Hütte führt Saugzugsinterung ein
ab 1925		Bleihütte Clausthal/OH arbeitet mit Sinterapparaten
1926		Oker-Hütte: Installation von Kupferkonvertern
1929–1932		Weltwirtschaftskrise; drohende Stillegung der Harzer Hütten
1928		BODE erstellt Verzeichnis alter Schlackenhalden im Harz
1928–1942		Oker-Hütte: Betrieb einer Turmanlage zur Schwefelsäure-Herstellung
1930		Spitzenerzeugung 4997 t Kupfer; danach ständiger Rückgang, Kupfer wurde zum Nebenprodukt
1930		2. Werk zur Zinkerzeugung
um 1930		Stillegung der Gruben in Clausthal/OH und Lautenthal/OH
1930		Ende der Affination
1934–1937		Lautenthal-Hütte: Aufarbeitung von Silbermünzen
1934–1939		Umbau der Oker Hütte; 1. Periode
bis 1935		Auf der Herzog-Julius-Hütte Erzröstung noch wie vor 400 Jahren
1935		Zinkhütte Harlingerode gegründet
1936		Einführung der Flotation von RB-Erzen; Bleikonzentrate an Oker-Hütte

bis 1937	Einsatz von Röstschachtöfen („Kilns")	
ab 1938	Oker-Hütte: Einsatz von Drehrohrofen zur Erzröstung	
1938–1969	Herzog-Julius-Hütte: Wälzofen zur Aufarbeitung von Althaldenschlacken zur Gewinnung von Blei-Zink-Mischoxid, dadurch Spurschlackenhalden um den Ort Langelsheim und das Hüttengelände weitgehend abgebaut	
1939	Oker-Hütte: Spitzenwert der Zinkvitriol-Gewinnung 7651 t	
bis 1940	Noch Haufenröstung auf Herzog-Julius- und Frau-Sophien-Hütte	
1942	Frau-Marien-Seigerhütte wird Bleikupferhütte Oker	
ab 1942	Gesamtflotation in Bad Grund; Flotationskonzentrat enthält: 70–75 % Blei, 1,5–2 % Zink, 0,7–0,8 % Kupfer, 14–15 % Schwefel; kein(!) Wismut	
ab 1943	Oker-Hütte: Gemeinsames Verschmelzen von Melierterzen u. Bleikonzentrat	
1944–1947	Antimongewinnung auf der Herzog-Julius-Hütte	
1945–1948	Hütten und Gruben leiden unter den Folgen des 2. Weltkriegs; von den OH-Gruben nur noch das Bergwerk von Bad Grund im Abbau	
1946–1962	Oker-Hütte: Silber-Elektrolyse nach MOEBIUS	
ab 1947	Zinkweiß-Herstellung in neuer Anlage auf Zinkhütte Harlingerode	
1948	Oker-Hütte: Stillegung der Kupfer-Elektrolyse und Gold-Elektrolyse nach WOHLWILL für Blicksilber aus Oker und Lautenthal	
ab 1949	13 Halbschachtöfen in beiden Zinkhütten	
nach 1949	Erzeugung von Nebenmetallen aus RB-Erzen: Cadmium, Indium, Thallium, Wismut; (Erze aus Bad Grund sind wismutfrei, enthalten aber 0,3–0,35 % Cadmium im Zinkkonzentrat)	
ab 1950	Herzog-Julius-Hütte: Drehrohrofen zum Entbleien bleihaltiger Zinkoxide, Vorstoff für die Zinkhütte Harlingerode	
1953–1967	Schachtofenschlacken der Oker-Hütte mit 16–18 % Zink werden nach dem ANACONDA-Verfahren entzinkt	
ab 1955	In Herzog-Julius-Hütte Betrieb einer Seltenmetall-Anlage unter anderen zur Gewinnung von Germanium und Germaniumoxid aus fremden Vorstoffen	
ab 1955	Oker-Hütte: erzeugt bis zu 12000 kg Thallium jährlich	
1956	Clausthaler Röstbetrieb auf Drucksinterung umgestellt	
1956–1971	Wanderrost-Verfahren zur Entbleiung von Zink zur Erzeugung bleiarmer Farboxide	
ab 1957	Bleiflugstäube werden auf Sinterapparaten pelletiert	
ab 1958	Oker-Hütte: Etagenofen mit 9 Herden	
ab 1958	Oker-Hütte: Wirbelschichtofen zur Totröstung von Eisenkupferstein aus der Zinkoxidhütte Oker	
1959	Einstellung der Kupfervitriol-Erzeugung	
1960	Bleikupferhütte Oker wird Bleihütte Oker	
1962	Oker-Hütte: Aufgabe des Kupfer-Konverterbetriebs; Stillegung der Gold- und Silber-Elektrolyse; Güldischsilber fortan zur DEGUSSA/Frankfurt am Main; letzte Goldproduktionsmengen ca. 200–250 kg/Jahr, davon etwa die Hälfte aus UH-Erzen	
bis 1967	Bleihütte Oker betrieben als Roh-Hütte zur Werkbleierzeugung	
1967	Schließung der PREUSSAG Blei- u. Silberhütten in Clausthal u. Lautenthal	
bis 1970	Bleihütte Oker verarbeitet RB-Melierterz mit 9–10 % Blei, 4,5–5 % Kupfer, 22–23 % Zink und ca. 24 % Schwefel; Blei-Mischkonzentrat wird nach Schwefel-Entfernung zu zinkhaltiger Schlacke und Werkblei verschmolzen	
1972	Kontinuierliche Raffination des Hüttenzinks in Harlingerode nach dem NEW JERSEY-Verfahren	
1973	Oker-Hütte: Cadmium-Erzeugung 511 t	
1980	Neues Verzeichnis alter Schlackenhalden im Harz (Umwelt-Kataster)	
1981	Stübchental bei Bad Harzburg: Keramik der ausgehenden Bronzezeit/frühen Eisenzeit in 600 m über NN	
1981/82	Grabung Goslar, Brüdernkloster: Baugeschichte des um 1230 n. Chr. gegründeten Klosters und Beobachtung älterer Verhüttungsrelikte, unter anderem Schmelzofen	
1981–1985	Grabung in Düna/Osterode: bisher ältester Nachweis für die Nutzung der Harzer Erze archäologisch erbracht und weitere Untersuchungen initiiert	
1983	Badenhausen: mit E. Reissner gelingt archäologischer Nachweis einer Treibhütte	
1987–1991	Grabung am Johanneser Kurhaus bei Clausthal-Zellerfeld	
1988	Schließung des Bergwerks am Rammelsberg	
1988/1989	Grabung Kunzenloch bei Lerbach: Kleiner Schmelzplatz für RB-Erze auf Kupfer	
1990/1991	Grabung Riefenbach bei Bad Harzburg: saisonaler Schmelzplatz für RB-Erze Ernennung der Altstadt Goslar und des Rammelsberges zum UNESCO-Weltkulturerbe	
1992	Gründung des Stützpunktes Harzarchäologie in Goslar, heute: Arbeitsstelle Montanarchäologie des Niedersächsischen Landesamts für Denkmalpflege	

	Tag der Niedersächsischen Denkmalpflege in Goslar
	Ausstellung Schätze des Harzes – von der Antike bis ins Hohe Mittelalter –
	im Rammelsberger Bergbaumuseum
	Grabung Goslar, Am Stoben: Städtische Siedlungsrelikte des 11.–13. Jhs. n. Chr.,
	Hinweise auf Buntmetallgewinnung und Stapelplatz für Rammelsbergerze um
	1200 n. Chr.
	Bergbau in Bad Grund wird eingestellt
1992/1997	Lasfelder Tränke, Brandhai: Kleiner Blei/Silber-Schmelzplatz für OH-Erze,
	genutzt im 10./11. Jh. n. Chr. und wiederum im 11./12. Jh. n. Chr.
1993	Grabung Brüdernkloster: Gräberfeld und ältere Verhüttungsspuren
1994	Internationales Montanarchäologisches Kolloquium in Goslar
	Gründung des wissenschaftlichen Beirats der Harzarchäologie
	Ausstellung Schätze des Harzes – vom 3. bis ins 13. Jh. n.Chr.
	im Niedersächsischen Landesmuseum Hannover
	Brautsteinweg, Rammelsberg: Kleiner Blei/Silber-Schmelzplatz, 9. Jh. n. Chr.
	(um 870 n.Chr.) in unmittelbarer Nähe zum Rammelsberg.
	Goslar, Kaiserpassage: Siedlungsrelikte, vor allem Kloaken und Brunnen des
	12.–18. Jhs. n. Chr. im Stadtgebiet.
	Hunderücken, Untere Innerste: Kleiner Blei/Silber-Schmelzplatz für OH-Erze
	genutzt im 10./11. Jh. n. Chr. und wiederum im 11./12. Jh. n. Chr.
1995	Goslar, Baßgeige: Siedlung des Neolithikums bis ins Hohe Mittelalter mit wenig
	Buntmetallgewinnung, im 12./13. Jh. n. Chr. Wüstung
1996/1997	Grabung Schnapsweg: Kleiner Schmelzplatz für RB-Erze auf Kupfer, um
	1000 n. Chr.
1998	Kötental bei Seesen: Kleiner Schmelzplatz für RB-Erze auf Kupfer, um 1000 n. Chr.,
	mit hervorragend konserviertem, originalem Waldhorizont
1999	Grabung Rhode: im Umkreis der Motte Schmelzplätze für RB-Erze
	Sondagen Rabental: in sich geschlossenes frühes Hüttenareal für OH-Erze
	Neue Forschungen und Ergebnisse zur Harzer Montangeschichte und
	Archäometallurgie werden im Rahmen der EXPO 2000 vorgestellt

Übersichtskarten

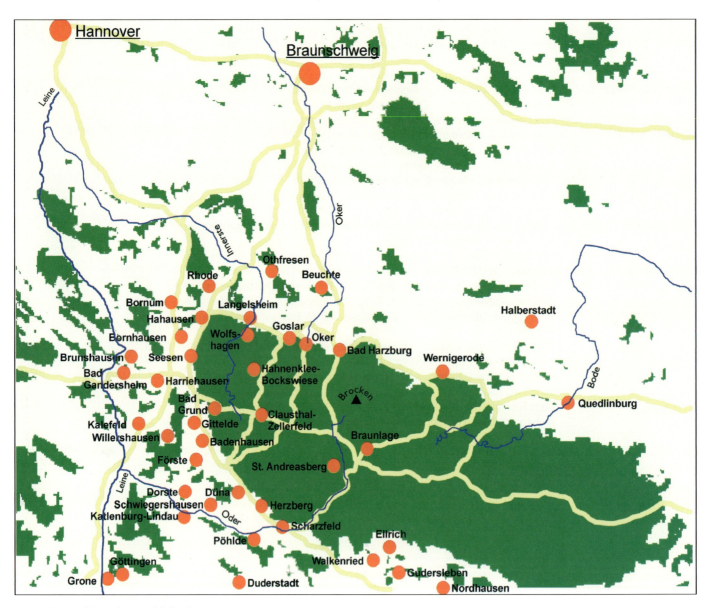

1 Der Harz und Umgebung, wichtige Orte.

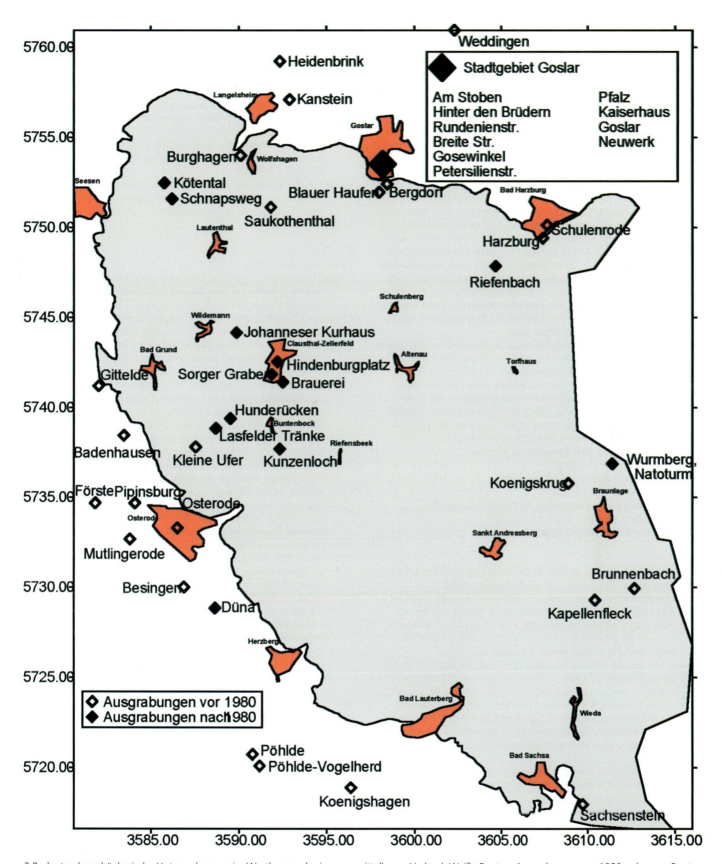

2 Bedeutende archäologische Untersuchungen im Westharz und seinem unmittelbaren Vorland. Weiße Rauten: Ausgrabungen vor 1980; schwarze Rauten: Ausgrabungen nach 1980.

Abbildungsnachweis
1, 2 R. Krone / F. Schneider (Niedersächsisches Landesamt für Denkmalpflege).

Erläuterung ausgewählter Fachbegriffe und Methoden

Zusammengestellt von Arnold Quest

A

AAS: Atom-Absorptions-Spektrometrie: Analysetechnik zur Bestimmung von Elementgehalten. Das Prinzip der AAS beruht auf dem Phänomen der Resonanzabsorption (Fraunhofer'sche Linien), das heißt ein durch ein (thermisch) angeregtes Atom emittiertes Lichtquant kann von einem nicht angeregten Atom des selben Elementes absorbiert werden, wobei in der Praxis die elementspezifische Strahlung einer Hohlkathodenlampe vom (Proben)-Elementdampf absorbiert wird. Die messbare Extinktion ist gemäß dem Lambert-Beer'schen Gesetz proportional der Konzentration der freien Elementatome. Üblicherweise werden metallsalzhaltige Lösungen in einem Zerstäuber/Brennersystem hoch erhitzt und letztendlich atomisiert. Eine flammlose Variante ist zum Beispiel die Graphitrohrtechnik. Nichtmetalle können nicht mit der AAS bestimmt werden, da deren Linien im Vakuum-UV liegen. Die AAS ist eine weitverbreitete und hochempfindliche Elementbestimmungsmethode. Nachteilig in der hier relevanten Schlackenanalytik ist, dass die silikatischen Schlackenproben in Lösung gebracht werden müssen (aufwendiger Aufschluss, Substanzverbrauch, Veränderung des Originalzustandes) und in der Regel nur Einzelbestimmungen durchgeführt werden können. Nur in Sonderfällen ist deshalb die AAS angebracht.

Abrösten: Verfahren in der Erzverhüttung, um im Wesentlichen den Schwefel aus den sulfidischen Primärerzen zu entfernen (vgl. Röstung).

Abstich, abstechen: Im Verhüttungsprozess das Überführen des flüssigen Metalls über ein sog. Stichloch (Ofenabstich) im unteren Bereich eines Schmelzofens zum Beispiel in eine Gießpfanne; die in der Regel aufschwimmende, spezifisch leichtere mitgeführte Schlacke kann dabei außerhalb des Ofens abgeschieden werden. Häufig erstarrt der größere Schlackenanteil im Innern des Ofens.

Adult: Anthropologische Alterskategorie: 20–40 Jahre.

Al_2O_3-Gehalt: Aluminiumoxidgehalt.

Anthropogen: Durch den Menschen verursacht.

Anthropologie: Lehre vom Menschen.

Artefakt: Werkzeug aus vorgeschichtlicher Zeit, das menschliche Bearbeitung erkennen lässt.

Arthrotisch: Krankhaft veränderte Gelenke.

B

Balgtreter: Arbeitskräfte zur Bedienung der Blasebälge der Schmelzöfen.

Baryt: Bariumsulfat ($BaSO_4$), auch Schwerspat genannt (griechisch „barys" = schwer sein); Farbe: oft weiß oder rosa, meist trüb und undurchsichtig, Glasglanz; Kristalle: tafelig, blättrig oder prismatisch; neben der meist guten Spaltbarkeit ist das hohe spezifische Gewicht ein gutes Erkennungsmerkmal; tritt als hydrothermale Mineralbildung in vielen Harzer Erzgängen auf.

Basische Metalloxide, basische Komponenten: Stoffliche Anteile in Verhüttungsschlacken, die keine SiO_2-Verbindungen (saure Komponenten) enthalten, wie zum Beispiel FeO, MnO, CaO, MgO, BaO, und ZnO.

Bioapatit: Hauptmineral des Knochens. Entsteht durch den Einbau von Spurenelementen in den Hydroxylapatit [$Ca_5(PO_4)_3OH$] (Hauptmineral). Die Aufnahme der Spurenelemente geschieht überwiegend aus der Nahrung, kann aber auch, wie im Fall der Goslarer Hüttenleute, zu einem erheblichen Teil aus Emissionen erfolgen. Alle Positionen dieses komplexen Minerals können durch andere Moleküle oder Elemente besetzt werden, zum Beispiel Calcium (Ca) durch Strontium (Sr) oder Blei (Pb).

Biochemischer Code: Genetischer Code; molekulare Grundlage der Erbinformation.

Biogeogene Exposition: Durch die Wechselwirkungen zwischen Gestein, Boden und lebenden Organismen bedingte natürliche Belastung mit Schwermetallen (ohne die Folgen der durch den Menschen betriebenen Metallgewinnung, –verarbeitung und -nutzung).

Biomonitoring: Hier: Qualitative und quantitative Erfassung von biologisch bedeutsamen (historischen) Umweltdaten.

Biozides Milieu: Lebensfeindliche Bedingungen im Sinne von giftig.

Bleiglanz: Bleisulfid (PbS), auch Galenit genannt. Farbe: bleigrau, matt bis silbermetallisch glänzend; wichtiges Primärerz und Hauptträgermineral für Blei und Silber in den Harzer Bergbaurevieren. Silber ist im Kristallgitter des Bleiglanzes eingebaut (vgl. Kupellation, Röst-Reaktion, Röst-Reduktion, Werkblei).

Bleiglätte: Bleioxid (PbO); in der Metallgewinnung ein Nebenerzeugnis des Treibprozesses zur Silberanreicherung (vgl. Kupellation).

Bleititer: Bleigehalt.

Brekzierung: Mechanisch zerschertes Gestein mit eckigen Bruchstücken. Bildet sich unter anderem in tektonischen Störungszonen zum Beispiel bei Erdbeben.

Brockenpluton: Pluton: Aufsteigender bzw. aufgestiegener Gesteinskörper großen Ausmaßes. Der Brockenpluton besteht aus dem magmatischen Tiefengestein Granit und bildet heute die höchste Erhebung des Harzes.

C

Carnivoren: Fleischfresser.

Charge, Chargierung: Erzladung, Beschickung von Verhüttungsöfen mit Primärerz, Brennstoff (zum Beispiel Holzkohle) und verschiedenen Zuschlagsstoffen (Schlacken, Gekrätz, Flussmittel) (vgl. Erzcharge).

Chemismus: Die chemische Zusammensetzung zum Beispiel von Erzen; Gesamtheit der chemischen Vorgänge bei Stoffumwandlungen.

Chromosomen: Einheiten des Zellkerns, auf denen insgesamt die genetische Information gespeichert ist.

Clusteranalyse/Chemometrie: Die Clusteranalyse, die beispielsweise häufig in der archäometrischen Keramikbewertung (Dendrogramme) eingesetzt wird, ist eine chemometrische Methode der Gruppenbildung (Clusterung), die mathematisch-statistische Ähnlichkeitsbeziehungen zur Strukturierung umfangreichen Datenmaterials (zum Beispiel Analysenergebnisse) nutzt. Ein Cluster beschreibt eine Gruppe von Objekten, die untereinander ähnlicher sind, als Objekte außerhalb der Gruppe. Kommerzielle Algorithmus-Programme sind verfügbar, die jedoch an das jeweilige Problem angepasst werden müssen. Bei der Clusteranalyse von Buntmetallschlacken der Harzregion konnte mit der Verwendung von gewichteten Analysendaten von nur 6 Bestandteilen (CuO, PbO, FeO, ZnO, BaO und SiO_2) eine sinnvolle Aufspaltung in Blei- und Kupferschlacken mit Rammelsbergerz- bzw. Oberharzerz-Herkunft erreicht werden.

^{14}C-Methode (Radiokohlenstoff-, bzw. Radiocarbon-Methode): Methode zur Altersbestimmung von organischem Material mittels der relativ kurzen Zerfallszeit des Kohlenstoffisotops ^{14}C (Halbwertzeit 5730 Jahre). ^{14}C bildet sich in geringen Spuren innerhalb der Stratosphäre (18 km) in einer Kernreaktion aus Stickstoff. Es verteilt sich gleichmäßig über die gesamte Atmosphäre und wird von allen lebenden Organismen aufgenommen. Der Austausch hört auf, wenn der Organismus stirbt. Über das radioaktive Zerfallsgesetz können geeignete Objekte (Holz, Holzkohle, Knochen etc.) bis zu einem Alter von ca. 50 000 Jahren datiert werden.

D

Demographie: Erfassung und Beschreibung von Bevölkerungsstrukturen.

Devon: Zeitabschnitt im Erdaltertum vor 410–360 Millionen Jahren.

Diabaszug: Gebirgszug aus Diabas (gealterter Basalt), einem dunklen basischen Ergussgestein.

Differential-Thermo-Analyse (DTA): Die DTA ermittelt, in Bezug auf einen inerten d. h. an der Reaktion nicht teilnehmenden Standard, kalorische Größen/Effekte in Abhängigkeit der Temperatur. Sie ist beispielsweise im Bereich der Keramikcharakterisierung eine gängige Untersuchungsmethode, und sie liefert auch für Schlacken Informationen über deren Komponenten. Die Messung kann in Luft, aber auch in Inertgasatmosphäre erfolgen. Bei Verhüttungsschlacken sind die DTA-Ergebnisse jedoch mit Vorsicht zu bewerten, da die bei der Schlackenbildung herrschende Ofenatmosphäre (Sauerstoffpartialdruck) nicht genau bekannt ist und Messwert-verfälschende chemische Reaktionen ablaufen können.

Dilatometrie: In der Dilatometrie wird die thermische Ausdehnung von Probekörpern als Funktion der Temperatur ermittelt. Bei Schlacken lässt sich damit auch die Erstarrungstemperatur dieser Vielkomponentensysteme, und so indirekt eine Mindestprozesstemperatur (etwa 150–200°C unter der eigentlichen Prozesstemperatur) feststellen. Das entsprechende Dilatogramm liefert damit eine wichtige Prozesszuordnungshilfe, das heißt beispielsweise, es kann zwischen Kupfer- und Blei-Schlacken unterschieden werden.

DNA: Auch DNS = Desoxyribonukleinsäure genannt; ein komplexes Molekül als Träger der Erbinformation (genetischer Codex); wichtiger Bestandteil des Zellkerns aller pflanzlichen, tierischen und menschlichen Organismen.

Durchstechen der Steine: Hüttentechnischer Begriff, der sich auf die mehrmalige Wiederholung von Röstung und reduzierendem Schmelzen sulfidischer Erze bezieht; die sog. Steinarbeit (vgl. auch Rohstein, Mittelstein, Spurstein).

E

Eisenluppe: Schlackenhaltiger Weicheisenklumpen oder „Eisenschwamm", ein Reduktionsprodukt aus dem Rennfeuer-Verfahren; die Luppe ist in der Regel von Schlacken und anderen Verunreinigungen durchsetzt, die durch wiederholtes Ausheizen und Schmieden entfernt werden können.

Eisenspat: Siehe Siderit.

Elektrophorese: Verfahren zur Trennung von Molekülen nach ihrer Größe mit Hilfe angelegten elektronischen Spannungen.

Erzcharge: Erzladung; Beschickung von Schmelzöfen (vgl. Charge).

Erzmineralphasen: Verschiedene Erzmineralkomponenten (zum Beispiel Bleiglanz, Zinkblende, usw.).

Exposition: Einer Stoffbelastung (hier Schwermetallbelastung) ausgesetzt sein.

Extremitäten: Gliedmaßen.

F

Fayalit, Fayalitschlacken: Eisensilikat (Fe_2SiO_4); Name nach dem ersten Fundort „Fayal" auf den Azoren; Farbe: olivgrün, glasglänzend, durchscheinend; Auftreten in Verhüttungsschlacken gemeinsam mit dem Magnesiumsilikat Forsterit (Mg_2SiO_4), zur Olivingruppe gehörend. Fayalitschlacken = Schlacken eisensilikatischer Zusammensetzung.

Fehlcharge: Erzcharge, die nicht richtig vorbereitet wurde, oder die während der Verhüttung unvollständig reagierte.

Fließschlacke: Schlacken, die dünnflüssig aus einem Verhüttungsofen abgestochen wurden und unter Ausbildung deutlich erkennbarer Fließstrukturen erstarrten (vgl. Abstich, Plattenschlacke).

Flussmittel: Siehe Zuschlag.

Fluvial: Vom fließenden Wasser abgetragen oder abgelagert.

Fuchs: Abgedeckter Graben zur Belüftung/Luftzufuhr oder auch zur Trockenhaltung von Verhüttungsöfen.

G

Gabbro: Magmatisches, dunkles Tiefengestein. Besteht vorwiegend aus Plagioklasen und Augit.

Gangart: Gangarten sind nichtmetallische „taube" Minerale (Quarz, Kalcit, Dolomit, etc.), die innerhalb der Harzer Gangspalten mit den Erzmineralen in der Regel innig verwachsen sind. Von den Bergleuten wurden die von Gangartmineralen umgebenen Reicherzkörper als „Gangmittel" oder „reiche Mittel" bezeichnet.

Gangzug: Gangschar, bestehend aus einer Hauptgangspalte, die sich häufig in parallele Nebengänge verzweigen kann. Dieses Spaltensystem in der oberen Erdkruste wurde von metallhaltigen und nichtmetallischen Mineralabscheidungen aus hydrothermalen Lösungen gefüllt, die in der Regel miteinander verwachsen sind. Örtlich setzen sich die Vererzungen der oft km-langen Gangspalten bis in einige 100 m Tiefe fort. Im Oberharz unterscheidet man 19 wichtige Gangzüge, die jeweils mit einem Orts- oder Lokalitätsnamen belegt sind (zum Beispiel Zellerfelder, Bockswieser, Gegentaler, Todberger Gangzug).

Garherd: Im Metallhüttenwesen ein Schmelzofen, der zum Beispiel für das Umschmelzen und Reinigen des Zwischenerzeugnisses „Schwarzkupfer" genutzt wurde.

Garkupfer: Endprodukt, das nach dem Reinigungsprozess im Garherd aus dem Zwischenprodukt Schwarzkupfer erhalten wurde (vgl. Raffination).

Gebläseschachtofen: Siehe Schachtofen.

Gekrätze: Gemisch von Metallen, Metalloxiden und Schlacken, das von der Oberfläche geschmolzener Metalle abgezogen wurde; auch Metallabfälle der verschiedensten Art, vermengt mit Holzkohle, Holzstücken, Eisenteilen etc..

Genetische Variabilität: Genetische Verschiedenheit.

Geochemie: Disziplin der Erdwissenschaften beschäftigt sich mit den Gehalten und Stoffflüssen der Elemente in natürlichen Systemen. Dazu sind spezielle Probenahmeverfahren und reproduzierbare, nachweisstarke Analysenmethoden notwendig.

Geschlechts-Chromosomen: X-/Y-Chromosomen, die das Geschlecht eines Individuums bestimmen.

Gicht: Bergmännisch generell der obere Teil von Schachtöfen; umfasst sämtliche Bauteile, die sich oberhalb der Beschickungsöffnung befinden.

Glazial: Hier: Kaltzeit. Sonst: Die direkte Gletschereinwirkung betreffend.

Granitgrus: Eckiges Schuttmaterial von Sand- bis Feinkiesgröße, das sich bei der physikalischen Zerkleinerung aus Granitgestein bildet.

H

Halbwertzeit: Die Zeit, bis zu der die Hälfte der anfangs vorhandenen Atome zerfallen ist. Hier: Verweildauer eines Elementes im Knochen nach Einbau in die Mineralsubstanz des Knochens.

Hämatit: Eisenoxid (Fe_2O_3), auch Eisenglanz, Roteisenstein oder Blutstein genannt (griechisch „hämatikos" = blutig); Farbe: silbergrau metallischglänzend oder dunkelrot; Erscheinungsformen: körnig, schuppig mit silbermetallischem Aussehen, derbe oder erdige Massen, rot ohne metallisches Aussehen; im Oberharzer Diabaszug an kieselige Gesteine gebunden (Roter Stein).

Herbivore Organismen: Pflanzenfresser.

Heterozygotenrate: Anzahl von Personen, die mischerbig sind.

Histologische Analyse: Analyse der Feinstrukturen von Gewebe.

Homogen: Aus Gleichartigem zusammengesetzt; hier: die Schlacke ist mikroskopisch einheitlich aufgebaut.

Homozygotenrate: Anzahl von Personen, die reinerbig sind.

Hütte: Schmelzplatz; ein Standort von einem oder mehreren Verhüttungs- und Schmelzöfen zur Metallgewinnung und -anreicherung.

Hydrosphäre: Die Wasserhülle der Erde; den Wasserkreislauf betreffend.

I

ICP: Siehe Optische Emissionsspektroskopie.

Immunpathologische Reaktionen: krankhafte bzw. fehlgesteuerte Reaktionen der körpereigenen Abwehr.

Infrarot-Spektroskopie (IR, FT-IR): Die IR-Spektroskopie ist heutzutage ein empfindliches Routineverfahren der optischen Spektrometrie, bei dem das Absorptionsverhalten von festen, flüssigen und gasförmigen Substanzen im Infrarotbereich zur qualitativen und quantitativen Analyse (Identifizierung, Quantifizierung) bis hin zur Konstitutionsermittlung herangezogen wird. Ein IR-Spektrum (Absorption/Wellenzahl) kommt dadurch zustande, dass in Molekülen bzw. Molekül-Ionen Schwingungen durch Absorption charakteristischer Energiebeträge angeregt werden. Die erhältlichen Informationen resultieren aus der Anzahl, Lage und Intensität der Absorptionsbande(n). Jede geeignete Substanz zeigt ein charakteristisches „Fingerprint"-Spektrum; bei Mehrkomponentensystemen beobachtet man eine Überlagerung der jeweiligen Einzelspektren, so dass zum Beispiel die Komponenten einer Schlacke ermittelt werden können. Auch nichtkristalline Bestandteile wie zum Beispiel Gläser, die röntgenographisch nicht ermittelt werden können, ergeben IR-Spektren. Moderne IR-Spektrometer arbeiten als Interferometer (FT-IR = Fourier Transform -IR), und es werden üblicherweise nur wenige mg an Substanz zur Messung benötigt. Auch „zerstörungsfreie" Messungen sind möglich. Im Bereich der Archäometrie wird die IR-Spektroskopie unter anderem vorteilhaft zur Identifizierung von Korrosionsschichten, wie zum Beispiel Patina auf metallischen Funden, eingesetzt.

Inzidenz: Häufigkeit.

Isotopenanalyse: Die sehr genaue massenspektrometrische Elementisotopenverhältnisbestimmung hat in der Archäometrie bei Datierungen und Lagerstättenermittlungen ihren festen Platz. Die Blei-Isotopensignatur der Rammelsberglagerstätte unterscheidet sich deutlich von der der Oberharzer Gangerze. Der Grund dafür ist die unterschiedliche Entstehung dieser Lagerstätten. Die Blei-Isotopenverhältnisse verändern sich bei den Verhüttungsprozessen nicht und sie gestatten somit, allerdings nur ausschließend, Lagerstättenzuordnungen.

J

Jura: Zeitabschnitt im Erdmittelalter vor 215–145 Millionen Jahren.

K

Karbon: Zeitabschnitt im Erdaltertum vor 360–290 Millionen Jahren.

Kleriker: Geistlicher.

Kniest: Gesteinsformation im Bereich der Rammelsberger Buntmetall-Lagerstätte (Goslar); es handelt sich um verkieselte Linsen aus Ton- und Sandbandschiefern (SiO_2-Gehalt: ca. 67 %) mit Erzimprägnationen und Kluftvererzungen, die, entsprechend der stratigraphischen Abfolge, unterhalb vom Erzkörper des sog. „Alten Lagers" anstehen.

Kolluvial: Bezogen auf Gesteinsmaterial, das am Fuß von Berghängen abgelagert wurde. Das von Gehängen abgeschwemmte sowie durch Rutschung oder Niederstürzen angehäufte Material ist meistens ungeschichtet, unsortiert und wirr gelagert.

Kupellation: Ein spezieller Prozessabschnitt im Metallhüttenwesen zur Anreicherung von Silber über die Entsilberung von Werkblei im sog. Treibherd oder Treibofen. Durch Sauerstoffzufuhr zur Bleischmelze entstand Bleioxid, die sog. Bleiglätte, die abgezogen wurde, bis so schließlich das nicht oxidierbare Silber angereichert und gewonnen werden konnte.

Kupferbleistein: Zwischenprodukt der Verhüttung bleihaltiger (Kupfer-) Erze auf dem Wege der Anreicherung zu Kupfer (vgl. Rohstein, Spurstein, Schwarzkupfer).

Kupferkies: Kupfereisensulfid ($CuFeS_2$), auch Chalcopyrit genannt (griechisch „chalkos": (Kupfer)erz, „pyr": Feuer). Farbe: grünlich-messinggelb, metallisch glänzend, häufig mit diversen Anlauffarben auf Oberflächen; war das wichtigste Kupfererz in den Harzer Bergbaurevieren.

L

Legierungen: Durch Zusammenschmelzen mehrerer Metalle entstandene metallische Werkstoffe (zum Beispiel Bronze, Messing).

Letal: Zum Tode führend, tödlich.

Lichtmikroskopie: Lichtmikroskopisch lassen sich Einzelminerale aufgrund ihrer physikalischen Eigenschaften wie Farbe, Kristallhabitus, Brechungsindex, unter anderem beispielsweise in Keramik, Gesteinen, Erzen und auch in Schlacken gut identifizieren. Bessere Vergrößerungen und Auflösungen können mit der Elektronenmikroskopie erreicht werden, wobei beschleunigte Elektronen zur Bilderzeugung benutzt werden.

Lithosphäre: Im Schalenaufbau der Erde gehören zur Lithosphäre die Erdkruste und der oberste Teil vom oberen Erdmantel (60–250 km mächtig).

Lösse: Plural von Löss. Durch Wind transportierte (äolische) schluffige Ablagerungen. Wurden in Mitteleuropa während der Kaltzeiten abgelagert. Bildeten fruchtbare Böden („Börden").

M

Magnetit: Magneteisen (Fe_3O_4); Farbe: schwarz, metallglänzend; vergleichbar mit weichem Eisen, wird es vom Magneten angezogen, kann aber auch selbst als natürlicher Magnet wirken; zählt zur Gruppe der Spinelle.

Malachit: Kupferhydroxidcarbonat ($Cu_2[(OH)_2/CO_3]$), (griechisch „malache" = Malve); Farbe: smaragdgrün bis dunkelgrün, nichtmetallisch; findet sich häufig gemeinsam mit Azurit (blau) als dünner Überzug auf Gangartmineralen sowie auf angewitterten Cu-führenden Verhüttungsschlacken; verbreitet als Sekundärmineral und Lagerstättenanzeiger in den Oxidationszonen aller Cu-führenden Lagerstätten des Harzes.

Marker, genetische: Besondere DNA-Abschnitte.

Matrix: Hier: Grundsubstanz, in der andere Komponenten eingeschlossen sind.

Matte: Synonym für Kupferstein (vgl. Rohstein, Mittelstein, Spurstein).

Matur: Anthropologische Alterskategorie: 40–60 Jahre.

Meiler-Verkohlung: Holzkohleherstellung (Köhlerei) durch Errichtung von Meilern aus Holzscheiten. Holzkohle: Hauptbrennstoff für die Verhüttungsprozesse.

Mesozoikum: Erdmittelalter.

Metamorphisiert: Durch Hitze und/oder Druck verändertes Gestein und dadurch bedingte Mineralumbildung.

Metasomatisch: Durch geochemische Austauschreaktion verändertes Gestein und dadurch bedingte Mineralneubildung.

Mischerz: In diesem Fall ein Erz, das nicht nur aus reinem Kupferkies, dem wichtigsten Kupfererz im Harz besteht, sondern weitere verschiedene Erzminerale, wie zum Beispiel Pyrit, Bleiglanz, Zinkblende enthält.

Mittelstein: Zwischenprodukt der Metallanreicherung, zum Beispiel bei der Verhüttung sulfidischer Kupfererze, nach mehrmaligem Rösten sowie reduzierendem Schmelzen. Der Kupfergehalt war darin deutlich höher als beim Rohstein (vgl. Rohstein, Spurstein, Schwarzkupfer).

Monitororgan: Hier: Das Skelett fungiert durch seine Fähigkeit, Spurenelemente in seinem Mineral zu binden als Informationsspeicher für biologisch bedeutsame Umwelteinflüsse (vgl. Biomonitoring).

Mudden: Schlammiges Seesediment mit hohem organischem Anteil.

N

Neurotoxisch: Das Nervensystem schädigend.

O

Ofencharge: Ofenfüllung aus Primärerzen, Brennstoff (zum Beispiel Holzkohle) und möglicherweise weiteren Zuschlagsstoffen (vgl. Erzcharge).

Ofenbruch: Im Verhüttungsofen festsitzendes Material, das mechanisch entfernt, das heißt gebrochen wurde.

Ofenreise: Dauer und Veränderungen einer (Schacht-) Ofenfüllung während des Verhüttungsprozesses von Primärerzen mit Brennstoff sowie weiteren Zuschlagsstoffen.

Omnivoren: Allesfresser.

Optische Emissionsspektroskopie mit induktiv-gekoppelter Plasma-Anregung (OES-ICP): Die ICP-OES, auch als Atomemissionsspektroskopie (AES bzw. ICP-AES; ICP = inductively coupled plasma) in der Literatur aufgeführt, benutzt die elementspezifische Spektrallinienemission zur qualitativen und quantitativen Bestimmung. Die Atomisierung und thermische Anregung erfolgen in einem (induktiv gekoppelten) Plasma (Plasma = Materiezustand bei sehr hohen Temperaturen, hier ca. 3000–5000 °C). Die Methode, eine Multielementanalyse, gestattet auch die Bestimmung einer Reihe von Nichtmetallen, im Gegensatz zur AAS. Nachteilig ist jedoch auch hier der erforderliche Einsatz von Lösungen, der einen aufwendigen Aufschluss, verbunden mit nicht unbeträchtlichem Substanzverbrauch, erfordert.

Ordovizium: Formation im Erdaltertum vor 505–440 Millionen Jahren.

Osteozyten: Knochenzellen.

P

Paläo-Ethnobotanik: Von griechisch „palaios" = alt, „Ethnos" = das Volk. In diesem interdisziplinär orientierten Wissenschaftsbereich der Botanik werden die Zusammenhänge zwischen Mensch und Pflanze in der Vergangenheit erforscht. Dies betrifft hauptsächlich Erkenntnisse über die frühe Nutzung pflanzlicher Ressourcen, z. B. in der Ernährung, der Energiegewinnung und beim Hausbau. Auf diese Weise ergeben sich auch Aussagen zur Vegetations- und Umweltgeschichte. Als Arbeitsmaterial dienen vor allem die bei archäologischen Ausgrabungen erschließbaren Pflanzenreste wie Früchte, Samen und Holz.

Paläozoisches Grundgebirge: Im Harz: Gefaltete Gesteine aus dem Erdaltertum ohne Perm.

Pedosphäre: Bereich der pedogenetischen (= bodenbildenden) Prozesse.

Perm: Jüngster Zeitabschnitt des Erdaltertums vor 290–250 Millionen Jahren.

ph-Wert: Wert, der den Säuregehalt anzeigt.

Plattenschlacke: mm-dicke plättchenförmige Schlacken, zusammengesetzt pizzaartig, die großflächig erstarrten. Sie gleichen in ihrem Aufbau und ihrer Zusammensetzung entsprechenden Fließschlacken und sind im Harz nur aus der Kupfererzverhüttung bekannt (vgl. Fließschlacke).

Pochen: Mechanisches Zerkleinern (und evtl. Sortieren) von gebrochenem Erz.

Pochsandhalden: Ansammlung von mechanisch zerkleinertem vormals erzführendem Gestein mit hohen Resterzgehalten.

Poise: Maßeinheit (P) der Viskosität von Flüssigkeiten und Gasen; benannt nach dem franz. Arzt J.-L. M. Poiseuille (1799–1869). Wasser hat bei 4 °C eine Viskosität von 0,01 P (= 1 cP).

Pollenanalyse: Arbeitsrichtung der Vegetationsgeschichte. Die Analyse des Gehalts von Pollen und Sporen in Sedimenten ermöglicht Aussagen über die Vegetationszusammensetzung der jüngeren Erdgeschichte.

Populationsgenetisch: Genetische Eigenschaften von Bevölkerungen.

Primärerze: Das natürlich vorkommende, thermisch unbehandelte Erz, wie es vom Bergmann gewonnen und möglicherweise angereichert wurde.

Polymerase Kettenreaktion (PCR): Technik zur Vervielfältigung von Erbinformationen (DNA).

Polymetallische Erze: Erze, die weitere verschiedene Metallsulfide enthalten, zum Beispiel Rammelsberg-Erze.

Prospektion: Generell: Systematische Erkundung im Gelände; hier: Erkundung der Überreste des historischen Metallhüttenwesens und Bergbaus.

Prozessablauf: Umwandlungsvorgänge in einem Schmelzofen im Zuge des Verhüttungsvorganges oder der Verhüttungsprozesse.

Prozessführung: Bezieht sich auf den Verhüttungsprozess in einem Schmelzofen.

Prozessrekonstruktion: Rekonstruktion von Verhüttungsprozessen anhand der archäologischen Funde und deren archäometrischer Untersuchungen.

Pyrit: Eisensulfid (FeS_2), auch Schwefeleisen oder Eisenkies und im Volksmund „Katzengold" genannt. Farbe: messinggelb, metallisch glänzend; tritt in allen Harzer Erzlagerstätten als Gemengteil verwachsen mit anderen Erz- und Gangartmineralen auf.

Pyritisches Schmelzen: Variante der komplexen Verhüttung sulfidischer Erze, wobei auch die Verbrennungswärme der Metallsulfide (durch die Überführung in ihre Oxide) genutzt wurde (vgl. Sulfiderzverhüttung).

Pyrometallurgie: Metallurgische Prozesse und Aktivitäten bei hohen Temperaturen.

Pyroxene, Pyroxenschlacken: Kettensilikate der Pyroxen- oder Augitgruppe; gemeiner Augit ($CaMgSi_2O_6$): Farbe: dunkelgrün oder dunkelbraun, fast schwarz, durchscheinend bis durchsichtig, glasglänzend. Neben dem Auftreten in Verhüttungsschlacken kommen die Pyroxene in natürlichen vulkanischen Ergussgesteinen, wie Basalten, Diabasen, etc. vor. Pyroxenschlacken ($MeO \cdot SiO_2$ bzw. $MeSiO_3$) = Schlacken pyroxenischer oder pyroxenitischer Zusammensetzung.

R

Radiokohlenstoff-Datierung: Siehe ^{14}C-Methode.

Raffination: Reinigung, Abtrennung von Verunreinigungen (vgl. Garkupfer, Garherd).

Rasterelektronenmikroskopie (REM): Sie wird zur Analyse von Oberflächen eingesetzt. Bei der Rasterelektronenmikroskopie (REM; bzw. SEM = Scanning Electron Microscopy) wird der Elektronenstrahl auf einen kleinen Fleck der elektrisch leitenden Probe fokussiert und die Sekundärstrahlung erfasst. Es kann sowohl im wellenlängen- (WDX) als auch im energie-dispersiven (EDX)-Modus gearbeitet werden. Nichtleitende Proben müssen leitend gemacht werden, indem sie zum Beispiel mit Gold oder Kohlenstoff bedampft werden.

Reduktion, reduzierende Schmelzarbeit: Hier: Überführung eines Metalloxids in das Metall, zum Beispiel durch Reaktion mit Holzkohle (Bleioxid mit Holzkohle ergibt Bleimetall).

Reichblei: Silberhaltiges Blei, das gegebenenfalls auch im Silbergehalt angereichert sein kann (vgl. Werkblei).

Renaissance: Zeitabschnitt vom 14. bis 16. Jahrhundert in Europa, der die Erneuerung der antiken Lebensform auf geistigem und künstlerischem Gebiet beinhaltete.

Rennfeuer: Frühes Verfahren der Verhüttung von Eisenerzen zur Eisenluppe und fayalitischen Fließschlacken.

Resorption: Aufnahme gelöster Stoffe in die Blut- und Lymphbahn.

Retourschlacken: Abfallschlacken, die in einem neuen Verhüttungsprozess als Zuschlagstoff wiederverwendet wurden und sich hier zum Beispiel als Flussmittel vorteilhaft auswirkten.

Rezent: Heutig, gegenwärtig.

Rhenoherzynische Zone: Zur RZ gehören die während der variskischen Gebirgsbildung gefalteten Gebiete in Mitteleuropa mit gleicher tektonischer Hauptrichtung. Dazu zählen unter anderem der Harz und das Rheinische Schiefergebirge.

Röntgendiffraktometrie (RDA): Die Röntgendiffraktometrie beruht auf der Beugung und Interferenz von Röntgenstrahlen geeigneter Wellenlänge an den Elektronen von Gitteratomen, da Kristalle als Beugungsgitter fungieren. Die RDA wird häufig als Routinemethode (Debye-Scherrer-Verfahren) in der Mineralogie eingesetzt. Grundlage ist die Bragg'sche Gleichung $nl = 2d \sin q$, die die Beziehung zwischen dem Beugungswinkel q, der Wellenlänge l und dem Netzebenenabstand d wiedergibt. Die Pulverdiffraktogramme (Röntgenintensität/Beugungswinkel) sind substanzcharakteristisch und für nahezu alle bekannten Verbindungen katalogisiert (ASTM-Kartei). Substanzgemische ergeben Superpositionen der Einzelkomponentspektren. Die Intensitäten sind ein Konzentrationsmaß. Zur Substanzidentifizierung und -quantifizierung werden nur wenige mg an Festsubstanz benötigt. Frühe Verhüttungsschlacken sind meist fayalitisch (Fe_2SiO_4) mit teilweise beträchtlichen Wüstit- (FeO-) Anteilen und glasig erstarrter Restschmelze. Methodenbedingt können diese glasigen Anteile nicht näher charakterisiert werden.

Röntgenfluoreszenzanalyse (RFA): Bei der RFA wird die zu untersuchende Probe direkt oder in Form von Pulverpresslingen, Schmelztabletten oder in Lösung mit polychromatischer Röntgenstrahlung zur Aussendung von Fluoreszenzstrahlung angeregt, wobei Elektronen innerer Schalen auf weiter außen befindliche Schalen gehoben werden und zum Ersatz ersterer andere Elektronen zurückfallen und dabei elementcharakteristische Röntgenfluoreszenzstrahlung emittieren (wellenlängendispersive RFA; Identifizierung). Als Konzentrationsmaß dient die Intensität einer elementspezifischen Linie. Normalerweise werden mit der RFA nur Elemente ab der Ordnungszahl 9 (Fluor) erfasst. Die in Forschungs- und Betriebslabors verbreitete Methode findet Anwendung unter anderem in der Geochemie, Metallurgie, Kriminalistik und auch als zerstörungsfreie Variante in der Archäometrie (zum Beispiel Echtheitsprüfung von Kunstgegenständen).

Rohstein: Schwefelhaltige Zwischenprodukte der Sulfiderzverhüttung nach Röstung und reduzierendem Schmelzen, zum Beispiel von sulfidischen Kupfererzen. Sie besitzen in der Regel erhöhte bis hohe Kupfergehalte und verminderte Eisengehalte (vgl. Mittelstein, Spurstein, Schwarzkupfer).

Rösten, Röstung, Röstprozess: Verfahrensschritt in der Erzverhüttung, um Schwefel und Arsen aus den sulfidischen Erzkonzentraten zu entfernen. Im Mittelalter zum Beispiel führte man eine Entschwefelung über Holz in Form von Scheiterhaufen (Haufenröstung), die mit sulfidischem Primärerz bestückt waren, durch.

Röstreaktionsverfahren: Einstufiges Verfahren der Blei/Silbergewinnung, bei dem der silberhaltige Bleiglanz partiell zu Bleioxid oxidiert wird und letzteres mit noch vorhandenem Bleiglanz zu metallischem Blei und Schwefeldioxidgas reagiert. Das entstandene Blei fungiert als Silbersammler.

Röstreduktionsverfahren: Zweistufiges Verfahren der Blei/Silbergewinnung, bei dem der Bleiglanz im 1. Schritt geröstet und im 2. Schritt das Röstprodukt mit schlackebildenden Zuschlägen und Holzkohle zu (Werk-)Blei reduziert wird.

Roteisenstein: Siehe Hämatit.

Rotgültigerz: Silberantimonsulfid (Ag_3SbS_3): dunkles Rotgültigerz (auch Pyrargyrit genannt, griechisch „pyr" = Feuer, „argyros" = Silber) und Silberarsensulfid (Ag_3AsS_3): lichtes Rotgültigerz (auch Proustit genannt); Farbe: dunkel- sowie hellrot, glasartig durchscheinend bis durchsichtig, mit hohem Glanz; beide Varietäten sind reiche Silbererze hydrothermaler Bildung. Aus dem St. Andreasberger Revier ist speziell das dunkle Rotgültigerz bekannt geworden.

S

Schachtofen: Schachtartiger Ofen zum Erschmelzen von Metallen aus Erzen.

Schlackengrus: Kiesförmige Variante der Sinterschlacken, vermutlich aus der Wiederaufbereitung der Sinterschlacken.

Schwarzkupfer: Endprodukt der Verhüttung sulfidischer Kupfererze, Anreicherung durch mehrmals wiederholtes Rösten und reduzierendes Schmelzen (Kupfergehalt: ca. 90 %), die sog. Steinarbeit; es ist in Oberharzer Funden in der Regel auch mit Blei angereichert (vgl. Rohstein, Mittelstein, Spurstein).

Schwermetalldispersion: Art und Weise der Verteilung bzw. Anreicherung von Schwermetallen.

Schwerspat: Siehe Baryt.

Screening, geochemisches: Verschaffung eines geochemischen Überblicks hinsichtlich einer möglichen Schadstoffbelastung.

Seigern: Unter einem Seiger-Prozess versteht man das Erhitzen der erstarrten Kupfer-Blei(Silber)-Stücke über die Schmelztemperatur des Bleis, so dass das flüssige silberhaltige Blei (Werkblei) abtropfen bzw. „ausschwitzen" kann.

Senil: Anthropologische Alterskategorie (60 Jahre und älter).

Siderit: Eisenkarbonat (FeCO$_3$), (griechisch „sideros" = Eisen), auch Eisenspat oder Spateisenstein genannt; Farbe: gelbgrau bis braungrau, durchscheinend bis undurchsichtig, nichtmetallischer Glanz; häufig spätige, grob- bis feinkörnige Massen. Ist in den Harzer Gangspalten, verwachsen mit anderen Gangmineralen, weit verbreitet und verwittert in der Oxidationszone der Gänge zu Limonit.

Silikate: Salze von Kieselsäuren, zum Beispiel Olivin, Fayalit, Pyroxen.

Silur: Zeitabschnitt im Erdaltertum vor 440–410 Millionen Jahren.

Sinterschlacke: Heterogenes Schlackenmaterial, das nicht aufgeschmolzen, sondern nur zusammen „gebacken", das heißt gesintert war. In der Harzregion meist aus der Bleierzverhüttung stammend.

SiO$_2$-Gehalt: Kieselsäuregehalt, Siliziumdioxid-Gehalt

Spinell: Mineral der Spinell-Gruppe (MgAl$_2$O$_4$), zum Beispiel Magnetit, (Fe$_3$O$_4$) ist ein Spinell. Die Schmelzpunkte von Spinellen liegen im Vergleich zu denen der Silikate deutlich höher. Spinelle werden auch als Edelsteine geschätzt.

Spurenelemente: Mineralstoffe, die nur in sehr geringer Konzentration (μg/g bzw. μg/ml und weniger) im Körper vorkommen. Einige von ihnen, zum Beispiel Eisen, Zink oder Jod werden als essentielle Spurenelemente bezeichnet, das heißt sie müssen regelmäßig in bestimmten Mengen aufgenommen werden, um Mangelerscheinungen zu vermeiden. Für eine Rekonstruktion von Ernährungsweisen historischer Bevölkerungen nutzt man aus, dass die Konzentrationen bestimmter Spurenelemente wie zum Beispiel Strontium oder Barium in Skeletten den Rückschluss auf die konsumierte Grundnahrung ermöglichen (vgl. Kapitel Ernährung). Andere Spurenelemente, wie Blei, Cadmium oder Arsen sind schon in relativ geringen Konzentrationen giftig. Ihr Nachweis in historischen Skeletten erlaubt Aussagen zum Gesundheitszustand und zur Umweltbelastung in vergangener Zeit (vgl. Kapitel Schwermetallbelastung).

Spurstein: Ein hochwertiges Anreicherungsprodukt, zum Beispiel von sulfidischen Kupfererzen, im Zuge eines stufenweise durchgeführten Verhüttungsprozesses. Bis zu neunmal konnte ein Rösten sowie reduzierendes Schmelzen zur Steigerung der Kupfergehalte durchgeführt werden (vgl. auch Rohstein, Mittelstein, Schwarzkupfer).

Steinarbeit: Mehrstufige Metallanreicherung bei der Verhüttung sulfidischer Erze, hier zum Beispiel der Kupfererze, wobei durch mehrmalige Wiederholung von Röstung und reduzierendem Schmelzen Schwarzkupfer als Endprodukt erzeugt wurde (vgl. auch Rohstein, Mittelstein, Spurstein).

Steinphasen, Steine: Zwischenprodukte aus dem Verhüttungsprozess sulfidischer Erze. Bei sulfidischen Kupfererzen bestehen sie im wesentlichen aus Kupfer-Eisen- und/oder Kupfer-Eisen-Blei-Sulfiden mit metallischen Anteilen (vgl. mit Rohstein, Mittelstein, Spurstein).

Stoffwechselraten: Geschwindigkeit, mit der Substanzen im lebenden Organismus umgesetzt werden.

Stratigraphische Horizonte: Hier bezogen auf mehrere zeitlich aufeinander folgende Verhüttungsphasen oder -vorgänge, dokumentiert in der Abfolge entsprechender übereinander liegender Bodenschichten vom Älteren (unten) zum Jüngeren (oben) auf einem Verhüttungsplatz.

Subrosionssenken: Geschlossene Hohlformen an der Erdoberfläche (Erdfälle, Dolinen). Entstehen durch die Auflösung von wasserlöslichen Gesteinen (Salz, Gips, Dolomit, Kalk) in Karstgebieten.

Subsistenz: Ernährungsgrundlage der Bevölkerung.

Sulfiderzverhüttung: Sulfiderze enthalten unter anderem Metallschwefelverbindungen wie Bleiglanz (PbS), Chalkopyrit (CuFeS$_2$), deren Verhüttung im Gegensatz zu oxidischen Erzen komplex ist (vgl. Pyritisches Schmelzen).

T

Tektonische Überprägung: Durch physikalische Prozesse veränderte Gesteinslagerung (zum Beispiel Faltung).

Tertiär: Älterer Zeitabschnitt der Erdneuzeit vor 65–2 Millionen Jahren.

Thermo-Gravimetrie (TG)/Glühverlust: Bei der Thermo-Gravimetrie (TG) wird die Massenänderung einer Probe (zum Beispiel Pulver) in Abhängigkeit von der Temperatur (evtl. auch der Zeit) bestimmt. Als Vereinfachung kann der Glühverlust bzw. Glühgewinn einer Schlacke durch Glühen an Luft bei 1000 °C durch Differenzwägung ermittelt werden. Als die bestimmenden Effekte sind die Verbrennung von mikroskopisch kleinen Holzkohleflittern (Glühverlust), die Oxidation von evtl. vorhandenem metallischen Eisen (Glühgewinn) und die Umwandlung von Wüstit (FeO) in Magnetit (Fe$_3$O$_4$) (Glühgewinn) zu nennen. Bei Kupferschlacken ist in der Regel das Letztere ausschlaggebend, und meist ergibt sich eine gute Korrelation zwischen FeO-Gehalt der Schlacke und ihrem Glühgewinn.

Treibprozess, Treibherd, Treibhütte: Oxidative Abtrennung des Bleis als Bleiglätte (PbO) vom Silber durch Aufblasen von Luft auf geschmolzenes Werkblei in speziellen Öfen (Treibherde). Treibhütte: Standort bzw. Anlage von Treibherden (vgl. Kupellation, Hütte).

U

Umweltgeochemie: Untersucht Wasser, Gesteine, Böden, Luft und biologische Materialien im Hinblick auf Veränderungen durch menschliche Aktivitäten. Dies erfolgt in der Regel mit anderen geo- und biowissenschaftlichen Disziplinen, sowohl im lokalen wie auch im globalen Rahmen. Erforscht werden:
– die Mechanismen der Freisetzung, des Transportes und der Ablagerung von Schadstoffen
– der Stoffaustausch zwischen Hydro-, Litho-, Pedo-, Atmo- und Biosphären
– die Ursachen der Veränderungen

Die Umweltgeochemie ermöglicht im Kontext mit Datierungen, in sogenannten „Umweltgedächtnissen", wie zum Beispiel von kontinuierlich abgelagerten Sedimenten, die zeitliche Entwicklung von Schadstoffeinträgen aber auch von Klimaveränderungen zu rekonstruieren. Beurteilungsbasis für die Einschätzung des menschlichen Einflusses sind die unbeeinflussten natürlichen Elementgehalten bzw. natürlich ablaufenden Prozesse.

V

Varistikum, variskische Gebirge: In Mitteleuropa: Vom Devon bis in das Perm, aber hauptsächlich im Oberkarbon aufgefaltete Gebirge, unter anderem das Rhenoherzynikum.

W

Werkblei: Silberhaltiges Blei, aus dem im Treibprozess Silber gewonnen wird (vgl. Kupellation).

Z

Zellerfelder Gangzug: Eine der wichtigen vererzten Gangscharungen im Oberharzer Blei/Silber-Zink-Bergbaurevier, die schon im 10. Jahrhundert entdeckt und bis 1930 im Abbau gestanden hat (vgl. Gangzug).

Zinkblende: Zinksulfid (ZnS), auch Sphalerit genannt, (griechisch „sphaleros" = trügerisch); Farbe: gelb (Honigblende) bis dunkelbraun, durchscheinend, auf Spaltflächen halbmetallischer hoher Glanz. Im Harz in der Rammelsberger Lagerstätte (Goslar) und auf den Erzgängen verbreitet. Die Verhüttung gelang erst im 19. Jahrhundert, vorher hat man das Erz als „Blender" auf die Halde gekippt.

Zugute machen: Begriff aus dem historischen Metallhüttenwesen; bedeutet soviel wie "gewinnen", Metalle aus dem Primärerz herausgewinnen, erschmelzen.

Zuschlag: Zusätze zum Erz, wie zum Beispiel Sand, Silikate, Holzkohle, Flussmittel, um eine effektive Verhüttung des Erzes zum Metall zu ermöglichen (vgl. Charge).

Literatur

Abel, W. 1967: Geschichte der deutschen Landwirtschaft. Deutsche Agrargeschichte 2. Stuttgart 1967².

Achilles, W. 1992: Wechselbeziehungen zwischen dem Harzer Bergbau und der Landwirtschaft des Umlandes im 18. und 19. Jahrhundert. In: K. H. Kaufhold (Hrsg.), Bergbau und Hüttenwesen im Harz. Hannover 1992, 30–37.

Achner, H. / Weber, J. 1994: Ur- und frühgeschichtliche Funde des Braunschweigischen Landesmuseums aus Sachsen-Anhalt. Forschungen und Berichte des Braunschweigischen Landesmuseums 3. Braunschweig 1994.

Admira, K. v. (Hrsg.), 1902: Die Dresdener Bilderhandschrift des Sachsenspiegels. Leipzig 1902, fol. 77b.

Agricola, G. 1544: Die Entstehung der Stoffe im Erdinnern (De ortu et causis subterraneorum libri V, 1544). In: Georgius Agricola, Schriften zur Geologie und Mineralogie I (Georgius Agricola – Ausgewählte Werke III). Übersetzt und bearbeitet von G. Fraustadt und H. Prescher. Berlin 1956.

Ders. 1546a: Die Minerale (De natura fossilium libri X, 1546). In: Georgius Agricola, Schriften zur Geologie und Mineralogie II (Georgius Agricola – Ausgewählte Werke IV). Übersetzt und bearbeitet von G. Fraustadt und H. Prescher. Berlin 1958.

Ders. 1546b: Die Natur der aus dem Erdinnern hervorquellenden Stoffe (De natura eorum quae effluerunt ex terra, 1546). In: Georgius Agricola, Schriften zur Geologie und Mineralogie I (Georgius Agricola – Ausgewählte Werke III). Übersetzt und bearbeitet von G. Fraustadt und H. Prescher. Berlin 1956.

Ders. 1556: Zwölf Bücher vom Berg- und Hüttenwesen. Vollständige Ausgabe des lateinischen Originals von 1556. Übersetzt und bearbeitet von C. Schiffer et al. Düsseldorf 1961 [Taschenbuchausgabe München 1977].

Alper, G. 1998: Mittelalterliche Blei-/Silberverhüttung beim Johanneser Kurhaus – Clausthal-Zellerfeld (Harz). In: Nachrichten aus Niedersachsens Urgeschichte 67, 1998, 87–134.

Andersen, H. C. 1847: Reiseschatten von einem Ausfluge nach dem Harz, der sächsischen Schweiz im Sommer 1831. Gesammelte Werke. Leipzig 1847.

Anding, E. 1970: Bearbeitetes Fragment eines Mammutstoßzahnes aus Förste, Kr. Osterode. In: Nachrichten aus Niedersachsens Urgeschichte 39, 1970, 223.

Ders. 1974: Der erste Faustkeil aus dem Kreis Osterode am Harz. In: Heimatblätter für den südwestlichen Harzrand 30, 1974, 6–8.

Anding, E. / Ricken, W. / Reissner, W. 1976: Eine früheisenzeitliche Siedlungsstelle bei Herzberg, Kr. Osterode a. Harz. In: Nachrichten aus Niedersachsens Urgeschichte 45, 1976, 407–426.

Anding, E. / Claus, M. / Reissner, W. 1979: Zur Jüngeren Eisenzeit im westlichen Harzvorland. I. Probegrabung einer Scherbenstelle bei Westerhof, Gemeinde Kalefeld, Kr. Northeim. In: Nachrichten aus Niedersachsens Urgeschichte 48, 1979, 17–26.

Archäologische und naturwissenschaftliche Untersuchungen an ländlichen und frühstädtischen Siedlungen im deutschen Küstengebiet vom 5. Jh. v. Chr. bis zum 11. Jh. n. Chr. Bd. 1 = Ländliche Siedlungen, hrsg. von G. Kossak, K.-E. Behre und P. Schmid. Bd. 2 = Handelsplätze des frühen und hohen Mittelalters, hrsg. von H. Jankuhn, K. Schietzel und H. Reichstein. Weinheim 1984.

Aubin, H. / Zorn, W. 1971: Von der Frühzeit bis zum Ende des 18. Jahrhunderts. In: W. Abel et al. (Hrsg.), Handbuch der deutschen Wirtschafts- und Sozialgeschichte 1. Stuttgart 1971.

Aufderheide, A. C. / Rodriguez-Martin, C. 1998: The Cambridge encyclopedia of human paleopathology. Cambridge 1998.

Baatz, W. / Jochim, H. / Südekum, W. / Heine, H.-W. 1992: Die Slottwiese bei Hülsede-Schmarrie. Entdeckung und Prospektion einer mittelalterlichen Wasserburg. In: Burgen und Schlösser 33, 1992, 34–37.

Bachmann, H.-G. 1980: Early copper smelting techniques in Sinai and in the Negev as deduced from slag investigations. In: P. T. Craddock (Ed.), Scientific studies in early mining and extractive metallurgy. British Museum Occasional Papers 20, 1980, 103–134.

Ders. 1993a: Zur frühen Blei- und Silbergewinnung in Europa. In: Steuer / Zimmermann 1993b, 29–36.

Ders. 1993b: Vom Erz zum Metall (Kupfer, Silber, Eisen). Die chemischen Prozesse im Schaubild. In: Steuer / Zimmermann 1993a, 35–40.

Bächtold, H. 1910: Der norddeutsche Handel im 12. und beginnenden 13. Jahrhundert. Abhandlungen zur Mittleren und Neueren Geschichte 21. Berlin, Leipzig 1910.

Bantelmann, A. 1984: Kulturverhältnisse. In: G. Kossack / K.-E. Behre / P. Schmid (Hrsg.), Archäologische und naturwissenschaftliche Untersuchungen an ländlichen und frühstädtischen Siedlungen im deutschen Küstengebiet vom 5. Jh. v. Chr. bis zum 11. Jh. n. Chr. Bd. 1. Ländliche Siedlungen. Weinheim 1984, 245–394 [298–301: W. Haarnagel, Güterproduktion V].

Baranowska, I. / Czernicki, K. / Aleksandrowicz, R. 1995: The analysis of lead, cadmium, zinc, copper and nickel content in human bones from the upper Silesian industrial district. In: The science of the total environment 159, 1995, 155–162.

Baron, H. / Hummel, S. / Herrmann, B. 1996: Mycobacterium tuberculosis complex DNA in ancient human bones. In: Journal of Archaeological Science 23, 1996, 667–671.

Bartels, C. 1988: Das Erzbergwerk Rammelsberg. Die Betriebsgeschichte 1924–1988 mit einer lagerstättenkundlichen Einführung sowie einem Abriß der älteren Bergbaugeschichte. Goslar 1988.

Ders. 1989: The development of the Turm-Rosenhof Mine, 1540–1820, Clausthal, Upper Harz. In: The role of metals. MASCA Research Papers in Science and Archaeology 6. Philadelphia 1989, 46–64.

Ders. 1990: Der Bergbau vor der hochindustriellen Zeit. Ein Überblick. In: Slotta 1990, 14–32.

Ders. 1991: Betriebsmittelverbrauch bedeutender Oberharzer Zechen im 16., 17. und 18. Jahrhundert. Drei Fallstudien. Quellenbefunde, Hypothesen, Fragestellungen. In: Der Anschnitt 43,1, 1991, 11–30.

Ders. 1992a: Das Erzbergwerk Grund. Die Betriebsgeschichte des Werkes und seiner Vorläufergruben Hilfe Gottes und Bergwerkswohlfahrt von den Anfängen im 16. Jahrhundert bis zur Einstellung 1992. Goslar 1992.

Ders. 1992b: Vom frühneuzeitlichen Montangewerbe zur Bergbauindustrie. Erzbergbau im Oberharz 1635–1866. Veröffentlichungen aus dem Deutschen Bergbau-Museum 54. Bochum 1992.

Ders. 1994: Soziale und religiöse Konflikte im Oberharzer Bergbau des 18. Jahrhunderts. Ursachen, Hintergründe, Zusammenhänge. In: Niedersächsisches Jahrbuch für Landesgeschichte 66, 1994, 79–104.

Ders. 1995: Umschwünge in der Entwicklung des Oberharzer Bergbaureviers um 1630, 1760 und 1820 im Vergleich. Eine Erörterung von Zusammenhängen zwischen räumlichem Ausgriff und sozialen Folgen. In: E. Westermann (Hrsg.), Vom Bergbau- zum Industrierevier. Vierteljahresschrift für Sozial- und Wirtschaftsgeschichte, Beiheft 115. Stuttgart 1995, 151–175.

Ders. 1996a: Krisen und Innovationen im Erzbergbau des Harzes zwischen ausgehendem Mittelalter und beginnender Neuzeit. In: Technikgeschichte 63, 1996, 1–19.

Ders. 1996b: Mittelalterlicher und frühneuzeitlicher Bergbau im Harz und seine Einflüsse auf die Umwelt. In: Naturwissenschaften 83, 1996, 483–491.

Ders. 1996c: Der Bergbau. Im Zentrum das Silber. In: Lindgren 1996, 235–248.

Ders. 1997a: Georg Winterschmidt's water pressure engines in the Upper Harz mining district, 1747–1763. Plans, experiments, problems, results. In: ICON. Journal of the International Committee for the History of Technology 3, 1997, 25–43.

Ders. 1997b: Strukturwandel in Montanbetrieben des Mittelalters und der frühen Neuzeit in Abhängigkeit von Lagerstättenstrukturen und Technologie. Der Rammelsberg bei Goslar 1300–1470 – St. Joachimsthal im böhmischen Erzgebirge um 1580. In: H.-J. Gerhard, Struktur und Dimension. Festschrift für Karl-Heinrich Kaufhold zum 65. Geburtstag. Vierteljahresschrift für Sozial- und Wirtschaftsgeschichte, Beiheft 132,1. Stuttgart 1997, 25–70.

Ders. 1998: Die Zisterzienser im Montanwesen des Mittelalters und die Bedeutung ihrer Klöster für den Bergbau und das Hüttenwesen des Harzraumes. In: E. P. Wipfler / R. Knape (Hrsg.), Bete und Arbeite. Zisterzienser in der Grafschaft Mansfeld. Halle/Saale 1998, 98–117.

Ders. 1999: Innovationen im Oberharzer Bergbau des 18. Jahrhunderts und ihre sozialen Konsequenzen. In: U. Troitzsch (Hrsg.), „Nützliche Künste". Kultur- und Sozialgeschichte der Technik im 18. Jahrhundert. Münster, New York, München, Berlin 1999, 37–50.

Beddies, Th. 1996: Becken und Geschütze. Der Harz und sein nördliches Vorland als Metallgewerbelandschaft in Mittelalter und früher Neuzeit. Europäische Hochschulschriften Reihe 3. Geschichte und Hilfswissenschaften 698. Frankfurt/M., Berlin, Bern, New York, Paris, Wien 1996.

Benecke, N. 1994: Der Mensch und seine Haustiere. Die Geschichte einer jahrtausendalten Beziehung. Stuttgart 1994.

Bergbuch Massa Marittima. Constitutum Communis et Populi Civitatis Massae. Bearbeitet und übersetzt von K. Pfläging. Lünen (Gewerkschaft Eisenhütte Westfalia) 1976/77.

Bergdahl, I. A. / Strömberg, U. / Gerhardsson, L. / Schütz, A. / Chettle, D. R. / Skerfving, S. 1998: Lead concentrations in tibial and calcaneal bone in relation to the history of occupational lead exposure. In: Scandinavian Journal of Work, Environment and Health 24, 1998, 38–45.

Berger, F. 1992: Untersuchungen zu römerzeitlichen Münzfunden in Nordwestdeutschland. Studien zu Fundmünzen der Antike 9. Berlin 1992.

Beseler, H. / Roggenkamp, H. 1954: Die Michaeliskirche in Hildesheim. Berlin 1954.

Beug, H.-J. / Henrion, I. / Schmüser, A. 1999: Landschaftsgeschichte im Hochharz. Die Entwicklung der Wälder und Moore seit dem Ende der letzten Eiszeit. Clausthal-Zellerfeld 1999.

Biel, J. / Klonk, D. (Hrsg.) 1994 und 1999: Handbuch der Grabungstechnik. Im Auftrage des Verbandes der Landesarchäologen sowie der Arbeitsgemeinschaft der Restauratoren herausgegeben von J. Biel und D. Klonk in zwei Lieferungen. Tübingen 1994 und 1999.

Bielenin, K. 1978: Der frühgeschichtliche Eisenerzbergbau in Rudkim im Swiętokrzyskie-(Heilig-Kreuz)-Gebirge. In: Eisen + Archäologie. Eisenerzbergbau und Verhüttung vor 2000 Jahren in der VR Polen. Ausstellung im Deutschen Bergbau-Museum Bochum. Bochum 1978, 9–23.

Binding, G. 1970: Die Ausgrabungen 1964/65. In: G. Binding / W. Janssen / F. K. Jungklaaß, Burg und Stift Elten am Niederrhein. Rheinische Ausgrabungen 8. Düsseldorf 1970, 1–234, dort bes. 29–52.

Ders. 1996: Der früh- und hochmittelalterliche Bauherr als Sapiens Architectus. Veröffentlichungen der Abteilung Architekturgeschichte des Kunsthistorischen Instituts der Universität zu Köln 61. Köln 1996.

Bingener, A. 1998: Mittelalterlicher Metallhandel im Harz. Märkte und Transportwege. In: Scripta Mercaturae – Zeitschrift für Wirtschafts- und Sozialgeschichte 32,2, 1998, 20–43.

Bitter, F. 1940: Der Handel Goslars im Mittelalter. Beiträge zur Geschichte der Reichsbauernstadt Goslar 10. Goslar 1940.

Blanchard, I. 1988: Weights and measures in the Medieval mineral and metal trade, with particular reference to the English commerce in lead and tin. In: H. Witthöft / J.-Cl. Hocquet / I. Kiss (Hrsg.), Metrologische Strukturen und die Entwicklung der alten Maßsysteme. Sachüberlieferung und Geschichte. Siegener Abhandlungen zur Entwicklung der materiellen Kultur 4. St. Katharinen 1988, 62–88.

Ders. 1995: International lead production in the „Age of the Saigerprozess" 1460–1560. Zeitschrift für Unternehmensgeschichte, Beiheft 85. Stuttgart 1995.

Bode, A. 1928: Reste alter Hüttenbetriebe im West- und Mittelharz. In: Jahrbuch der Geographischen Gesellschaft zu Hannover 1928, 141–197.

Bode, G. (Bearb.), 1893: Urkundenbuch der Stadt Goslar und der in und bei Goslar gelegenen geistlichen Stiftungen. Erster Theil, 922–1250. Geschichtsquellen der Provinz Sachsen und angrenzender Gebiete 29. Halle 1893.

Bodemann, E. 1883: Die älteren Zunfturkunden der Stadt Lüneburg. Quellen und Darstellungen zur Geschichte Niedersachsens 1. Hannover 1883.

Böhme, H. W. 1978a: Bemerkungen zur vorgeschichtlichen Besiedlung des Oberharzes. In: Westlicher Harz: Clausthal-Zellerfeld – Osterode – Seesen. Führer zu vor- und frühgeschichtlichen Denkmälern 36. Mainz 1978, 24–32.

Ders. 1978b: Der Erzbergbau im Westharz und die Besiedlung des Oberharzes seit dem frühen Mittelalter. In: Westlicher Harz: Clausthal-Zellerfeld – Osterode – Seesen. Führer zu vor- und frühgeschichtlichen Denkmälern 36. Mainz 1978, 59–126.

Böhner, K. 1978: Vorwort. In: Westlicher Harz: Clausthal-Zellerfeld – Osterode – Seesen. Führer zu vor- und frühgeschichtlichen Denkmälern 36. Mainz 1978, VIII–X.

Bornhardt, W. 1931: Geschichte des Rammelsberger Bergbaues von seiner Aufnahme bis zur Neuzeit. Archiv für Lagerstättenforschung 52. Berlin 1931.

Ders. 1943: Der Oberharzer Bergbau im Mittelalter. In: Archiv für Landes- und Volkskunde von Niedersachsen 34, 1943, 449–503.

Bosl, K. 1971: Gesellschaftsentwicklung 900–1350. In: Aubin / Zorn 1971, 226–273.

Both, F. 1987: Neue latènezeitliche Funde aus der kleinen Jettenhöhle bei Düna, Stadt Osterode am Harz (Ldkr. Osterode am Harz). In: Nachrichten aus Niedersachsens Urgeschichte 56, 1987, 129–154.

Ders. 1996: Düna. II. Untersuchungen zur Keramik des 1. bis 14. nachchristlichen Jahrhunderts. Materialhefte zur Ur- und Frühgeschichte Niedersachsens A 24. Hannover 1996.

Brachmann, H. 1992: Der Harz als Wirtschaftsraum des frühen Mittelalters. In: Harz-Zeitschrift 43/44, 1992, 7–25.

Bracht, S. / Brockner, W. 1995: Naturwissenschaftliche Untersuchungen zu Aufbau, Herstellung und Verzierung hochmittelalterlicher Scheibenfibeln. In: Archäologisches Korrespondenzblatt 25, 1995, 411–419.

Brandt, M. / Eggebrecht, A. 1993: Das Zeitalter der Ottonen. Katalog der Ausstellung Hildesheim 1993, Bd. 1 und 2. Mainz 1993.

Bräuning, J. 1877: Die Unterharzer Hüttenprocesse. In: Zeitschrift für das Berg-, Hütten- und Salinenwesen 25, 1877, 132–169.

Britnell, R. / Campbell, B. M. S. (Hrsg.), 1994: A commercialising economy. England 1086–c. 1300. Manchester (UK) 1994.

Brockner, W. 1989: Archäometrische Untersuchungen an Fundmaterial aus Grabungen des Instituts für Denkmalpflege Hannover. In: Nachrichten aus Niedersachsens Urgeschichte 58, 1989, 185–191.

Ders. 1991: Spätantike Buntmetallverarbeitung in der Harzregion. In: Berichte zur Denkmalpflege in Niedersachsen 11, 1991, 29–32.

Ders. 1992a: Frühe Buntmetallgewinnung in der Harzregion. In: Berichte zur Denkmalpflege in Niedersachsen 12, 1992, 151–153.

Ders. 1992b: Vor- und frühgeschichtliche Metallgewinnung und Metallverarbeitung in der Harzregion. In: Mitteilungsblatt der Technischen Universität Clausthal 74. Clausthal-Zellerfeld 1992, 21–24.

Ders. 1994a: Vom Erz zum Metall – Die chemischen Prozesse. In: Schätze des Harzes 1994, 24.

Ders. 1994b: Riefenbach – Metallische Funde. In: Schätze des Harzes 1994, 50.

Ders. 1994c: Johanneser Kurhaus – Blei- und Silbergewinnung. In: Schätze des Harzes 1994, 56.

Brockner, W. / Griebel, C. / Koerfer, S. 1995: Archäometrische Untersuchungen von Erz- und Schlackenfunden der Notgrabung 1981 in Goslar im Bereich des ehemaligen Brüdernklosters. In: Nachrichten aus Niedersachsens Urgeschichte 64, 1995, 141–147.

Dies. 1997: Verhüttungsrelikte als Prozeßindikatoren der frühen Buntmetallerzeugung in der Harzregion. In: Nachrichten aus Niedersachsens Urgeschichte 66, 1, 1997, 55–62.

Brockner, W. / Haack, U. / Lévêque, J. / Klemens, D. 1996: Archäometrische Untersuchungen und Blei-Isotopenverhältnismessungen an Bernwardtür und Bernwardsäule von Hildesheim. In: Archäologisches Korrespondenzblatt 26, 1996, 347–356.

Brockner, W. / Heimbruch, G. o. J.: Archäometrische Untersuchungen an Buntmetallfunden der Grabung Düna, Ldkr. Osterode am Harz. Publikation in Vorbereitung.

Brockner, W. / Heimbruch, G. / Koerfer, S. 1990: Archäometrische Untersuchungen an Erz- und Schlackenfunden des Grabenschnittes GS1 der Grabung Düna. In: Klappauf / Linke 1990, 137–151.

Dies. 1995: Archäometrische Untersuchungen von Erz- und Schlackefunden der Notgrabung 1981 in Goslar im Bereich des ehemaligen Brüdernklosters. In: Nachrichten aus Niedersachsens Urgeschichte 64,1, 1995, 141–147.

Brockner, W. / Hegerhorst, K. 2000: Early copper, lead and silver production process. In: Aspects of early mining and smelting in the Upper Harz-Mountains in the early times of a developing European culture and economy (before 1300 AD). St. Katharinen [im Druck].

Brockner, W. / Klappauf, L. 1993: Spätantike Metallgewinnung und -verarbeitung im Harzraum. In: Steuer / Zimmermann 1993b, 177–182.

Brockner, W. / Klemens, D. / Lévêque J. / Haack, U. 1999: Archäometrische Untersuchungen metallischer Funde aus mittelbronze- bis kaiserzeitlichen Grabhügeln nahe Müllingen, Ldkr. Hannover. Neue Ausgrabungen und Forschungen in Niedersachsen 21, 1999, 143–157.

Brockner, W. / Koerfer, S. / Heimbruch, G. / Borchardt G. / Slowik, J. 1992: Archäometrische Untersuchungen an Eisen- und Kupferschlacken der

Harzregion: Analytik, Mineralbestand und Mössbauerspektren. In: Berliner Beiträge zur Archäometrie 11, 1992, 47–65.

Brockner, W. / Kolb, H. E. / Heimbruch, G. 1989: Eine Silberraffinierhütte des frühen Mittelalters in Badenhausen am Harz. In: Nachrichten aus Niedersachsens Urgeschichte 58, 1989, 193–206.

Broel, T. 1963: Über den frühen Eisenerzbergbau im nördlichen Oberharz. In: Erzmetall 16,4, 1963, 173–183.

Brückmann, F. E. 1727/1730: Magnalia dei in locis subterraneis, oder: Unterirdische Schatzkammer. Braunschweig 1727/1730.

Buck, H. / Büttner, A. / Kluge, B. 1994: Die Münzen der Reichsstadt Goslar 1290 bis 1764. Münzgeschichte und Geprägekatalog. Berliner Numismatische Forschungen NF 4. Berlin 1994.

Budde, T. 1996: Zu den ältesten Befunden der Goslarer Brüdernklostergrabung. In: Nachrichten aus Niedersachsens Urgeschichte 65,1, 1996, 151–176.

Büstemeister, J. J. 1756: Beschreibung des Dorffes Rhoden im Jahr 1756 gefertigt von Johann Julius Büstemeister. O. O. 1756.

Burger, J. / Hummel, S. / Herrmann, B. / Henke, W. 1999: DNA preservation: In: a microsatellite-DNA study on ancient skeletal remains. In: Electrophoresis 20. 1999, 1722–1728.

Busch, R. 1978: Zwei Verbreitungskarten zur Frühgeschichte des Nordharzvorlandes. In: Archäologisches Korrespondenzblatt 8, 1978, 69–75.

Cameron, R. 1993: A concise economic history of the world from paleolithic times to the present. New York, Oxford 1993[2].

Cancrin, F. L. 1767: Beschreibung der vorzüglichsten Bergwerke in Hessen, in dem Waldekkischen, an dem Haarz, in dem Mansfeldischen, in Chursachsen, und in dem Saalfeldischen. Frankfurt/Main 1767.

Chaudhri, M. A. / Ainsworth, T. 1981: Applications of PIXE to studies in dental and mental health. In: Nuclear Instruments and Methods 181, 1981, 333–336.

Chen, S. H. 1988: Neue Untersuchungen über die spät- und postglaziale Vegetationsgeschichte im Gebiet zwischen Harz und Leine (BRD). In: Flora 181, 1988, 147–177.

Claus, M. 1976: Ur- und Frühgeschichte. In: Geologische Karte von Niedersachsen 1 : 25 000. Erläuterungen zu Blatt Osterode Nr. 4227. Hannover 1976, 126–130.

Ders. 1978: Archäologie im südwestlichen Harzvorland. Wegweiser zur Vor- und Frühgeschichte Niedersachsens 10. Hildesheim 1978.

Ders. 1979: Zur Jüngeren Eisenzeit im westlichen Harzvorland. II. Siedlungskeramik der jüngeren Eisenzeit im westlichen Harzvorland. In: Nachrichten aus Niedersachsens Urgeschichte 48, 1979, 27–49.

Claus, M. / Fansa, M. 1983: Palithi. Die Keramik der jüngeren Eisenzeit, der römischen Kaiserzeit und des Mittelalters aus dem Pfalzbereich von Pöhlde (Stadt Herzberg am Harz, Ldkr. Osterode am Harz). Materialhefte zur Ur- und Frühgeschichte Niedersachsens 18. Hildesheim 1983.

Clayton, T. M. / Whitaker, J. P. / Maguire, C. N. 1995: Identification of bodies from the scene of a mass disaster using DNA amplification of short tandem repeat (STR) loci. In: Forensic Science International 76, 1995, 7–15.

Corach, D. / Sala, A. / Penacino, G. / Iannucci, N. / Bernardi, P. / Doretti, M./ Fondebrider, L. / Ginarte, A. / Inchaurregui, A. / Somigliana, C. / Turner, S. / Hagelberg, E. 1997: Additional approaches to DNA typing of skeletal remains: the search for „missing" persons killed during the last dictatorship in Argentina. In: Electrophoresis 18, 1997, 1608–1612.

Cunz, R. 1994: Münzstätte Gittelde. In: Schätze des Harzes 1994, 32.

Dahm, C. / Lobbedey, U. / Weisgerber, G. (Hrsg.), 1998: Der Altenberg. Bergwerk und Siedlung aus dem 13. Jahrhundert im Siegerland. Denkmalpflege und Forschung in Westfalen 34. Bonn 1998.

Davis, S. 1987: The archaeology of the animals. London 1987.

Deeters, W. (Bearb.), 1964: Lehnbuch des Bischofs Ernst von Hildesheim 1458. In: Quellen zur Hildesheimer Landesgeschichte des 14. und 15. Jahrhunderts. Veröffentlichung der Niedersächsischen Archivverwaltung 20. Göttingen 1964, 72.

Denecke, D. 1969: Methodische Untersuchungen zur historisch-geographischen Wegeforschung im Raum zwischen Solling und Harz. Ein Beitrag zur Rekonstruktion der mittelalterlichen Kulturlandschaft. Göttinger Geographische Abhandlungen 54. Göttingen 1969.

Ders. 1978: Erzgewinnung und Hüttenbetriebe des Mittelalters im Oberharz und im Harzvorland. In: Archäologisches Korrespondenzblatt 8, 1978, 77–85.

Dengler, A. 1913: Die Wälder des Harzes einst und jetzt. In: Zeitschrift für Forst- und Jagdwesen 45, 1913, 137–174.

Denker, H. (Hrsg.) 1911: Die Bergchronik des Hardanus Hake, Pastors zu Wildemann. Forschungen zur Geschichte des Harzgebietes 2, Wernigerode 1911.

Dierschke, H. 1969: Pflanzensoziologische Exkursionen im Harz. In: Mitteilungen der Floristisch-Soziologischen Arbeitsgemeinschaft N.F. 14, 1969, 458–479.

Ders. 1981: Syntaxonomische Gliederung der Bergwiesen Mitteleuropas (Polygono-Trisetion). In: H. Dierschke (Red.), Syntaxonomie (Rinteln 1980). Berichte der Internationalen Symposien der Internationalen Vereinigung für Vegetationskunde 24. Vaduz 1981, 313–343.

Ders. 1985: Pflanzensoziologische und ökologische Untersuchungen in Wäldern Süd-Niedersachsens. II. Syntaxonomische Übersicht der Laubwaldgesellschaften und Gliederung der Buchenwälder. In: Tuexenia 5, 1985, 491–521.

Ders. 1989: Artenreiche Buchenwald-Gesellschaften Nordwest-Deutschlands. In: Bericht der Reinhold-Tüxen-Gesellschaft 1 = Rintelner Symposium 1. Hannover 1989, 107–147.

Dierschke, H. / Vogel, A. 1981: Wiesen- und Magerrasen-Gesellschaften des Westharzes. In: Tuexenia 1, 1981, 139–183.

Dirlmeier, U. 1992: Friedrich Barbarossa – auch ein Wirtschaftspolitiker? In: A. Haverkamp (Hrsg.), Friedrich Barbarossa. Handlungsspielräume und Wirkungsweisen des staufischen Kaisers. Vorträge und Forschungen 40. Sigmaringen 1992, 501–518.

Dopsch, A. 1968: Wirtschaftliche und soziale Grundlagen der europäischen Kulturentwicklung aus der Zeit von Cäsar bis auf Karl den Großen. Wien 1920 [Nachdruck Aalen 1968].

Drasch, G. A. 1982: Lead burden in prehistorical, historical and modern human bones. In: The Science of the Total Environment 24, 1982, 199–231.

Duhm, E. / Hampel, R. / Rudolph, R. 1990: Psychologische Untersuchung über die Auswirkung von asymptomatischen Schwermetallbelastungen auf die Entwicklung von Kindern. Göttingen 1990.

Eichendorff, J. v. 1805: Tagebuch der Harzreise. Werke und Schriften 3. Stuttgart 1978.

Eliade, M. 1992: Schmiede und Alchemisten. Freiburg 1992.

Elias, R. W. / Hirao, Y. / Patterson, C. C. 1982: The circumvention of the natural biopurification of calcium along nutrient pathways by atmospheric inputs of industrial lead. In: Geochimica et Cosmochimica Acta 46, 1982, 2561–2580.

Ellenberg, H. 1996: Vegetation Mitteleuropas mit den Alpen in ökologischer, dynamischer und historischer Sicht. Stuttgart 1996[5].

Ellmers, D. 1985: Wege und Transport: Wasser. In: C. Meckseper (Hrsg.), Stadt im Wandel. Kultur und Kunst des Bürgertums in Norddeutschland 1150–1650, Ausstellungskatalog Bd. 3. Stuttgart-Bad Cannstatt 1985, 243–255.

Epperlein, S. 1993: Waldnutzung, Waldstreitigkeiten und Waldschutz in Deutschland im Hohen Mittelalter. In: Vierteljahrsschrift für Sozial- und Wirtschaftsgeschichte, Beihefte 109. Stuttgart 1993.

Ercker, L. 1565: Vom Rammelsberge und dessen Bergwerk, ein kurzer Bericht von 1565. In: H. Winkelmann (Hrsg.), Lazarus Ercker: Drei Schriften. Bochum 1968, 215–266.

Erdrich, M. 1992: Die römischen Funde in Niedersachsen. In: Berichte der Römisch-Germanischen Kommission 73, 1992 (1993), 11–27.

Erlbeck, R. / Haseder, I. / Stinglwagner, G. K. F. 1998: Das Kosmos Wald- und Forstlexikon. Stuttgart 1998.

Ericson, J. E. / Smith, D. R. / Flegal, A. R. 1991: Skeletal concentrations of lead, cadmium, zinc and silver in ancient North American Pecos Indians. In: Environmental Health Perspectives 93, 1991, 217–223.

Erze, Schlacken und Metalle. Früher Bergbau im Südschwarzwald. Hrsg. von H. Steuer et al. Freiburger Universitätsblätter 109. Freiburg 1990.

Fabig, A. / Schutkowski, H. / Herrmann, B. 2000: Differentiation between occupational and dietary-related intake of barium in the skeleton. In: Anthropologischer Anzeiger 58, 2000, 105–111.

Faerman, M. / Kahila, G. / Smith, P. / Greenblatt, C. L. / Stager, L. / Filon, D. / Oppenheim, A. 1997: DNA analysis reveals the sex of infanticide victims. In: Nature 385, 1997, 212–213.

Fergusson, J. E. 1990: The heavy elements: chemistry, environmental impact and health effects. Oxford, New York, Seoul 1990.

Firbas, F. 1949: Spät- und nacheiszeitliche Waldgeschichte Mitteleuropas nördlich der Alpen. 1. Allgemeine Waldgeschichte. Jena 1949.

Ders. 1952: Spät- und nacheiszeitliche Waldgeschichte Mitteleuropas nördlich der Alpen. 2. Waldgeschichte der einzelnen Landschaften. Jena 1952.

Firbas, F. / Losert, H. / Broihan, F. 1939: Untersuchungen der jüngeren Vegetationsgeschichte im Oberharz. In: Planta 30, 1939, 422–456.

Filon, D. / Faerman, M. / Smith, P. / Oppenheim, A. 1995: Sequence analysis reveals a beta-thalassaemia mutation in the DNA of skeletal remains from the archaeological site of Akhziv, Israel. In: Nature genetics 9, 1995, 365–368.

Flachenecker, H. 1996: Handwerkliche Lehre und Artes mechanicae. In: Lindgren 1996, 493–502.

Fleischer, C. C. W. 1756: Charte von dem Dorffe und der Feldmarck Amt Lutter am Barenberge, nebst dem darangrentzenden in Amt Lutter belegenen Dorff und Feldmarck Rhode, vermessen von Carl Christoph Willhelm Fleischer 1756. O. O. 1756.

Flindt, St. 1999: Tribut an die Götter. Menschenopfer in der Lichtensteinhöhle im Harz. In: Archäologie in Niedersachsen 2, 1999, 34–37.

Flindt, St. / Geschwinde, M. / Arndt, B. 1997: Ein Haus aus der Steinzeit. Archäologische Entdeckungen auf den Spuren früher Ackerbauern in Südniedersachsen. Wegweiser zur Vor- und Frühgeschichte Niedersachsens 19, Archäologische Schriften des Landkreises Osterode am Harz 1. Oldenburg 1997.

Flindt, St. / Leiber, Chr. 1999: Kulthöhlen und Menschenopfer im Harz, Ith und Kyffhäuser. Archäologische Schriften des Landkreises Osterode am Harz 2. Holzminden 1998.

Frick, H.-J. 1992/93: Karolingisch-ottonische Scheibenfibeln des nördlichen Formenkreises. In: Offa 49/50, 1992/93, 243–463.

Fried, J. 1994: Der Weg in die Geschichte. Die Ursprünge Deutschlands bis 1024. Propyläen Geschichte Deutschlands 1. Frankfurt/M., Berlin 1994.

Frölich, K. 1953: Goslarer Bergrechtsquellen des früheren Mittelalters, insbesondere das Bergrecht des Rammelsberges aus der Mitte des 14. Jahrhunderts. Gießen 1953.

Früher Bergbau im südlichen Schwarzwald. Archäologische Informationen aus Baden-Württemberg 41. Stuttgart 1999.

Fuhrmann, H. 1996: Der „schnöde Gewinn" oder das Zinsverbot im Mittelalter. In: Überall ist Mittelalter. Von der Gegenwart einer vergangenen Zeit. München 1996, 123–149.

Gabriel, I. 1988: Hof- und Sakralkultur sowie Gebrauchs- und Handelsgut im Spiegel der Kleinfunde von Starigard/Oldenburg. In: Berichte der Römisch-Germanischen Kommission 69, 1988, 103–291.

Garke, H. 1959: Die Bachnamen des Harzvorlandes. In: Harz-Zeitschrift 11, 1959, 1–72.

Gersbach, E. 1989: Ausgrabungen heute – Methoden und Techniken der Feldgrabung mit einem Beitrag von J. Hahn. Darmstadt 1989.

Gerstenberger, J. / Hummel, S. / Schultes, T. / Herrmann, B. 1999: Reconstruction of a historical genealogy by means of STR analysis and Y-haplotyping of ancient DNA. In: European Journal of Human Genetics 7, 1999, 469–477.

Gill, P. / Ivanov, P. L. / Kimpton, C. / Piercy, R. / Benson, N. / Tully, G. / Evett, I. / Hagelberg, E. / Sullivan, K. 1994: Identification of the remains of the Romanov family by DNA analysis. In: Nature Genetics 6, 1994, 130–135.

Görres, M. / Frenzel, B. 1993: The Pb, Br, and Ti content in peat bogs as indicator for recent and past depositions. In: Naturwissenschaften 80, 1993, 333–335.

Goldenberg, G. 1996: Archäometallurgische Untersuchungen zur Entwicklung des Metallhüttenwesens im Schwarzwald. Blei-, Silber- und Kupfergewinnung von der Frühgeschichte bis zum 19. Jahrhundert. In: G. Goldenberg / J. Otto / H. Steuer (Hrsg.), Archäometallurgische Untersuchungen zum Metallhüttenwesen im Schwarzwald. Sigmaringen 1996.

Goldenberg, G. / Maass, A. 1999: Hämatitbergbau in der Jungsteinzeit (Neolithikum). In: Früher Berbau im südlichen Schwarzwald, 21–28.

Goldenberg, G. / Steuer, H. 1998: Montanarchäologische Forschung im Südschwarzwald. In: Denkmalspflege in Baden-Württemberg 27/4, 1998, 197–205.

Goslar – Bad Harzburg. Führer zu vor- und frühgeschichtlichen Denkmälern 35. Mainz 1978.

Greuer, J. T. 1975: Die soziale Sicherung der Oberharzer Bergleute und ihrer Familien. In: Technische Universität Clausthal (Hrsg.), Technische Universität Clausthal. Zur Zweihundertjahrfeier 1775-1975. Bd 1. Die Bergakademie und ihre Vorgeschichte. Clausthal-Zellerfeld 1975, 179–196.

Griep, H.-G. 1983: Ausgrabungen und Funde im Stadtgebiet Goslar (V). In: Harz-Zeitschrift 35, 1983, 1–55.

Gringmuth-Dallmer, E. 1992: Der Harz in der mittelalterlichen Siedlungsgeschichte. In: Berichte zur Denkmalpflege in Niedersachsen 12, 1992, 138–140.

Grote, K. 1999: Taucher und Funde. Eine erwartete Überraschung. In: Archäologie in Niedersachsen 2, 1999, 16–19.

Grotefend, C. L. (Bearb.), 1852: Die Urkunden des Stiftes Walkenried aus den Originalen des Herzöglichen Braunschweigischen Archivs zu Wolfenbüttel und sonstigen Quellen für den historischen Verein Niedersachsen zusammengestellt. Abt. 1: bis 1300. Hannover 1852.

Ders. 1855: Die Urkunden des Stiftes Walkenried aus den Originalen des Herzöglichen Braunschweigischen Archivs zu Wolfenbüttel und sonstigen Quellen für den historischen Verein Niedersachsen zusammengestellt, Abt. 2: erste Hälfte: bis 1400, Hannover 1855.

Grothe, H. / Feiser, J. 1975: Die Entwicklung des Metallhüttenwesens insbesondere am und im Harz. A. Schwerpunkte der Entwicklung bis Ende des 19. Jahrhunderts von Hans Grothe. B. Das Harzer Metallhüttenwesen im 20. Jahrhundert von Jürgen Feiser. In: Technische Universität Clausthal (Hrsg.), Technische Universität Clausthal. Zur Zweihundertjahrfeier 1775–1975. Clausthal-Zellerfeld 1975, 331–364 (Beitrag Grothe: 331–355; Beitrag Feiser: 356–364).

Grupe, G. 1988: Metastasizing carcinoma in a Medieval skeleton. Differential diagnosis and etiology. In: American Journal of Physical Anthropology 75, 1988, 369–374.

Dies. 1991: Anthropogene Schwermetallkonzentrationen in menschlichen Skelettfunden. In: Zeitschrift für Umweltchemie und Ökotoxikologie 3, 1991, 226–229.

Dies. 1992: Analytisch-chemische Methoden in der prähistorischen Anthropologie: Spurenelemente und stabile Isotope. In: R. Knußmann (Hrsg.), Anthropologie. Handbuch der vergleichenden Biologie des Menschen. Bd. 1/2. Stuttgart, Jena, New York 1992, 66–73.

Günther, T. 1888: Der Harz in Geschichts-, Kultur- und Landschaftsbildern. Hannover 1888.

Haack, U. / Lévêque, J. 1995: Bleiisotope: Anwendung in Lagerstättenkunde, Archäometrie und Umweltforschung am Beispiel des Harzes. In: Mitteilungen der Österreichischen Mineralogischen Gesellschaft 140, 1995, 131–141.

Haasis-Berner, A. 1999: Der Bergbau nördlich von Freiburg und die montane Wasserwirtschaft. In: Früher Bergbau im südlichen Schwarzwald, 97–100.

Hägermann, D. / Ludwig, K.-H. (Hrsg.), 1986: Europäisches Montanwesen im Hochmittelalter. Das Trienter Bergrecht 1185–1214. Köln, Wien 1986.

Dies. 1991: Europäisches Bergrecht in der Toskana. Die Ordinamenta von Massa Marittima im 13. und 14. Jahrhundert. Köln, Wien 1991.

Hägermann, D. / Schneider, H. 1991: Landbau und Handwerk 750 v. Chr. bis 1000 n. Chr. Propyläen Technikgeschichte 1. Frankfurt/M., Berlin 1991.

Hänselmann, L. 1887: Braunschweig in seinen Beziehungen zu den Harz- und Seegebieten. In: Werkstücke. Gesammelte Studien und Vorträge zur Braunschweigischen Geschichte 1. Wolfenbüttel 1887, 1–51.

Haeupler, H. 1970a: Vorschläge zur Abgrenzung der Höhenstufen der Vegetation im Rahmen der Mitteleuropakartierung. In: Göttinger Floristische Rundbriefe 4,1, 1970, 1–24.

Ders. 1970b: Vorschläge zur Abgrenzung der Höhenstufen der Vegetation im Rahmen der Mitteleuropakartierung. In: Göttinger Floristische Rundbriefe 4,3, 1970, 54–62.

Ders. 1978: Der Harz in Farbe. Stuttgart 1978.

Hagelberg, E. / Sykes, B. / Hedges, R. 1989: Ancient bone DNA amplified. In: Nature 342, 1989, 485.

Hake, H. 1583: s. Denker 1911.

Hansisches Urkundenbuch, hrsg. vom Verein für Hansische Geschichte. 11 Bde. Halle, Leipzig, München 1876–1916.

Hasel, K. 1985: Forstgeschichte. Ein Grundriß für Studium und Praxis. Pareys Studientexte 48. Hamburg, Berlin 1985.

Hatz, G. / Hatz, U. / Zwicker, U. / Gale N. u. Z. 1991: Otto – Adelheid – Pfennige. Untersuchungen zu Münzen des 10./11. Jahrhunderts. In: Commentationes de nummis saeculorum IX–XI in Suecia repertis. Nova Series 7. Stockholm 1991, 59–146

Hauptmann, A. 1985: 5000 Jahre Kupfer in Oman. Bd. 1: Die Entwicklung der Kupfermetallurgie vom 3. Jahrtausend bis zur Neuzeit. Der Anschnitt, Beiheft 4. Bochum 1985.

Hauptmeyer, C.-H. 1997: Niedersächsische Wirtschafts- und Sozialgeschichte im Hohen und Späten Mittelalter (1000–1500). In: E. Schubert (Hrsg.), Geschichte Niedersachsens 2,3. Veröffentlichungen der historischen Kommission für Niedersachsen und Bremen 36. Hannover

1997, 1039–1378, bes. 1133–1213.
Haverkamp, A. 1984: Aufbruch und Gestaltung. Deutschland 1056–1273. Die Neue Deutsche Geschichte 2. München 1984.
Havighurst, A. F. (Hrsg),1958: The Pirenne thesis. Analysis, criticism and revision. Problems in European civilization. Boston 1958.
Hayen, H. 1968: Isernbarg. Ein Eisenverhüttungsplatz im Streckermoor (Gemeinde Hatten, Landkreis Oldenburg). Ein vorläufiger Grabungsbericht. In: Oldenburger Jahrbuch 67, 1968, 133–173.
Hegerhorst, K. 1998: Der Harz als frühmittelalterliche Industrielandschaft – Archäometrische Untersuchungen an Verhüttungsrelikten aus dem Westharz. Dissertation TU Clausthal. Clausthal-Zellerfeld 1998.
Heimbruch, G. 1990: Archäometrie an Verhüttungsrelikten der Harzregion. Dissertation TU Clausthal. Clausthal-Zellerfeld 1990.
Heimbruch, G. / Koerfer, S. / Brockner, W. 1989: Archäometrische Untersuchungen an Erz-, Schlacke-, Metall- und Bleiglättefunden der Grabung Johanneser Kurhaus. In: Berichte zur Denkmalpflege in Niedersachsen 9, 1989, 103–110.
Heine, H. 1824: Die Harzreise. In: Werke 1. Reisebilder. München 1973.
Heine, H.-W. 1999: Ältereisenzeitliche Burgen und Befestigungen in Niedersachsen – Stand der Forschung und Perspektiven. In: A. Jockenhövel (Hrsg.), Ältereisenzeitliches Befestigungswesen zwischen Maas/Mosel und Elbe. Münster 1999, 111–124.
Henning, F.-W. 1991: Deutsche Wirtschafts- und Sozialgeschichte im Mittelalter und in der frühen Neuzeit. Handbuch der Wirtschafts- und Sozialgeschichte Deutschlands 1. Stuttgart 1991.
Herrmann, B. (Hrsg.), 1994: Archäometrie. Naturwissenschaftliche Analyse von Sachüberresten. Berlin, Heidelberg, New York 1994.
Herrmann, B. / Grupe, G. / Hummel, S. / Piepenbrink, H. / Schutkowski, H. 1990: Prähistorische Anthropologie. Leitfaden der Feld- und Labormethoden. Berlin, Heidelberg, New York 1990.
Hettwer, K. 1999: Natürlicher Stoffbestand und technogene Schwermetallanomalien eines Moorprofils aus der Erdfallsenke Silberhohl bei Seesen (Westharz). Geologische Diplom-Arbeit, Universität Göttingen 1999 [unveröffentlicht].
Hillebrand, W. 1969: Der Goslarer Metallhandel im Mittelalter. In: Hansische Geschichtsblätter 87, 1969, 33–57.
Hillebrandt, L. H. 1993: Zum mittelalterlichen Blei-Zink-Silber-Bergbau südlich von Heidelberg. In: Steuer / Zimmermann 1993b, 255–265.
Hillebrecht, M.-L. 1982: Die Relikte der Holzkohlewirtschaft als Indikator für Waldnutzung und Waldentwicklung. Untersuchungen an Beispielen aus Südniedersachsen. Göttinger Geographische Abhandlungen 79. Göttingen 1982.
Dies. 1986: Eine mittelalterliche Energiekrise. In: B. Herrmann (Hrsg.), Mensch und Umwelt im Mittelalter. Stuttgart 1986, 275–283.
Dies. 1989: Energiegewinnung auf Kosten der Umwelt. In: Berichte zur Denkmalpflege in Niedersachsen 9, 1989, 80–85.
Dies. 1992: Holzkohlen als Quelle zur Wald- und Energiegeschichte. In: Berichte zur Denkmalpflege in Niedersachsen 12, 1992, 158–160.
Hinz, H. 1981: Motte und Donjon. Zur Frühgeschichte der mittelalterlichen Adelsburg. Köln, Bonn 1981.
Hoeninger, R. (Hrsg.), 1884–1888: Kölner Schreinsurkunden des zwölften Jahrhunderts. Quellen zur Rechts- und Wirtschaftsgeschichte der Stadt Köln 1 = Publikation der Gesellschaft für Rheinische Geschichtskunde 1. Bonn 1884–1888.
Hoffmann, H. 1899: Der Harz. Leipzig 1899 [Nachdruck Frankfurt 1982].
Homann, J. B. 1964: Johann Baptist Homann und seine Erben (1664–1724). Ausstellungskatalog der Stadtbibliothek Nürnberg 36, Nürnberg 1964.
Hoock, J. / Jeannin, P. (Hrsg.), 1991 und 1993: Ars Mercatoria. Handbücher und Traktate für den Gebrauch des Kaufmanns. Eine analytische Bibliographie. Bd. 1. Paderborn 1991, 1470–1600. Bd. 2. Paderborn 1993, 1600–1700.
Horal, S. 1990: (Molecular archaeological study on ancient human bones.) In: Tanpakushitsu Kakusan Koso 35, 1990, 3144–3149.
Hucker, B. U. 1981: Frühe „Industrien" im Umkreis des braunschweigischen Raubschlosses Ampleben. In: Braunschweigisches Jahrbuch 62, 1981, 47–51.
Hudson-Edwards, K. A. / Macklin, M. G. 1999: Medieval lead pollution in the River Ouse at York, England. In: Journal of Archaeological Science 26, 1999, 809–819.
Human Medical College 1980: Study of an ancient cadaver in Mawangtui Tomb No. 1 of the Han Dynasty in Changsha. In: Ancient Memorial Press, Peking, 1980, 184–187.
Hummel, S. / Schultes, T. / Bramanti, B. / Herrmann, B. 1999: Ancient DNA profiling by megaplex amplifications. In: Electrophoresis 20, 1999, 1717–1721.
Irsigler, F. 1985: Über Harzmetalle, ihre Verarbeitung und Verbreitung im Mittelalter. In: C. Meckseper (Hrsg.), Stadt im Wandel. Kultur und Kunst des Bürgertums in Norddeutschland 1150–1650. Ausstellungskatalog Bd. 3. Stuttgart, Bad Cannstatt 1985, 315–321.
Iyengar, G. V. / Kollmer, W. E. / Bowen, H. J. 1978: The elemental composition of human tissues and body fluids. Weinheim 1978.
Janssen, W. 1963: Zur mittelalterlichen Siedlungsgeschichte des südwestlichen Harzvorlandes. In: Archaeologica Geographica 10/11, 1961/1963, 1–10.
Ders. 1965: Königshagen, ein archäologisch-historischer Beitrag zur Siedlungsgeschichte des südwestlichen Harzvorlandes. Quellen und Darstellungen zur Geschichte Niedersachsens 64. Göttingen 1965.
Jaworowski, Z. / Barbalat, F. / Blain, C. / Peyre, E. 1985: Heavy metals in human and animal bones from ancient and contemporary France. In: The Science of the Total Environment 43, 1985, 103–126.
Jeffreys, A. J. / Allen, M. J. / Hagelberg, E. / Sonnberg, A. 1992: Identification of the skeletal remains of Josef Mengele by DNA analysis. In: Forensic Science International 56, 1992, 65–76.
Jockenhövel, A. 1994: Arbeiten an Ofen und Tiegel – Frühe Metallurgen und Künstler. In: A. Jockenhövel / W. Kubach (Hrsg.), Bronzezeit in Deutschland. Archäologie in Deutschland, Sonderheft. Stuttgart 1994, 36–40.
Ders. (Hrsg.), 1996: Bergbau, Verhüttung und Waldnutzung im Mittelalter. Auswirkungen auf Mensch und Umwelt. Ergebnisse eines internationalen Workshops (Dillenburg 1994). Vierteljahrsschrift für Sozial- und Wirtschaftsgeschichte, Beiheft 121. Stuttgart 1996.
Jockenhövel, A. / Willms, C. 1993: Untersuchungen zur vorneuzeitlichen Eisengewinnung im Lahn-Dill-Gebiet: Ausgangslage und Ergebnisse der archäologischen Geländeprospektion. In: Steuer / Zimmermann 1993b, 517–529.
Jörn, E. / Jörn, R. 1993: Die Herkunft der Otto-Adelheid-Pfennige. Wiedaer Hefte 1, 1993, 43–71.
Dies. 1996: Zum Problem des Nachweises mittelalterlicher Ausbeutung des Rammelsberges bzw. anderer Harzer Lagerstätten am Beispiel der Erzherkunftsbestimmungsmethode mittels des sogenannten Dreistoffsystems. Wiedaer Hefte 4, 1996.
Dies. 1997: Der Beginn des Westharzer Bergbaus auf Silber und die Schaffung der Otto-Adelheid-Pfennige (OAP). Wiedaer Hefte 5, 1997.
Kaltofen, A. 1998a: Am Ende war das Feuer. Die linienbandkeramische Siedlung bei Schwiegershausen. In: Archäologie in Niedersachsen 1, 1998, 21–24.
Dies. 1998b: Die linienbandkeramische Siedlung von Schwiegershausen Fst. 39, Ldkr. Osterode am Harz. Ungedruckte Magisterarbeit am Fachbereich Philosophische Wissenschaften der Universität Göttingen 1998.
Kaufhold, K. H. (Hrsg.), 1992: Bergbau und Hüttenwesen im und am Harz. Quellen und Untersuchungen zur Wirtschafts- und Sozialgeschichte Niedersachsens in der Neuzeit 14. Hannover 1992.
Kellenbenz, H. 1974a: Wirtschaft des Sieg-Lahn-Dillgebietes durch die Jahrhunderte. In: H. Kellenbenz / J. H. Schawacht (Hrsg.), Schicksal eines Eisenlandes. 125 Jahre Industrie- und Handelskammer Siegen. Siegen 1974, 34–171.
Ders. (Hrsg.), 1974b: Schwerpunkte der Eisengewinnung und Eisenverarbeitung in Europa 1500–1650. Köln, Wien 1974.
Ders. 1977a: Schwerpunkte der Kupferproduktion und des Kupferhandels in Europa 1500–1650. Kölner Kolloquien zur internationalen Sozial- und Wirtschaftsgeschichte 3. Köln, Wien 1977.
Ders. 1977b: Deutsche Wirtschaftsgeschichte 1. Von den Anfängen bis zum 18. Jahrhundert. München 1977.
Ders. (Hrsg.), 1980: Handbuch der europäischen Wirtschafts- und Sozialgeschichte 2. Stuttgart 1980.
Kellenbenz, H. / Walter, R. 1986: Das Deutsche Reich 1350–1650. In: H. Kellenbenz (Hrsg.), Handbuch der euopäischen Wirtschafts- und Sozialgeschichte 3. Stuttgart 1986, 822–893.
Kempter, H. / Frenzel, B. 2000: The impact of early mining and smelting on the local tropospheric aerosol detected in ombrotrophic peat bogs in the Harz, Germany. In: Water, air and soil pollution. O. O. 2000 [im Druck].
Kerl, B. 1852: Beschreibung der Oberharzer Hüttenprozesse. Clausthal 1852 [1860^2].
Ders. 1854: Rammelsberger Hüttenprozesse am Communion-Unterharze. Clausthal 1854.

Kettner, B.-U. 1972: Flußnamen im Stromgebiet der oberen und mittleren Leine. Name und Wort, Göttinger Arbeiten zur niederdeutschen Philologie 6. Rinteln 1972.

Kind, C.-J. 1999: Waldjäger der Nacheiszeit. Archäologie in Deutschland Heft 4, 1999, 14–17.

Kirsten, E. / Buchholz, E. W. / Köllmann, W. 1967 und 1968: Raum und Bevölkerung in der Weltgeschichte. Bevölkerungs-Ploetz Bd. 2. Würzburg 1968³. Bd. 3. Würzburg 1967³.

Kisch, B. 1960: Gewichte- und Waagemacher im alten Köln (16.–19. Jh.). Veröffentlichungen des Kölnischen Geschichtsvereins 23. Köln 1960.

Klappauf, L. 1981: Vorbericht zu der Notgrabung 1981 im Bereich des ehemaligen Brüdernklosters zu Goslar. In: Nachrichten aus Niedersachsens Urgeschichte 50, 1981, 217–226.

Ders. 1985a: Ausgrabungen des frühmittelalterlichen Herrensitzes von Düna/Osterode. In: K. Wilhelmi (Hrsg.), Ausgrabungen in Niedersachsen. Archäologische Denkmalpflege 1979–1984. Stuttgart 1985, 222–230.

Ders. 1985b: Die Grabungen 1983/84 im frühmittelalterlichen Herrensitz zu Düna/Osterode. In: Harz-Zeitschrift 37, 1985, 61–64.

Ders. 1989a: Das Problem: Eine archäologische Denkmal-Landschaft. Der Harz – im archäologischen Dornröschenschlaf? In: Berichte zur Denkmalpflege in Niedersachsen 9, 1989, 64–66.

Ders. 1989b: Auswirkungen der Grabungen im frühmittelalterlichen Herrensitz Düna bei Osterode auf die Montanforschung im Harz. In: Nachrichten aus Niedersachsens Urgeschichte 58, 1989, 171–184.

Ders. 1991: Zur Bedeutung des Harzes und seiner Rohstoffe in der Reichsgeschichte. In: H. W. Böhme (Hrsg.), Siedlungen und Landesausbau zur Salierzeit. Teil 1: In den nördlichen Landschaften des Reiches. Sigmaringen 1991, 211–232.

Ders. 1993: Zur Archäologie des Harzes im Frühen Mittelalter. Eine Skizze zu Forschungsstand und Aussagemöglichkeiten. In: M. Brandt / A. Eggebrecht (Hrsg.), Bernward von Hildesheim und das Zeitalter der Ottonen. Bd. 1. Hildesheim 1993, 249–257.

Ders. 1995: Montanarchäologie im Harz. In: P. Dilg / G. Keil / D.-R. Moser (Hrsg.), Rhythmus und Saisonalität. Kongreßakten des 5. Symposions des Mediävistenverbandes in Göttingen 1993. Sigmaringen 1995, 403–418.

Ders. 1996a: Stadtarchäologische Untersuchungen in Goslar und die Montanarchäologie des Harzes. In: Berichte zur Denkmalpflege in Niedersachsen 16, 1996, 53–57.

Ders. 1996b: Montanarchäologie im Harz. In: A. Jockenhövel (Hrsg.), Bergbau, Verhüttung und Waldnutzung im Mittelalter. Auswirkungen auf Mensch und Umwelt, Vierteljahresschrift für Sozial- und Wirtschaftsgeschichte, Beiheft 121. Sigmaringen 1996, 93–111.

Ders. 1996c: Zum Stand montanarchäologischer Untersuchungen im Oberharz. In: M. Puhle (Hrsg.), Hanse. Städte. Bünde. Die sächsischen Städte zwischen Elbe und Weser um 1500. Ausstellung Kulturhistorisches Museum Magdeburg 1996. Bd. 1. Magdeburger Museumsschriften 4. Magdeburg 1996, 433–447.

Ders. 1999: Harz – Montanarchäologisches. In: Reallexikon der Germanischen Altertumskunde 14. Berlin, New York 1999, 25 f.

Klappauf, L. / Linke, F.-A. 1989: Der Fall: Johanneser Kurhaus bei Clausthal-Zellerfeld. Grabungsbefunde des mittelalterlichen Verhüttungsplatzes der Blei- und Silbergewinnung. In: Berichte zur Denkmalpflege in Niedersachsen 9, 1989, 86–92.

Dies. 1990: Düna I. Das Bachbett vor Errichtung des repräsentativen Steingebäudes: Grundlagen zur Siedlungsgeschichte. Materialhefte zur Ur- und Frühgeschichte Niedersachsens 22. Hildesheim 1990.

Dies. 1996: Archäologie im westlichen Harz. Zur Erschließung einer frühgeschichtlichen Industrielandschaft. In: Museen im Wandel. Entwicklungen und Perspektiven in der niedersächsischen Museumslandschaft. Lüneburg 1996, 114–123.

Dies. 1997: Montanarchäologie im westlichen Harz. In: Nachrichten aus Niedersachsens Urgeschichte 66,1, 1997, 21–53.

Klappauf, L. / Linke, F.-A. / Brockner, W. 1990: Interdisziplinäre Untersuchungen zur Montanarchäologie im westlichen Harz. In: Zeitschrift für Archäologie 24, 1990, 207–242.

Klappauf, L. / Linke, F.-A. / Brockner, W. / Hillebrecht, M.-L. / Kuprat B. / Willerding, U. 1994: Schätze des Harzes. Archäologische Untersuchungen zum Bergbau- und Hüttenwesen des 3. bis 13. Jahrhunderts nach Christus. Begleithefte zur Ausstellung der Abteilung Urgeschichte des Niedersächsischen Landesmuseums 4. Hrsg. von G. Wegner. Oldenburg 1994.

Klappauf, L. / Linke, F.-A. / Hegerhorst, K. / Brockner, W. / Bachmann, H. G. 1998: Kupfer-, Blei- und Silbergewinnung im Westharz während des 10. Jahrhunderts n. Chr. – Grabung Schnapsweg, Forst Lautenthal, Ldkr. Goslar. In: Berichte zur Denkmalpflege in Niedersachsen, 18, 1998, 179–182.

Kleinau, H. 1967/68: Geschichtliches Ortsverzeichnis des Landes Braunschweig. Hildesheim 1967/68.

Kluge, B. 1991: Deutsche Münzgeschichte von der späten Karolingerzeit bis zum Ende der Salier (ca. 900 bis 1125). Sigmaringen 1991.

Ders. (Hrsg.), 1993: Fernhandel und Geldwirtschaft. Beiträge zum deutschen Münzwesen in sächsischer und salischer Zeit. Sigmaringen 1993.

Knobloch, E. 1989: Klassifikationen. In: M. Folkerts (Hrsg.), Maß, Zahl und Gewicht. Mathematik als Schlüssel zu Weltverständnis und Weltbeherrschung. Katalog zur Ausstellung der Herzog-August-Bibliothek in Wolfenbüttel 1989. Weinheim 1989, 13–40.

Koch, H. J. (Hrsg.): Mittelalter I. Die deutsche Literatur. Ein Abriß in Text und Darstellung. Stuttgart 1977, 67–68.

Koerfer, S. 1990: Mineralogie und Petrographie von Verhüttungsrelikten aus dem Harzer Raum. Dissertation TU Clausthal. Clausthal-Zellerfeld 1990.

Koerfer, S. / Brockner, W. / Heimbruch, G. o. J.: Identifizierung und Charakterisierung der Erz- und Erzreliktfunde der Grabung Düna, Ldkr. Osterode am Harz. Publikation in Vorbereitung.

Kohnke, H.-G. 1988: Ausgrabungen und Funde im Landkreis Osterode am Harz 1986/87. In: Heimatblätter für den südwestlichen Harzrand 44, 1988, 103–126.

Kraume, E. 1955: Die Erzlager des Rammelsberges bei Goslar. Beihefte des Geologischen Jahrbuchs 18 = Monographien der deutschen Blei-, Zink-Erzlagerstätten 4. Hannover 1955.

Kraschewski, H.-J. 1990: Quellen zum Goslarer Bleihandel in der frühen Neuzeit (1525–1625). Veröffentlichungen der historischen Kommission für Niedersachsen und Bremen 34. Hildesheim 1990.

Kroker, W. / Westermann, E. (Bearb.), 1984: Montanwirtschaft Mitteleuropas vom 12. bis 17. Jahrhundert. Stand, Wege und Aufgabe der Forschung. Der Anschnitt, Beiheft 2. Bochum 1984.

Krone, O. 1931: Vorgeschichte des Landes Braunschweig. Braunschweig 1931.

Kühlhorn, E. (Hrsg.), 1970: Historisch-Landeskundliche Exkursionskarte von Niedersachsen. Blatt Osterode am Harz. Veröffentlichungen des Instituts für Historische Landesforschung der Universität Göttingen 2,2. Hildesheim 1970.

Kuhlke, H. 1997: Der Harz. (Norddeutschland): Geologisch-Lagerstättenkundlicher Überblick, Historische Baumaterialien (Natursteine, Gipsmörtel, Schlackensteine, Blei). In: Mitteilungen der Österreichischen Mineralogischen Gesellschaft 142, 1997, 43–84.

Kummer, K. 1968: Endmagdalénien und Mesolithikum am westlichen Harzrand bei Osterode. In: Die Kunde N. F. 19, 1968, 28–55.

Kunze, K. 1893: Zur Geschichte des Goslarer Kupferhandels. In: Hansische Geschichtsblätter 20, 1893, 139–144.

Kyeser, C. 1405: Bellifortis. O. O. 1405. [Nachdruck Düsseldorf 1967].

Lampadius, W. A. 1801–1826: Handbuch der allgemeinen Hüttenkunde. Teil I. Göttingen 1801. Teil II,1. Göttingen 1804. Teil II,2. Göttingen 1805. Teil II,3. Göttingen 1809. Supplemente. Göttingen 1826.

Lampe, W. 1932: Zur Urgeschichte des Landkreises Goslar. In: F. Zobel: Der Landkreis Goslar. Kiel 1932, 33–34.

Langholm, O. 1992: Economics in the Medieval schools. Wealth, exchange, value, money and usury according to the Paris theological tradition 1200–1350. Studien und Texte zur Geistesgeschichte des Mittelalters 29. Leiden, New York, Köln 1992.

Lassen, C. 1998. Molekulare Geschlechtsdetermination der Traufkinder des Gräberfeldes Aegerten (Schweiz). Dissertation Göttingen. Cuvillier 1998.

Laub, G. 1968/69: Der Bergbau im Höhlengebiet des Iberges bei Bad Grund. In: A. Herrmann, Der Südharz. Seine Geologie, seine Höhlen und Karsterscheinungen. In: Jahresheft für Karst- und Höhlenkunde 9, 1968/69, 51–71.

Ders. 1970/71: Zur Frage eines Altbergbaus auf Kupfererze im Harzgebiet. In: Harz-Zeitschrift 22/23, 1970/71, 97–143.

Ders. 1978: Bemerkungen zu den Unterscheidungsmerkmalen alter Schlacken aus der Verhüttung von Rammelsberger Erzen. In: Harz-Zeitschrift 30, 1978, 107–112.

Ders. 1980: Zur Technologie der Kupfergewinnung aus Rammelsberger Erzen im Mittelalter. In: Harz-Zeitschrift 32, 1980, 15–76.

Ders. 1985: Die mittelalterliche Verhüttung von silberhaltigen Harzer

Bleierzen im Vergleich zur antiken Technologie. In: Harz-Zeitschrift 37, 1985, 65–130.

Ders. 1986: Zink, Messing und Zinkoxid im Goslarer Handel und Hüttenwesen bis zur Mitte des 16. Jahrhunderts. In: Harz-Zeitschrift 38, 1986, 21–43.

Ders. 1988: Aufarbeitung von Kupferschlicker in einem mittelalterlichen Hüttenbetrieb des Westharzes. In: Erzmetall 44, 1988, 321–324.

Lauer, H. A. 1979: Archäologische Wanderungen in Ostniedersachsen. Göttingen 1979.

Ders. 1988: Archäologische Wanderungen in Südniedersachsen. Angerstein 1988.

Laux, F. 1999: Sächsische Gräberfelder zwischen Weser, Aller und Elbe. Aussagen zur Bestattungssitte und religiösem Verhalten. In: Studien zur Sachsenforschung 12. Oldenburg 1999, 143–171.

Le Goff, J. 1970: Kultur des europäischen Mittelalters. München, Zürich 1970.

Lehne, P. H. / Weinberg, H.-J. 1968: Blei und Silber; ihre letzte Gewinnung auf dem Oberharz 1967; Hüttenprozesse in Oberharzer Metallhütten. Clausthal-Zellerfeld 1968.

Libby, W. F. / Berger, R. / Mead, J. F. / Alexander, G. V. / Ross, J. F. 1964: Replacement rates for human tissue from atmospheric radiocarbon. In: Science 146, 1964, 1170–1172.

Lindgren, U. (Hrsg.), 1996: Europäische Technik im Mittelalter, 800 bis 1400. Tradition und Innovation. Ein Handbuch. Berlin 1996.

Lindorfer, H. 1997: Relikte ehemaliger Metallgewinnung als Quelle von Schwermetallbelastungen in rezenten Überflutungssedimenten des niedersächsischen Harzvorlandes. Geologische Diplom-Arbeit Universität Göttingen, 1997 [unveröffentlicht].

Linke, F.-A. 1979: Ein Steinbeilfund aus Westerode, Stadt Bad Harzburg, Kr. Goslar. In: Harz-Zeitschrift 31, 1979, 129 f.

Ders. 1989: Eine Fundstelle mit vorgeschichtlicher Keramik aus dem oberen Stübchental nahe Bad Harzburg, Ldkr. Goslar. In: Nachrichten aus Niedersachsens Urgeschichte 58, 1989, 161–170.

Ders. 1992: Grabungsmethoden – Ergebnisse und Dokumentation. In: Berichte zur Denkmalpflege in Niedersachsen 12, 1992, 141–143.

Ders. 1994: Kunzenloch – Die Grabung. In: Schätze des Harzes 1994, 60.

Ders. 1995: Westerode. In: Nachrichten aus Niedersachsens Urgeschichte 64,2, 1995 (1996), 223 f. Kat. Nr. 72 mit Abb. 11,1.

Ders. 1998: Kupferschmelzofen. In: Archäologie in Deutschland 1, 1998, 42.

Linke, F.-A. / Klappauf, L. 1994: Riefenbach – Die Grabung. In: Schätze des Harzes 1994, 48.

Löhneyß, G. E. 1617: Bericht vom Bergkwerk, wie man dieselben bawen und in guten Wolstand bringen soll, sampt allen darzu gehörigen Arbeiten, Ordnung und rechtlichen Process. Zellerfeld 1617.

Ludwig, K.-H. / Schmidtchen, V. 1992: Metalle und Macht 1000 bis 1600. Propyläen Technikgeschichte 2. Berlin 1992.

Lyon, B. 1987: Die wissenschaftliche Diskussion über das Ende der Antike und den Beginn der Neuzeit. In H. Pirenne, Mohammed und Karl der Große. Die Geburt des Abendlandes. Stuttgart, Zürich 1987, 7–20.

Mackenroth, G. 1952: Bevölkerungslehre. Berlin, Göttingen, Heidelberg 1952.

Maier, R. 1976: Ur- und Frühgeschichte. In: C. Hinze (Hrsg.), Geologische Karte von Niedersachsen 1:25000. Erläuterungen zu Blatt Seesen Nr. 4127. Hannover 1976, 129f.

Matschullat, J. / Cramer, S. / Agdemir, N. / Niehoff, N. / Ließmann, W. 1997: Bergbau und Verhüttung im Spiegel von Sedimentprofilen. Untersuchungen am Uferbach, Gde. Badenhausen, Ldkr. Osterode, Harz. In: Nachrichten aus Niedersachsens Urgeschichte 66,1, 1997, 69–82.

Matschullat, J. / Ellminger, F. / Agdemir N. / Cramer, S. / Ließmann, W. / Niehoff, N. 1997: Overbank sediment profiles – evidence of early mining and smelting activities in the Harz mountains, Germany. In: Applied Geochemistry 12, 1997, 104–114.

Matschullat, J. / Niehoff, N. / Pörtge, K.-H. 1992: Bergbau- und Zivilisationsgeschichte des Harzes am Beispiel eines Auelehmprofils der Oker (Niedersachsen). In: Neue Bergbautechnik 22, Heft 8, 1992, 322–326.

Miethke, J. / Schreiner K. (Hrsg.), 1994: Sozialer Wandel im Mittelalter. Wahrnehmungsformen, Erklärungsmuster, Regelungsmechanismen. Sigmaringen 1994.

Millar, E. G. (Hrsg.), 1932: The Luttrell Psalter, 1304. London: Trustees of the British Museum. London 1932.

Möller, H.-H. 1986: Düna/Osterode – ein Herrensitz des frühen Mittelalters: Archäologische und naturwissenschaftliche Prospektion, Befunde und Fund. Arbeitshefte zur Denkmalpflege in Niedersachsen 6. Hannover 1986.

Möller, R. 1979: Niedersächsische Siedlungsnamen und Flurnamen in Zeugnissen vor dem Jahre 1200. Eingliedrige Namen. Beiträge zur Namenforschung N. F., Beiheft 16. Heidelberg 1979.

Mohr, K. 1992: Geologie in Minerallagerstätten des Harzes. Stuttgart 1992.

Molleson, T. I. 1987: The role of the environment in the acquisition of rheumatic diseases. In: T. Appelboom (Hrsg.), Art, history and antiquity of rheumatic diseases. Brüssel 1987, 100–108.

Müller, J. 1999: Das dritte Jahrtausend. Zeiten ändern sich. In: Archäologie in Deutschland Heft 2, 1999, 20–25.

Munizaga, J. / Allison, M. J. / Gerszten, E. / Klurfeld, D. M. 1975: Pneumoconiosis in Chilean miners of the 16th century. In: Bulletin of the New York Academy of Medicine, 2nd Series 51, 1975, 1281–1293.

Neumann-Adrian, M. / Neumann, J.-H. 1995: Der Harz. München 1995.

Niehoff, N. / Matschullat, J. / Pörtge, K.-H. 1992: Bronzezeitlicher Bergbau im Harz. In: Berichte zur Denkmalpflege in Niedersachsen 12, 1992, 12–14.

Niquet, F. 1958: Grundzüge der Vor- und Frühgeschichte des Kreises Gandersheim. In: Der Landkreis Gandersheim 1. Gandersheim 1958, 23–39.

Ders. 1976: Vor- und Frühgeschichte des Braunschweigischen Nordharzvorlandes. Veröffentlichungen des Braunschweigischen Landesmuseums 7. Braunschweig 1976.

Noten, F. v. / Raymackers, J. 1988: Frühe Eisengewinnung in Zentralafrika. In: Spektrum der Wissenschaft 8, 1988, 114–118.

Nowothny, W. 1957: Die Vor- und Frühgeschichte des Oberharzes im Lichte neuer Bodenfunde. In: Jahresschrift für Mitteldeutsche Vorgeschichte 41, 1957, 107–127.

Ders. 1959: Die Steinbeile im Oberharz. In: Die Kunde N. F. 10, 1959, 51–61.

Ders. 1963: Zur Vor- und Frühgeschichtsforschung im Oberharz unter besonderer Berücksichtigung der Bergbauforschung. In: Neue Ausgrabungen und Forschungen in Niedersachsen 1, 1963, 87–94.

Ders. 1964: Brandgräber der Völkerwanderungszeit im südlichen Niedersachsen. Göttinger Schriften zur Vor- und Frühgeschichte 4. Neumünster 1964.

Ders. 1965: Neue Ergebnisse der Bergbauforschung im Oberharz. In: Neue Ausgrabungen und Forschungen in Niedersachsen 2, 1965, 236–249.

Ders. 1968: Frühmittelalterliche Hüttenplätze mit Rammelsberger Erzen. In: Zeitschrift für Erzbergbau und Metallhüttenwesen 21, 1968, 355–360.

Ortner, D. J. / Putschar, W. G. 1985: Identification of pathological conditions in human skeletal remains. Washington 1985.

Otto, H. / Witter, W. 1952: Handbuch der ältesten vorgeschichtlichen Metallurgie in Mitteleuropa. Leipzig 1952.

Patterson, C. C. / Ericson, J. / Manea-Krichten, M. / Shirahata, H. 1991: Natural skeletal levels of lead in Homo sapiens sapiens uncontaminated by technological lead. In: The Science of the Total Environment 107, 1991, 205–236.

Patterson, C. C. / Shirahata, H. / Ericson, J. E. 1987: Lead in ancient human bones and its relevance to historical developments of social problems with lead. [Review]. In: The Science of the Total Environment 61, 1987, 167–200.

Peters, A. 1913: Die Geschichte der Schiffahrt auf der Aller, Leine und Oker bis 1618. Forschungen zur Geschichte Niedersachsens 4, Heft 6. Hannover 1913.

Percy, J. 1870: Metallurgy; Lead, including the extraction of silver from lead. London 1870.

Pernicka, E. / Wagner, G. A. (Hrsg.), 1991: Archaeometry '90. Basel 1991.

Petri, I. 1983: *Omnia mensura et numero et pondere disposuisti:* Die Auslegung von Weisheit 11,20 in der lateinischen Patristik. In: A. Zimmermann (Hrsg.), Mensura. Maß, Zahl, Zahlensymbolik im Mittelalter 1, Miscellanea Mediaevalia 16/1. Berlin, New York 1983, 1–21.

Pflume, S. / Bruelheide, H. 1994: Wärmestufen-Karte des Harzes auf phänologischer Grundlage. In: Tuexenia 14, 1994, 479–486.

Pirenne, H. 1987: Mohammed und Karl der Große. Die Geburt des Abendlandes. Stuttgart, Zürich 1987.

Plaum, B. D. / Witthöft, H. 1993: Das Siegerland. Ein historisches Profil. In: R. Schulze (Hrsg.), Industrieregionen im Umbruch. Historische Voraussetzungen und Verlaufsmuster des regionalen Strukturwandels im europäischen Vergleich. Veröffentlichungen des Instituts zur Erforschung der europäischen Arbeiterbewegung, Reihe A, Bd. 3. Essen 1993, 318–363.

Pleiner, R. 1996: Vom Rennfeuer zum Hochofen. In: Lindgren 1996, 249–256.

Pomsel, H. 1999: Bergleute unter Jägern und Sammlern. In: Archäologie in Deutschland Heft 4, 1999, 60 f.

Preidel, H. 1965: Handel und Handwerk im frühgeschichtlichen Mitteleuropa. Eine kritische Betrachtung. Adalbert Stifter Verein e.V. München, Veröffentlichungen der Wissenschaftlichen Abteilung 10. Gräfelfing bei München 1965.

Prell, M. 1983: Altwegeforschung im Harz und Harzvorland, ausgehend von einer frühmittelalterlichen Wallanlage bei Meisdorf, Kreis Aschersleben. In: Veröffentlichungen des Städtischen Museums Halberstadt 17, 1983, 52–63.

Preuschen, E. 1965: Zum Problem früher Kupfererzverhüttung im Oberharz. In: Neue Forschungen und Ausgrabungen in Niedersachsen 2, 1965, 250–252.

Preuss, J. 1989: Archäologische Kulturen des Neolithikums. In: J. Herrmann (Hrsg.), Archäologie in der Deutschen Demokratischen Republik. Denkmale und Funde. 1 Archäologische Kulturen, geschichtliche Perioden und Volksstämme. Leipzig 1989, 74–84.

Ramazzini, B. 1705: Von den Krankheiten der Künstler und Handwerker. Leipzig 1705.

Rammelsberg, C. F. 1850: Lehrbuch der chemischen Metallurgie. Berlin 1850.

Rehren, Th. / Klappauf, L. 1995: ...ut oleum aquis. Vom Schwimmen des Silbers auf Bleiglätte. In: Metalla 2,1, 1995, 19–28.

Reiff, E. 1990: Beobachtungen und Untersuchungen zur archäologischen Denkmalpflege in der Bergstadt Clausthal-Zellerfeld (1975–1990). In: Archäologie in Südniedersachsen. Nörten-Hardenberg 1990, 83–120.

Reissner, W. 1968: Aus der Vor- und Frühgeschichte der Landschaft um Badenhausen. In: 1000 Jahre Badenhausen. 968–1968. Osterode am Harz 1968, 179–188.

Ders. 1972: Eine endbronzezeitlich-früheisenzeitliche Siedlung am Westrand des Harzes bei Badenhausen, Kr. Gandersheim. In: Nachrichten aus Niedersachsens Urgeschichte 41, 1972, 249–256.

Ders. 1987: Eine frühmittelalterliche Siedlung in Badenhausen. In: Damit die Jahrtausende nicht spurlos vergehen. Archäologische Denkmalpflege im Landkreis Osterode am Harz 1986/87. Osterode am Harz 1987, 47–79.

Renberg, I. / Persson, M. W. / Emteryd, O. 1994: Pre-industrial atmospheric lead contamination detected in Swedish lake sediments. In: Nature 368, 1994, 323–326.

Reynolds, T. S. 1983: Stronger than a hundred men – A History of the Vertical Water Wheel. London 1983.

Rippel, J. K. 1958: Die Entwicklung der Kulturlandschaft am nordwestlichen Harzrand. Schriften der Wirtschaftswissenschaftlichen Gesellschaft zum Studium Niedersachsens e.V. NF 69. Hannover 1958.

Ritter, W. 1982: Waldverwüstung und Weidebewaldung. In: Geoökodynamik 3. Darmstadt 1982, 1–20.

Rösler, H. 1989: Mittlere Bronzezeit im Süden. In: J. Herrmann (Hrsg.), Archäologie in der Deutschen Demokratischen Republik. Denkmale und Funde. 1. Archäologische Kulturen, geschichtliche Perioden und Volksstämme. Leipzig 1989, 95–97.

Rössler, H. / Franz, G. 1958: Sachwörterbuch zur Deutschen Geschichte. München 1958.

Rosenhainer, F. 1968: Geschichte des Unterharzer Hüttenwesens von seinen Anfängen bis zur Gründung der Kommunionverwaltung im Jahre 1635. Beiträge zur Geschichte der Stadt Goslar 24. Goslar 1968.

Rosenthal, H. L. 1981: Content of stable strontium in man and animal biota. In: S. C. Skoryna, (Hrsg.), Handbook of Stable Strontium. New York, London 1981, 503–514.

Ruppert, H. 1997: Untersuchung an pflanzlichen Rückständen und Bodenproben im Umfeld eines Schmelzofens in der archäologischen Grabung am Schnapsweg (Harz). Unveröffentlichte Untersuchungsergebnisse. Göttingen 1997.

Sandford, M. K. 1993: Understanding the biogenetic-diagenetic continuum: Interpreting elemental concentrations of archaeological bone. In: M. K. Sandford (Hrsg.), Investigations of ancient human tissue. Chemical Analyses in Anthropology. Food and nutrition in history and anthropology 10. Langhorne 1993, 3–57.

Saiki, R. K. / Scharf, S. J. / Faloona, F. / Mullis, K. B. / Horn, G. T. / Erlich, H. A. / Arnheim, N. 1985: Enzymatic amplification of beta-globin genomic sequences and restriction analysis for diagnosis of sickle-cell anemia. In: Science 230, 1985, 1350–1354.

Schätze des Harzes. Archäologische Untersuchungen zum Bergbau- und Hüttenwesen des 3. bis 13. Jahrhunderts n. Chr. G. Wegner (Hrsg.). Begleithefte zu Ausstellungen der Abteilung Urgeschichte des Niedersächsischen Landesmuseums Hannover 4. Oldenburg 1994.

Schettler, G. / Romer, R. L. 1998: Anthropogenic influences on Pb/Al and lead isotope signature in anually layered Holocene Maar lake sediments. In: Applied Geochemistry 13, 1998, 787–797.

Schietzel, K. 1984: Güterproduktion in Haithabu. In: H. Jankuhn / K. Schietzel / H. Reichstein (Hrsg.), Archäologische und naturwissenschaftliche Untersuchungen an ländlichen und frühstädtischen Siedlungen im deutschen Küstengebiet vom 5. Jh. v. Chr. bis zum 11. Jh. n. Chr. Bd. 2. Handelsplätze des Frühen und Hohen Mittelalters. Weinheim 1984, 230–241.

Schirwitz, K. 1926: Zur Vorgeschichte des Harzes. In: Zeitschrift des Harzvereins für Geschichte und Altertumskunde 59, 1926, 1–45.

Ders. 1940: Einige ebenso merkwürdige wie seltene Funde aus dem Harzgebiet. In: Zeitschrift des Harzvereins für Geschichte und Altertumskunde 73, 1940, 57–61.

Schlicksbier, G. / Schulz, R. / Bingener, A. 1999: Rhode – ein Zentrum mittelalterlicher Buntmetallverhüttung am nordwestlichen Harzrand? In: Berichte zur Denkmalpflege in Niedersachsen 19, 1999, 62–67.

Schlüter, C. A. 1738: Gründlicher Unterricht von Hütte-Wercken ... Nebst einem vollständigen Probier-Buch ... Braunschweig 1738.

Schlüter, W. 1975: Die vorgeschichtlichen Funde der Pipinsburg bei Osterode/Harz. Göttinger Schriften zur Vor- und Frühgeschichte 17. Neumünster 1975.

Ders. 1987: Die Pipinsburg bei Osterode am Harz. In: Damit die Jahrtausende nicht spurlos vergehen. Archäologische Denkmalpflege im Landkreis Osterode am Harz 1986/87. Osterode am Harz 1987, 37–46.

Schmidt, B. 1989: Thüringer, Franken und Sachsen vom 6.–8. Jh. In: J. Herrmann (Hrsg.), Archäologie in der Deutschen Demokratischen Republik. Denkmale und Funde. 1. Archäologische Kulturen, geschichtliche Perioden und Volksstämme. Leipzig 1989, 220–228.

Ders. 1997: Das Königreich der Thüringer und seine Eingliederung in das Frankenreich. In: A. Wieczorek, P. Périn, K. von Welck und W. Menghin (Hrsg.), Die Franken – Wegbereiter Europas. 5. bis 8. Jahrhundert n. Chr. Ausstellungskatalog Berlin. 2. durchgesehene und ergänzte Auflage. Mainz 1997, 285–297.

Ders. 1999: Hermunduren – Angeln – Warnen – Thüringer – Franken – Sachsen. In: Studien zur Sachsenforschung 13. Oldenburg 1999, 341–366.

Schmidt, M. 1989: Die Wasserwirtschaft des Oberharzer Bergbaues. Schriftreihe der Frontinus-Gesellschaft e.V. 13. Bergisch Gladbach 1989.

Schmidt, U. 1970: Die Bedeutung des Fremdkapitals im Goslarer Bergbau um 1500. Beiträge zur Geschichte der Stadt Goslar 27. Goslar 1970.

Schnabel, C. 1894: Handbuch der Metallhüttenkunde. 1. Berlin 1894.

Schneiderhöhn, H. 1949: Erzlagerstätten. Stuttgart 1949².

Schnell, W. 1954: Das Bergbaugebiet von Wolfshagen-Langelsheim, Gangverhältnisse und Wirtschaftsgeschichte. In: Schriften der Wirtschaftswissenschaftlichen Gesellschaft zum Studium Niedersachsens e.V., A 47, 1954, 7–35.

Schramm, P. E. 1968: Karl der Große. Denkart und Grundauffassungen. In: Ders. 1968: Kaiser, Könige und Päpste. Gesammelte Aufsätze zur Geschichte des Mittelalters 1. Stuttgart 1968, 302–341.

Schroeder, J. v. / Reuss, C. 1883: Die Beschädigung der Vegetation durch Rauch und die Oberharzer Hüttenrauchschäden. Berlin 1883 [Nachdruck Leipzig 1986].

Schröpfer, T. 1996: Haldenvermessung im Oberharz. In: Berichte zur Denkmalpflege in Niedersachsen 16, 1996, 69 f.

Schubart, R. 1978: Die Verbreitung der Fichte in und am Harz vom hohen Mittelalter bis zur Neuzeit. Aus dem Walde 28. Hannover 1978.

Schubert, E. (Hrsg.), 1997: Geschichte Niedersachsens. 2,1. Politik, Verfassung, Wirtschaft vom 9. bis zum ausgehenden 15. Jahrhundert. Veröffentlichungen der Historischen Kommission für Niedersachsen und Bremen 36. Hannover 1997.

Schütz, A. / Skerfving, S. / Mattson, S. / Christoffersson, J. O. / Ahlgren, L. 1987: Lead in vertebral bone biopsies from active and retired lead workers. In: Archives of Environmental Health 42, 1987, 340–346.

Schultz, M. 1988: Paläopathologische Diagnostik. In: R. Knußmann (Hrsg.), Anthropologie. Handbuch der vergleichenden Biologie des Menschen. Bd. I,2. Stuttgart, Jena, New York 1988, 480–496.

Schulz, R. 1987: Gleichstromgeoelektrische Gradientenmessungen als Prospektionsmethode in der Archäologie. In: Nachrichten aus Niedersachsens Urgeschichte 56, 1987, 313–325.

Schulz, R. / Mundry, E. 1986: Archäologische Prospektion in Düna mit geoelektrischen Messungen. In: Düna/Osterode. Ein Herrensitz des Frühen Mittelalters. Arbeitshefte zur Denkmalpflege in Niedersachsen 6. Hannover 1986, 31–38.

Schulze, M. 1978: Die Burgen am West- und Südrand des Oberharzes. In: Westlicher Harz: Clausthal-Zellerfeld – Osterode – Seesen. Führer zu vor- und frühgeschichtlichen Denkmälern 36. Mainz 1978, 33–58.

Schuster, W. F. 1969: Das alte Metall- und Eisenschmelzen, Technologie und Zusammenhänge. Technikgeschichte in Einzeldarstellungen 12. Düsseldorf 1969.

Schutkowski, H. 1994: Spurenelementanalysen. In: Herrmann, B. (Hrsg.), Archäometrie. Naturwissenschaftliche Analyse von Sachüberresten. Berlin, Heidelberg, New York 1994, 67–86.

Schwarz, T. 1997: Waldböden im Bereich des Forstamtes Grund (Oberharz) als Indikator für atmosphärisch eingetragene Schadstoffe unter besonderer Berücksichtigung der kleinräumigen Elementverteilung im Umfeld eines mittelalterlichen Verhüttungsplatzes. Geologische Diplom-Arbeit Universität Göttingen 1997 [unveröffentlicht].

Schwarz-Mackensen, G. 1978: Spätpaläolithische und mesolithische Funde am nordwestlichen Harzrand. In: Westlicher Harz: Clausthal-Zellerfeld – Osterode – Seesen. Führer zu vor- und frühgeschichtlichen Denkmälern 36. Mainz 1978, 16–23.

Siems, H. 1992: Handel und Wucher im Spiegel frühmittelalterlicher Rechtsquellen. Monumenta Germaniae Historica, Schriften 35. Hannover 1992.

Siewers, U. / Roosthai, A. H. 1990: Schwermetallbilanz aus Immission und geogenem Anteil im Einzugsgebiet der Sösetalsperre/Harz. In: Berichte des Forschungszentrums Waldökosysteme 19. Göttingen 1990, 1–57.

Simon, P. 1979: Die Eisenerze im Harz. In: G. v. Horstig / K. Krömmelbein / G. Martin / C. Rée / P. Simon / G. Stadler / K.-C. Taupitz / E. O. Teuscher / W. Wimmenauer, Sammelwerk Deutsche Eisenerzlagerstätten. Geologisches Jahrbuch D 31, 1979, 65–109.

Slotta, R. / Bartels, C. 1990: Meisterwerke bergbaulicher Kunst vom 13. bis 19. Jahrhundert. Katalog zur Ausstellung des Deutschen Bergbau-Museums Bochum und des Kreises Unna auf Schloss Cappenberg vom 6. September bis 4. November 1990. Veröffentlichungen aus dem Deutschen Bergbau-Museum Bochum 48. Bochum 1990.

Spier, H. 1992: Das Rammelsberger Gold. Hornburg 1992.

Sprandel, R. 1968: Eisengewerbe im Mittelalter. Stuttgart 1968.

Sprockhoff E. 1930: Zur Handelsgeschichte der germanischen Bronzezeit. Berlin 1930.

Spufford, P. 1988: Money and its use in medieval Europe. Cambridge 1988.

Steinacker, K. 1910: Rhode. In: Die Bau- und Kunstdenkmäler des Herzogtums Braunschweig. Die Bau- und Kunstdenkmäler des Kreises Gandersheim. Wolfenbüttel 1910, 403f.

Steingass, C. (Hrsg.), 1998: Harzer Hirten, Harzer Kühe in Geschichte, Gegenwart und Zukunft? Clausthal-Zellerfeld 1998.

Stelzer, G. 1956: Bodenfunde aus der Römischen Kaiserzeit aus dem westlichen Nordharzvorland. Dissertation Göttingen 1956.

Dies. 1958: Zur Frage der kaiserzeitlichen Besiedlung im westlichen Nordharzvorland. In: Archaeologica Geographica 7, 1958, 37–40.

Stenhouse, M. J. / Baxter, M. S. 1979: The uptake of bomb ^{14}C in humans. In: R. Berger / H. E. Suess (Hrsg.), Radiocarbon dating. Berkeley 1979, 324–341.

Steuer, H. 1987: Die Kultur der Germanen von Theoderich dem Großen bis zu Karl dem Großen. In: H. Pirenne, Mohammed und Karl der Große. Die Geburt des Abendlandes. Stuttgart, Zürich 1987, 207–300.

Ders. 1990: Zum Umfang der Silbergewinnung im mittelalterlichen Europa nach der schriftlichen Überlieferung. In: Erze, Schlacken und Metalle. Freiburger Universitätsblätter 109, 1990, 79–83.

Ders. 1992: Die Entwicklung des Bergbaus in den deutschen Mittelgebirgen seit der Römerzeit und ihr Zusammenhang mit der Besiedlung. In: Siedlungsforschung 10, 1992, 121 ff.

Ders. 1998: The ore deposits in Middle Asia and Viking Age silver in Scandinavia. In: Hammaburg NF 12 [Festschrift H. Drescher] 1998, 111–124.

Ders. 1999a: Handel und Wirtschaft in der Karolingerzeit. In: 799. Kunst und Kultur der Karolingerzeit. Handbuch zur Ausstellung. Mainz 1999, 406–416.

Steuer, H. 1999b: Bergbau im frühen und hohen Mittelalter im Südschwarzwald. In: Früher Bergbau im südlichen Schwarzwald, 49–58.

Steuer, H. (Hrsg.) 1999c: Alter Berbau im Sulzbachtal, Südschwarzwald. Archäologische Nachrichten aus Baden 61/62, 1999.

Steuer, H. / Zimmermann, U. (Hrsg.), 1993a: Alter Bergbau in Deutschland. Sonderheft Archäologie in Deutschland. Stuttgart 1993.

Dies. (Hrsg.), 1993b: Montanarchäologie in Europa. Berichte zum Internationalen Kolloquium ‚Frühe Erzgewinnung Verhüttung in Europa' in Freiburg im Breisgau vom 4. bis 7. Oktober 1990. Archäologie und Geschichte. Freiburger Forschungen zum ersten Jahrtausend in Südwestdeutschland 4. Sigmaringen 1993.

Stockmar, S. 1984: Vegetationskundliche Untersuchungen in Fichtenwäldern und Fichtenforsten des Nordharzes. In: Tuexenia 4, 1984, 267–278.

Stolberg, F. 1983: Befestigungsanlagen im und am Harz von der Frühgeschichte bis zur Neuzeit. Forschungen und Quellen zur Geschichte des Harzgebietes 9. Hildesheim 1983^2.

Stolley, T. D. / Lasky, T. 1995: Investigating disease patterns. The science of epidemiology. New York 1995.

Straube, M. 1992: Über den Handel mit Eisen und Eisenwaren im thüringisch-sächsischen Raum im 15. und 16. Jahrhundert. In: F. Opll (Hrsg.), Stadt und Eisen. Linz/Donau 1992, 259–290.

Südekum, W. 1999: Mobile Elektrodengruppe zur oberflächennahen geoelektrischen Kartierung. In: Geologisches Jahrbuch E 52, 1999, 35–62.

Suhling, L. 1976: Der Seigerhüttenprozeß. Die Technologie des Kupferseigerns nach dem frühen metallurgischen Schrifttum. Stuttgart 1976.

Ders. 1996: Verhüttung silberhaltiger Kupfererze. In: Lindgren 1996, 269–276.

Thaerigen, G. 1939: Die Nordharzgruppe der Elbgermanen bis zur sächsischen Überlagerung. Berlin-Dahlem 1939.

Tafel, V. / Wagenmann, K. 1951: Lehrbuch der Metallhüttenkunde. Bd. 1. Leipzig 1951^2.

Theophilus Presbyter (Rogerus von Helmershausen) 1979: On divers arts (Schedula diversarum artium); translated from the Latin with introduction and notes by J. G. Hawthorne and C. S. Smith. New York 1979.

Tenner, F. 1928: Die ur- und frühgeschichtlichen Funde in der Gegend von Bad Harzburg. In: Nachrichten aus Niedersachsens Urgeschichte 2, 1928, 72–94.

Thielemann, O. 1937: Eine frühgeschichtliche Begräbnisstätte auf dem Flötheberg bei Othfresen, Kr. Goslar. In: Die Kunde 5, 1937, 42–44.

Ders. 1937a: Ein Schalenurnenfund im Kreise Goslar. Der Flötheberg bei Othfresen, eine frühgeschichtliche Begräbnisstätte. In: Zeitschrift des Harzvereins für Geschichte und Altertumskunde 70, 1937, 41–43.

Ders. 1940: Zwei Glockenbecher-Hockerbestattungen von Weddingen, Kr. Goslar. In: Die Kunde 8, 1940, 63–68.

Ders. 1940a: Ein Bronzeurnengrab vom Innerstenberg bei Dörnten, Kr. Goslar. In: Die Kunde 8, 1940, 150–155.

Ders. 1943: Steinzeitliche Höhensiedler am Nordharz. In: Braunschweigische Heimat 1943, 30–32.

Ders. 1949: Schätze im Acker. Der Kreis in vorgeschichtlicher Zeit. In: R. Beerbohm, Der Landkreis Goslar als Vorharzkreis. Goslar 1949, 29–35.

Ders. 1957: Das Reihengräberfeld von Othfresen, Kr. Goslar. In: Die Kunde N. F. 8, 1957, 138–148.

Ders. 1958: Trüllketal. Eine mittelsteinzeitliche Siedlung innerhalb des geologischen Harzes. In: Die Kunde N. F. 9, 1958, 8–19.

Ders. 1959: Eine mittel- bis jungsteinzeitliche Siedlung bei Oedishausen, Kr. Gandersheim. In: Die Kunde N. F. 10, 1959, 30–44.

Ders. 1963: Langelsheim-Rösekenbrink. Die mesolithische Mutterstation am Nordharz. In: Die Kunde N. F. 14, 1963, 26–55.

Ders. 1966: Das Nordharzer Mesolithikum. Eine ergänzende und abschließende Zusammenfassung. In: Die Kunde N. F. 17, 1966, 2–22.

Ders. 1967: Eine Siedlung und ein Grabfund der späten Bronzezeit bis frühen Eisenzeit im Pass von Weddingen. In: Nachrichten aus Niedersachsens Urgeschichte 36, 1967, 165–172.

Ders. 1969: Eine hervorragende mitteldeutsche Facettenaxt von Goslar-Grauhof. In: Nachrichten aus Niedersachsens Urgeschichte 38, 1969, 183 Taf. 14.

Ders. 1970/71: Funde kupferner und bronzener Waffen und Werkzeuge im Nordharzer Raum. In: Harz-Zeitschrift 22/23, 1970/71, 1–10.

Ders. 1971: Neue Steingeräte-Funde im Raum Goslar. In: Die Kunde N. F. 22, 1971, 44–56.

Ders. 1972/73: Nordharzer Funde eiserner Waffen und Werkzeuge aus vorgeschichtlicher und mittelalterlicher Zeit. In: Harz-Zeitschrift 24/25, 1972/73, 1–19.

Ders. 1975/76: Die kaiserzeitliche Siedlung Kl. Mahner-„Lah", Kr. Goslar. In: Die Kunde N. F. 26/27, 1975/76, 93–98.

Ders. 1977: Urgeschichte am Harz. Beiträge zur Geschichte der Stadt Goslar 32. Goslar 1977.

Thieme, H. 1991: Alt- und Mittelsteinzeit. In: H.-J Häßler (Hrsg.), Ur- und Frühgeschichte in Niedersachsen. Stuttgart 1991, 77–108.

Tode, A. 1965: Neolithische Steingräber aus dem Kreis Goslar. In: Neue Ausgrabungen und Forschungen in Niedersachsen 2, 1965, 89–101.

Uhde, H. 1976/77: Forsten, Bergbau und Hüttenbetriebe des Klosters Walkenried am Westharz. In: Harz-Zeitschrift 19/20, 1976/77, 81–102.

Veil, S. 1989: Die archäologisch-geowissenschaftlichen Ausgrabungen 1987/1988 in der Einhornhöhle bei Scharzfeld, Ldkr. Osterode. In: Archäologisches Korrespondenzblatt 19, 1989, 203–215.

Vuorinen, H. S. / Pihlman, S. / Mussalo-Rauhamaa, H. / Tapper, U. / Varrela, T. 1996: Trace and heavy metal analyses of a skeletal population representing the town people in Turku (Abo), Finland in the 16th–17th centuries. With special reference to gender, age and social background. In: The Science of the Total Environment 177, 1996, 145–160.

Wachendorf, H. 1986: Der Harz – variszischer Bau und geodynamische Entwicklung. Geologisches Jahrbuch A 91, 1986.

Wachowski, K. 1995: Bemerkungen zur östlichen Verbreitung der sog. Harzer Gruppe hochmittelalterlicher Schreibgriffel in Schlesien. In: Archäologisches Korrespondenzblatt 25, 1995, 155f.

Wagenbreth, O. / Wächtler, E. (Hrsg.), 1986: Der Freiberger Bergbau. Technische Denkmale und Geschichte. Leipzig 1986.

Dies. (Hrsg.), 1990: Bergbau im Erzgebirge. Technische Denkmale und Geschichte. Leipzig 1990.

Waldron, T. 1988: The heavy metal burden in ancient societies. In: G. Gruppe / B. Herrmann (Hrsg.), Trace elements in environmental history. Berlin, Heidelberg, New York, 1988, 125–133.

Weber, J. 1990: Vor- und frühgeschichtliche Bodenfunde aus Querum. In: Braunschweigische Heimat 76, 1990, 7–109.

Wegner, G. 1999: Exkursion in das südwestliche Vorharzland. Paper zur Exkursion des Freundeskreises Ur- und Frühgeschichte am Niedersächsischen Landesmuseum am 13. Juni 1999. Hannover 1999.

Weidemann, K. 1978: Burg, Pfalz und Stadt als Zentren der Königsherrschaft am Nordharz. In: Goslar – Bad Harzburg. Führer zu vor- und frühgeschichtlichen Denkmälern 35. Mainz 1978, 11–50.

Weisgerber, G. 1999: Zur Bedeutung des mittelalterlichen Schwarzwälder Silberbergbaus im überregionalen Vergleich. In: Früher Bergbau im südlichen Schwarzwald. Archäologische Informationen aus Baden-Württemberg 41. Stuttgart 1999, 131–139.

Weiss, D. / Shotyk, W. / Kempf, O. 1999: Archives of atmospheric lead pollution. In: Naturwissenschaften 86, 1999, 262–275.

Werner, W. 1988: Sedimentary faulting and sediment-hosted submarine hydrothermal mineralization. A case study in the Rheinish Massif, Germany. Göttinger Arbeiten zur Geologie und Paläontologie 36. Göttingen 1988.

Weski, T. 1990: Kaiserzeitliche Fundstellen im nordwestlichen Harzvorland. Nachrichten aus Niedersachsens Urgeschichte 59, 1990, 177–197.

Willerding, U. 1986: Erste paläo-ethnobotanische Ergebnisse über die mittelalterliche Siedlunganlage von Düna. In: Arbeitshefte zur Denkmalpflege in Niedersachsen 6. Hannover 1986, 62–72.

Ders. 1992: Umweltrekonstruktion auf der Grundlage botanischer Befunde. In: Berichte zur Denkmalpflege in Niedersachsen 12, 1992, 154–157.

Willerding, U. / Hillebrecht, M.-L. 1994: Paläo-Ethnobotanik - Fragestellung, Methoden, Ergebnisse. In: B. Herrmann (Hrsg.), Archäometrie. Naturwissenschaftliche Analyse von Sachüberresten. Berlin, Heidelberg, New York 1994, 137–152.

Willutzki, H. 1962: Zur Waldgeschichte und Vermoorung sowie über Rekurrenzflächen im Oberharz. Nova acta Leopoldina N. F. 25, Nr. 160. Leipzig 1962.

Witthöft, H. 1962: Das Kaufhaus in Lüneburg als Zentrum von Handel und Faktorei, Landfracht, Schiffahrt und Warenumschlag bis zum Jahre 1637. Lüneburg 1962.

Ders. 1976: Struktur und Kapazität der Lüneburger Saline seit dem 12. Jahrhundert. In: Vierteljahrsschrift für Sozial- und Wirtschaftsgeschichte 63,1, 1976, 1–117.

Ders. 1979: Umrisse einer historischen Metrologie zum Nutzen der wirtschafts- und sozialgeschichtlichen Forschung. Maß und Gewicht in Stadt und Land Lüneburg, im Hanseraum und im Kurfürstentum/Königreich Hannover vom 13. bis zum 19. Jahrhundert. Veröffentlichungen des Max-Planck-Instituts für Geschichte 60,1 und 2. Göttingen 1979.

Ders. 1984: Münzfuß, Kleingewichte, pondus Caroli und die Grundlegung des nordeuropäischen Maß- und Gewichtswesens in fränkischer Zeit. Sachüberlieferung und Geschichte. Siegener Abhandlungen zur Entwicklung der materiellen Kultur 1. Ostfildern 1984.

Ders. 1989a: Auf den bibliographischen Spuren des kaufmännischen Münz-, Maß- und Gewichtswesens der Neuzeit. In: H. D. Erlinger / W. Leist (Hrsg.), Medien und Bildung. Festschrift für Walter Barton. Siegener Studien 44. Essen 1989, 201–221.

Ders. 1989b: Die Kölner Mark zur Hansezeit. In: M. North (Hrsg.), Geldumlauf, Währungssysteme und Zahlungsverkehr in Nordwesteuropa 1300–1800. Beiträge zur Geldgeschichte der späten Hansezeit. Köln, Wien 1989, 51–74.

Ders. 1991: Gold. Silber..Gold...Geld.... Vom Grunde eines uralten Vertrauens. In: Geld, Diagonal, Zeitschrift der Universität GH Siegen 1991, 7–16.

Ders. 1992: Maß und Gewicht in Mittelalter und früher Neuzeit. Das Problem der Kommunikation. Kommunikation und Alltag in Spätmittelalter und früher Neuzeit. Österreichische Akademie der Wissenschaften, phil.-hist. Kl. SB 596. Veröffentlichungen des Instituts für Realienkunde des Mittelalters und der frühen Neuzeit 15. Wien 1992, 97–126.

Ders. 1993a: Die Münzordnungen und das Grundgewicht im Deutschen Reich vom 16. Jahrhundert bis 1871/72. In: E. Schremmer (Hrsg.), Geld und Währung vom 16. Jahrhundert bis zur Gegenwart. Referate der 14. Arbeitstagung der Gesellschaft für Sozial- und Wirtschaftsgeschichte, Dortmund 1991. Vierteljahresschrift für Sozial- und Wirtschaftsgeschichte, Beiheft 106. Stuttgart 1993, 45–68.

Ders. 1993b: Thesen zu einer karolingischen Metrologie. In: P. L. Butzer / D. Lohrmann (Hrsg.), Science in Western and Eastern civilization in carolingian times. Basel, Boston, Berlin 1993, 503–524.

Ders. 1994a: Ansätze zu merkantilistischem Denken um die Mitte des 16. Jahrhunderts – Georgius Agricola. In: F. Naumann (Hrsg.), Georgius Agricola – 500 Jahre. Wissenschaftliche Konferenz vom 25.–27. März 1994 in Chemnitz. Basel 1994, 423–429.

Ders. 1994b: Das deutsche Salinenwesen zur Zeit des Georgius Agricola (1494–1555). In: Journal of salt-history. Annales d'histoire du sel = Jahrbuch für Salzgeschichte 2, 1994, 30–56.

Ders. 1996: Die Metrologie bei Georgius Agricola. Von geistiger und materieller Kultur im 16. Jahrhundert. In: Der Anschnitt. Zeitschrift für Kunst und Kultur im Bergbau 1, 1996, 19–27.

Ders. 1997a: Denarius novus, modius publicus und libra panis im Frankfurter Kapitulare. Elemente und Struktur einer materiellen Ordnung in fränkischer Zeit. In: R. Berndt (Hrsg.), Das Frankfurter Konzil von 794. Kristallisationspunkt karolingischer Kultur. Akten zweier Symposien [...] anläßlich der 1200-Jahrfeier der Stadt Frankfurt am Main. Quellen und Abhandlungen zur mittelrheinischen Kirchengeschichte 80,1. Politik und Kirche. Mainz 1997, 219–252.

Ders. 1997b: Johannes Kepler über Messen und Wiegen. Metrologische Aspekte einer geistigen und materiellen Kultur in Zeiten des Wandels (1605–1627). In: H.-J. Gerhard (Hrsg.), Struktur und Dimension. Festschrift für Karl Heinrich Kaufhold zum 65. Geburtstag. Vierteljahresschrift für Sozial- und Wirtschaftsgeschichte, Beiheft 132,1. Stuttgart 1997, 111–137.

Ders. 1997c: Waage. In: Lexikon des Mittelalters 8. München 1997, Sp. 1885 f.

Ders. 1999: Der Mensch, die Dinge und das Maß. In: H. Witthöft (Hrsg.) / K. J. Roth (Mitarb.), Acta Metrologiae Historicae V,7. Internationaler Kongreß d. CIMH, Siegen 1997, Sachüberlieferung und Geschichte. Siegener Abhandlungen zur Entwicklung der materiellen Kultur 28. St. Katharinen 1999, 132–150.

Ders. 2000a: Die Währung in sich wandelnden Wirtschaftsordnungen im Fränkischen und Deutschen Reich zwischen dem 8. und dem 16./17. Jahrhundert. In: J. Schneider (Hrsg.), Öffentliches und privates Wirtschaften in sich wandelnden Wirtschaftsordnungen, Referate der 18. Arbeitstagung der Gesellschaft für Sozial- und Wirtschaftsgeschichte, Innsbruck 1999. Stuttgart [im Druck].

Ders. 2000b: Überlegungen zu Zahl, Maß und Gewicht im Bergbau und im Hütten- und Hammerwesen. Von Numerik und materieller Kultur in Mittelalter und früher Neuzeit. In: M. A. Denzel / Chr. Bartels (Hrsg.), Krisen und Konjunkturen im europäischen Bergbau. Festschrift für Ekkehard Westermann zum 60. Geburtstag. Vierteljahresschrift für Sozial- und Wirtschaftsgeschichte, Beiheft. Stuttgart [im Druck].

Wolff, Michael, 1994: Mehrwert und Impetus bei Petrus Johannis Olivi.

Wissenschaftlicher Paradigmenwechsel im Kontext gesellschaftlicher Veränderungen im späten Mittelalter. In: Miethke / Schreiner 1994, 413–423.

Wulf, F.-W. 1996: Ur- und Frühgeschichte. In: H. Jordan (Hrsg.), Geologische Karte von Niedersachsen 1:25000. Erläuterungen zu Blatt Nr. 4226 Northeim Ost. Hannover 1996, 81–88.

Zeist, W. van / Wasylikowa, K. / Behre, K.-E. (Hrsg.), 1991: Progress in Old World paleoethnobotany. Balkema, Rotterdam 1991.

Zettler, A. 1990: Die historischen Quellen zum mittelalterlichen Bergbaugeschehen. In: Erze, Schlacken und Metalle, 59–78.

Ziegenbalg, M. 1984: Aspekte des Markscheidewesens mit besonderer Berücksichtigung der Zeit von 1200 bis 1500. In: W. Kroker / E. Westermann (Hrsg.), Montanwirtschaft Mitteleuropas vom 12. bis 17. Jahrhundert. Stand, Wege und Aufgaben der Forschung. Der Anschnitt, Beiheft 2 = Veröffentlichungen aus dem Deutschen Bergbau-Museum 30. Bochum 1984, 40–49.

Ziekur, R. 1999: Georadar in der Bodenkunde. In: Geologisches Jahrbuch E 52, 1999, 9–34.

Zotz, L. F. 1930: Die vorgeschichtliche Besiedlung des Schulenberges und Steinbergs bei Scharzfeld und das Auftreten diluvialer Sande daselbst. In: Jahrbuch der Preußischen Geologischen Landesanstalt Berlin 51, 1930, 106–129.

Zotz, T. 1993a: Goslar. Silberbergbau und frühe Pfalz. In: Brandt / Eggebrecht 1993, 241–247.

Ders. 1993b: Schriftquellen zum Bergbau im Frühen Mittelalter. In: Steuer / Zimmermann 1993b, 183–199.

Anschriften der Autoren

Prof. Dr. Hans-Gert Bachmann
Wildaustraße 5
63457 Hanau

Dr. Friedrich Balck
Technische-Universität Clausthal
Institut für Angewandte Physik
Arnold-Sommerfeld-Straße 6
38678 Clausthal-Zellerfeld

Dr. Christoph Bartels
Deutsches Bergbau-Museum Bochum
Am Bergbaumuseum 28
44791 Bochum

Dr. Andreas Bingener
Universität Siegen
Fachbereich I, Wirtschafts- und Sozialgeschichte
Adolf-Reichwein-Straße 2
57068 Siegen

Dr. Barbara Bramanti
Universität Göttingen
Institut für Zoologie und Anthropologie
Bürgerstraße 50
37073 Göttingen

Prof. Dr. Wolfgang Brockner
Technische Universität Clausthal
Institut für Anorganische und Analytische Chemie
Paul-Ernst-Straße 4
38678 Clausthal-Zellerfeld

Dipl.-Geol. Matthias Deicke
Universität Göttingen
Zentrum für Geowissenschaften
Goldschmidtstraße 3
37077 Göttingen

Dipl.-Biol. Alexander Fabig
Universität Göttingen
Institut für Zoologie und Anthropologie
Bürgerstraße 50
37073 Göttingen

Prof. Dr. Dr. h.c. Burkhard Frenzel
Universität Hohenheim
Institut für Botanik und Botanischer Garten
70593 Stuttgart

Prof. Dr. Bernd Herrmann
Universität Göttingen
Institut für Zoologie und Anthropologie
Bürgerstraße 50
37073 Göttingen

Dr. Marie-Luise Hillebrecht
Otto-Lauffer-Straße 7
37077 Göttingen

Dr. Susanne Hummel
Universität Göttingen
Institut für Zoologie und Anthropologie
Bürgerstraße 50
37073 Göttingen

Dr. Heike Kempter
Universität Hohenheim
Institut für Botanik und Botanischer Garten
70593 Stuttgart

Dr. Lothar Klappauf
Niedersächsisches Landesamt für Denkmalpflege
Arbeitsstelle Montanarchäologie
Rammelsberger Straße 86
38640 Goslar

Friedrich-Albert Linke
Niedersächsisches Landesamt für Denkmalpflege
Arbeitsstelle Montanarchäologie
Rammelsberger Straße 86
38640 Goslar

Dipl.-Geol. Arnold Quest
Niedersächsisches Landesamt für Denkmalpflege
Arbeitsstelle Montanarchäologie
Rammelsberger Straße 86
38640 Goslar

Prof. Dr. Hans Ruppert
Universität Göttingen
Zentrum für Geowissenschaften
Goldschmidtstraße 3
37077 Göttingen

Dr. Gregor Schlicksbier
Niedersächsisches Landesamt für Denkmalpflege
Scharnhorststraße 1
30175 Hannover

Dr. habil. Holger Schutkowski
Universität Göttingen
Institut für Zoologie und Anthropologie
Bürgerstraße 50
37073 Göttingen

Prof. Dr. Rüdiger Schulz
Niedersächsisches Landesamt für Bodenforschung
Geowissenschaftliche Gemeinschaftsaufgaben
Stilleweg 2
30655 Hannover

Prof. Dr. Heiko Steuer
Albert-Ludwigs-Universität Freiburg
Institut für Ur- und Frühgeschichte und Archäologie des Mittelalters
Belfortstraße 22
79085 Freiburg

Prof. Dr. Ulrich Willerding
Calsowstraße 60
37085 Göttingen

Prof. Dr. Harald Witthöft
Universität Siegen
Fachbereich I, Wirtschafts- und Sozialgeschichte
Adolf-Reichwein-Straße 2
57068 Siegen